中国科学技术信息研究所研究生系列教材

情报工程学概论

主　　编　马费成　赵志耘
副 主 编　李　纲　唐晓波　陆　伟
编写人员　张家年　李　阳　李诗轩
　　　　　谭明亮　周　咏　张晓娟
　　　　　黄　永

科学技术文献出版社
SCIENTIFIC AND TECHNICAL DOCUMENTATION PRESS
·北京·

图书在版编目（CIP）数据

情报工程学概论 / 马费成，赵志耘主编. —北京：科学技术文献出版社，2019. 8（2022. 9重印）
ISBN 978-7-5189-5991-4

Ⅰ. ①情… Ⅱ. ①马… ②赵… Ⅲ. ①情报学—概论 Ⅳ. ① G250.2

中国版本图书馆 CIP 数据核字（2019）第 192131 号

情报工程学概论

策划编辑：周国臻　　责任编辑：李　晴　　责任校对：文　浩　　责任出版：张志平

出 版 者　科学技术文献出版社
地　　址　北京市复兴路15号　邮编 100038
编 务 部　(010) 58882938，58882087（传真）
发 行 部　(010) 58882868，58882870（传真）
邮 购 部　(010) 58882873
官方网址　www.stdp.com.cn
发 行 者　科学技术文献出版社发行　全国各地新华书店经销
印 刷 者　北京虎彩文化传播有限公司
版　　次　2019 年 8 月第 1 版　2022年 9 月第 2 次印刷
开　　本　787×1092　1/16
字　　数　397千
印　　张　17.75
书　　号　ISBN 978-7-5189-5991-4
定　　价　68.00元

前　言

进入21世纪，以大数据、云技术、物联网、移动互联网和人工智能等为代表的信息技术集群发展与应用突飞猛进，这些技术与当今政治、经济、科技、社会等多领域的深度融合，对人类的工作、学习和生活产生了颠覆性的影响。这些信息技术的角色从社会系统的增能工具逐渐转变成为支配社会的“操作系统”。其中，大数据发挥了十分重要的作用。

大数据一词最早出现在2008年9月《自然》杂志发表的Big Data：Science in the Petabyte Era 系列专题文章中。随后联合国、世界各国（地区）纷纷发布大数据发展报告或战略规划，我国对于大数据的关注基本与世界同步。2015年，我国政府发布《国务院关于积极推进“互联网+”行动的指导意见》，提出“‘互联网+’是把互联网的创新成果与经济社会各领域深度融合，推动技术进步、效率提升和组织变革，提升实体经济创新力和生产力，形成更广泛的以互联网为基础设施和创新要素的经济社会发展新形态”。2016年，我国《国民经济和社会发展第十三个五年规划纲要》中单辟一章“第二十七章　实施国家大数据战略”，指出“把大数据作为基础性战略资源，全面实施促进大数据发展行动，加快推动数据资源共享开放和开发应用，助力产业转型升级和社会治理创新”。2017年，我国又推出《新一代人工智能发展规划》的国家战略，指出“深入实施创新驱动发展战略，以加快人工智能与经济、社会、国防深度融合为主线，以提升新一代人工智能科技创新能力为主攻方向，发展智能经济，建设智能社会，维护国家安全，构筑知识群、技术群、产业群互动融合和人才、制度、文化相互支撑的生态系统”。而且，党和国家领导人多次谈及大数据等相关战略在国家发展、创新、治理和安全层面上的重大意义。2017年12月，习近平总书记在中共中央政治局第二次集体学习时就专门强调了“实施国家大数据战略，加快建设数字中国”。

显然，在大数据时代，我们今天面对的商务、政务、医疗、安全、气候变化都是大数据的环境……大数据的分析在情报学、信息管理学和商务管理中是非常重要的一个领域，我们应该关注。大数据使人类社会进入了物理空间、社会空间和信息空间交叉融通、映射关联的三元世界……它们相互间的联通与融合成为大数据应用的重要特征与主要趋势。这些社会领域面临着瞬息万变的环境态势，国家和社会层面或主体迫切需要精准的情报（信息、知识）服务，助其实现决策的高效和科学，如企业的竞争情报、国家安全情报、科技情报、社会科学情报、应急情报、智慧城市、智慧医疗、智库服务等。在大数据环境下，这些内外因在大数据这一共变因素的作用下，使得情报学研究与情报工作面临着巨大挑战与发展机遇。第一，情报研究和情报工作的对象，从原来体量小、格式规范、来源单一、静态性的数据转而扩展至体量庞大、动态快速变化、结构更加复杂的大数据集；第二，情报研究和情报工作的范畴，从信息（情报）存储、组织、加工、分析与利用等方面进一步拓展至大数据的采集、加工、清洗、抽取、建模和分析（可视化）等领域，情报工作需要实现自动化、智能化、集成化；第三，情报研究与情报工作的方法体系上，从三计法、统计分析法等定性定量研究方法，转而更加关注将大数据分析方法融入情报研究与情报工作之中；第四，情报工作的服务对象上，从原来较为单一的科研机构、企业等扩大至更加多元化、细分性的主体，如各级政府、相关智库、各类企业或组织，甚至是个体；第五，情报研究和情报工作的学科或领域上，情报学研究内容和情报工作所属领域也变得越来越复杂，涉及学科更加广泛，所属领域更为多元，需要不断融入新的学科和新的领域内容；第六，信息技术在社会全领域融入，自然科学与人文社会科学间的交叉融合，研究方法的移植与互鉴，社会经济一体化、全球化对于情报发展的催动与激发。

所有这些挑战和机遇，说明了大数据环境下情报学的发展必须与时俱进，而情报实践也倒逼着情报理论研究、工具方法的不断创新，不同行业与领域的新型情报人才需求也迫使情报专业教育要适应新时代。因此，众多情报学者和专家积极投身并聚焦于大数据时代背景下的情报学研究和情报工作的实践探索，并取得了积极的成果。情报工程正是源于和基于这些大数据环境下科技情报实践的探索成果，而同时期社会其他行业或领域中的数据挖掘、知识价值发现、战略决策需求等实践探索，从各自视角和目标的追求，客观上也推动了情报工程范式的建立。2009 年，中国科学技术信息研究所（以下简称“中信所”）研究团队提出了“事实数据 + 工具方法 + 专家智慧”的情报研究思路与情报实践方法。在实践层面，在“事实数据 + 工具方法 + 专家智慧”的思路指导下，中信所还开发出“情报工程”的实施模式（命名为 Fast4 Wisdom），并在相关有影响力的杂志上发表了与情报工程相关的一系列研究成果，为情报工程学的建立提供了相应的理论给养和实践支撑。之后，中信所与武汉大学信息资源研究中心合作，共同推进情报工程学的理论研究与实践探索，就情报工程学理论体系、学科专业教育体系、实践应用体系等进行了卓有成效的深入研究，取得了一系列的研究成果，为情报工程学的建立奠定了坚实的基础。

应该说，情报工程学还在探索和发展中，虽远未成熟，但是情报工程学的提出和确立在情报学发展进程中具有一定的理论意义和实践价值。首先，情报工程学是情报学在大数据环境下的延伸和发展，创造性地将工程学理念、思维和方法融入情报学理论体系中，从工程思维视角提出情报工程概念体系、情报工程方法体系等。同时，情报工程学秉持开放的理念，融入跨学科、多领域的理论和方法，从而为确立情报工程学科范式奠定了坚实的基础。其次，情报工程学具有较强的实践指导性，工程思维、方法源于实践，反过来指导实践。大数据环境下情报工程实践，既嵌入了大数据的工作流程，同时又融入了其他领域或专业情报实践（如企业竞争情报、国家安全情报、舆情分析、应急情报、智慧医疗等）的过程。在这过程中需要以情报工程学理论体系、原则和方法为指导，发挥情报工程“大数据 + 工具/方法 + 专家智慧”独特的情报分析功效，从而为相关情报用户提供知识、智能、智慧和情报。最后，情报工程学框架体系的建立也将有助于大数据环境下情报人才的知识体系、能力体系及培养体系的重构，以培养适应新时代情报工作所需要的人才。

本书首先要确立情报工程学的学科概念及学科要素，这涉及 2 个基础性概念——情报工程与情报工程学。所谓情报工程，即将情报学及相关学科的原理创造性应用到情报研究工作所涉及的构成要素（如数据、分析方法、情报技术）、工作流程及组织管理的设计与开发中，以实现情报工作的自动化、规范化、系统化，并在此基础上完成情报系统功能。至于情报工程学则可归于情报学子学科中，它是以情报学及相关学科的基本原理、方法和实践框架为基础，融合工程化的思维、理论、方法（论），以此来优化情报工作流程，从而提高情报系统的服务和决策效果及效率的一门学科。其目标是获得有效和高效的情报服务和决策支持，工程化思维和方法是促进情报工作过程自动化、规范化和系统化的方法框架，当然情报学的基本原理和方法仍是情报工程学的基石。情报工程学属于偏向于应用性、综合性、交叉性的学科，情报工程学已经具备学科的六大基本要素，包括独特的学科有关的理论体系（情报学、工程学、数据科学等）；具有比较成熟的研究方法（情报学方法、系统工程方法、大数据方法等）；具有支撑学科发展的人才队伍（有较为稳定的情报工程研究团队、基于大数据分析的情报研究团队等）；具有人才培养（培训）的基地（情报专业教育及其学科实训基地）；取得一批重要的有影响力的学科成果（成体系的学术成果，包括课题、文章、学术会议等）；具有学科代表性的刊物，如《情报工程》《情报学报》《图书情报工作》《情报理论与实践》等。

本书内容体系是按照情报工程学的本体、理论、方法、技术、流程与结构、实践与教育等内容渐次展开，主要分为四大部分：第一，从本体论视角，主要阐述了情报工程学在情报学发展过程中所处位置、情报工程学建立的必要性与可行性、未来发展趋势；情报工程学涉及的基本概念、与大数据之间的关系、情报工程学学科性质和知识体系等内容。第二，情报工程学的基础部分。从理论基础、方法论基础、技术基础3个层面，分别探讨情报工程学学科赖以确立的三大支柱——跨学科的交叉理论、多元融合的方法体系、综合性集成技术平台。第三，从情报工程的流程和系统性结构，阐述了情报工程的工作流程、情报工程系统的结构组成和资源管理框架。第四，分别从情报工程的实践领域与人才教育层面，分析了情报工程在不同领域中的实践应用，从实践层面的人才需求反馈至情报工程教育层面，要求情报工程教育紧跟时代步伐，抓住大数据环境下情报教育所面临的机遇，推动情报工程师的培养。

在大数据环境下，情报学研究范式仍在不断嬗变，而本书主要目标是为从事情报工程研究与应用的学者和专家提供一个初步的框架体系，进而协同推动情报工程学理论研究和实践应用逐步走向成熟。总之，《情报工程学概论》是一本探索性、导论性的图书。显然，其理论与实践体系、内容和结构还很不成熟，存在较多问题，因此，还有待于情报学界在情报工程理论研究和实践应用层面进一步提高、完善和丰富。

本书是中信所委托项目“情报工程学科体系建设和理论研究”的主要成果，由马费成、赵志耘共同主持完成，项目组主要成员包括李纲、唐晓波和陆伟。本书撰写的分工如下：由马费成提出全书编写大纲并负责第1、第2、第3章撰写，李纲负责第8、第9、第10章撰写，唐晓波负责第4、第5、第11章撰写，陆伟负责第6、第7章撰写。另外，张家年参加了第1、第2、第3章编写，李阳参加了第8、第9、第10章编写，李诗轩、谭明亮和周咏参加了第4、第5、第11章编写，张晓娟、黄永参加了第6、第7章编写，他们同时承担了本书的资料收集处理工作，张家年协助完成了本书全稿的统校工作，特此表示感谢。

作为情报学和情报工作的新领域，本书的出版只能表明我们的探索取得了阶段性成果，还有许多空白地带需要深入研究、逐个突破。我们相信，通过学术界和行业界的通力合作，一定能够促进“情报工程学”学科体系的建设和发展。由于情报工程学是一个全新的领域，学科交叉，资料缺乏，更限于撰写人员自身水平和时间有限，书中难免有错漏，谨请广大读者批评指正。

本书撰写过程中参阅了国内外许多学者的论著，将其作为参考文献列于书末，在此一并表示感谢。

马费成

2018年10月于珞珈山

目　录

图表目录

第 1 章　为什么要研究情报工程学

【本章导读】首先，本章以历史视角回顾了情报学在不同历史时期的发展脉络和相应阶段。其次，从技术发展的视角，阐述了在云计算技术、移动互联技术、物联网技术、人工智能、大数据环境下情报学所面临的机遇和挑战，提出将工程思维融入情报学发展新阶段之中，是解决当下情报学所遇到的问题和抓住机遇的关键。再次，系统地引介“情报工程学”概念、内涵及其生发背景，认为情报工程学是情报学理论创新和实践探索的新阶段，并分析了情报工程学发展的历史驱动力。最后，在此基础上，阐述了情报工程学体系建立的必要性和可行性，揭示了情报工程学的理论意义、实践价值和战略作用。

1.1　情报工程学的历史缘起

任一学科的形成是与其特定的历史演进和关联学科的发展之间存在着逻辑必然性，情报工程学亦如此。情报工程学的出现，一方面是情报学发展历史脉络的自然延伸；另一方面在大数据环境中，情报工程学也是情报研究与情报工作应对新机遇和新挑战过程中的必然选择。情报工程学形成与发展也符合托马斯·库恩（Thomas S. Kuhn）提出的范式转移（paradigm shift）理论，即一个稳定的范式如果不能提供解决问题的适当方式，它就会变弱，从而出现范式转移[①]。因此，有必要在回溯情报学的发展历史和发展阶段的基础上，进而有助于把握情报工程学的演进路线、学科渊源及其现实定位。

1.1.1　情报学发展的历史回顾

1.1.1.1　情报学产生的历史背景[②]

（1）文献学背景。（科技）情报学起源于文献学，其依据可以追溯到 1895 年比利时学者拉封丹（Henri LaFontaine）和奥特莱（Paul Otlet）等创立的国际目录学会（institute internationale de biliographie，IIB），IIB 创建的宗旨是对人类社会所创造的科学知识进行加工整理。我们可以对文献学发展进行梳理，回顾从文献学到情报学的发展历程，1908 年 IIB 在第四届会议上接受了“文献学（documentation）”这一术语。1931 年，IIB 更名为“国际文献学会”（International Federation of Documentation，FID），1937 年改为“国际文献联合会”

---

① 托马斯·库恩．科学革命的结构［M］．金吾伦，胡新和，译．北京：北京大学出版社，2003.

② 马费成．情报学发展的历史回顾及前沿课题［J］．图书情报知识，2013（2）：4－12.

(FID)。可以说，FID 是世界各国科学技术情报学会的前身，但在 20 世纪 90 年代初期停止，进而改为国际科学技术信息联合会（International Council for Scientific and Technical Information，ICSTI)，目前仍在兴旺发展。

文献工作和文献学于 19 世纪在欧洲开始，20 世纪 30 年代传到美国，随后兴起并得以发展。1937 年，美国文献工作学会（American Documentation Institute，ADI）创建，并在 1938 年创办了《文献复制杂志》（Journal of Documentary Reproduction，JDR)。由于第二次世界大战的原因，该杂志于 1943 年停办，到 1950 年又以《美国文献工作》（American Documentation，AD）为名重新出现。1968 年，ADI 改名为《美国情报科学学会》(American Society for Information Science，ASIS)。AD 也在 1970 年更名为《美国情报学会会志》（Journal of American Society for Information Science，JASIS)。2000 年，ASIS 加入了技术内涵，更名为美国情报科学与技术学会（American Society for Information Science and Technology，ASIST)，会志也改名为《美国情报科学技术学会会志》(Journal of American Society for Information Science and Technology，JASIST)。

（2）图书馆学背景。情报学发展的第二个背景和源头是图书馆学。1807 年，德国学者马丁·施莱廷格（Martin Schrettinger，1772—1851）最早使用了“图书馆学”这个概念。1808 年，他出版了教材《试用图书馆学教科书大全》，建立了以图书馆整理为核心知识的体系。1887 年，美国哥伦比亚大学创办了世界上第一个图书馆学院，这个学院的名称是 School of Library Economy。Economy 通常译成“经济”，但这里的 Economy 是“经营、管理”的意思。到 1930 年，芝加哥大学在卡内基·梅隆基金会的支持下，创立了第一个图书馆学博士点，这标志着图书馆学教育进入了高等学校的学术殿堂，并且从硕士研究生到博士研究生都有了系统的培养计划。而在 1887 年杜威建立哥伦比亚大学图书馆学院的时候，学生从各个专业抽调而来，这些学生毕业后进入图书馆工作，从而实现了图书馆工作由受过系统的学术机构培养的专门人才来承担的目标。到 1919 年，英国伦敦大学也创立了图书馆学院。迄今为止，美国有近 60 个由美国图书馆学会（American Library Association，ALA）所认可的图书情报学院。

图书馆学发展的历程和文献学的发展历程非常相似。到 20 世纪 60 年代末的时候，由于计算机在文献加工处理中的应用，美国的很多图书馆学院就在它们的名字后面加上了 Information，原来的 Library Science 变成了 Library and Information Science，或 Library and Information Studies，即图书馆与信息学院，或者图书情报学院。我国文化部在 20 世纪 70 年代初期组织了一个代表团到美国访问，武汉大学信息管理学院的教师也参与其中，访问中发现了美国图书馆学教育的这个变化，回国后就提出了要创办情报专业。为此，武汉大学在我国率先创立了情报学专业，这也是武汉大学信息管理学院老一辈学者为情报学科的建立做出的一个重要决定。

情报学专业刚创建的时候并不称为情报专业，而是科技情报专业。之所以称为“科技情报”，一方面，是因为在 20 世纪 50—70 年代中，还很少使用“信息”这个词；另一方面，从相应的需求来考察，过去我们国家是计划经济体制，在整个经济活动当中生产是由计划体制确定的，计划需要什么就生产什么，计划需要多少就生产多少，因而没有反映市场的信息需求，仅需要一些科研生产工艺产品研发方面的科学技术情报。也鉴于当时我们国家所处的国际环境，从国家到地方都建立了系统的科学技术情报体系，因而在创立情报学专业时也就命名为科技情报专业，这就是早期情报学专业的来源。

武汉大学科技情报专业创立于 1978 年，是我国创立最早的情报学专业。实际上情报学专业的创立也可以追溯到 1958 年中国科学技术情报研究所创办的科技情报大学。值得注意的是，正是由于武汉大学在 20 世纪 70 年代首先创立了科技情报专业，使得其在图书馆学与情报学的融合方面走在了全国的前列，这是一个非常重要的事件，也是武汉大学信息管理学院和情报学发展的关键点。

进入 20 世纪 90 年代，学科发展出现了变化。1993 年，教育部专业目录调整时将科技情报改成了科技信息管理，原因是国家科委将科技情报改成了科技信息。1998 年，教育部专业目录调整的目标是压缩专业，将原有的 250 多个专业压缩到 156 个专业，因而将当时的经济信息管理、管理信息系统、林业信息管理、信息学及科技信息管理 5 个专业合并为信息管理与信息系统专业。

（3）现代科学发展带来的情报危机：情报学产生发展的第三个背景是现代科学的情报危机或者说情报爆炸。也就是说情报学的产生首先还是源于科学技术的发展，科技的发展推动了情报学科的建立和前进，发展的动力不是经济的发展。近代以来，科学技术发展可分为以下几个阶段。

第一个阶段是从 15 世纪下半叶资本主义的萌芽到 19 世纪前期，人们常称为近代科学的发展时期，也称为牛顿 - 伽利略时代。这个时代的特点是科学家自由分散地从事研究，文献非常少，科学家之间的交流主要靠民间的交流协会，即人们所说的无形学院无形集体，他们在交流过程中除了科学研究外，还要做一部分文献工作。这就是科学发展的早期阶段，也称为分散的自由的研究阶段。

第二个阶段是 19 世纪末到 20 世纪 30 年代，由于科学的发展，早期的个体的分散的自由的研究不能适应科学技术的发展，出现了一种集体的研究模式，有人称为爱迪生 - 爱因斯坦时代。这个时代的特点是集体研究，其表现形式是建立了有组织的研究机构，如英国剑桥大学的校长 W. 卡文迪什（William Cavendish）建立了卡文迪什实验室（Cavendish Laboratory），贝尔电话的发明人在波士顿建立的贝尔电话研究所，爱迪生在美国创立的有 200 人的发明工厂，这些都是实现研究的组织，并且依靠实验等手段进行发明和研究。人们将这一时期称为集体研究阶段。

第三个阶段是 1930 年到第二次世界大战后，尤其是在第二次世界大战期间，由于很多国家都投入巨资促进国防工业发展和开展武器研究，大大地推动了科学的发展，美国的普赖斯将之称为大科学。例如，原子弹的研究促进了系统工程的产生，并在 20 世纪六七十年代阿波罗登月工程中得到运用。大科学的特点是投资巨大、参与人员多、科研经费也很高，科学发展的明显特征是在过去的高度专业化发展的同时也向综合化方向发展。

大科学时代所导致的情报爆炸和情报危机使得科研人员很难独立地从事研究，因为要想获得有价值的文献资料非常困难。因此，一部分研究人员或一部分研究机构就从科研组织中分化出来，建立了专门的以科学技术文献信息情报为加工处理对象的机构。这就是情报学发展的第三个大背景。

（4）第二次世界大战的影响。情报学发展的第四个背景是第二次世界大战的影响。由于战争的需要，各个国家都投巨资于国防工业，使得科学技术出现了突飞猛进的发展。同时，由于德国对英法等盟国的封锁，盟国在当时要想获得一点有价值的文献非常困难。于是这些国家的科学家就组织了一些地下组织，以秘密的手段获取和分析德国的先进科学技术情报，而这些秘密的组织后来就成为这些国家的文献情报机构。第二次世界大战后，美国把德国很多有价值的资料著名的科学家引进了美国。统计显示，第二次世界大战及之前，美国获得诺贝尔奖的人数比德国少，但是之后美国获得诺贝尔奖的人数大量增加。这一方面是由于美国科学技术自身的发展；另一方面也源于美国从德国引进的许多优秀人才，例如，爱因斯坦这批优秀人才在美国的大学中创立了非常重要的科学研究机构，促进了美国高等教育和科研的发展，使美国成为当今世界科学技术和高等学校最为发达的国家。同时，美国从德国、日本获得的大量有价值的科研资料，也需要大批科技人员去整理，这些科技资料就成为后来美国四大报告①的源泉，对这些资料的整理分析也促进了美国文献情报水平的提升，这也是科学技术情报工作发展的一个非常重要的事件。

1.1.1.2 情报学发展的几个阶段②

（1）学科的形成（20 世纪 40 年代）。1945 年 7 月，美国科学研究与发展局局长布什（Vannerar Bush）在《太平洋月刊》上发表了《诚如所思》（*As We May Think*）一文，首次提出了机械化检索的设想，这一极具影响力的文献被视为情报学的开端。1948 年，英国科学家 S. C. 布拉德福发表了《文献工作内容的改进和扩展》，强调了自 19 世纪 90 年代以来彭勃发展的文献工作到 20 世纪 40 年代所面临的必须革新的局面，揭示了传统文献工作向情报学转移的历史趋向。1948 年，英国皇家学会在伦敦召开了首次国际科学情报会议。这次会议之后，一些科学家开始对如何寻找和获得情报进行研究，并致力于情报服务工作，从而形成了新型的情报职业。

（2）初期发展（20 世纪 50 年代）。1953 年，荷兰学者 Farradane 首次提出了“情报学家”（information scientist）这个名称。2 年后，“情报学”（information science）作为一个学科名称在他的倡导下首次被使用。1958 年，英国成立“情报科学工作者协会”（Institute of Information Science，IIS）。这段时期，文献工作中已经出现了一些与情报学相关的明确的类别，如情报组织、存储与检索、机器翻译、科学家的情报需求等，情报学由此初步形成了学

---

① 这四大报告分别为：a. AD 报告。AD 报告产生较早，1951 年开始出版。现由美国国防技术情报中心（Defence Technical Information Center，DTIC）负责收集整理和出版。报告内容以国防部各个合同户的研究报告为主，其报告号冠以 AD，A 原先为 Armed、D 则为 Document 之意，现在则可理解为入藏报告（accession document）。b. PB 报告。产生于第二次世界大战（WORLD WAR II）结束之后，当时美国政府为了整理和利用从战败国获得的数以千吨计的秘密科技资料，于 1945 年 6 月成立了一个专门的出版局，即美国商务部出版局（Publication Board），负责收集、整理、报道利用这些资料。c. STAR 是美国国家航空航天局 NASA（National Aeronautics and Space Administration）科技情报处编辑、出版的专业性检索刊物，它是检索航空航天科技报告的重要工具。d. Energy Research Abstracts（ERA），是美国能源部 DOE（Department of Energy）技术情报中心编辑出版的半月刊。ERA 收录能源部部属科研机构和各大学等一切与能源有关的科技文献，但以科技报告为主。

② 马费成，宋恩梅，张勤．IRM-KM 范式与情报学发展研究［M］．武汉：武汉大学出版社，2008：241－246.

科的研究体系和内容，包括情报组织、情报存储与检索设备、机器翻译和情报需求。

美国科学家陶伯、莫尔斯、肯特、卢恩等相继研究出单元次索引、叙词索引、组配索引、题内关键词索引及定题情报服务的原理和装置，为情报检索技术的发展奠定了基础。英国科学家布拉德福和维克利相继对文献分布理论进行了研究，费尔桑、克莱弗登分别对分类检索理论和检索系统性能的评价问题做了相关探讨。1957 年，美国科学家柴瑞宣布在美国把各种交流研究活动统一于情报学，同年美国国内的手工情报检索开始转为计算机检索系统。1958 年，第二次国际科学情报会议在华盛顿召开，这次会议使文献工作的范围扩大到了语言学、机器翻译、文摘自动化和索引自动编制、情报科学家的职业教育及相关的其他领域，为情报活动的发展指引了一个新的方向。

在我国，情报学研究是在科技情报工作的基础上开始起步的。1950 年，中国科学院文献情报中心，即中国科学院图书馆成立；1955 年，周总理向中国科学院领导做出建立情报机构，开展情报服务的指示；随后，在 1956 年，国务院科学规划委员会编制《十二年科学技术发展远景规划》，其中规定了科技情报工作的主要内容；1956 年 10 月，中国科学院建立国内第一个国家情报中心——科学情报研究所（“中国科技情报研究所”“中国科技信息研究所”前身），开创了中国正规的科技情报事业；1957 年 12 月，中国科学情报研究所创办《科学情报工作》杂志（《科技情报工作》《中国信息导报》前身），标志着中国情报学研究的开端；1958 年，中国科技情报研究所建立情报大学，1959 年并入中国科技大学，成为一个情报专业。

（3）快速发展（20 世纪 60—70 年代）。随着计算机技术的日渐成熟，情报学的发展也进入了一个快速发展的阶段，主要研究以计算机为中心的自动化情报检索系统及与之相应的处理技术。1961 年，美国化学文摘社用电子计算机实现了“化学题录”的自动编排；1972 年，洛克希德公司的 DIALOG、系统发展公司的 ORBIT 等联机检索系统相继投入使用。以兰卡斯特（Lancaster）为代表的一批学者对于联机系统进行了深入的研究，成为这一阶段情报学发展的主流。1973 年出版的由兰卡斯特与弗依斯（Fayes）编著的《联机情报检索》一书，在练级存取和检索研究中做出了里程碑式的成果。

除了使用研究以外，情报学在理论研究上也取得了一系列的成果。加菲尔德发明了英文索引并试编成了《科学引文索引》（Science Citation Index，SCI），普赖斯提出了科学文献指数增长规律与衡量科学文献老化的普赖斯指数，苏联学者米哈依洛夫等出版了《科学情报原理》《情报学基础》《科学交流与情报学》等著作，美国学者萨拉塞维克编撰了《科学情报导论》。这一时期，文献计量学研究也得到进一步发展。人们对布拉德福定律、齐普夫定律等景点做了更进一步的探讨、验证和评价，并寻求在图书馆管理、文献管理和科学预测方面的新应用。

对于学科本身而言，情报学在不断发展完善中逐渐确立了独立于传统图书馆学和文献学的学科地位。联合国教科文组织即许多国家的文献标引、图书分类法中开始使用“情报科学”的学科名称。在本学科领域出现了众多的代表人物，并产生了一系列基础文献和核心文献。1968 年，美国文献工作协会改名为美国情报科学学会，《美国文献工作》随之成为《美国情报学会会志》。至此，情报学在美国才真正从文献学中分离出来，成为一门独立的学科，一批学术团体和专业性学术杂志繁荣发展，情报学教育也得以蓬勃兴起。这些都成为情报学取得独立学科地位的标志。

在中国，由于受“文化大革命”的影响，中国的情报学在短暂的发展之后，陷入了停顿，之后开始逐渐复苏。1978 年，中国科技情报学会成立；同年，武汉大学首先在国内设立科技情报专业，情报学教育得到恢复；1979 年，《科技情报工作》复刊，而后《情报科学》（1980）、《情报学刊》（1980）、《情报学报》（1982）等学术刊物相继出版。

（4）研究深化（20 世纪 80—90 年代初期）。在计算机技术、信息技术的进一步发展影响之下，情报学研究的深度和广度都得到加强，主要表现为基础理论研究深化，分支学科研究活跃。

情报研究深化的一个表现是基础理论研究不断深化，之前由于技术应用研究盛行的结果，导致了情报学理论研究的薄弱。这一问题逐渐为情报学者所意识到，基础理论研究开始引起越来越多的重视。1983 年，英国情报学家布鲁克斯发表了题为《情报科学基础》的系列文章，将波普尔的“三个世界”理论作为情报学的基础，提出情报学的基本任务是探索和组织客观知识的观点，为了更深入的探讨和解决“情报爆炸”问题，一些学者还从社会、经济等角度来研究信息社会环境中的情报问题。

情报学研究深化的另一个表现是分支学科研究活跃。情报学与另外的学科相结合，形成了一系列新兴的研究领域，包括情报经济学、情报计量学、情报社会学、情报心理学等。这些分支学科从经济学、社会学、心理学等层面对情报问题展开了多维度的分析研究，大大丰富了情报学研究的背景框架。

20 世界 80 年代是中国情报学研究的全面复苏时期。中国学者开始注重情报学基础理论的探讨，并引进多美学科理论（如信息论、控制论、统计学、行为科学等），对情报学进行全方位的研究，产生了一系列的研究成果。这一时期，情报技术开发和情报计量学也取得了显著的进展。此外，高校和研究机构开始招收情报学专业的本科生和研究生，情报学教育得到蓬勃发展。1984 年，武汉大学和中国科技信息研究所首批获得国务院学位委员会批准，设立了国内最早的情报学硕士学位授权点。1990 年，武汉大学建立了国内最早的情报学博士学位授权点。随着情报学教育的兴起，各类教材和学术专著也纷纷出版，这些专著和译著不但成为当时情报学专业的必备教材，而且对于中国情报学的发展也产生了深远的影响。

（5）新的走向（20 世纪 90 年代中期至今）。这一阶段情报学仍在不断地持续演化和发展过程中，网络技术应用与普及、信息社会的兴起与形成是这一时期的社会重要特点，这种变革构造出了当代情报学发展的新语境，一系列新思想、新方法、新技术应运而生，情报学研究也由此呈现出一些新的特征。研究对象由传统的以纸质为载体的文献转变为以数字形式存储和传递的信息，网络环境下实现知识的组织和提供成为情报学研究的新课题。从目前来看，在这一阶段发展过程中，由于在信息技术发展及其应用带来的社会变革程度的差异性，可以划分为前后 2 个时期。

首先是 20 世纪 90 年代到 21 世纪初 10 年之间，在此期间，以信息化、数字化、网络化为典型的技术特征。20 世纪 90 年代之后，中国的情报学发展进入了一个转折期；1992 年，国家科委把“中国科技情报研究所”改名为“中国科技信息研究所”；1993年，国家教委颁布新的《普通高等学校本科专业目录》，将“科技情报”专业调整为“科技信息”专业。这一系列的事件对于中国情报学研究及情报学教育都产生了广泛的影响。各大高校的图书情报学系纷纷改名为信息管理系，并在整合其他学科和专业的基础上，形成以信息管理为主线的教学思路和课程设置方案。随着学科之间的交叉渗透，情报学与其他学科之间的科际整合日益显著。对于用户研究的关注反映出情报学有单纯技术维度转向技术、用户兼顾的取向，这在具体的研究内容及研究范式上都有较为明显的表现。

其次是21世纪初10年开始至当下正在演进中的时期，在此期间，以云计算、大数据、智能化、物联网、移动互联等为典型的技术特征。因此，随着大数据概念的提出及大数据时代的到来，情报学研究范畴已经明显地呈现出大数据的典型特征，情报实践工作也不再局限于科学技术情报领域，呈现出全领域或与其他领域交叉、深度融合的特点。简单概括，即跨界与融合。因此，大数据范式是情报学发展的新阶段，主要表现在以下两个方面。

（1）情报学研究中涉及的数据类型复杂，非结构性数据所占比重明显增大，数据处理难度加大，对智能型数据分析工具依赖性增强，对分析结果可视化呈现需求不断提高，大数据分析的理论、方法与工具在情报学领域已经开始应用，对传统情报学发展中的数据获取、数据监护、数据存储、数据管理、数据分析、数据安全、数据呈现等方法与技术带来了极大的挑战。大数据技术与方法的应用对情报学的理念、研究内容、主要技术方法等产生了重要的影响，是情报学发展的新阶段。基于大数据理论与方法的用户数据分析、开放网络数据挖掘、数据监管、电子书使用监测、网络舆情监测等领域成为情报学研究的重点内容①。

（2）情报学的研究对象——数据与传统意义上的数据（包括之前的单机或联机数据库中的数据）有着根本性的差异，表现在以下几个方面：第一，数据体量上巨大，当下大数据一般在量级上达到TB、PB，甚至是EB或ZB，远超出传统数据分析软件的计算能力范围；第二，数据类型上的不同，大数据的类型复杂，具有多（高）维性、多态性，既有结构化的数据，也有非结构化的数据，特别是网络社交媒体、物联网、各类传感器等产生的数据，不再是传统数据库中的单一类型的数据；第三，数据的产生、处理和分析的速度加快，大数据分析要求在短时间能够给用户以可视化或简明的情报，传统的情报分析系统难以胜任；第四，数据的价值量上高低，相对于大数据的体量，大数据价值密度低，但是大数据蕴含的商机、机遇等也是非常诱人的，可直接用于决策支持、舆情管理、安全防范、风险管理、国家安全等领域，这也是样本数据分析所不能比拟的。因此，可以看出大数据环境下的情报学，在研究对象、研究工具、研究过程、研究结果、应用范围、应用领域等与传统情报学相比有着明显的差异，这些差异性也间接说明了传统情报学难以适应新形势、新问题、新技术、新环境，这就需要情报学界应从情报理论研究和实践应用范式上有所转移、变迁或突破。理论创新、方法创新、实践创新上的要求，使得情报工程学有了生发的土壤，情报工程学便是应对大数据环境下情报学新问题、新机遇、新挑战的重要发展阶段。

---

① 曾建勋，魏来．大数据时代的情报学变革［J］．情报学报，2015（1）：37－44.

1.1.2 大数据环境下情报学面临的机遇与挑战

1.1.2.1 大数据环境的形成

（1）互联网及其相关信息技术构成了当代社会的“操作系统”。从互联网诞生的一开始，谁都不曾预料到其对人类社会产生如此颠覆性的影响，深刻地影响和改变了人们的生产、生活、工作和学习等方面的运作方式。起初，计算机技术、多媒体技术、互联网技术及应用等被作为一种增能工具（enhancing tools），既帮助人们实现生产、工作和学习效果的改善、效率的提升、效益的提高，与此同时，也给人们的生活、娱乐、交流和沟通带来极大的便利。但是，随着信息技术的发展和普及，以云计算、物联网、移动互联、人工智能、大数据等为代表的技术及应用，促进了原来相对独立且平行发展的物理世界和虚拟世界的相互渗透、相互连通、深度融合，形成一个新的社会形态——“互联网+”社会形态。

2015年，李克强总理首次在政府工作报告中提到“互联网+”行动计划，推动移动互联网、云计算、大数据、物联网等与现代制造业结合，促进电子商务、工业互联网和互联网金融健康发展，引导互联网企业拓展国际市场，说明了“互联网+”代表着一种新的经济形态[①]，此后引发了学界和业界对“互联网+”更加深入地研究及实践探索。腾讯CEO马化腾认为，“互联网+”就是以互联网平台为基础，利用信息通信技术（ICT）与各行各业的跨界融合，推动各行业优化、增长、创新、新生。在此过程中，新产品、新业务与新模式会层出不穷，彼此交融，最终呈现出一个连接一切（万物互联）的新生态。他还指出“互联网+”具有六大特征：跨界融合、创新驱动、重塑结构、尊重人性、开放生态、连接一切[②]。

“互联网+”生态的形成，说明了它对当下社会各个领域、各个层面所体现出来的基础性、平台性、全局性、支配性的作用。正如喻国明（2015）认为：“互联网+”不是“+互联网”，它是一种新社会的组织与结构方式，是整个社会的操作系统，正如计算机操作系统一样，它规定着整个社会系统的运作基础、运作框架、运作规则。如果不能遵守互联网的逻辑和规则行事，不想或不善于嵌入互联网所构造的操作系统当中去，它就无法发挥其应有的社会影响力，并且会沦为一个“价值孤岛”而失去自己的价值和影响力[③]。该隐喻也诠释了以互联网等技术为代表的增能工具到逐渐转变成为支配社会的“操作系统”的巨大转变。

（2）大数据的形成。大数据的形成并非突然或突发性地爆发，而是以计算机技术、互联网技术、物联网、传感网、移动互联网等为代表的信息技术及其应用的迅速发展和普及，在计算机网络中服务器或网络节点中的数据在急剧膨胀着，逐渐超出传统数据处理技术能力范围之外，同时日益井喷式的数据处理、分析工作，相关行业也感到无法应付。根据国际数据公司（international data corporation，IDC）的调查与统计，2007年全球信息量约为165

---

① 新华网.政府工作报告中相关词语注释：“互联网+”行动计划［EB/OL］.［2016-08-16］. http://news.xinhuanet.com/zgjx/2015-03/13/c_134063503.htm.

② 马化腾.“互联网+”：国家战略行动路线图［M］.北京：中信出版社，2015：19-20.

③ 喻国明.互联网是高维媒介：一种社会传播构造的全新范式——关于现阶段传媒发展若干理论与实践问题的辨正［J］.编辑学刊，2015（4）：6-12.

EB，即使在全球遭遇金融危机的 2009 年，全球信息量仍达到 800 EB；未来每隔 18 个月，整个世界的数据总量就会翻倍；预计 2020 年，这一数字将达到 35 ZB，约为 2007 年的 230 倍，而人类历史 5000 多年的文字记载只有 5 EB 数据。上述统计与调查预示着 TB、PB、EB 的时代已经成为过去，全球将正式进入数据存储的“泽它（Zetta）时代”①，即大数据时代已经到来。而“互联网 +”将使得各领域大数据进一步成为现实，而这些领域大数据的分析，既需要融入自动化和集成化数据分析技术、工具和系统，同时还融入数据分析师、情报分析师、领域专家的人工智慧。

何谓大数据，英文即 big data 或 massive data，是指规模大到无法在有限时间内用常规软件工具对其内容进行抓取、管理和处理的数据集合（Wikipedia）②。关于大数据概念还没有一个统一的说法，IBM、IDC、微软等国际知名公司也都给出各自的理解，它们的概念也更多地从大数据所具特征进行描述的。一般认为大数据包含了 4 个特征维度：容量（volume）、处理和响应的速度（velocity）、类型的多样性（variety）、价值（value）密度的稀疏性，它们描述的当前数据环境特征，与信息组织和情报研究也都有密切的关系，在各个领域中都有应用③。从大数据形成的过程来看，大数据的形成是一个渐进的过程，其来源分为 3 个方面：被动产生的数据（如传统的数据库管理）、主动产生的数据（用户产生内容 UGC，如 Web 2.0 的各种社交媒体）和自动产生的数据（物联网、RFID 技术、自动监控设备等产生的各类数据）。这样，互联网中数据在数量维度上的不断积累从而超过主流数据软件所能处理能力的一个阶段④。

（3）大数据已经成为当下 IT 环境中的基础性要素。“大数据”关键词的提出并不是一个突现的新兴领域，而是由量变到质变的渐进过程。大数据从一开始提出，到融入现代社会各领域之中，并开始服务于科技、经济、管理决策、教育、安全、医疗卫生、交通、养老、测量测绘等各领域。但是这一过程极为短暂，这从大数据（big data）在 Gartner 技术成熟度曲线中的位置变化便可看出其普及之快。2012 年，“大数据”在技术成熟度曲线中从萌芽阶段转入过热期阶段⑤（图 1-1）；2013 年，“大数据”则接近技术成熟度曲线中过热期的顶点；2014 年，“大数据”处于技术成熟度曲线的过热期与低谷期 2 个阶段之间。

在 2015 年 Gartner 公司发布的技术成熟度曲线中已经没有“大数据”（图 1-2）⑥，一方面，说明大数据及其技术、平台、环境已经成熟，也成为社会各领域应用的重点领域，相关组织、企业或政府关注的是如何应用数据，从大数据分析中获得知识、优势、竞争力和治理决策能力将是工作重点；另一方面，虽然“大数据”脱离了技术成熟度曲线，但是从 2015

① 赵勇．大数据技术（PPT 课件）[EB/OL].[2016-03-23].http://wenku.baidu.com/.

② Wikipedia. Big data [DB/OL].[2015-04-20].http://en.wikipedia.org/wiki/Big_data.

③ 马费成．情报学发展的历史回顾及前沿课题 [J].图书情报知识，2013，2：4-12.

④ 张家年，罗毅，陈柏彤．大数据对信息管理类教育的影响及挑战 [J].信息资源管理学报，2016（1）：105-112.

⑤ Gartner Corp. Gartner's 2012 hype cycle for emerging technologies identifies "tipping point" technologies that will unlock long-awaited technology scenarios [EB/OL].[2015-12-22].http://www.gartner.com/newsroom/id/2124315.

⑥ Gartner Corp. Gartner's 2015 hype cycle for emerging technologies identifies the computing innovations that organizations should monitor [EB/OL].[2015-12-22].http://www.gartner.com/newsroom/id/3114217.

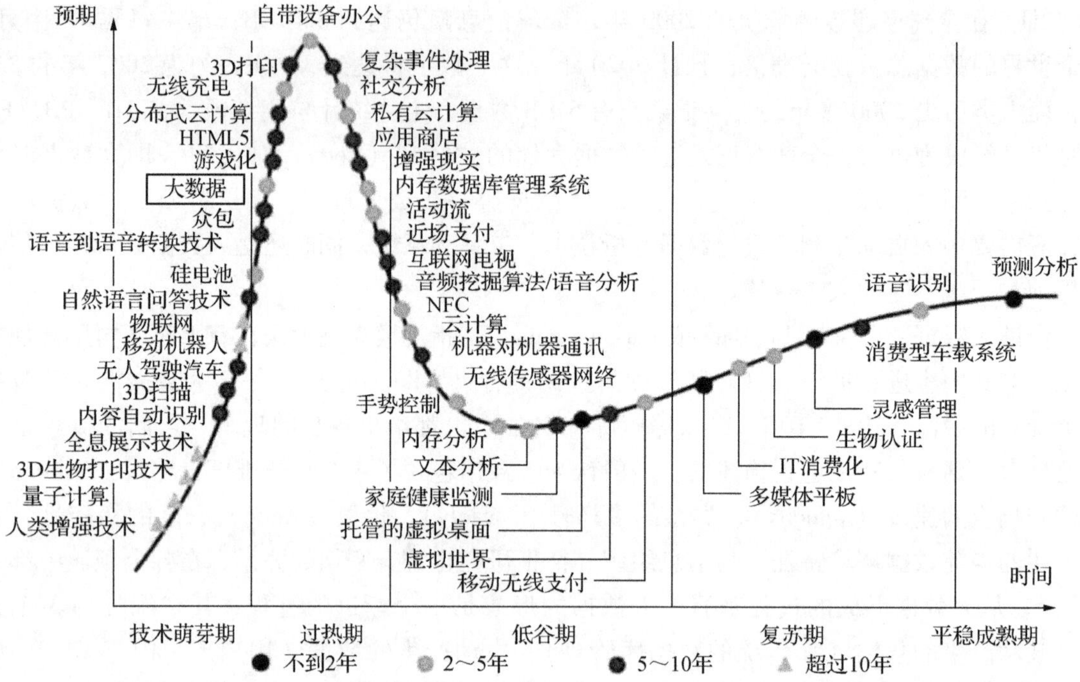

图 1-1　Gartner 技术成熟度曲线（Hype Cycle for Emerging Technologies 2012）

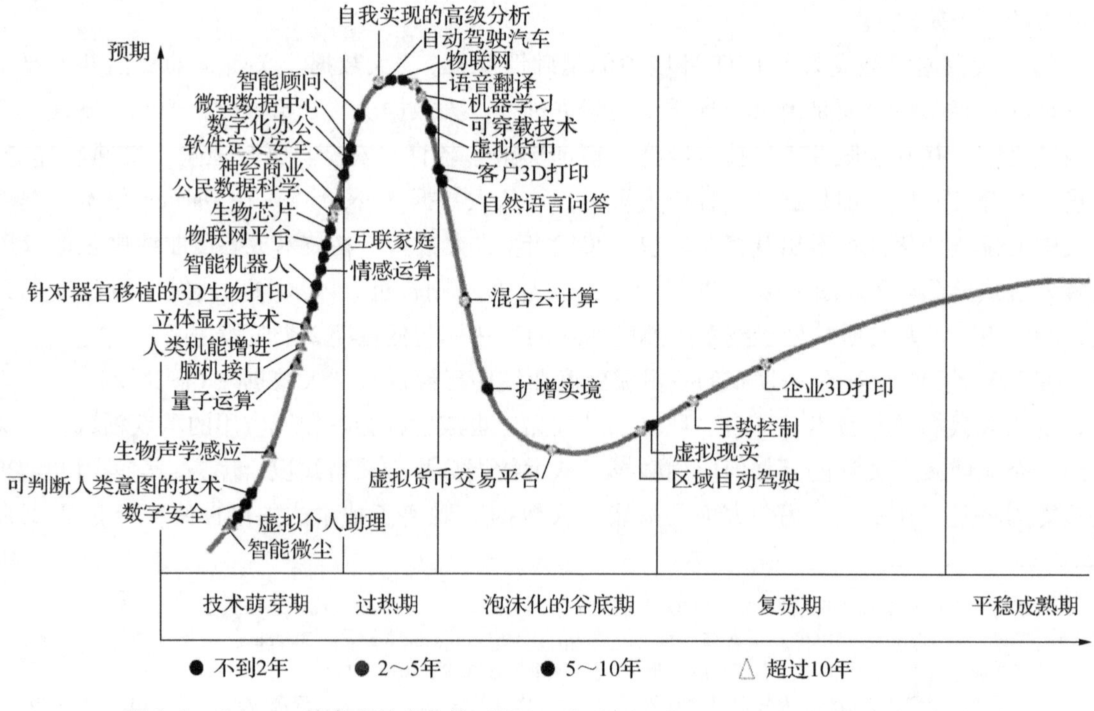

图 1-2　Gartner 技术成熟度曲线（Hype Cycle for Emerging Technologies 2015）

年曲线中仍然可以看出大数据及其技术的影子，因为其已化身为其他新兴技术的支撑性和基础性功能，如 3D 生物打印系统和器官移植、深度数据分析和数据科学、商务智能与分析、企业信息管理等技术均离不开大数据基础性的支持，这些领域也是情报工程所关注的。

（4）大数据环境的本质。在学界或业界通常说的“大数据”“大数据技术”“大数据思维”“大数据平台（系统）”“大数据战略”“大数据时代”“大数据环境”等术语，往往是从各自话语语境而指代“大数据”的一个或几个侧面。我们认为大数据有着丰富的内涵和外延，可以从以下几个方面理解：①大数据可指代其大数据自身数据的本体性概念，即大数据代表的是某领域（或学科、行业、组织、地区或国家的）巨量的数据集；②大数据还可认为是与大数据采集、处理、分析、挖掘的相关技术体系或平台系统，即与大数据相关的技术体系或平台系统；③大数据可以表示以大数据特征所代表的互联网环境演化的时间段或信息时代，也即当下所常用的“大数据时代”；④大数据还可以表示某个行业或领域的大数据应用与实践领域，如金融大数据、科研大数据、交通大数据、电商大数据、教育大数据等；⑤大数据还可以看成是一种认知世界的思维方式，与传统数据认知方式与处理逻辑相比较，大数据还被认为是一种颠覆性的、创新性的认知思维方式，大数据思维、大数据理念、大数据策略等；⑥大数据还可以认为社会治理、运行的现代化管理方式，从大数据对于社会各领域的深刻影响来看，大数据还是一种社会治理或管理方式，智慧交通、智慧医疗、智慧城市、智慧教育、智慧……这些智慧××系统的运维也都是建立在大数据基础之上的；⑦从大数据对于国家、社会、组织的重要性程度来看，大数据也可被喻为国之战略。大数据可以为国家治理提供战略性的决策支持和服务，因而为各国所重视，从而在诸多政府文件、白皮书中指代一个国家在互联网领域中的重要战略规划。例如，2012 年 3 月，美国奥巴马政府宣布投资 2 亿美元启动“大数据研究和发展计划”，这是继 1993 年美国宣布“信息高速公路”计划后的又一次重大科技发展部署，其他西方发达国家纷纷跟进。我国 2012 年也批复了“十二五国家政务信息化建设工程规划”，专门提及要构建人口、法人、空间、宏观经济和文化五大资源库的五大建设工程。2015 年 9 月，我国专门发布了《促进大数据发展行动纲要》，这标志着大数据也将成为我国未来社会发展进程中的重要战略，也是将来指导我国大数据领域发展的纲领性文件。

1.1.2.2　大数据环境下情报学迎来新的机遇①

大数据尽管起初是为了形容数据体量的庞大而提出，并渐渐地作为技术概念被频频提及，因为初期发展集中体现为数据存储管理技术的发展和提升，但大数据问题的实质是对数据的管理与开发利用，与传统情报学关注的信息资源管理的开发利用等方面有着广泛的共通性。因此，从情报学发展的视角来看，大数据的兴起给近 20 年来备受挑战的情报学带来了新的发展机遇。

（1）大数据的价值链与传统情报工作的价值链基本一致。对大数据的挖掘利用涉及数据获取、数据监护、数据存储、数据检索、数据共享、数据分析、数据展示等多个环节或阶段在内的价值链条。在这一链条中与信息管理和传统情报工作在的信息价值链基本相吻合，从数据开始，逐渐浓缩至知识，到情报或智能（问题解决的策略）。可以将情报学领域中的信息采集、信息整序、信息组织、信息检索、信息分析、信息可视化等方面成熟的理论、方法和技

① 贺德方．大数据环境下的情报学［J］．数字图书馆论坛，2012（11）：2 –5.

术拓展或移植到大数据工作中，在促进大数据研究发展的同时，扩大传统情报服务范围。

（2）大数据工作过程与“事实数据+工具方法+专家智慧”的情报方法高度契合。“事实数据+工具方法+专家智慧”是中信所团队在大数据环境下根据情报实践的需要，应对大数据环境下情报问题的情报方法。我们知道，科学研究的定量方法在大数据领域充分体现，当工具和方法作为人类智慧的结晶还必须与人类的智慧本身有效结合的，偏离定性和人类洞察力的纯粹事实数据难以具有真正的意义。传统情报学更加侧重于各类科技文献资源和科学数据，大数据的兴起和发展能够丰富传统情报研究中事实数据的来源、内容与媒体形态，而且不同的事实数据互相补充、相互印证，能够促进传统情报工作水平和情报产品质量的提升。

（3）大数据的推进和发展也能够为传统情报学提供更加有力的数据处理分析工具和方法。信息技术和分析算法尽管是情报学一直关注的重要研究内容，但也一直是情报学学科发展中的软肋。大数据环境下，各国政府和市场主体将更加重视对大数据相关技术的研发投入，也将吸引大批优秀人才进入本领域，进而实现相关工具方法的快速进步和发展，有力弥补了本学科技术能力不足的长期劣势。

（4）大数据的发展更能凸显情报学的应用价值，推动本学科的快速发展。大数据的价值不仅在于能够进一步加大情报工作对我国科技战略和科技发展工作的支撑作用，使情报工作不但与传统服务领域——科研工作更加紧密结合，而且还能促进其他领域的情报工作能力和服务质量的提升，如为国家安全、公共管理、商业机构、组织运营等各类活动的定量或定性的决策提供支持和服务。在此过程中，理解业务需求、熟悉相关技术方法、了解数据资源的情报人员也将扮演越来越重要的角色。学科人才的旺盛市场需求反过来也会促进情报学教学科研工作的全面提升和发展，进而实现情报学的整体发展。以美国为例，包括约翰·霍普金斯大学、加州大学圣迭戈分校、伊利诺伊大学、密歇根大学、康奈尔大学和麻省理工学院在内的不少高校已经设置了专门硕士、博士学位，以培养能够按照数据的生命周期全过程对数据进行管理的专业人才。

1.1.2.3 大数据环境下情报学面临更多的挑战①②

随着社会需求与信息技术的发展，各类学科也都在不断地发展演变。从20世纪40年代开始，情报学在满足社会特定需求、技术发展的基础上，确定了早期的情报学研究框架。最近十几年，可以作为情报学繁荣发展的一个重要时期，情报学的研究内容、方法与技术都得到了极大的拓展与深化。但随着各类型数据信息在各种维度上的急剧膨胀，对大数据的收集、组织、存储、整合、分析及展示（结果呈现）成为社会需求关注的重点，而传统情报学信息分析的方法与技术已经不能完全满足各类型用户的最终需求，存在着边界不清晰、技术方法不先进、管理流程老化、服务方式和商业模式没针对性的问题，难以适用于数字科研与网络生态环境，也难以适用于数字思维模式。情报学作为以数据、信息、知识、情报为主要研究对象的学科，大数据问题的出现也给情报学提出了诸多挑战，体现在以下几个方面。

---

① 贺德方．大数据环境下的情报学［J］．数字图书馆论坛，2012（11）：2－5.

② 曾建勋，魏来．大数据时代的情报学变革［J］．情报学报，2015（1）：37－44.

（1）情报学的基本理论亟须完善。从目前的研究来看，情报学基本理论主要包括情报的传播、交流与利用理论，文献分布理论，分类检索理论，认知理论，情报经济效益理论，知识地图理论等，这些基本理论大多在20世纪80年代之前提出，在新的数据科学环境下，面对新问题、新任务、新需求，原有的这些基本理论需要进一步深化扩展，同时也需要根据新的数据环境的需求，借力其他学科的理论与方法，跨学科、跨领域地融入情报理论与实践，提出新的理论支撑，以不断完善情报学研究的基本理论体系。

（2）研究对象的挑战。传统的情报学研究对象主要是科技信息、专利、文献等，这些情报源相对规范，并已经遵循了一系列标准化组织制定的标准，因而收集、整理、处理和分析的过程相对较为简单。面对传统的情报学研究对象，现有情报学的方法、技术、工具能成熟地处理。但与传统情报学的研究对象相比较，当下情报学需要处理的对象——大数据，则更零散、更原始、更复杂、更加高维。结构化数据和非结构化数据并存，这些巨量、快速、多样的数据存在明显的碎片化特征；不少数据仅仅停留在原始数据层面，并未成为真正的信息；数据中存在各类真假不分的杂乱数据，而且数据背后也恰好反映的是复杂的现实世界无显著规律的行为。正因为如此，大数据强调的是高维、多源、巨量的全数据的收集和分析，如果能够准确地进行挖掘和分析，其结果更接近于规律、本质及洞见，这样的情报分析结果对于我们的问题解决、决策支持、规划支撑等是非常重要的。

（3）技术、方法和工具的挑战。传统情报学在对科技文献、专利、专著等的研究过程中，逐渐形成了情报学独特的研究方法、技术、工具和系统，如情报哲学方法、情报心理学、情报计量方法、三计法、系统方法及一些分析技术和工具等。但是在大数据环境下，大数据对相关技术提出了新的要求。技术是大数据问题中的关键问题，并将一直影响着大数据问题的研究。对大数据的有效存储、管理和使用是实现大数据目标的基本要求。在此基础上，传统的信息获取、存储管理、分类、索引、检索、聚类、人机交互技术等信息分析处理技术方法，如何顺利转移到对大数据的管理和利用上来是对情报学提出的重要挑战。同时，在大数据环境下，情报分析思维也面临着大数据思维的挑战，必须突破传统情报思维模式，甚至是研究范式的转变。

（4）用户需求更复杂，对服务价值的期望值更高。传统情报的服务对象、用户需求、服务产品相对比较固定和明确。大数据环境下的情报服务对象、服务需求、服务产品将更加细分。特别对于大数据4V中的价值特性使得用户对基于大数据服务的价值有着更高的期望值，但同时用户的需求也更加复杂、具体。实现从数据到用户价值的转化则需要情报人员一方面能够更深刻地了解用户需求；另一方面需要更加系统性地了解数据及其特征，建立高效可控的数据处理流程，掌握多种数据分析方法，需要情报人员具备更加全面、综合的素质与能力。而这不是仅靠数据治理师、数据分析师等就能够胜任的，同时需要情报工程师的主导性工作。

（5）信息安全和公民隐私问题更加突出。在大数据时代，信息安全和隐私问题又将成为情报学研究的新挑战。首先，个体随着全球各国对大数据获取、处理分析能力的提高，大量零散数据中蕴含的有价值信息能够得以发现并利用，在这种情况下，信息安全也从传统计算机网络安全、保密管理等可控安全管理变为无法确知安全隐患的不可控的安全管理，而同时信息公开、数据公开的呼声越来越强烈，数据开放与信息安全之间的矛盾更加突出。同样，大数据中包含大量用户信息，这也使得对大数据的开发利用很容易侵犯公民的隐私，恶意利用公民隐私的技术门槛大大降低，公民隐私保护也将成为极具挑战的研究问题。总之，情报工作是为了发现知识、规律或机遇，并不是具体的隐私信息和知识产权的觊觎。大数据环境下的情报工作，如何保护隐私、信息安全则是面临的一个重大挑战，需要从法律、制度、技术、规范、伦理道德等多层面协同保障信息安全和公民隐私等问题。

1.1.3 情报工程学发展的推动力

1.1.3.1 大数据环境下情报学研究的拓展是情报工程学的内生动力

库恩认为，任何一门科学知识的发展都是一个演化与革命、积累与创新、连续与间断交替发生的历史过程，典型的形态受某个既定的哲学范式支配的积累性常规研究同突破旧范式的创新性非常规研究交替出现的历史进程①。作为情报学科的发展也不例外，在大数据环境下，情报学科既有的哲学与学科理论基础、工具与技术、环境与实践在不同程度上发生了根本性的变革，原有情报学的范式无法同化这种变革，那么就应该顺应外部的变革②，即需要创建情报学的新范式，或新的学科——这是大数据环境下情报工程学发展的内生动力。

另外，大数据在情报学领域的应用，使情报学的内涵与外延拓展，以适应在数字化环境下情报学研究对象的变化，不仅包括传统的文献数据、科学数据、用户数据等，而且还包括网络中的各类大数据、开放大数据、金融大数据、交通大数据等。大数据在情报学领域中的应用为情报学深入拓展与完善提供可能，从基本体系框架、内容构成、组织方式、分析方法、服务模式等方面将情报学的研究内容从原有的情报传播、收集、存储、检索、规范与服务的理论与方法进一步扩展，如大数据的战略、效益与流程，大数据描述、收集、存储、检索、组织关联与安全，大数据挖掘方法与平台、大数据使用与服务模式等方面，深化情报学研究的内容（表 1-1）③。

表 1-1　大数据范式下情报学研究内容的拓展

研究范畴	研究内容	内容扩展
情报学基本理论	情报的传播、交流与利用理论、文献分布理论、分类检索理论、认知理论、情报经济效益理论、知识地图理论、人文范式	大数据战略研究； 大数据效益研究； 大数据流程研究； 大数据内涵、大数据内容体现

① 马费成，宋恩梅，张勤. IRM-KM 范式与情报学发展研究 [M]. 武汉：武汉大学出版社，2008：241 -246.

② 本书引入“同化”和“顺应”2 个概念，来隐喻学科发展与新学科的建立这么一个过程。同化与顺应是瑞士著名心理学家皮亚杰从生物学移植到心理学和认识论中的概念。它们的最早提出见于 1936 年出版的皮亚杰的《儿童智力的起源》一书。根据皮亚杰的观点，在认识过程中，同化是把环境因素纳入主体已有的图式之中，以丰富和加强主体的动作，引起图式力量的变化。顺应则是主体的图式不能同化客体，必须建立新图式或调整原有图式，引起图式的质的变化，使主体适应环境。所以，皮亚杰对同化和顺应所下的定义是：“刺激输入的过滤或改变叫作同化；内部图式的改变以适应现实叫作顺应”。

③ 曾建勋，魏来. 大数据时代的情报学变革 [J]. 情报学报，2015（1）：37 -44.

续表

研究范畴	研究内容	内容扩展
情报组织与检索	情报的收集、存储与检索； 情报标准与规范； 情报用户与情报网络	大数据描述识别； 大数据收集、存储与检索； 大数据的标准与规范； 大数据组织与关联； 大数据安全管理
情报学研究方法与技术	社会调查、文献计量、统计分析、共现分析、链接分析、内容分析、技术路线分析等	大数据分析工具、方法与平台的开发与应用； 大数据清晰、规范集成整合； 大数据算法与挖掘计算
情报工作与服务	定题服务、查新服务、科学评价服务、学科演化及发展趋势预测服务、科研关系网络分析、经济情报分析、企业竞争情报、舆情预测与安全服务等	大数据用户与大数据网络； 大数据使用研究； 大数据服务模式

从表1-1中可以看出，在大数据环境下，情报学的研究内容在情报学基本理论、情报组织与检索、情报学研究方法与技术、情报工作与服务等方面逐渐融入大数据的内涵、技术、方法、服务理念，拓展了情报学的研究范畴、理论框架和实践领域，借力于跨学科的力量，为情报工程学提供了新的理论给养，是情报学面对大数据环境挑战下的自我更新、自主调适，也是情报工程学发展的内生动力。

1.1.3.2　信息技术的发展和用户需求的变化是情报工程的外生动力

首先，信息技术的发展和大数据的形成是情报工程的外生动力。随着科技不断进步，特别是信息通信技术，如互联网、物联网、云计算、移动互联网、传感网等技术的不断发展、融合和普及，已经将物理世界（physical world）、虚拟世界或信息空间（cyberspace）、人类社会（human society）三个世界充分地连接在一起。其中，互联网与移动互联网可以被看成是人类社会与虚拟世界的交互界面，物联网与传感网则是连接着物理世界和虚拟世界的交互界面。那么，大数据就是在物理世界、人类社会及二者之间相互作用在虚拟世界中产生的数据集。

究其本质而言，大数据反映了什么？从宏观世界角度来看，大数据是融合了物理世界、信息空间和人类社会三元世界的纽带，因为物理世界通过互联网、物联网等技术有了在信息空间中的大数据反映，而人类社会则借助人机界面、脑机界面、移动互联等手段在信息空间中产生自己的大数据映像①。物理世界、信息空间和人类社会三者也在不断地相互融合，物理世界和人类社会及其演化的动态过程通过投射在信息空间中的数据映像渐趋具体、清晰。一方面，物理世界中很多现象和规律可以在信息空间中寻找到其对应的镜像，有助于在信息

① 程学旗，靳小龙，王元卓，等．大数据系统和分析技术综述［J］．软件学报，2014（9）：1889－1908.

空间中呈现出物理世界的科学规律、物质结构和功能模型的数据映射，也就能够通过信息空间的数据镜像进行技术预见、趋势预测的情报分析工作；另一方面，人类社会的复杂关系和发展过程也能在信息空间留存相应的轨迹。因此，可通过在信息空间的大数据分析来获得社会发展规律和趋势、人际传播规律、人际交流模式、突发事件的走向和舆情发展趋势等。当然，目前物理世界和人类社会在信息空间中的大数据集合并不是其完全的镜像，还只是在信息空间中的局部或近似整体的反映，或者是物理世界或人类社会的某个领域、某个侧面在信息空间中的大数据镜像反映，反过来看，现在的信息空间并不能反映物理世界和人类社会的全貌。因此，大数据环境下情报分析工作不能等同于大数据分析，还不能完全以大数据系统的分析结果去替代专家思维和专家智慧，仍要重视情报分析过程中专家知识和智慧的作用。

其次，用户及用户需求的变化也是情报工程发展的外生动力之一。第一，在大数据环境下，情报学的用户不再仅是面对传统的科研机构，而是要面对更为广泛的用户群，可能包括政府机构、行业、领域、组织甚至是个体都将可能是大数据环境下潜在的情报用户。同时用户的需求也更加细粒度化，即用户情报需求更加细分、具体、专业，而且要求情报机构能够及时响应、准确支持和快速提供服务。第二，传统的科技情报服务的工作模式在过去几十年中经历了显著的转型与变化，从主要是基于事实、数据、信息、文献翻译等的事实型情报收集服务；到主要是基于文献检索、翻译、综述而开展定性分析和文献计量定量分析等的综述型情报分析服务；再到主要基于文献、专利、标准、经济社会和开源数据库的数据挖掘计算与分析，以及建设科技发展态势监测分析与研究系统的计算型情报研究。

总之，在大数据环境下，用户的情报需求倾向也发生了深刻的变化，诸如文献采集、计量分析等科技情报需求只是其中一部分，需要能支持知识发现、技术创新、技术突袭（technology surprise）、技术预警（technology warning）①②、国家安全等，而且更多地要面向金融、股市、地理、交通、医疗、舆情、公共安全、电子商务等不同领域与不同主体决策支持的情报需求。而且，在大数据环境下，还要能实现精准的情报服务，以满足特定主体的特定情报需求。

1.1.4 情报工程是情报实践探索的新阶段

情报工程源于大数据环境下科技情报实践的探索，同时期社会其他行业或领域中的数据

---

① 秦博鳌. 中国国防科技信息中心专家解析“技术突袭”与“技术预警”：美国列出可能威胁其军事优势的技术领域［J］. 现代军事，2006（2）：13－15.

② “技术突袭”（technology surprise）和“技术预警”（technology warning）是美国人提出的2个相关概念。“技术突袭”是指以独有的技术成果或压倒性技术优势突袭对手；“技术预警”则是指对潜在对手可能形成的“技术突袭”事先发出警报。“技术预警”不同于一般的技术展望，也不同于科技情报中的“技术预见”，它是从国家安全的根本利益出发，以保持己方军事优势、防止敌人“技术突袭”为宗旨的技术发展预测。自20世纪50年代末苏联成功发射人类第一颗人造地球卫星以来，美国一直高度重视技术预警工作。在美国国防情报局的倡导与支持下，美国科学院下属国家研究委员会于2005年5月发布的《在全球技术进步时代避免技术突袭》的研究报告，就是一个谈及“技术预警”的典型文件。该报告中不仅针对防务技术全球化、商业化趋势的大背景，列出未来可能威胁美国军事优势的重点技术领域。原意主要是指美国担心在军事领域中被对手突发性（出其不意）的技术超越。本书中则把这2个概念从军事领域延展至科技、商业、公共安全等领域，主要是指在当下大数据环境中的某一技术领域、一个主体可能被其竞争对手这种突发性的技术超越。

挖掘、知识价值发现、战略决策需求等实践探索，从各自视角和目标的追求，客观上也推动了情报工程范式的建立。

1.1.4.1 事实数据+工具方法+专家智慧——中信所的实践①

2009年，中信所提出了“事实数据+工具方法+专家智慧”的情报研究思路与情报实践方法。这种方法论的基本思路是，“在建设和累积、更新信息资源数据库的基础上，针对某些科技问题，组织研究队伍，采用各种定量与定性相结合的系统集成方法，对事实型数据进行深入分析，从中发现某种现象、规律，继而通过专家智慧提炼出可指导实践的政策建议”。

在实践层面，针对海量、实时、结构复杂的多源数据，充分利用大数据处理技术与云服务，在“事实数据+工具方法+专家智慧”思路指导下，近2~3年，中信所进行了密集的研发活动，创出了一种“技术情报工程”（technology intelligence engineering，情报工程）的实施模式（命名为Fast4 Wisdom），它是一种全面支撑科技创新型社会的情报分析服务体系。此基础性方法在中信所研发工作中得到了有力的验证，并得到了国内其他情报研究机构的普遍认可，也成为情报界的普遍共识。

中信所在“事实数据+工具方法+专家智慧”实践基础上提出情报工程概念和科技情报研究方法。在大数据时代，用户需求从文献信息的提供上升为新知识发现（new knowledge discovery）、竞争情报（competitive intelligence）、洞悉（insight）的诉求，为此，应在“事实数据+工具方法+专家智慧”的方法基础上，赋予（powered）新理念、新内涵、新功能、新领域，使之升华为情报学的重要组成部分。因此，中信所研究团队从学理上进一步探究、丰富和充实情报工程的理论架构，赋予“事实数据+工具方法+专家智慧”情报研究方法论新的内涵和新的功能，将工程化及系统化思维融入情报研究工作中去，提出情报工程学（intelligence engineering），即工程化思维下的情报研究理念和科研模式，它是对“事实数据+工具方法+专家智慧”情报研究方法论在大数据环境下指导实践的拓展与深化，也是一种全面支撑大数据环境下科技情报工作的新范式②。

1.1.4.2 爱思维尔数据库服务新模式——英国研究绩效的国际比较研究③

（1）相关背景概述。爱思唯尔的英国研究绩效的国际比较研究（Elsevier：International Comparative Performance of the UK）是受英国商业、创新与技能部（department of business, innovation and skills，BIS）委托，对英国的科研表现进行的评估，并与其他7个研究密集型国家（加拿大、中国、法国、德国、意大利、日本和美国），3个增长快速的国家（巴西、印度和俄罗斯）和其他国际标杆进行了对比。报告追溯了国际环境下英国国家研究系统的投资及表现，结合多种指标呈现了英国研究水平的比较优势，同时在可能影响英国未来地位的趋势方面提供了决策支持建议。

该报告迄今已进行了2轮，分别在2011年和2013年对英国的科研绩效进行了国际比较

① 乔晓东，朱礼军，李颖，等．大数据时代的技术情报工程［J］．情报学报，2014（12）：1255-1263.

② 贺德方．工程化思维下的科技情报研究范式：情报工程学探析［J］．情报学报，2014（12）：1236-1241.

③ 潘云涛，田瑞强．工程化视角下的情报服务：国外情报工程实践的典型案例研究［J］．情报学报，2014（12）：1242-1254.

研究。研究包括六大主题：科研投入（research input：R&D 研发投入等）、人才资源（human capital，研究人员数量、流动及合作）、科研产出（research outputs：期刊论文、引文及使用情况）、科研合作（research collaboration）、科研效率（research productivity：成果转化等）及知识转移（knowledge exchange）。

研究得出的主要结论有：英国国民占世界比例虽小但科研水平很高。英国人口占世界比例为0.9%但其研发投入占比为3.2%，研究人员占比为4.1%，文献下载率占比为9.5%，被引频次占比为11.6%，高被引论文占比为11.6%；英国的研究阵地非常全面，而在大多数研究领域影响力都很高；英国处于全球科研合作及科研流动中的焦点；英国的跨部门知识流动强烈。尽管英国科研水平在世界具有举足轻重的地位，贡献了越来越多高品质的研究成果。但在研发支出或人力资本投入大致保持稳定或减少的情况下，其科研水平可能无法维持世界领先的地位。新的趋势表明：美国仍然是世界上最大的研究阵地，然而和其他传统的强国如英国一样，其领先地位开始被东方的新兴国家所蚕食。尤其是中国，除了整体研究质量还较低外，其研发投入的绝对数量和产出都很显著。随着中国不断深入地参与国际合作，加上其研究人员总流动呈纯流入，其科研质量也将随后赶上。

（2）数据资源。爱思唯尔的英国研究绩效的国际比较报告采用了多元数据互补结合进行分析。数据来源可分为3个层面。全球层面：包括 R&D 经费与人力资源数据来自 OECD① 数据库，论文和引文数据来自 Scopus 平台，专利申请来自 WIPO 数据库。国家地区层面：从英国国家统计局（Office for National Statistics）获得了英国国内的研发投入产出等数据；从质子欧洲（ProTon Europe）获得了欧洲的大学和其他公共研究组织的知识转移（knowledge transfer organization，KTOs）活动调查数据。高校层面：从 Association of University Technology Managers、Higher Education Statistics Agency、HEFCE's Higher Education-Business and Community Interaction 等网站或数据库获得了英国、美国及加拿大的高校数据，包括学校的学生数量、论文产出、专利授权、切割、转让等统计数据。另外，在2013年度的分析报告中增加了 LexisNexis Univentio 专利全文数据库，进行了专利引文及主题分析。图1-3为爱思唯尔科研绩效研究的数据来源。

报告使用的工具是 SciVal 工具平台，包括了 SciVal Spotlight 和 SciVal competency map，使用了共被引聚类功能，并进行了可视化展示。

（3）专家智慧。在该项目中，分为多个专家团队分别负责项目的子任务。首先，项目执行。项目执行团队选择由相关领域的杰出人才担任，如 Judith Kamalski 博士负责分析工程流程，是爱思唯尔战略分析研究部经理；Andrew Plume 博士负责编辑工程，是爱思唯尔科学计量学与市场分析及学术关系研究部副主任；Sue Wilkinson 负责沟通工作，是爱思唯尔政府及学术联盟主任等。其次，质量监督。为了保障项目分析结果的质量，爱思唯尔专门成立了质量保证小组负责数据处理的质量监督，英国商业创新与技术部的咨询团队负责整体监督

① OECD，即经济合作与发展组织（Organization for Economic Co-operation and Development），简称经合组织（OECD），是由34个市场经济国家组成的政府间国际经济组织，旨在共同应对全球化带来的经济、社会和政府治理等方面的挑战，并把握全球化带来的机遇。成立于1961年，目前成员国总数为34个，总部设在巴黎。

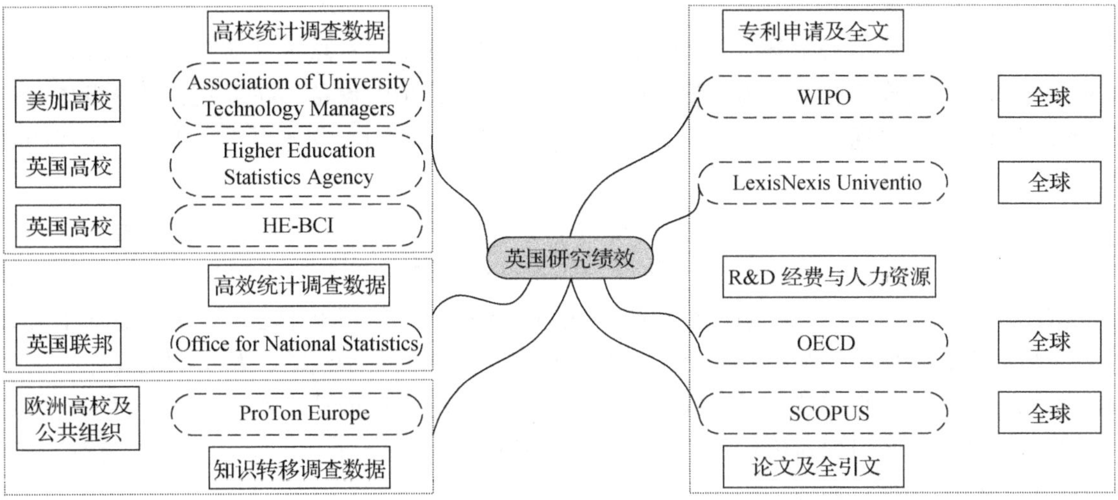

图 1–3　爱思唯尔的英国研究绩效的国际比较研究报告数据

和最终评审，该小组还包括了英国高等教育基金委员会和英国科研诚信小组的成员。最后，评审保障。初步调查结果递交给 3 个不同专家组审核，专家族共有 21 名代表，成员来自英格兰高等教育拨款委员会、威尔士高等教育拨款委员会、英国文化协会、英国皇家协会、威康信托基金会、罗素集团、英国监委会等组织或机构。

从爱思唯尔的英国研究绩效国际比较研究案例的探讨过程中，我们发现，国外优秀的情报工作实践已经将工程化的思维贯穿到了情报研究工作中：多源数据的集成、方法和工具的流程化、专家智慧的协同、系统优化整合，符合情报工程的几大要素，并实现情报工作和服务的大数据分析的自动化、规范化、集成化的特征。

1.1.4.3　其他社会情报实践领域的探索

大数据环境下的情报工程虽发轫于科技情报实践中，但并不仅仅局限于该领域。大数据环境下，社会其他领域（如电子商务、流行性病、银行风险、交通实时指挥、反恐、舆情监测等）对于日益积累的大数据，同样需要借助情报工程来挖掘机遇、发现重大价值（big value）、探查潜在竞争对手及潜在风险、保障国家安全等①。从大数据在社会其他领域中的应用过程来看，也基本遵循“事实数据 + 工具方法 + 专家智慧”情报方法和研究思路去探究和发现所在领域中的问题、机遇和价值。

（1）浪潮大数据平台大大提升了济南的警务工作能力。浪潮在帮助济南公安局在搭建云数据中心的基础上构建了大数据平台，以开展行为轨迹分析、社会关系分析、生物特征识别、音视频识别、银行电信诈骗行为分析、舆情分析等多种大数据研判手段的应用。为指挥决策、各警种情报分析、研判提供支持，做到围绕治安焦点能够快速精确定位、及时全面掌握信息、科学指挥调度警力和社会安保力量迅速解决问题。“警务大数据” + “行为分析或舆情分析”平台 + “专业人士”研判的模式与情报工程方法几乎一致。

① 谢然．大数据应用案例 TOP 100［J］．互联网周刊，2015（6）：52 –65.

（2）英特尔携杭州诚道科技构建智能交通。面对大数据挑战，杭州市和杭州诚道科技有限公司紧密合作，部署了基于英特尔大数据解决方案的城道重点车辆动态监管系统，通过集中的数据中心将全市卡口、电子警察、视频监控、流量检测设备、信号机、诱导设备等有效地连接起来，从交通案件侦破能力、交通警察对机动车辆的监管能力到利用关联车辆的数据分析能力，都得到了极大提升。

（3）中信银行信用卡实施 EMC Greenplum 数据仓库解决方案。中信银行信用卡中心选择实施 EMC Greenplum 数据仓库解决方案。Greenplum 数据仓库解决方案为中信银行信用卡中心提供了统一的客户视图，借助客户统一视图，中信银行信用卡中心可以更清楚地了解其客户价值体系，从而能够为客户提供更有针对性和相关性的营销活动。基于数据仓库，中信银行信用卡中心现在可以从交易、服务、风险、权益等多个层面分析数据。通过提供全面的客户数据，营销团队可以对客户按照低、中、高价值来进行分类，根据银行整体经营策略积极地提供相应的个性化服务。

（4）IBM 助力同仁医院构筑强大的分析体系。同仁医院通过与 IBM 合作，建立起了强大的分析能力和体系，包括对临床、运营、科研、考核等信息的分析，实现智慧的医院管理与考核；同时也能看到医疗设备的平均故障间隔周期，从而降低了设备的故障率、平均维修时间。这一切都让工作效率稳步提升，也缓解了患者看病难的问题，提高了患者就医满意度。

（5）京东用大数据技术勾勒用户画像。用户画像提供统一数据服务接口供网站其他产品调用，提高与用户间的沟通效率，提升用户体验。例如，提供给推荐搜索调用，针对不同用户属性特征、性格特点或行为习惯在其搜索或点击时展示符合该用户特点和偏好的商品，给用户以友好舒适的购买体验，能很大程度上提高用户的购买转化率甚至重复购买，对提高用户忠诚度和用户黏性有很大帮助；再如，数据接口提供给网站智能机器人 JIMI，可以基于用户画像的用户量身定做咨询应答策略，如快速理解用户意图、针对性商品评测或商品推荐、个性化关怀等，大幅提升 JIMI 智能水平和服务力度，赢得用户欢迎和肯定。

（6）大数据也助力于反恐和国家安全[①]。例如，美国国家情报网格（NATGRID）部门对来自于情报和执法机构等 21 个不同来源的大量数据进行分析和研究，以清晰勾勒出犯罪嫌疑人的行踪和面貌，基于大数据技术的信息安全智能化在帮助美国打击恐怖分子中起到了巨大作用。在国际上，利用大数据进行反恐已成趋势，大数据已经为反恐情报做出了一些贡献。如利用开源情报信息绘制了“9·11”事件的人物网络图，发现了恐怖组织网络的特征。我国在反恐领域也非常重视大数据的作用，如有研究利用中国公安部公布的 3 批恐怖分子数据，应用数据挖掘技术对东突恐怖组织的网络进行了绘制，发现东突恐怖组织的网络服从幂率分布。认为大数据对反恐情报具有重要作用，关注大数据，提高反恐情报能力。一些计算机方面的专家，也积极利用数据挖掘的方法对恐怖组织的暗网进行研究。当然，大数据还在其他国家安全领域也有着重要的决策支持作用。

可以说大数据及其应用已经深入社会的各个层面当中，在大数据环境下，在“事实数

① 李本先，张薇，梅建明，等. 大数据在反恐情报工作中的应用研究［J］. 情报杂志，2014（12）：1－5.

据+工程方法+专家智慧”的情报工程方法的基础上，完善情报工程理论与实践体系，不仅仅是在向用户提供信息、知识、智慧及决策支持等各类服务，而且还能提高工作效率、提升价值、发现机遇。

1.2　情报工程学建立的必要性与可行性

1.2.1　情报工程学建立的必要性

在大数据环境下，情报工程学作为学科建立的必要性主要体现在以下几个方面。

（1）新环境下丰富和完善情报学理论体系的必要性。随着经济、社会、科技及相关学科的快速发展，情报学理论与实践内涵也不断地演变。尤其在大数据环境下，各个领域颠覆性创新（disruptive innovation）对传统学科理论与实践体系提出了挑战，需要新的理论与实践去丰富和完善原有学科知识体系，情报学也不例外。有学者认为，这一阶段是以大数据范式为特征的情报学新阶段①：①研究对象更加复杂多样。大数据类型复杂、数据量大、数据非结构化、处理速度快、价值密度稀疏，传统情报学研究对象多定位于科技情报、文献或网络中定向数据源中的信息。②情报学基本理论亟待完善。现有的情报学理论框架起源于20世纪60年代之前，在80年代得到了较大发展，随着技术环境和实践需求的变化，情报学理论与实践也应与时俱进，情报学的基本原理和规律应能在大数据环境下进一步升华和发展。③情报研究方法需与大数据分析技术相融合。原有的信息处理、存储、建模和分析技术等在处理大数据时已经力不从心，需要从方法和技术上融入新的元素。④创新情报服务和决策支持模式。传统情报服务和决策支持是按照信息（情报）链的演化顺序和环节分工，依序实现情报服务和决策支持。大数据处理平台可以通过机器学习、人工智能替代传统情报分析中很多环节，可直接向用户提供信息、知识或情报，实现情报服务和决策支持方式的新突破。

因此，为了应对大数据环境下情报学工作所面临的挑战，将工程化思维、规范化流程设计、处理自动化、功能集成化等工程学要素融入大数据环境下情报学理论体系中，情报工程学是必要的。

（2）大数据环境下，情报实践的飞速发展倒逼着情报学理论创新。以摩尔定律（Moor's law）、麦特卡尔夫定律（Metcalfe's law）、颠覆性定律（the law of disruption）三大定律为代表的信息技术发展规律，说明信息技术前进步距向来不是渐进性的，而是颠覆性的②。因此，理论滞后于实践的发展，实践倒逼理论创新以适应实践发展的跳跃性变化。一些国际顶尖的数据服务提供商、情报研究机构，已经逐渐突破传统业务，正在用工程化范式开展深度情报服务业务，如爱思唯尔出版集团、汤森路透公司等。除了在传统图书情报领域的大数据实践中已经融入工程思维要素，在其他大数据实践领域中，如政府所持有的基础大数据：人口、交通、卫生、经济、工业、环境、地理等领域需要深层次挖掘为政府决策服务，在商业

---

① 曾建勋，魏来．大数据时代的情报学变革［J］．情报学报，2015（1）：37－44.

② 张家年，谢阳群．刍议信息技术作用效应及其应对策略［J］．情报理论与实践，2013，36（6）：32－36.

竞争情报领域中的大数据也需要为电子商务的精准营销服务。因此，在大数据环境下，为了适应大数据环境下情报服务和决策支持的实践需求，建立情报工程学理论框架来指导大数据环境下情报工程的实践是必需的。

（3）大数据环境下情报工程人才的社会需求日益增长，迫切需要新的学科支撑情报专业人才的教育和培训。由于社会各个领域中基于大数据的情报业务在急剧增加，对情报人才的需求也随之增加。目前，一些应急型的专业人才培养已经进入教育实践，如数据分析师（data analytic）、数据工程师（data engineer）、舆情分析师、数据治理（data governance）和监护（data curation）人才等。虽然这些人才培养为各类组织的大数据处理和分析提供了人才，但是这些数据人才主要解决的是信息链前端处理和分析工作，仍需要后端的知识、情报服务和决策支持。因此，在大数据环境下为了将前端的数据分析和后端的情报服务无缝连接在一起，需要的是情报工程师（intelligence engineer），他们应既能解决信息链的前端大数据处理和分析，又能进一步提供信息链后端的知识、情报服务和决策支持。因此，从人才培养的角度来看，在大数据环境下培养具有情报工程思维、知识、技术能力的情报工程师，必须有相应的专业学科作为强有力的支撑。构建情报工程学的理论与实践体系是情报工程师培养的必然要求。

1.2.2 情报工程学建立的可行性

尽管情报工程学还处于起步阶段，同其他学科的建立相类似，情报工程的学科化需要相应的条件支撑，需要学术领军者和一支从事情报工程研究与实践的探索型团队作为先导，引领和推动情报工程的发展；需要构建情报工程的基础理论体系；需要建设情报工程所需要的基础资源；需要情报工程的专业人才队伍，并建立合理的人才培养机制；需要创办情报工程领域的专业性学术期刊；需要组建推动情报工程发展为宗旨、以情报工程领域知识的继承与创新为目标而进行管理、协调的学术组织[①]；等等。当然，情报工程学并不是从无到有地创建，目前情报工程学已经具有一系列的创建条件：以情报学科为基础、相关学科做支撑、前沿课题做探索、学术期刊为平台、实践需求为导向等。

（1）情报学及其相关分支学科为情报工程学奠定了坚实的理论基础。情报工程学不是凭空而设，自成一体的，而是建立在已有学科理论基础之上的。毫无疑问，情报学及其分支学科的基本理论和方法是情报工程学的学科基础，但由于情报工程学的研究对象、研究方法、情报分析路径、情报服务方式等方面与传统情报学又存在较大的差异性，在理论上需要创新以适应新形势、新环境、新问题，而融入成熟的工程化思维、理念、原理和规律是应对大数据环境下情报学面对新挑战的必然选择。

（2）数据资源的积累。数据资源是情报工程的研究和分析对象，正是数据资源的不断积累和膨胀，超越传统数据处理工具和系统的能力范围，才迫使人们寻找新的方法、工具和技术。数据资源的积累除了传统的结构化数据（科技情报研究的对象），还包括互联网（包括移动互联网）社交媒体中网民主动生成的各类数据（多属于非结构化的数据），以及物联

---

① 贺德方. 工程化思维下的科技情报研究范式：情报工程学探析［J］. 情报学报，2014（12）：1236－1241.

网和传感网等自动生成的数据，这些数据的积累和膨胀催生了大数据环境的形成。数据资源是情报工程得以依存的对象，是推动情报工程研究与应用不断发展的基础条件。

（3）情报分析方法与技术工具的发展为情报工程学的成熟提供了技术基础。信息技术的迅猛发展使科技信息资源向纵深和集成分析处理的可能性大大提高，各类分析方法及软件工具不断涌现，为情报工程的提出奠定了技术基础。传统的科技情报研究与服务仅停留在信息检索与文献传递的层面，缺乏信息的深度利用与挖掘，而随着新一代信息技术的不断涌现与飞速发展，数据挖掘、信息分析、知识组织和知识关联、语义分析等技术已经逐步成熟。包括云计算、大数据、移动等通用技术的逐渐普及和应用，科技情报研究与服务的支持渠道和应用环境不断优化，传统技术瓶颈被打破，为工程化思维下开展科技情报研究与服务提供了有力的技术支撑。这些方法和工具是情报工程学形成的必要条件，它是实现情报工程由数据输入到情报输出全过程中的重要桥梁。这些情报分析方法与技术工具，除了传统情报学的分析方法和工具之外，大数据分析工具、系统和平台则是情报工程分析的重要利器。

（4）学术领军者的相关研究和前沿课题为情报工程学培养了专业团队。以原中国科技信息研究所贺德方研究员为代表的学术团队为构建情报工程学理论与实践框架体系做了大量探索，并取得了一系列的学术成果和实践案例。另外，在与大数据相关的前沿课题上，2012—2016 年国家社会科学基金资助图书情报学领域专家的课题共 45 项，而且情报工程方法作为 2016 年度国家社科基金申请指南中的一个方向，这也说明了情报工程学受到图书情报学界的重视。在国家自然科学基金项目中也有情报领域的学者频频获得资助，如武汉大学马费成教授就主持了多个关于大数据研究的国家自然科学基金重点项目、中国科学院复杂系统管理与控制国家重点实验室王飞跃研究员国家自然科学基金重点项目“ERP 3.0：企业平行管理系统理论与关键技术研究”等。这些研究的学术成果不仅丰富了情报工程学知识体系，而且锻炼了课题团队，将为情报工程学人才队伍的建设提供了平台。

（5）学术期刊是情报工程学科交流的载体。传统的图情学刊已经陆续刊载大量的大数据研究成果，为情报工程学积淀了丰富的学术给养。由中国科学技术情报学会与中国科学技术信息研究所主办的专业性学术刊物（双月刊）——《情报工程》杂志于 2015 年正式出刊，为情报工程领域的学术交流提供主题更为专门化的平台，这也将成为情报工程学在其学科发展过程中的一个重要标志。

1.3　情报工程学的发展趋势

1.3.1　理论层面

1.3.1.1　大数据环境下情报工程研究范式将进一步确立与完善

第一，情报工程的概念体系、研究视角、基本假设和研究方式已经基本确立。随着大数据集的不断涌现，大数据相关的技术体系逐渐完善和发展，大数据在各领域的应用持续地扩展和深入，这些客观环境的变迁推动了基于大数据的情报工程理论研究向着更深层次领域推进。近几年，在图书情报领域，很多专家学者敏锐地抓住了大数据及其应用将给情报学理论和实践带来新一波的机遇和挑战，并积极投入其中，在相关专业杂志发表了很多关于大数据环境下情报学理论创新和发展的探索性研究成果，为大数据环境下的情报理论新范式的确立，提供了多维视角。特别是以中国科学技术信息研究所团队在情报实践的基础上，从工程思维视角提出情报工程概念体系、情报工程方法体系等，并与武汉大学信息资源研究中心合作，就情报工程学理论体系、学科专业教育体系、实践应用体系等进行了卓有成效的深入研究，取得了一系列的研究成果，为情报工程学理论体系的建立奠定了基础。

当然，与实践应用领域发展速度相比较而言，目前情报工程理论研究还是滞后于实践应用，这主要原因在于人的认知思维、认知方式、认知能力的改变和提高等具有一定的惯性，因而情报学理论的完善、发展，乃至突破原有框架体系，是比较缓慢的。在大数据技术领域，随着云技术、机器学习、人工智能等技术的不断发展和突破，将可能颠覆原有的认知体系和方式。而对应的实践应用领域，对于情报工程理论创新驱动的推动力也将与日俱增，因此，情报工程理论体系仍需要与时俱进、不断完善。

第二，工程思维在情报工程中、情报逻辑流程中的重要性愈加突出。随着世界政治、经济、科技和社会发展的全球化、网络化、一体化，也给情报工作带来了更高的复杂性、相互依赖性、边界融合模糊性、系统多样性、多变性挑战，需要新的视角、新的思维方式、新方法的注入，才能克服情报学理论发展的瓶颈。首先，在全球化背景下，情报工作面临更为复杂的情境，环境复杂性、组织复杂性有不断提高的趋势，环境和组织复杂性将产生结构复杂性、关系复杂性，并伴随而来的是主体认知复杂性和行为复杂性的提高①，这些复杂性也给情报分析带来了更为严峻的挑战；其次，在全球化、网络化、一体化背景下，使得主体与环境之间、主体与主体之间更加相互依赖，彼此关联，相关行业、领域之间、应用之间边界逐渐融合，趋于模糊。这些也给情报工程理论建构带来更多不确定性的变量；最后，随着社会发展节奏加快，系统变化取向多元、多变，需要情报工程理论能适应其多样性与多变性。因此，在情报工程研究中会愈发重视具有系统性、规范化、自动化等特征的工程思维融入情报工程流程中。

第三，大数据思维（总体、容错、相关、智能②）是情报工程理论的重要基础。可以说大数据技术的快速发展深刻改变了我们的生活、工作和思维方式。大数据研究专家舍恩伯格指出，大数据时代，人们对待数据的思维方式会发生以下 3 个变化：第一，人们处理的数据从样本数据变成全部数据；第二，由于是全样本数据，人们不得不接受数据的混杂性，而放弃对精确性的追求；第三，人类通过对大数据的处理，放弃对因果关系的渴求，转而关注相关关系。事实上，大数据时代带给人们的思维方式的深刻转变远不止上述 3 个方面。有学者认为，大数据思维最关键的转变在于从自然思维转向智能思维，使得大数据像具有生命力一样，获得类似于“人脑”的智能，甚至智慧。

我们把大数据的智能思维可以看成是情报思维（智能、智慧、情报，在英文中的表达

① 刘洪．组织复杂性管理［M］．北京：商务印书馆，2011：1－2.

② 张义祯．大数据带来的四种思维［EB/OL］．［2016－03－23］．http：//www.qstheory.cn/society/2015-01/26/c_1114131641.htm.

是同一个单词 intelligence），人的大脑之所以具有智能，就是因为它能够对所处环境的数据信息进行全面收集、逻辑判断和归纳总结，获得有关事物或现象的认识与见解。智慧则是人类特有的运用智能解决所面临的各种问题与挑战，情报则是在特定的情境下，围绕特定目标（任务、对象），运用智能和智慧实现之。大数据思维是情报工作的重要基础，未来大数据将是物理世界的镜像，可以通过它洞察物理世界、物理社会的运行轨迹、本质和规律。正如舍恩伯格指出，“大数据开启了一个重大的时代转型。就像望远镜让我们感受宇宙，显微镜让我们能够观测到微生物一样，大数据正在改变我们的生活以及理解世界的方式，成为新发明和新服务的源泉，而更多的改变正蓄势待发”。大数据时代将带来深刻的思维转变，大数据不仅将改变每个人的日常生活和工作方式，改变商业组织和社会组织的运行方式，而且将从根本上奠定国家和社会治理的基础数据，彻底改变长期以来国家与社会诸多领域存在的“不可治理”状况，使得国家和社会治理更加透明、有效和智慧①。

1.3.1.2 情报工程学理论体系丰富和发展的重要趋势是跨界与融合

跨界与融合，就是相互了解对方，彼此相互学习，跨界是指跨行业、跨领域（学科）、跨文化，甚至是跨时空；融合则是不同行业、不同领域（学科）、不同文化之间的边界从存在一定距离、逐渐靠近，乃至交叉、边界消失，融为一体。这其实就是所谓的“美第奇效应”——当你踏入不同领域或文化时，各种的观念和文化会产生冲击，这种冲击可以整合不同的特质，产生出大量出色的新构想，不同领域的碰撞会产生新的火花②。作为隶属情报学的子学科情报工程学来说，秉承了情报学科理论体系的开放性、兼容并蓄及与时俱进的学术传统，也是情报学与其他领域、学科之间跨界与融合的产物。其未来发展的重要趋势，将仍然是跨界与融合，只有这样，才能不断汲取其他学科、行业、跨文化背景的给养，然后充分融合，并促进本学科理论体系的发展。首先，在“互联网+”时代，“互联网+”与不同的业态融合，从而生成新的生态环境。这些实践领域中的跨行业融合，为情报工程学提供新的服务领域或方向。其次，跨领域（学科）的融合。情报工程涉及领域较多，包括工程、经济、医学、教育、管理、统计、经济等；最后，跨系统（平台）的融合。主要包括情报处理分析系统、大数据处理分析系统、统计与分析系统、专家系统及各种底层连接、数据库等。

1.3.2 实践层面

1.3.2.1 情报工程实践领域将不断地拓展、充实和完善

随着大数据集在时间的纵向维度上逐渐积累，以及大数据领域在领域上也逐渐横向延伸，并可能覆盖人类社会的各个方面。情报工程也将随着大数据集的增长和大数据领域的延伸而不断拓展、充实和完善。因为在实践领域中的决策者，需要通过情报工程流程向他们提供基于大数据分析结果的决策支持。

---

① 张义祯. 大数据带来的四种思维［EB/OL］.［2016－03－23］. http：//www.qstheory.cn/society/2015-01/26/c_1114131641.htm.

② 弗朗斯·约翰松. 美第奇效应：创新灵感与交叉思维［M］. 刘尔铎，杨小庄，译. 北京：商务印书馆，2006.

首先，在科技研究领域。在本书的第9章中，我们将专门介绍数据科学在科技研究领域（科技预见、生物与医学等方面）的应用，而且也包括科技情报研究。其次，情报工程也逐渐延伸至电子商务、智库建设、金融大数据分析、国家安全等相关领域的实践应用。在相关领域长期研究过程中，积累了海量的数据，通过对这些数据进一步挖掘、分析、发现以探索新现象、新的事物间联系、本质和规律，甚至是重大发明和发现。最后，智慧城市。智慧城市其本质是运用新一代信息通信技术，包括互联网技术、移动互联技术、射频识别技术、物联网技术、云技术、智能技术等硬件技术、软件技术、集成系统（平台）技术。通过这些技术对城市发展目标、城市功能、城市结构、城市特色等进行一系列城市发展中静态或动态规划问题创新改造，以服务城市管理者决策、管理和指控（指挥和控制）的需要，从而实现城市以人为本的发展目标。而支持智慧城市各项功能的关键是底层城市各类大数据，而支持智慧城市各项决策、管理和指控的核心则是情报工程流程，根据决策需要，通过情报工程对各类大数据进行深层次挖掘、分析和可视化，辅之以各领域专家智慧的融入，便可帮助管理者做出智慧的决策。智慧城市涉及智慧交通、智慧经济、智慧教育、智慧医疗、智慧物流、智慧电力……它是智慧社会的一个缩影。在不久的将来，情报工程实践将延展至社会全领域的应用。

1.3.2.2　情报工程人才培养的制约将成为情报工程实践发展的瓶颈

随着大数据产业在我国乃至全球受到广泛关注，相关企业纷纷投入巨资于大数据产业中，国家层面更是连续发文对发展大数据予以鼓励支持。2015年，国务院还出台了《促进大数据发展行动纲要》，提出要全面推进我国大数据发展和应用，加快建设数据强国，在“十三五”规划、“两化融合”（是指信息化和工业化的高层次的深度结合）、“互联网+”和《中国制造2025》等重大国家战略中，明确要求在全社会各个领域中加大对大数据应用，促进大数据产业发展，加快“数据中国”建设，这标志着大数据产业已上升为战略高度。根据麦肯锡的报告，到2018年，美国数据分析师的人才需求将达150万人，高层次的数据科学家的需求缺口在14万~18万人①。我国在百度、阿里巴巴、京东等电子商务企业和腾讯等网络媒体大数据公司中有一些大数据方面的人才，但是能称得上大数据科学家的人才非常少。我国相关部门预计3~5年，来自政府、媒体、企业等方面的数据工程师和数据分析师的需求将达100万人②。由此可以看出，在未来一段时间内，情报工程师（数据分析师）仍将紧缺，需要情报工程学科教育尽快发展和完善起来。

1.3.2.3　情报工程在国家相关领域和行业中的战略作用愈发凸显

情报工程实践领域不仅仅是在科技研究、专利分析、智慧城市等相关领域中大显身手，而且，在国家的战略性领域也具有重要的实践应用，如物流调度、经济安全、舆情监控、反恐类的突发事件处置等一系列安全保障领域，情报工程发挥其“大数据+工具/方法+专家智慧”独特的情报分析流程为保障国家相关领域的安全提供知识、智能、智慧和情报。

---

① 汪瑞林．对话中国人民大学袁卫：如何拥抱大数据时代［N］．中国教育报，2014-06-30（5）．

② 张家年，罗毅，陈柏彤．大数据对信息管理类教育的影响及挑战［J］．信息资源管理学报，2016（1）：105-112.

1.4　小结

本章主要是从情报工程学发展的历史背景、现实需求及未来趋势进行了详细的梳理。特别是在大数据环境下，情报学面临的机遇和挑战，以及情报用户外部需求和情报自身内生动力共同推动了情报工程学理论的创建和发展。因此，情报工程学是大数据环境下情报学发展的新阶段。本章还进一步论证了情报工程学建立的必要性和可行性，以及在理论层面和实践层面的发展趋势。

第 2 章　情报工程学研究什么

【本章导读】 在第 1 章中已阐述为什么要研究情报工程学，即研究情报工程的目的。本章则是主要探讨情报工程学研究什么？首先，详细介绍情报工程的定义、特征及其内涵，并且厘清涉及情报工程相关概念间的关系。其次，阐述情报工程学与大数据技术之间的区别与联系。最后，本章分析了情报工程学的学科性质，提出情报工程学的学科基础和知识体系，并进一步阐明情报工程的服务领域和服务对象。

2.1　情报工程概述

情报工程从其术语组成结构来看，情报工程与“情报”和“工程”相关联，情报工程不是并列关系，而是一个偏正结构。从前面的阐述可知，情报工程的重心在“情报”，“工程”则是指能有效和高效地解决大数据环境中情报问题的思维、原理、方法、技术、平台等，特别是运用工程化思维及方法解决大数据环境中情报收集、处理、分析和服务的问题。因此，在掌握情报工程概念之前，有必要厘清工程及工程思维的内涵及特征。

2.1.1　工程概述

（1）工程。所谓工程，就是把经验、技巧、常识、知识进行固化、理论化、规范化，建立一个可重复创造有价值产品的最优系统①。究其本质，工程是人类为满足生存和发展需求而进行的改变自然状态的活动，是现实的、直接的生产力。工程一开始主要是指有形的建造或构筑活动，其结果或产品也是可见的，后来逐渐将工程中的概念、过程、方法等外延至人文和社会科学当中。也主要指代对比较复杂、流程相对规范、时间周期较长、投入人力物力资源较多等活动过程进行规范化、模型化、优（选）化的一类系统化的工程方法，例如，我国为了解决城市蔬菜供应问题提出“菜篮子工程”、建设一批重点高校和重点学科的“211 工程”、帮助贫困或失学儿童的学习“希望工程”、为了促进社会主义精神文明建设的“五个一工程”等。

（2）工程的特征。工程的特征②主要表现为：①工程是有原理的。任何一个工程的实施

① 贺德方．工程化思维下的科技情报研究范式：情报工程学探析［J］．情报学报，2014（12）：1236－1241．

② 中国经济网．工程的五大特征［EB/OL］．［2015－12－22］．http：//www.ce.cn/ztpd/xwzt/guonei/2009/gczx/gczxxw/200905/25/t20090525_19168284.shtml．

都有其自然科学原理的根据，是一定的科学理论的体现，特别是复杂的关键性技术、技术群的应用，更是这样。例如，阿波罗登月计划，就离不开空气动力学的理论指导和航天技术、材料技术、电子技术、自动控制技术等的综合应用。这说明了工程是追求科学化、规范化的操作。②工程是有特定目标，注重过程、注重效益的。工程项目都有其特殊对象，有明确的目标要求，有确定的步骤、阶段和资金投入。工程的质量是工程的生命所在。要把工程的目标确定好、工程项目设计好、完成好，取得好的效益，不是一件容易的事情。我们之所以要用很长的时间进行论证，要花2000亿的资金，17年的工夫来修建三峡工程，就在于它能带来发电、通航及两岸人民安全的巨大效益。简单说，工程就是追求效率的提高、效益的提升。③工程是通过建造或构建活动实现的。我们不论是建房、造船、修桥、铺路，还是社会工程，都是要通过一步步的工序、工艺、工期，或规范性、逻辑性的步骤来完成的。④工程是要与环境协调一致的。大型工程的实施，都会对自然生态系统产生一定的影响，工程和环境构成了一对矛盾。必须充分考虑到工程活动可能引起的环境问题。该特征主要是指进行设计或制造某类大型产品或建筑为目标的工程活动。⑤工程是在一定边界条件下集成和优化的。工程是一个复杂的组织系统或社会化系统，有工程指挥中心，有技术攻关人员，还有大批施工建设者等。一个工程往往有多种技术、多个方案、多种路径可被选择。如何利用最小的投入获得最大回报，取得良好的经济效益和社会效益，这就要求工程努力实现在一定边界条件下的集成和优化。在工程的设计、施工过程中，努力寻求和实现“在一定边界条件下集成和优化”是一个核心性的问题。工程的特征对于情报工程来说是可移植的，其原理性、目标性、构建性、适应性、集成性（优化）等特征对于情报工程活动同样具有适用性。

2.1.2　情报工程的服务领域和服务对象

2.1.2.1　情报工程的服务领域

首先，情报工程的服务领域包括传统情报学的服务领域，如科技情报服务、政府决策咨询和服务、企业竞争情报服务等。尽管服务领域相同，但是在情报工程服务的途径、方法上还是有其独特性，即情报工程是基于大数据的情报处理、分析、解释和服务的，因而与传统的情报过程有着本质性的差异。相比较而言，情报工程的服务在全体数据分析的基础上，并且与情报工程师、领域专家的智慧相结合，因而能提供更为精准的情报产品；情报工程在融入工程化思维的基础上，借力云计算技术，在大数据系统平台上实施数据收集、存储、分析等业务操作，因而具有规范化、自动化，甚至实时地提供情报服务，促进情报服务效率的提升。这些都是传统情报服务所难以做到的。

其次，情报工程拓展了传统情报学的服务领域。随着大数据生态环境的逐渐形成与完善，更多领域中的主体将意识到大数据中蕴含着价值和机遇，催生更多领域寻求决策支持、咨询服务及其他情报产品。情报工程的服务领域也自然延伸至新的空间，如医疗卫生领域、智慧城市、智慧交通、舆情监控、国土安全、教育与文化领域、经济与金融领域等。

再次，情报工程可以为一些综合性领域中的问题解决、决策需求提供服务。一般而言，大数据收集是与领域特定相关的，如医疗、交通、教育、电子商务等，这些大数据反映的是人类活动的某一个侧面。但是，现代社会中的很多活动是相互联系的、巨复杂的系统行为，局部大数据只能反映某一个侧面，这就需要能够在多源、多元、多侧面的大数据基础上展开处理、分析和解释，从而获得对世界新认知、决策服务或问题解决的支持等。

2.1.2.2 情报工程的服务对象

情报工程的服务对象具有主体性、社会性和领域性的特征。主体性是指情报工程对象是人或者由人组成的组织（如个体、企业、政府或其他类型的机构）；社会性是指情报工程服务对象是作为社会一分子或组成部分在社会发展过程中承担相应的角色或任务；领域性是指情报工程服务对象是社会某个领域中的主体，如科技、金融、交通、天气、医疗、教育、商务等领域中的个体、组织。另外，情报工程的服务对象还具有一个共性特征，即在大数据环境下对某个或几个领域中的大数据进行挖掘、分析，以获得特定价值取向的情报服务。

2.1.3 情报工程与情报工程学

2.1.3.1 与情报工程相关的几个“工程”概念

从信息链的演化路径来看，信息链中5个环节“事实—数据—信息—知识—情报（智慧）”已经出现了以“工程”为命名的交叉领域或学科，如数据工程（data engineering）、信息工程（information engineering）和知识工程（knowledge engineering）。

（1）数据工程[①]。岳昆（2013）认为，所谓数据工程是指面向不同计算平台和应用环境，使用信息系统设计、开发和评价的工程化技术和方法。以工程化作为基本出发点的数据处理、分析和应用方法与技术，是计算机科学与技术学科的重要内容、核心与趋势，具有广泛的应用和良好的前景。比数据工程更早的概念，则是数据分析（data analyzing）、数据挖掘（data mining），数据分析针对小规模数据集进行数据管理和数据分析，再到后来数据库大规模的应用和数据仓库（data warehouse）的出现，开始有了专业的数据挖掘软件，并且在人才培养上，增设了数据挖掘专业和学科。数据工程则是在数据科学及大数据的出现之后的新兴领域，从工程化的角度理解数据科学，数据工程既包括数据处理技术，也包括数据分析技术和数据服务技术；既包括查询处理和优化、事务和工作流管理和数据库架构等基础内容，也包括数据挖掘与知识发现、时空数据、元数据和社会数据分析等经典问题，另外还包括概率数据、云计算和大数据管理等前沿课题。其主要工作流程是“数据—知识—服务”，即以数据为处理对象、以知识为分析目标、以服务用户为最终价值取向。

（2）信息工程。维基百科（Wikipedia）词条指出：信息工程是用软件工程方法来设计和开发信息管理系统，也可以认为是产生、分布（存储）、分析和使用信息系统。信息工程运用建筑学方法规划、分析、设计和实施，是一套完整的、演化的任务和技术集，以提升整个企业中的业务沟通，使其能够培养职员、开发程序和系统来实现其愿景[②]。总之，其目的是为了更有效和高效地处理信息，提升信息服务能力和价值层次。这里的信息工程与高等学校中的信息工程专业有所差异，后者则是为通信领域或行业培养电子通信专业人才的一个方

① 岳昆．数据工程：处理、分析与服务［M］．北京：清华大学出版社，2013.

② Wikipedia. Information engineering［EB/OL］.［2017－02－25］. https：//en. wikipedia. org/wiki/Information_engineering.

向，二者之间有一定交集，但所属领域不同，前者更多着眼于数据、信息的分析和处理等应用层面，后者则是有关电子通信、数据通信、数据安全等偏向物理层或底层的研究和开发。

（3）知识工程[①]。知识工程的概念是1977年由美国斯坦福大学计算机科学家费根鲍姆教授（Feigenbaum）在第五届国际人工智能会议上提出的[②]。知识工程是人工智能的原理和方法，对那些需要专家知识才能解决的应用难题提供求解的手段。恰当运用专家知识的获取、表达和推理过程的构成与解释，是设计基于知识的系统的重要技术问题。知识工程是以知识为基础的系统，就是通过智能软件而建立的专家系统。知识工程可以看成人工智能在知识信息处理方面的发展，研究如何由计算机表示知识，进行问题的自动求解。知识工程的研究使人工智能的研究从理论转向应用，从基于推理的模型转向基于知识的模型，包括了整个知识信息处理的研究，知识工程已成为一门新兴的边缘学科。1984年8月在全国第五代计算机专家讨论会上，史忠植提出：知识工程是研究知识信息处理的学科，提供开发智能系统的技术，是人工智能、数据库技术、数理逻辑、认知科学、心理学等学科交叉发展的结果。

从数据工程、信息工程和知识工程的概念内涵、研究边界及其研究倾向性可以看出，与本书中所提及的情报工程既有一定的关联和共同点，也存有一定的差异性。对于共同点或关联性，主要表现在以下几个方面：第一，这些领域或学科是基于信息链这一逻辑过程[③]顺次演化的，从数据到信息、知识，再到情报，恰好是沿着信息链的路径转化的。情报位于信息链的顶端，是基于数据、信息和知识的演化而来，相互之间存在演化的逻辑顺序。因此，情报工程是兼容或包含数据工程、信息工程和知识工程的，而其他工程的相关理论和实践成果也将为情报工程的理论与实践提供坚实的基础。也即情报工程并非空中楼阁，是以底层各级工程为基础的。第二，它们一个共同的特征是：均以工程思维、工程方法、工程技术等与数据处理、信息分析和知识发现过程相融合，以提高效率、效果和效益，为用户创造更好的服务体验和更高的价值。所以，工程化思维、规范化的流程、集成化的平台等，是这些“××工程”的共性特征。而对于它们之间的差异性，主要表现在：首先，层次上的差异，情报位于信息链的高端位置，情报的作用或目标是问题解决、知识服务、智慧参与、决策支持等。因此，情报工程从功能定位或价值层次上来看，是高于其他“××工程”的。其次，在替代性上。情报工程是涵盖其他工程在内的，或者说其他工程可以作为情报工程的一个模块，因此，情报工程向下是兼容数据工程、信息工程和知识工程的。特别是在大数据、物联网、人工智能、移动互联网等技术支持的环境下，情报工程的集成性、自动化、系统化、规范化的特点，已经包含了数据工程、信息工程和知识工程的工作过程。情报工程可以完成数据挖掘、信息分析、知识发现等任务或功能，并进一步提供决策上的支持和服务。

2.1.3.2　情报工程的概念、内涵及目标

（1）情报工程概念[④]。在我国，情报工程并非是一个全新的称谓。在20世纪80年代，

---

① 百度百科．知识工程［EB/OL］．［2017-02-25］．http：//baike. baidu. com/item/知识工程．

② FELGENBAUM E A. The art of artificial intelligence：themes and case studies of knowledge engineering［C］// Proceedings of the 5th international joint conference on Artificial intelligence-Volume 2. Morgan Kaufmann Publishers Inc.，1977：1014-1029.

③ 这一逻辑过程是指以信息链的顺序，而非指时序上的逻辑。

④ 贺德方．工程化思维下的科技情报研究范式：情报工程学探析［J］．情报学报，2014（12）：1236-1241.

为了满足我国科学技术和经济发展的迫切需要，西北电讯工程学院（现西安电子科技大学）、吉林工业大学（现吉林大学）和南京理工大学分别于1980年、1982年及1984年相继开设了情报工程学专业，专门培养情报学领域的专业人才。但彼时的情报工程还只是具有时代特征的、与学校的工科背景紧密相关的产物，和情报学教育并无差异。在短短几年以后，情报工程学这一专业名称即被规范统一为情报学。可以说，当时的情报工程学仅是情报学的一种别称，与当时情报学的内涵与外延并无差别，但与本书中情报工程学并不是同一个概念。

本书则是采用中信所团队的一系列研究成果中所凝练出的概念。即情报工程是将情报学及相关学科的原理创造性应用到情报研究工作所涉及的构成要素（如数据、分析方法、情报技术），工作流程及组织管理的设计与开发中，以实现情报工作的自动化、规范化、系统化，并在此基础上完成情报系统功能。虽然情报工程的定义中并没有出现“工程”一词，但是工程及工程思维的要素是蕴含于概念之中的。首先，将“情报学及相关学科的原理创造性应用”到情报研究工作当中，情报学是情报工程的主体学科，即情报学原理、规律、方法、技术等是情报工程的核心要素。而在相关学科中，工程学原理、规律、方法和技术体系则是在大数据环境下优化情报研究工作的必须在场的重要支撑，其他学科则主要是与大数据所属领域相关，如涉及医学大数据，则在医学情报研究过程中，医学学科也是支撑学科；如果是金融大数据，则需要金融学科的支持；再如电子商务大数据，则在商务情报分析中还需要电子商务学科的协同支持；等等。其次，在工程化思维、原理、方法运用至情报研究工作所涉及的构成要素（如数据、分析方法、情报技术）、工作流程……其目的是优化情报研究工作流程，从而最终实现“实现情报工作的自动化、规范化、系统化”。

情报工程的业务流程可以概括为：以丰富的信息资源为基础，以大数据环境与新型科研范式下的情报学理论方法为指导，以先进的技术手段与分析工具为支撑，对海量的多源数据进行采集和加工，根据用户的个性化需求，构建信息技术和分析算法与情报学理论方法深度融合的专业化分析模型和平台，用工程化的研究模式组织完成情报分析的全过程，从而为用户提供决策支持、情报研究、科技评价等方面的深层次解决方案。

（2）情报工程的特点。一方面，情报工程包含了工程技术领域的工程“engineering”之意，追求重组与重构，要求流程的规范化、管理的标准化，在相同的条件和情境下保证输入与输出的可重现性；另一方面，情报工程的含义是指信息领域的“project”之意，强调系统工程、组件之间相互关联及系统的处理过程。正是“engineering”和“project”思想的融合及新的科研范式及大数据环境的到来，赋予了情报工程具有的信息来源大数据化、信息处理自动化、工作流程集成化、系统运作协同化等特征。

大数据化：情报工程的产生与大数据时代的到来有着天然的联系。在复杂多变的决策环境中，工程化思维下的科技情报需要处理的不仅是与问题直接相关的某一类数据资源，而是特别关注与问题产生背景相关的所有数据资源，这些数据往往是海量、异构、多模、多维的，具有显著的大数据特点。这些大数据的4V特征也是原有情报技术和方法难以解决的，而情报工程则是面向大数据，集成大数据系统、情报处理系统、专家智慧等。这就意味着，情报工程不仅关注传统科技情报领域中的（大）数据，而且关注其他社会实践领域中产生的大数据，应用情报工程方法去发现（解决）问题、获取价值、寻找机遇。

自动化：与之前以综述、案例分析或调研报告为代表的科技情报研究工作模式不同，情报工程突出强调工作流程及所涉及要素的标准化，以及情报研究的自动化处理，其目标是对所有产出具有统一、规范的质量评价体系。自动化是指对于情报工程的处理对象——（大）数据而言，在对其获取、抽取/清洗、集成/聚类、分析/建模、解释/可视化、知识/情报输出等过程中，绝大部分的工作是按照预设的流程自动完成或实现的，而这预设流程有其统一和规范的评价标准。

集成化：情报工程思维下，与情报问题相关的所有数据、方法与技术将被以构件的形式集成到一个统一的工作流中。集成化这一情报工程特征与传统情报工作分成若干工作阶段（数据的收集、整理、分析、输出等）有着根本性的不同。传统情报工作是分工协同工作的，如数据收集人员可能不参与数据的整理和分析，情报分析与解释人员可能不参与数据的收集与整理等。这过程中，除了人员主观上偏好及操作上可能的差错之外，不同流程间的数据或信息转换是存在间隙的，这可能使得情报产生失真、分析结果产生偏差，从而影响情报质量。而对于大数据环境下的情报工程来说，由于其集成化的特点，将数据收集、抽取/清洗、集成/聚类、分析、可视化等流程集成在一个大数据处理平台之中，因而实现数据处理的无缝连接。

协同化：正如肯特所说“无论我们所要破解的难题如何复杂，也无论我们在搜集和存储所需信息可能使用的技术多么复杂，有思想的人在情报机构中的最高地位永远都无法被替代。”① 大数据分析平台（系统）虽然高度集成、自动化运作，但并不意味着无须情报分析人员及其他领域的专家参与，相反，由情报工程师、领域专家、数据分析师、用户组成的专家团队发挥着关键性的作用，如在分析模型的构建、大数据分析结果的输出、解释和分析过程中，情报分析团队的专家智慧是情报工程的关键。因此，协同、一致的团队精神是情报工程顺利开展的重要因素，因为基于工程化思路的情报研究设计与实现，不仅可以使情报分析团队中的不同角色协调统一，而且也可以使信息提供者、工具开发者、情报分析者及最终用户等不同主体可以在一个统一、规范的业务平台中实现协同工作。

情报工程的“四化”特征，能够确保“全样本”数据的收集、数据处理工具的有效整合和专家智慧的协同作业。同时，通过云服务，情报工程可以保障基础设施平台的开放与共享，进而通过情报工程的发展完善科技情报支撑科技创新的良好机制。

（3）情报工程的目标。为决策提供支撑是情报工程的宗旨。在当前的大数据背景下，如何在海量庞杂的数据海洋中高效率地提取高质量的信息并进行快速关联、重构、组织、分析，得出满足用户决策需求的解决方案，是情报工程研究的核心价值和作用。从情报工程的服务对象——科研人员、科研机构、政府及企业来看，包含科研活动的开展、科研管理的规范化、科研成果的产业化等环节的科学研究全过程中，都离不开情报工程的服务支撑。

在科学研究的全过程中，科研及科研管理活动的决策者面临种种的决策选择：科研人员在开展科学研究过程中，需要面对如何选题、如何制定研究的技术路线与方案等决策；科研

---

① HEUER R J. Psychology of intelligence analysis［M］. 张魁，朱里克，译. 北京：金城出版社，2015：7.

管理者会面对资助哪个项目、团队如何遴选、哪些评审专家需要回避等决策；科研成果的市场化过程中也面临着资金投向哪里；市场规模的判断、技术热点和趋势的预测等决策问题，而获取决策所需要的情报与信息已经远超出了个人处理信息的能力。情报工程的应用可以将数据、方法工具、专家智慧集成统一在一个自动化分析平台中，帮助决策者做出科学、客观的决策判断。

情报工程的服务领域并不仅仅局限于科学研究过程中，从目前大数据所涉及的领域来看，将逐步拓展至政治、经济、教育、医疗卫生、交通、舆情传播、能源、地理信息系统等领域，提供的服务也将多元化，从决策支持、信息和知识服务、医疗研究、舆情监测、智库研究、公共安全与反恐等领域。

2.1.3.3 情报工程学科化

学科是知识体系化的重要表现形式。学科的形成代表了一种知识领域在理论研究、实践应用、人才队伍建设等方面均具备了自组织和可持续发展的能力。有学者认为，作为新的学科诞生必须具备六大条件①：①具有独特的学科有关的理论体系。②具有比较成熟的研究方法。③具有支撑学科发展的人才队伍。④具有人才培养（培训）的基地。⑤取得一批重要的有影响的学科成果。⑥具有学科代表性的刊物。学科刊物是学科或学术共同体交流的平台和载体，也是促进学科进步和发展的重要力量。

我们知道，情报工程是以工程化思维实施情报工作活动的流程，是围绕目标，整合工程思维和情报理论、方法、技术于具体情报实践的过程之中，情报工程的特点是：信息来源大数据化、信息处理自动化、情报流程集成化、系统结构复杂化、系统运作协同化等。那么情报工程学是什么样的学科？情报工程学怎样进入情报学研究范畴之中的？

在大数据环境下，由于新的数据情境、新的科研范式和用户需求的变化都对情报工程应用提出了更高的期望，也需要情报工程领域的知识更加体系化、人才队伍更为专业化、方法工具更为智能化，也需要情报工程向学科化方向发展。因此，大数据环境下情报工程的诞生，是大数据环境下情报工作的创新和发展。在融入工程化思维，大数据方法（思维、技术、平台等）及相关领域的专家智慧之后，情报工程较好地解决了在大数据环境下传统情报实践所面临的困境。一开始，情报工程方法作为情报实践工作的突破和延伸，但是当情报理论研究者、实践者在情报工程的研究和实践过程中，逐步形成具有区别于传统情报学或情报学科其他分支所不能容纳的理论体系、方法体系和实践框架时，情报工程作为学科将渐入人们的视野而成为显学，即形成了新的学科知识体系——情报工程学。即以情报学及相关学科的基本原理、方法和实践框架为基础，融合工程化的思维、理论、方法（论）来优化情报工作流程，从而提高情报系统的服务和决策效果和效率的一门学科。其目标是获得有效和高效的情报服务和决策支持，工程化思维和方法是促进情报工作过程自动化、规范化和系统化的方法框架，当然情报学的基本原理和方法仍是情报工程学的基石。

情报工程学的提出也是应对社会大数据实践人才需求的一个回应。Daniel J. Schneck 认

---

① 王洪林．论新学科建立的条件或规律：兼谈竞争情报学学科建设的问题［C］//中国科技情报学会竞争情报分会年会暨博览会．2005：113－116.

为对新世纪的工程人才培养问题，一条值得探讨的教育方式更多是实践导向的，而不是技术导向的，应体现工程思维的导向①。大数据时代，情报工作也是以实践导向的，并非仅靠工作细分、流程细化和各自为政就能有效和高效地完成的，即不能仅依赖技术细分、功能分解等传统情境下的一些情报理论、技术和方法，而是要借助工程设计流程和工程化思维，实现情报工作的自动化、集成化。

在大数据爆发的今天，无论是自然科学领域，还是社会科学领域，大数据已经成为重要的资产要素，如何发挥它的作用，仅依靠数据分析师、计算机系统开发人员等是难以担此重任的，从数据到信息，再到知识，乃至智慧和情报，不是仅仅对数据的分析、工具的开发，而是需要熟悉情报工作流程的人才——情报工程师。情报工程师的教育与培训是依赖于相应的学科平台，即通过对完善的情报工程学理论体系、方法体系、实践体系的学习、掌握和实践，才能熟练运用工程化思维，掌握情报工程方法，集聚专家智慧，解决大数据环境下相应领域中的问题或提供相关情报服务。因此，在情报人才培养上，培养未来情报工作者具备情报工程思维将是情报工程学亟待解决的课题。

总之，情报工程也已经具备新学科建立的六大条件。当然，情报工程目前还处于起步和发展阶段，同其他学科的建立相类似，情报工程的学科化需要相应的条件支撑，需要学术领军者和一支从事情报工程研究与实践的探索型团队作为先导，引领和推动情报工程的发展；需要构建情报工程的基础理论体系；需要建设情报工程所需要的基础资源；需要情报工程的专业人才队伍，并建立合理的人才培养机制；需要创办情报工程领域的专业性学术期刊；需要组建以推动情报工程发展为宗旨、以情报工程领域知识的继承与创新为目标而进行管理、协调的学术组织。可喜的是，在这些方面已经取得了积极的进展和成绩，在第 1 章的 1.3 节中已详细阐述，这里不再赘述。基于此，可以说情报工程学科已初步建立，而且随着理论研究的深入和实践领域的进一步发展，情报工程学科也将进一步完善和发展。

2.1.3.4　情报工程学的逻辑起点——工程化情报

每一门学科体系都有各自的逻辑起点，即科学结构的起始范畴，也是该学科理论体系的始自对象。逻辑起点的不同质的规定性，决定了不同科学的研究方向，制约着科学领域的学术范围②。黑格尔在其《逻辑学》一书中曾为逻辑起点提出 3 条质的规定性③：①逻辑起点应是一门学科中最简单、最抽象的范畴；②逻辑起点应揭示对象的最本质规定，以此作为整个学科体系赖以建立的基础，而理论体系的全部发展都包含在这个胚芽中；③逻辑起点应与它所反映的研究对象在历史上的起点相符合（即逻辑起点应与历史起点相同）。

根据前面阐述的依据，情报工程学是情报学的子学科，把工程化思维融入情报研究当中，因此，情报工程近似地看成情报学和工程学的交叉学科。当然，不能只是说情报工程学仅是情报学和工程学 2 个学科交叉生成的，毕竟情报工程还融入了其他学科的思想、思维、方法和技术等。那么，从图 2-1 中可以分析出情报工程学的逻辑起点是什么。首先，具有

---

① 贾广社，曹丽．工程师的工程思维培养［J］．自然辩证法研究，2008，24（6）：71－75.

② 瞿葆奎，喻立森．教育学逻辑起点的历史考察［J］．教育研究，1986（11）：37－43.

③ 瞿葆奎，郑金洲．教育学逻辑起点：昨天的观点与今天的认识（一）［J］．上海教育科研，1998（3）：2－9.

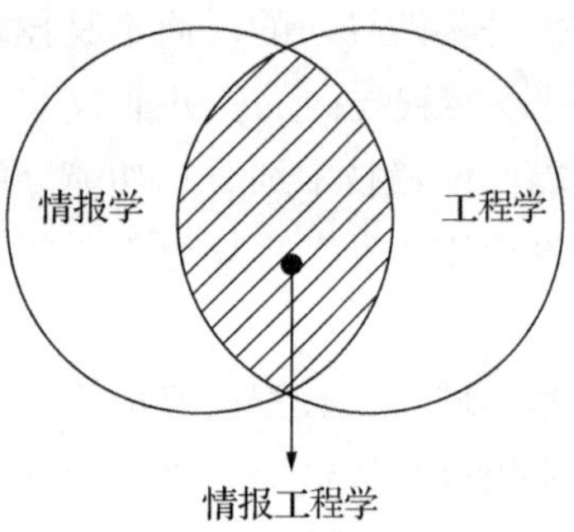

图 2-1 情报工程学与上位学科情报学与工程学之间的关系

情报学的共性，即情报工程学的逻辑起点应该与情报学的逻辑起点在共性上是一致的——情报。其次，情报工程学又具有其个性的一面，与情报学的其他二级（子）学科相比较有其特殊性，即融入工程化思维于情报之中，来提高情报工作的效果和效率，因此，综合二者，共性和个性的统一，情报工程学的逻辑起点可以表述为“工程化情报”活动：①情报工程是情报工程学中最基本的概念，反映了情报工程学中最本质和最抽象的核心范畴；②工程化情报是情报工程学学科体系的概念基石，在此基础上逐步扩展成情报工程学的理论体系，可派生出数据工程、信息工程、知识工程、情报工程、情报工程教育、情报工程方法论、情报工程系统论、情报工程伦理学等内容体系；③情报工程的逻辑起点与之所反映的研究对象在历史上的起点也是一致的，即其逻辑起点和历史起点是相同的。情报工程学的逻辑起点是工程化情报，其历史起点在大数据兴起背景下，社会对于情报工作效果、效率及服务质量和决策支持等方面有着更高的期待，客观上要求将大数据思维、工程化思维等引入情报工作当中去，因此，情报工程学的历史起点与逻辑起点是一致的。

2.1.3.5 情报工程学的核心——工程思维与情报流程的融合

任何学科的发展和成熟，其核心是知识的发现和创新。因此，它所关注的主要是学科前沿的问题①。情报工程学的发展也是如此，首先，情报工作者在大数据环境下面临着情报服务和决策支持问题，传统情报获取、组织、分析方法难以应对大数据带来的困境，迫切需要情报工作者借助新的思维、新的系统、新的技术和方法引入情报工作中；其次，这些新元素融入传统情报理论和实践中，在情报学知识体系中将会生发出新的知识和创新；最后，当离散的新知识和新发现逐渐建构出新的知识体系轮廓时，则新的范式将浮出水面，也将形成了新的实践共同体，情报工程学就变得清晰起来。因此，情报工程学的核心就是工程化思维与情报流程的融合，而融合的关键在于形成实践共同体，实践共同体是技能（skills）、知识（knowledge）、价值观念（value）、身份（identity）和认识论（epistemology）所形成的网络②。也即在大数据环境下从事情报工作的人能形成一个实践共同体，且都具有设计、调查研究和解决问题的相似行为方式，用工程化思维解决大数据环境下情报服务和决策支持的问题。

工程化思维与情报工作过程的融合体现在情报流程中融入了工程化思维，融入的路径或过程是怎样的？我们知道，情报工作围绕着一根链条——信息链③（图 2-2 的下方），按照相应进化层级逐次从数据（价值低）向情报（价值高）推进。工程化思维与情报工作相融合，也即是将工程化思维嵌入信息链转化过程中的相应环节，以提高情报工作的效率和效

① 冯向东．学科、专业建设与人才培养［J］．高等教育研究，2002（3）：67－71.

② WENGER E. Communities of practice：learning，meaning，and identity［M］. London：Cambridge University Press，1999：3－5.

③ 马费成．情报学发展的历史回顾及前沿课题［J］．图书情报知识，2013（2）：4－12.

益。我们认为融合过程分为3个部分：首先，对于工程思维，它通过工程设计活动来体现，工程设计活动是一个多阶段循环（图2-2的右上部分）：询问（识别工程用户的需求及其存在局限性）、问题界定、设想（提出多种可能的方案）、计划（选择最佳方案）、原型构建、测试和评价（对原型方案进行测试和评价）、改善（根据情况可重新设计）①。工程设计并不是游离或平行于情报工作工程之外的，而是要将工程设计活动融入情报活动过程当中，通过情报活动工程化来体现。其次，情报活动是一个围绕特定任务所展开多阶段工作组成的循环（图2-2中左上部分）②，主要阶段包括：根据情报任务来确定情报活动的计划和定向、多方位信息源的信息收集、信息的处理和开发、情报分析和出品、情报分发和融合、情报应用的评价和反馈6个阶段。最后，上述活动的情境是在大数据环境下进行的情报活动，大数据计算、大数据技术开发、大数据系统应用等在应对情报工作时需要融入工程化思维、理论和方法。上述情报活动的循环又是统一于信息（情报）链进化过程中。

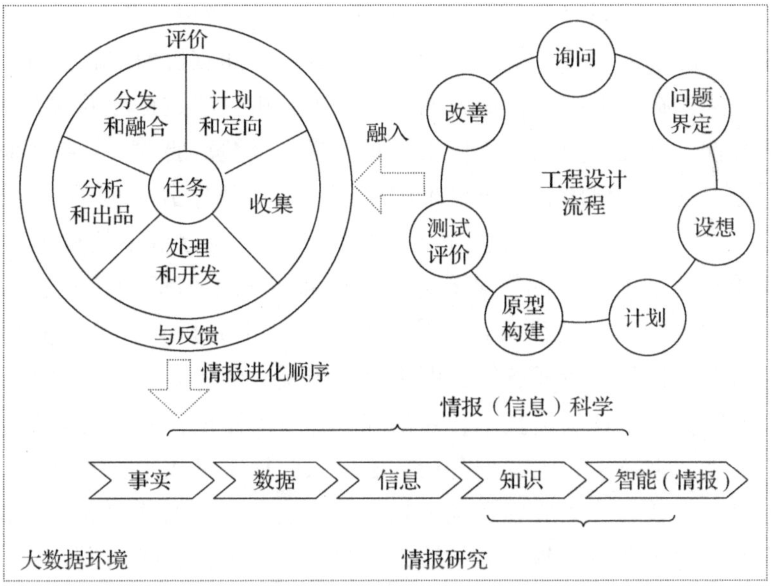

图2-2 大数据环境下工程设计流程融入情报活动流程的示意

2.2 情报工程与大数据分析

前面我们反复提及情报工程产生于大数据环境下的情报实践，其研究对象是（大）数据，即情报工程的研究对象包括大数据，但情报工程研究对象不仅局限于大数据，也包括日积月累所形成的庞大的科研、文献、专利等方面的结构化数据，如前面提及的爱思唯尔出版

① Teachengineering. org. Engineering design process [DB/OL]. [2015-06-22]. https://www.teachengineering.org/engrdesignprocess.php.

② Defense technical information center. JP 2-0, joint intelligence [DB/OL]. [2014-10-12]. www.dtic.mil/doctrine/new_pubs/jp2_0.pdf.

集团对其庞大的数据库进行整理、挖掘和分析，为广大科研工作者提供情报服务。虽然大数据分析的对象也是大数据，而且情报工程和大数据分析的过程都是把海量数据集转变成价值浓缩的“小”数据。让人觉得情报工程方法近乎于大数据分析，情报工程进入了计算机科学领域之中。其实，情报工程方法与大数据分析存在着根本性的不同。

2.2.1 情报工程方法并不等同于大数据分析

虽然大数据分析与情报工程方法在数据定量分析、多源数据融合、相关性分析上有着非常相似的特性，情报工程方法仍属于情报分析的范畴，而且情报分析并不等同于大数据分析[①]，主要表现在以下几个方面：①大数据通常使用的是在相关业务系统中已经产生的数据，而情报分析的数据不仅仅要分析已经产生的数据和信息，而且还可能要根据特定的任务或主题去专门搜索和构建新的数据库进行情报分析。从图 2-2 中可以看出，大数据分析是情报工程系统的组成部分或是其分析平台（工具）之一，情报工程分析方法还包括其他分析系统、工具或方法。②大数据分析的目标是发现数据之间有价值的相关性，所以其重点放在数据类别与模式的挖掘、数据分析等方面。而情报分析关注数据源的融合和交叉验证，重点在于数据的准确性。准确的数据对于情报分析结果是至关重要的，情报工程分析既重视大数据分析思维，也重视工程思维、专家思维的作用。③大数据分析侧重于数据分析模块化、程序化、自动化，虽然其分析过程是程序自动执行。而情报分析不仅重视科技（大数据技术）的作用，更重视情报工程师的智慧和思想，情报专家不但运用情报思维去解释结果和原因，还运用专家知识向用户提供决策支持。另外，情报分析和大数据分析之间在数据对象、数据规模、分析时机和分析任务等方面也存在着明显的差异。④大数据分析对于情报工程的重要性不言而喻，但不代表情报工程要研究或开发大数据技术、工具和系统自身。情报工程并不需要深入大数据技术、大数据分析算法、大数据工具或平台的研发，而是关注大数据演进方向和趋势、大数据技术应用及发展趋势。并根据大数据技术的应用成熟度，将相关技术、系统或平台引用至情报工程实践领域，以提高情报工程实践的效力和效率。

我们认为，情报分析与大数据分析之间是一种包含关系，即大数据分析是情报分析的组成部分，它是大数据环境下情报工作应当具备的能力之一，是情报工程方法体系中的重要方法与技术。因此，它们之间的差异性则是属于一种整体和部分之间的不同。

2.2.2 大数据思维与情报工程思维的异同点

大数据分析思维，即要全体数据不要随机样本、要效率不要绝对精确、要相关关系不要因果关系[②]，而这与情报分析理念之间有一定的偏差，表现为它们各自重心的不同。

2.2.2.1 大数据分析要全体数据不要随机样本

一般而言，大数据分析对象是采集某一领域、某一行业、某一事件的全源数据，需要经

① 李广建，化柏林．大数据分析与情报分析关系辨析［J］．中国图书馆学报，2014（5）：14－22.

② MAYER-SCHÖNBERGER V，CUKIER K. Big data：a revolution that will transform how we live，work，and think［M］. Boston：Houghton Mifflin Harcourt，2013.

过一定时间跨度的积累，并没有特定的目标和任务，一般是按照一定的规则、程序自动抓取和收集。大数据环境下情报分析工作既可以依靠大数据分析展开情报工作，又可以在具体任务、问题或特定目标驱动下“小”数据的情报分析，从收集数据伊始，就关注特定范围的情报信息。而且鉴于情报分析的任务、对象、时间等条件的限制，其分析对象不可能也不需要是全部数据，例如，在科技情报研究过程中，目前多数学者采取的是抽样的方法去分析数据。而在安全情报领域更是如此，限于保密等因素，也不可能获取到目标对象的全部数据和信息，只能依靠“小”数据和专家智慧进行分析。

2.2.2.2　大数据分析要效率不要绝对精确

由于大数据分析对象是全体数据，其所有数据来源无法逐一追根溯源，以保障其精确性，只能牺牲分析的精确性以求效率，因而数据的精确性并不是大数据分析关注的重点。另外，大数据分析技术和系统在深度学习、知识计算挖掘、社会计算、可视化分析技术等方面有待于进一步提高。例如，在图像领域，Hinton 等使用深层次的卷积神经网络在 ImageNet 评测上取得积极进展，将错误率从 26% 降低到 15%[①]，虽然这进步已经很大，但是从精度上来看，错误率仍偏高。因此，在大数据环境下情报分析不能仅仅依靠大数据分析技术，还要重视专家（数据工程师、情报分析师、相关领域专家等）智慧，校正模型建构的适用性，分析情报的可靠性和专业性，采取多源情报融合、相互交叉验证、专家研判等方法来确保情报的专业性和准确性。

2.2.2.3　大数据分析要相关关系不要因果关系

在大数据时代，我们只要知道“是什么”，而不需要知道“为什么”。不必非得知道现象背后的原因[②]。这也说明了大数据分析一般只重视数据分析的结果，如存在的现象、关系、趋势等，而并不太关注其本质、规律和原因。或许是因为面对大数据从分析结果去寻找原因过于复杂，因此，大数据的核心理念不是寻求因果关系而是相关关系。虽然相关性原理是情报学研究和揭示情报相互关联的规律和规则，是有效组织和检索信息、知识、情报的基础[③]。但是情报分析除了重视相关性分析，还重视行为的情境、人文、社会背景等因素，重视现象背后的原因，即因果关系，如在企业竞争情报和国家安全情报领域，由于情报分析的结果将为进一步决策和行动提供战略性、可行性支持，因果关系的发现有时更具有决策价值和支持作用。

当然，大数据分析和情报分析之间并不存在矛盾，情报分析过程也包括了大数据分析。因为大数据是大数据环境下情报资源的重要组成部分，大数据分析技术及系统也是大数据环境下情报分析工作平台之一，数据分析师也是情报团队中的重要成员，大数据服务是情报服务的一个重要方向。它们的目标都是为相关用户提供信息、知识、情报服务，提高用户的决策和行动能力。在大数据环境下，大数据分析如何有机地融入情报分析流程中，相互配合，以提高情报服务的效率和效果。因此，大数据思维是情报思维的有益补充。

---

① 程学旗，靳小龙，王元卓，等．大数据系统和分析技术综述［J］．软件学报，2014（9）：1889－1908.

② 维克托·迈尔－舍恩伯格．大数据时代生活工作与思维的大变革［M］．杭州：浙江人民出版社，2013：67.

③ 马费成．IRM-KM 范式与情报学发展研究［M］．武汉：武汉大学出版社，2008：339－340，348－349.

2.2.3 情报分析及其与大数据分析间的关系

情报分析和大数据分析之间的关系可用图 2-3 来描述。一般来说，情报分析流程（情报生命周期）包括情报的产生、收集、存储、检索、解释、传播、转换和使用（图 2-3 左侧虚线框部分）①，是一个循环螺旋前进的进程。大数据分析流程包括大数据的产生、采集、处理与集成、分析、解释和服务用户，具体相应的处理模块和技术如图 2-3 的右侧虚线框部分②所示，大数据分析是大数据时代情报分析的有机组成部分，大数据及其大数据分析系统为情报人员提供了情报分析的信息源和平台。大数据给情报工作带来了新理念、新思维、新方法和新技术，例如，大数据在数据存储、数据处理、数据分析、数据服务等方面为情报分析和研究提供基础性的支持，利用大数据技术可以提高情报分析的效率和效果，大数据被视为支持情报工作的利器，因而受到情报工作者的重视。

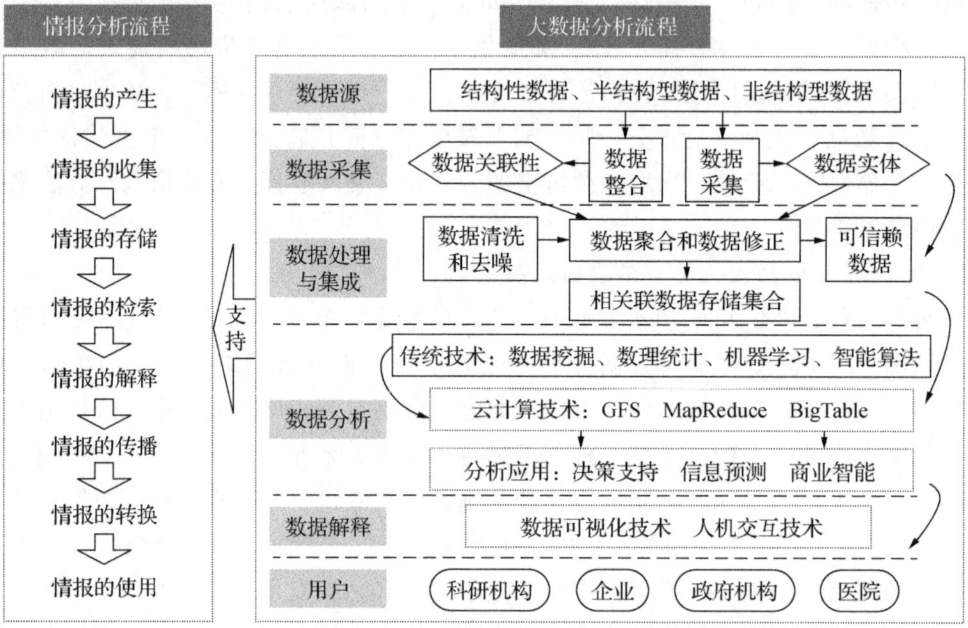

图 2-3 大数据环境下大数据分析流程和情报分析流程

大数据环境下情报分析过程是包括大数据分析过程的，如应用大数据及其技术来为情报分析提供支持，或者直接从大数据中挖掘知识和情报，以满足客户的情报需求。但大数据技术系统的设计和开发并不属于情报研究之范畴，情报学只是应用大数据及其技术来更有效地解决情报分析中的问题。因此，作为情报工作者可能并不需要掌握大数据技术中的底层技术，如大数据系统的设计、编程及开发等。但是为了更好地利用大数据技术，情报工作者仍需要了解大数据的基本原理、掌握大数据技术的应用层面、熟悉大数据系统的工作流程，这

① 马费成. IRM-KM 范式与情报学发展研究［M］. 武汉：武汉大学出版社，2008：301－302.

② 刘智慧，张泉灵. 大数据技术研究综述［J］. 浙江大学学报（工学版），2014，48（6）：957－972.

也是情报工程所要求的。

2.3 情报工程学的学科性质及知识体系

前面我们廓清了情报工程学的研究对象，接下来要解决的问题是情报工程学的学科性质及其知识体系。学科性质是指学科在人类科学体系中位置、特性、内涵等，区分于其他学科的特殊性、独立性、本质性的元素。学科的知识体系则是指在学科体系的基础上，围绕学科的核心概念内涵与外延、基本原理与规律、关键问题与领域、主要技术与方法等层面所形成的知识框架。对于情报工程学亦然，本节主要分析情报工程学的学科性质及其知识体系。

2.3.1 情报工程学的学科性质

情报工程学是关于大数据环境下在情报工作过程中融入工程化思维及相关学科原理，以优化情报研究与实践过程，从而提高情报工作和服务质量和效率的学科。情报工程学主要研究内容包括情报工程基本理论与实践框架，大数据环境下情报工程系统的设计、开发、应用、管理和评价，情报工程方法与技术的研究，情报工程的服务对象、服务领域与服务模式，情报工程教育与培训等。因此，对于情报工程学的学科性质的认识，能够有助于区分情报工程学与情报学其他分支学科的界限及其研究对象，同时也有助于更深入地认识到情报工程学与情报学及其他学科之间的相互关系。

首先，情报工程学是一门边缘性（交叉性）学科。情报工程学承继其上位学科情报学的学科特性，情报工程学主要涉及的学科有情报学、工程学（工程化思维、工程方法等）、计算机科学（大数据技术、云计算、物联网技术等）、统计学等。由于情报工程的研究对象是（大）数据涉及很多领域和学科，如科研大数据、金融大数据、交通大数据、电子商务大数据、舆情大数据、医学大数据、地理大数据等，因而情报工程涉及这些领域的理论与实践知识，所以情报工程学在某种程度上又属于横断学科。

其次，情报工程学具有浓厚的实践性、应用性色彩。情报工程学源于实践，并通过工程化思维、情报学基本方法、大数据技术等进一步应用于并优化情报研究与实践过程，提升情报实践的效率及效果，帮助情报用户获得情报信息、增加知识容量、提高组织能力，最终服务于相关领域中实践问题的解决、决策支持或抓住机遇（获得竞争优势）。

再次，情报工程学与技术的相关性是与生俱来的，同时情报工程学还具有明显的社会和人文维度①。情报工程是在大数据环境下展开情报研究和实践的，而大数据收集、处理、分析和应用等离不开相关信息技术应用，但是这些技术应用的前提是应重视比技术因素更为强烈的人文和社会因素，如应遵循工程伦理、信息伦理等社会规范及人伦原则，以及要考量个体、组织乃至国家安全风险等。

最后，情报工程学带有开放性色彩的学科。情报工程学是一门旨在大数据环境下向不同领域提供自动化、规范化和集成化的情报工作研究方法。开放性体现在情报工程对于情报研

① 马费成，宋恩梅，张勤．IRM-KM 范式与情报学发展研究［M］．武汉：武汉大学出版社，2008：286.

究对象、研究方法（包括工具、技术、平台等）、研究领域等，例如，传统情报学研究对象相对较为单一，而情报工程的研究对象——（大）数据的数据源所属领域的多源性，以适应不同领域中不同用户的情报需求。

2.3.2 情报工程学的学科基础与知识体系

2.3.2.1 情报工程学学科基础

一个学科的建立乃至专业的创建，必须有完善的学科哲学基础、方法论基础、理论基础、技术基础四大支柱。对于大数据环境下情报工程学来说，其学科基础也包括这 4 个方面（图 2-4）。首先，学科的哲学基础是为学科提供事物发展的最一般规律，为学科提供具有普遍意义的世界观和方法论。因此，人们常说任何学科都离不开哲学的指导，但其实哲学对于具体学科的指导需要一个中介，这个中介就是联结哲学和各个具体学科的部门哲学。哲学对于情报学的指导也正是通过情报学哲学理论这样一个部门哲学发挥作用的①。对于情报工程学来说，是从哲学的视角看情报工程中的问题。图 2-4 中哲学基础主要包括情报哲学、技术哲学、工程哲学等。其次，情报工程学的方法论基础。情报工程学的方法是解决情报工程中各种问题的主要思路、途径和策略等，主要由通用方法、情报学的专门方法、工程方法等组成。再次，情报工程学的理论基础。由于情报工程学发轫于大数据环境下情报实践，借力工程化思维和模式解决情报问题，因而引入新的理论给养，生发新的学科分支。情报工程学主要理论基础包括情报学基本理论、工程学基本理论、大数据相关理论、其他学科相关理论等。最后，情报工程学的技术基础，这是情报工程学的实践基础，是情报工程实践中解决问题的程序、工具、技术体系等，通常以软件、硬件、集成系统等形式存在。

2.3.2.2 情报工程学的知识体系②

所谓知识体系，就是“关于研究对象某些方面的联系的知识，聚集形成知识单元，规范化的知识单元通过相互联系、相互制约而构成的一个整体”。构建情报工程的知识体系，对于明确情报工程概念，将情报工程理论与方法更好地应用于实践应用具有重要意义。

（1）情报工程学知识体系的构建原则。李上与刘波林在研究标准化学科知识体系的过程中，提出了知识体系构建的基本原则：全面性原则、科学性原则和开放性原则③。①全面性原则，即情报工程知识体系尽可能覆盖所涉及的各方面知识，包括理论方面和实践方面，确保情报工程知识体系的全面性。②科学性原则，即根据情报工程系统的客观情况，以霍尔模型为基础，依据知识之间的内在联系，确定知识单元的隶属和并列关系，确保学科知识体系科学有序。③开放性原则，即充分考虑和预估情报工程发展趋势，为未来的学科发展预留一些接口，确保学科知识体系的开放性和动态性。

（2）基于霍尔模型的情报工程知识体系。将情报工程霍尔模型时间维的 4 个阶段和知识维的 3 个层次归纳在一起，构成情报工程的知识维和时间维活动矩阵，如表 2-1 所示。矩

---

① 王知津，周鹏，韩正彪．当代情报学哲学的主要观点及其理论体系构建［J］．情报学报，2014，33（2）：116－129.

② 唐晓波，朱娟．基于霍尔模型的情报工程的知识体系构建［J］．数字图书馆论坛，2016（2）：27－31.

③ 李上，刘波林．标准化学科知识体系构建研究［J］．中国标准化，2013（8）：42－46.

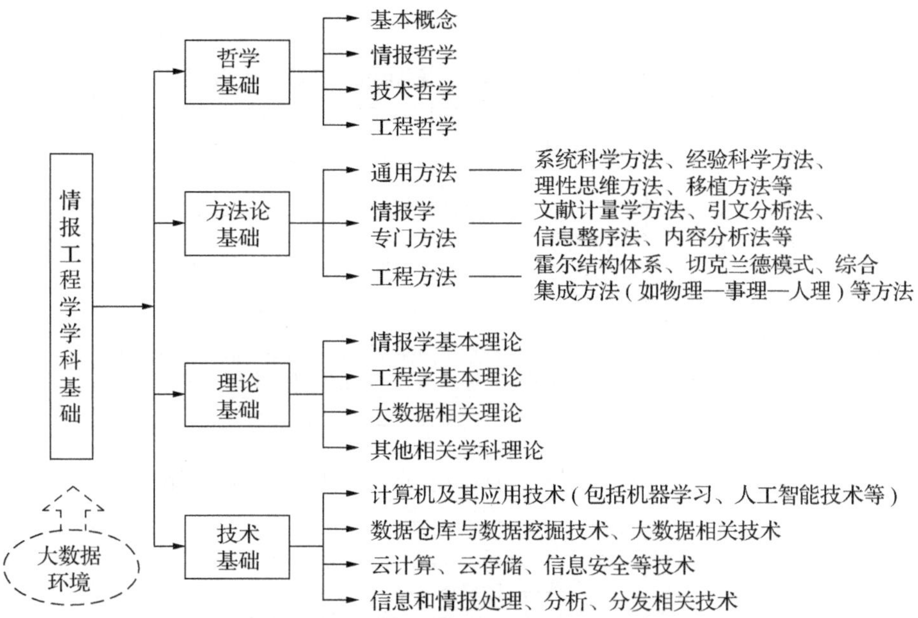

图 2–4　情报工程学学科基础体系组成

阵中每一个元素表示情报系统在时间维度每一阶段所需的不同层次的知识。X_{11}表示在时间维的情报采集阶段所需要的科学层面知识，X_{21}表示在时间维的情报采集阶段所需的技术层面知识，X_{31}表示在时间维的情报采集阶段所需的工程层面知识，X_{12}表示在情报处理与组织阶段所需的科学层面知识，其他以此类推。

科学层面、技术层面和工程层面的知识维度划分从本质上体现了知识的不同形态，体现了知识体系的科学性，但是这种粗犷型的划分还不足以形成知识体系的全面性，需对其进行细化。通过构建情报工程时间维和知识维的活动矩阵（表 2–1），可以很明晰地定位在时间维度各个阶段所需的知识结构，从而形成完整的知识体系。

表 2–1　霍尔活动矩阵——知识维和时间维

知识维	时间维			
	情报采集	情报处理与组织	情报分析	情报服务
科学知识	X_{11}	X_{12}	X_{13}	X_{14}
技术知识	X_{21}	X_{22}	X_{23}	X_{24}
工程知识	X_{31}	X_{32}	X_{33}	X_{34}

（3）情报工程学的知识体系结构。在知识维和时间维的霍尔活动矩阵基础上构建情报工程知识体系如图 2–5 所示。

①科学层面。情报工程科学层面知识主要阐述情报工程内在的具有普遍性的规律。科学层面知识以时间维的 4 个阶段作为维度，构建科学层面知识体系：a. 情报采集维度的科学知识主要解决情报是什么及获取相关的问题，涉及的知识主要包括情报学基础理论、情报检

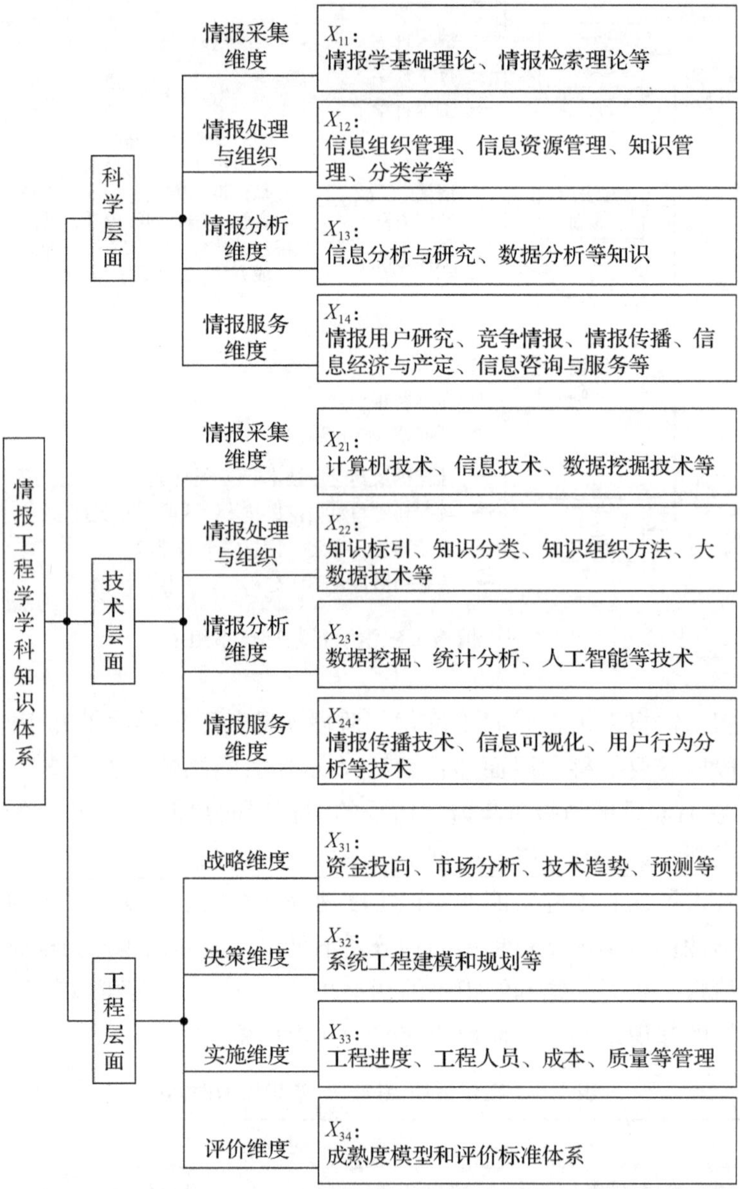

图 2–5　情报工程知识体系结构

索理论等；b. 情报处理与组织维度的科学知识主要解决情报的组织与存储管理的问题，涉及的知识包括信息组织管理理论、信息资源管理、知识管理理论、分类学等相关知识；c. 情报分析维度的科学知识主要解决从大量混沌信息中获取有用信息的问题，所涉及的知识包括信息分析与研究、数据分析等知识；d. 情报服务维度的科学知识主要解决情报向用户的有效推送和传播的问题，主要涉及的科学知识包括情报用户研究、竞争情报理论、情报传播理论、信息经济与产业、信息咨询与服务等。

②技术层面。情报工程技术层面知识主要阐述指导情报工程实践活动的、具有一定普遍

性和可重复性的方法。技术层面知识以时间维的 4 个阶段作为维度，构建技术层面知识体系：a. 情报采集维度的技术知识主要解决如何获取情报及其间所使用的方法和技术的问题，涉及的知识主要包括计算机技术、信息技术、数据挖掘技术等；b. 情报处理和组织维度的技术知识主要解决情报获取之后的预处理和组织存储问题，涉及的知识主要包括知识标引、知识分类技术、知识组织方法、大数据技术等；c. 情报分析维度的技术知识主要明确在将混沌复杂信息转变成有用清晰知识过程中所需要的方法和技术，所涉及的知识主要包括数据挖掘技术、统计分析、人工智能技术等；d. 情报服务维度的技术知识主要解决为用户提供服务阶段所需要的技术和方法，所涉及的知识主要包括情报传播技术、信息可视化方法和技术、用户行为分析技术等。

③工程层面。情报工程的工程层面知识以科学层面和技术层面知识为基础，以一次性的、个体性的情报系统项目为研究对象，其知识维度可根据项目的生命周期分为战略维度、决策维度、实施维度和评价维度。a. 战略维度，从具体情报系统出发研究具有宏观指导性的相关知识，包括资金投向、市场分析、技术趋势预测等；b. 决策维度，根据系统可行性和必要性分析，制定情报系统目标所需要的相关知识，主要包括系统工程建模和规划等；c. 实施维度，情报系统工程在实施过程中所需要的相关知识，主要包括工程进度管理、人员管理、成本管理和质量管理等；d. 评价维度，情报工程系统的最后一步对情报系统实施情况的评价，主要涉及的知识包括成熟度模型和评价体系等。

2.4　小结

本章主要围绕情报工程学研究什么展开论述。首先，阐述情报工程所涉及的几个核心概念及与这些概念间的关系，如工程、数据工程、信息工程、知识工程等。在此基础上，详细分析了情报工程的概念、内涵、特征，以及服务领域和服务对象，并引入情报工程学作为学科建立需要厘清的几个问题，如情报工程学的逻辑起点、情报工程学的核心等。其次，由于情报工程是面向大数据环境下提出的新的研究领域，因此，有必要廓清情报工程与大数据分析之间的区别和联系。最后，本章在介绍情报工程学的学科性质之后，初步构建了情报工程学的知识体系框架。

第3章　情报工程学的理论基础

【本章导读】 本章主要就情报工程学主要的理论基础做分类介绍，主要分为情报学、工程学、工程化思维、数据科学、指挥与控制理论（ACP平行情报理论）等方面。这些理论并非杂糅于一体，而是在大数据环境下，根据情报工程的任务需要，在情报工程的不同阶段过程中有机融合至情报实践中。首先，这些理论为我们展示了情报工程遵循的基本原则、方法、规律等；其次，这些理论同时也帮助我们研究和解释情报工程实践中的现象及潜在内涵。当然，限于篇幅，本章只是重点介绍情报工程中最为重要的基础性理论。

3.1　情报学相关理论

一方面，情报工程学作为情报学的子学科之一，必然承继情报学的基本理论，而且情报学的基本理论也规定了情报工程的理论框架，并引领情报工程的理论建构和实践发展的大方向；另一方面，情报工程学的实践也将进一步丰富了情报学的理论内涵。情报学的基本理论领域广、体系交叉复杂，鉴于篇幅的关系，本节主要介绍情报工程学的哲学基础之一——波普尔的3个世界）、情报工程价值生成路径（信息链、知识链、智慧/情报链）及指导情报工程实践情报学的几个基本原理。

3.1.1　波普尔的3个世界——情报工程学的哲学基础之一

卡尔·波普尔是当代西方著名的哲学家，他的哲学理论体系庞大，主要包括科学哲学、历史哲学、伦理哲学和宇宙论等。尤其是波普尔在1967年第三届国际逻辑方法论和科学哲学国际会议上所做的题为《没有认识主体的认识论》报告中提出了著名的第三世界理论，该理论对情报学影响深远。

3.1.1.1　波普尔“世界3”理论的提出

波普尔认为，在所有存在的宇宙客体中，“可以区分出下列3个世界或宇宙：第一，物理客体或物质状态的世界；第二，意识状态或精神状态的世界，或关于活动的行为意向的世界；第三，思想的客观内容的世界，尤其是科学思想、诗的思想以及艺术作品的世界”。波普尔所指的“第三世界是概念东西的世界，即客观意义上的观念的世界——它是可能的思想客体的世界：自在的理论及其逻辑关系、自在的论据、自在的问题境况等世界”。所谓“自在的”知识，即“客观意义上没有认识者的知识，也即没有认识主体的知识”。因此，第三世界既不是客观物质世界，也不是主观精神世界，而是脱离了主体而存在的人类创造性思维活动的产品，即“客观精神世界”或“客观知识世界”。他还认为，“在我们的第三世界的各成员中，尤其突出的是理论体系，但同样重要的还有问题和问题境况……这个世界最重要的成员是批判性辩论，并可类似于物理状态或意识状态而称为讨论状态或批判性辩论状态。当然，还有期刊、书籍和图书馆的内容”。

3.1.1.2　第三世界的基本特征

第三世界不同于第一、第二世界，它是人类独有的世界，它虽是人类思维的创造物，但并不是纯主观的，而是具有客观性、独立性、自主性，进而使之具有了历史性和广泛的社会性。首先，第三世界是客观的。波普尔认为，第三世界是思想的内容，第三世界是客观的。而客观性也正表明了第三世界的客观存在。没有客观的意识、精神，但却有客观的知识。这是因为客观知识与人的主观意识无关，它的存在不以个人的意识为转移。其次，第三世界是自主的。波普尔认为，“尽管第三世界是我们创造的，但它基本上是自主的”。自主性是同客观性紧密相连的，两者共同构成第三世界具有的“自在性”。这种自在性充分表现在它一旦被创造、被发现出来就具有了某种独立的力量，并且具有“自我繁衍”的生命力，任何其他力量均不可阻止和扼杀；而第三世界的自主性更重要的表现是当它一旦形成，便具有自己发展的内在规则和规律。再次，第三世界具有社会性。波普尔提到“我们每一个都在为第三世界的成长做贡献……我们大家都想掌握这一世界，我们没有一个人能脱离它而存在，因为大家都使用语言，没有语言我们几乎不成其为人……它对我们所起的作用，比起我们对它所起的创造作用，已经变得更加重要了，更加关系到我们的成长”。这就说明，第三世界是人类同其他物类相区别的一个十分重要的标志，因为它只属于人类。

3.1.1.3　“世界3”理论与情报学的关系

（1）“世界3”理论作为情报学的哲学基础之一。在情报学的研究中最早关注“3个世界”理论且引入情报学研究的是布鲁克斯，他认为，波普尔提出的“第三世界”理论为情报学的专业活动提供了哲学理论基础：情报学家的实际工作可以归结为收集组织、提供利用客观知识并促成客观知识的组织化以提高利用效益；情报理论也可以归结为研究“世界2”与“世界3”的相互作用的理论。

（2）“世界3”理论对我国情报学研究的影响。在国内图书情报学界刘迅最早引入波普尔“3个世界”理论，他认为客观知识的存储、组织、检索、分析、转化、利用等问题，构成了图书馆学和情报学共同的研究内容和理论基础，并在国内图书情报界引起了较大争论①。一些学者认为，波普尔“世界3”理论的哲学本质属于唯心主义，有必要对其进行批判性地应用。因此，国内情报学界对“3个世界”进行了更深入的探讨，并在辩证唯物主义基础上，对之进行了批判性的继承和进一步拓展，提出了“四个世界”的概念。如秦铁辉（1991）将世界划分为自然物质世界、精神世界、准人造物质世界（即语言）和人工创造世界②；刘植惠（1989）将世界划分为天然物质世界、人工物质产品世界、人类精神产品世

① 王建冬．后现代主义思潮对情报学基础理论的影响［J］．中国图书馆学报，2009，35（4）：80－87.

② 秦铁辉．波普尔的世界子理论与情报学的哲学基础［J］．情报学报，1991（2）：136－143.

界、人类精神世界①；等等。正如马费成（2005）所指出的，“四个世界”的划分是“建立在辩证唯物主义和历史唯物主义基础之上，坚持物质第一性，意识第二性，与以唯心主义世界观为基础的‘世界3’理论相比，这种方法更为科学和合理”②。

3.1.1.4 波普尔“世界3”理论对于情报工程学的启示

尽管波普尔的“世界3”理论存在唯心主义倾向，把世界3独立于客观世界和主观世界，用以指导情报学实践存在着唯心主义认识论错误。但是，在其理论中也存在着一些合理的理论给养，为情报学研究提供了一定的基础。

（1）“世界3”的客观性和社会性为情报工程理论和实践研究提供了哲学基础之一。世界3是客观的、实在的、自主的，有无穷无尽的新问题隐藏在其中。在大数据时代，人类社会实践通过各种连通网络的终端设备在网络世界中留有相应的数据映像，既包括其实体社会活动的行为轨迹，也包括反映其对外部环境感受、思想意识、认知倾向等方面的信息表达，数据映像一旦形成，便成为世界3的组成部分。随着信息技术突飞猛进地推进，移动互联技术、物联网技术、可穿戴技术、3D打印技术……不断涌现，人类及其活动的完整数据映像将逐渐形成。波普尔认为世界3通过世界2可以与世界1相互作用，也就看到了理论对世界1的反作用。对于情报工程实践来说，可以通过世界3中的数据、信息进行自动化、智能化的处理和分析，能够得到物理世界的数据映像，对数据映像的分析便可得到人类及其活动轨迹及其背后的规律，获得知识和决策情报，为世界2提供方法体系和策略框架，进而指导人类社会实践，反作用于世界1。

（2）“世界3”的自主性是情报工程自动化的理论支撑。“世界3”的自主性对于情报来说，就是信息、知识和情报一旦被创造、被发现就具有了某种独立的力量，并且按照其自身衍变规律运动和变化着。当然要指出的是这种“独立的力量”并不是完全独立于人类活动之外的，而是指在人类活动的基础上，“世界3”才有其自身发展的路径和规律。正如钱学森（1983）对波普尔理论的批评：“在他（波普尔）这3个世界的理论里头，是强调了精神财富这个领域，这一点是对的，但是在他看来，这3个世界都是等同的、独立的，世界1就是客观世界，世界2就是精神世界，世界3就是知识世界，而且他强调这3个世界都可以独立地发展，这就搞乱了。特别让人家很难接受的就是说这个知识世界，它自己就有独立性，自己可以自由自在地在那儿发展。这就十分荒谬的了。知识是人去创造的嘛，知识怎么能独立自主地在那儿发展呢！所以，实际上波普尔是陷入了哲学里面的二元论。这在资本主义国家的这些哲学家是不能理解的，因为他们没有马克思主义哲学，不懂得辩证唯物主义。我说这一段就是要强调这个知识的领域，也就是精神财富。”③ 钱学森批判波普尔有关“世界3”是割裂的、封闭的和独立的观点，但是并不否认“世界3”的存在、运动及其演化规律的。仍需要“世界1”和“世界2”相互作用，共同支撑“世界3”的建构。

从另一个视角来看，“世界3”的自主性对应于情报的“序”（马费成，2008），人类情

---

① 刘植惠．试论情报学的哲学基础［J］．情报学报，1989（3）：161－167.

② 马费成，宋恩梅．我国情报学研究的历史回顾（Ⅱ）［J］．情报学报，2005，24（5）：515－523.

③ 钱学森．情报工作的科学技术［J］．情报学刊，1983（4）：4－13.

报现象的有序性同样是普遍存在的规律：首先，人类情报过程包括情报生产、情报交流、情报获取、情报加工、情报存储、情报检索、情报吸收、情报利用的不同环节及整个过程是有序的；其次，人类生产的知识、信息和情报无论是以自然系统存在还是以人工系统存在，都具有某种序性结构；最后，在信息链的构成和演化上，事实、数据、信息、知识、情报（智能）是按照一定的序进入信息链上不同节点的，处于低端的节点向高端节点演化也是按照某种序来实现的①。在大数据时代，情报工程通过自动化、规范化、智能化的工作能直接从大数据中挖掘和分析获得知识、情报，发现现象背后的规律、本质，便是序——事物组成要素之间的相互联系及这种联系在空间时间结构中的表现，即空间结构中的排列组合、聚集状态、立体结构、结构层次及事物发展演化的时间序列。

3.1.2　信息链、知识链、情报链——情报价值的生成路径

3.1.2.1　情报的3个维度②

马费成教授在《图书情报知识》2013年第2期上发表的题为《情报学发展的历史回顾及前沿课题》中，对情报学发展历史和前沿课题进行全面而又深刻的阐述，其中，还从3个维度上对情报的本质进行了重点解释，这3个维度分别如下。

（1）情报是一种知识。第一个维度认为情报就是一种知识，根据不同国家和地区的研究角度、研究方式和重点的不同，又可以命名为以下4种范式（表3–1）。

表3–1　情报学研究的4种范式

研究范式	特征
美国范式	关系知识的组织和检索，解决信息爆炸背景下用户信息需求，研究内容为情报检索
欧洲范式	世界大脑、体外大脑，客观知识的组织
苏联范式	作为科学交流和传递对象的知识，情报学则主要研究科学交流及其对象
中国范式	上述3个方面的引进介绍和综合集成，并创造了以科技情报研究为特色的情报学，后拓展到对其他领域的情报研究

（2）情报是一种行动。情报学研究的第二个维度是将情报视为一种行动。情报过程是与各种情报活动相联系的，不同的情报活动（军事情报、科技情报、企业竞争情报、技术情报等），尽管目标、任务等都不同，但是其过程存在共性，具有方法论的意义。情报的行动维度可以从不同的角度来理解，如情报循环、情报产品与价值链、情报活动链、情报的智能取向（这与本章3.5小节中王飞跃教授提及的智能情报意涵是相一致的）。

（3）情报为组织服务。情报学研究的第三个维度是情报为组织服务。强调情报为组织服务就更能认识情报的特征，因为组织生存、组织发展、组织竞争、组织与环境的关系等方面，可以对信息与情报做出清晰的区分，特别是理解情报作为组织生存要素的意义。将情报

---

① 马费成．导言：情报学中的序［J］．图书情报知识，2008（3）：5–7.

② 马费成．情报学发展的历史回顾及前沿课题［J］．图书情报知识，2013（2）：4–12.

理解成为组织服务，它就更能够帮助我们认识情报的特征、情报的功能和情报的作用。情报学的范围在组织情报观视野之下，远比竞争情报要更广泛、深刻和丰富。组织情报包含了竞争情报，但远不止于竞争情报。组织情报学或组织情报研究的范围和内容除目前竞争情报所涉及的部分外，还有极大的拓展空间。

3.1.2.2 信息链的基本内涵、演化及其与情报工程的关系

在前面阐述的情报学研究中“第二个维度情报是一种行动”时，就提到了情报活动的步骤、过程和价值增值顺序。

（1）情报循环。情报循环也被称为 Herring 模型，包括 5 个基本环节，即规划定向—正确的搜集和报告—信息存储和加工—信息分析和生产—情报发布。这个循环与竞争情报的循环过程相似，但更加细致，更强调流程性。

（2）情报产品和价值链。如果将情报循环视为情报生产过程，那么在各个环节就得到不同层次的情报产品。这正是竞争情报研究中所说的“情报是一种过程，情报是一种产品”的含义，它表示两者是不可分割的。如图 3-1 所示，情报价值链从底层到顶层分别是数据、信息、知识信息、生产性知识和行动，每一个不同阶段都具有不同的工作模式，也产生了不同的产品，所以也称为情报产品和价值链。

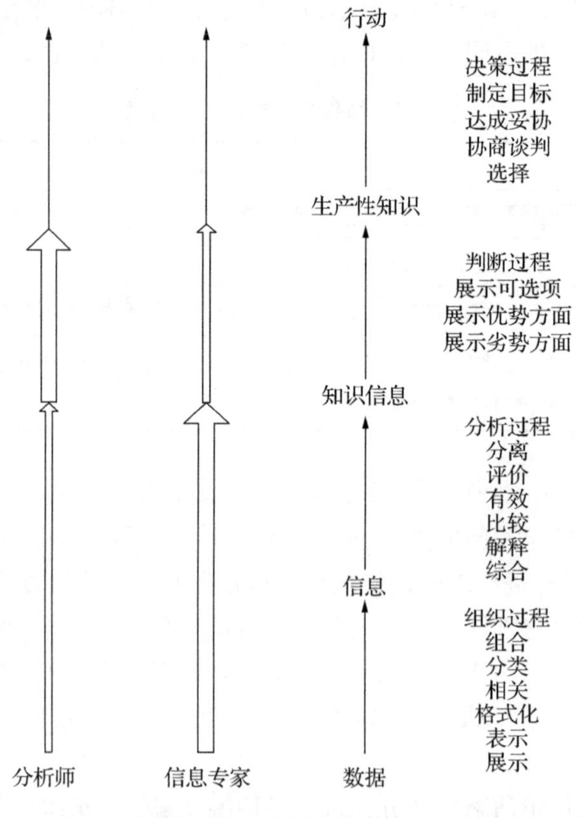

图 3-1 情报产品和价值链

（3）情报活动链。通过对不同组织和机构的考察，我们认为情报活动链可以分为 4 个阶段（图 3–2），分别是调查活动（survey activities）、信息活动（information activities）、情报活动（intelligence activities）和决策活动（decision activities 或 decision-making activities）。从情报活动链可以发现，不同阶段的目标与性质都不同，因此，我们称情报是一种行动，这种行动表现为不同性质和不同阶段的活动范畴。

调查活动—信息活动—情报活动—决策活动
survey—information—intelligence—decision

图 3–2 情报活动链

（4）情报的智能取向。这一维度的情报学研究关注的主题包括智能、情报收集、情报分析、情报产品、情报循环、情报价值链等，研究深入的方向是知识的激活，即从情报的收集、分析、产品、循环、情报价值链乃至最终情报成果的获得，都贯穿着对知识的激活，使其变为情报。钱学森先生在国防科工委的一次情报工作上的报告就特别强调如何将知识、资料激活转变成为情报。因此，我们将这一维度也称为情报的智能取向，要沿着情报价值链向上发展，通过情报过程增加情报的价值，实现情报的增值。

以上提及的信息价值链、情报活动链、情报的智能取向等研究成果与我国一些学者提出的信息链的基本顺序、过程、内容是相一致的，如图 3–3 所示。

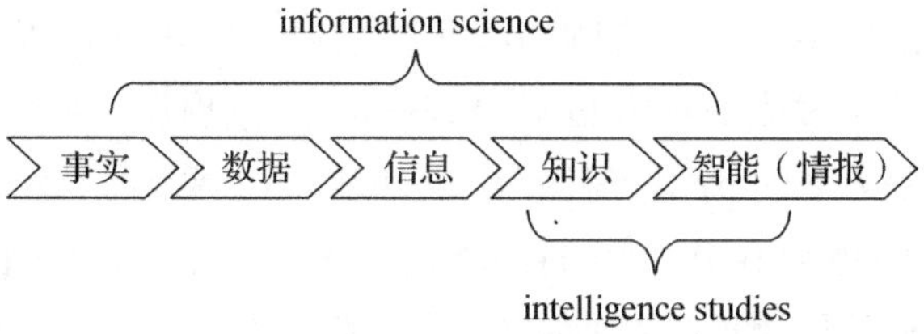

图 3–3 信息链

信息链实际上已经成为当今情报学、信息管理研究的一个非常重要的对象。从事实、数据到信息，从信息到知识，从知识到智能（情报）的转化，标志着人类的认知从低级阶段向高级阶段的演进，在这个演进过程中，从低层到高层的转化不会自动发生，需要人的能动认识，需要信息技术的支撑和科学的管理方法来实现，尤其是处于信息链中高端节点的知识，作为人类特有的认知能力，它的转化最为复杂，需要的信息技术手段和管理方法也最为复杂，同时对人类发展的贡献也最大。

如果把信息链的高端部分及其用途（对策、咨询、战略规划、科学决策等）结合起来，形成一个完整的信息活动链和信息价值链的结合，则就能较为完整地阐释数据、信息、知识、智能（情报）间的转换和对应关系，如图 3–4① 所示。

① 孙成权，曹霞，黄彦敏，等．战略情报研究与技术预见［M］．上海：上海科学技术文献出版社，2008.

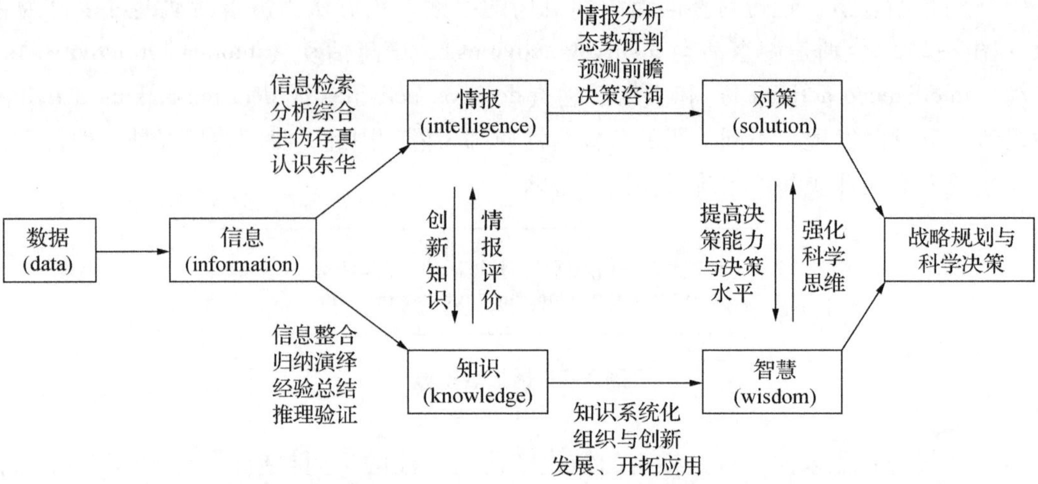

图3-4　数据、信息、情报、知识与科学决策、战略规划相互关系示意

（5）大数据环境下信息链结构的调整。图3-3中的信息链虽简洁地表明了情报学中几个核心概念之间的关系，数据、信息、知识和情报。在大数据环境下，该信息链存在以下几个问题：①对于每个阶段的转化过程、相互关系、服务去向等并没有进一步阐述；②没有反馈评价路径，难以形成转化——反馈（评价的循环）；③信息单链的演化已经解释不了当下数据、信息、知识和情报的演化路径了。在大数据技术、人工智能技术及网络环境下，信息、知识、情报、智能已经不再是单链顺序演化，它们彼此之间可以发生网状、循环的转化联系。如数据、信息直接通过大数据分析平台获得情报或智能，以支持决策。

从情报工程活动过程来看，情报工程是数据＋工具（平台）＋专家智慧，共同创造情报产品。因此，图3-4中也存在几个方面的不足：第一，在知识—情报、智慧—对策之间有互动反馈之外，其他相邻要素间缺少应有的反馈和互动；第二，在情报—智慧、知识—对策之间并没有直接的联系或支持，这与实际对策和情报产品的形成不一致；第三，专家智慧未能体现在情报工作当中；第四，用户需求是情报工作的核心，为了体现这一核心在情报信息链中的作用，应增加这一主体的存在。基于以上的分析，我们在图3-4的基础上，进行了调整，把情报工程中的“平台”“专家”“用户”等要素加入其中，形成在已有信息链直线型逻辑顺序演化的基础上，增加大数据环境下情报工程过程性特点，如专家智慧、工具平台等，具体如图3-5所示。

（6）信息链与情报工程流程的关系。①情报工程流程仍需以信息链为情报工程设计的基础性步骤。信息链揭示的情报价值提升顺序性，是情报实践不能违反或逾越的。虽然情报工程是以大数据分析平台（系统）为主要手段，以实现情报工作的自动化、规范化、系统化，能够实现数据到信息，数据到知识，甚至是数据到情报的自动分析和建构，但是这并不代表了情报工程颠覆了情报价值链顺序，情报工程可以不循守信息链的演化顺序和规律。相反，情报工程恰是遵循信息链、情报价值链内在规律性的体现。在大数据环境下，情报工程已经将情报循环过程中一些环节完全赋予自动化、规范化大数据系统去执行，如数据的收集

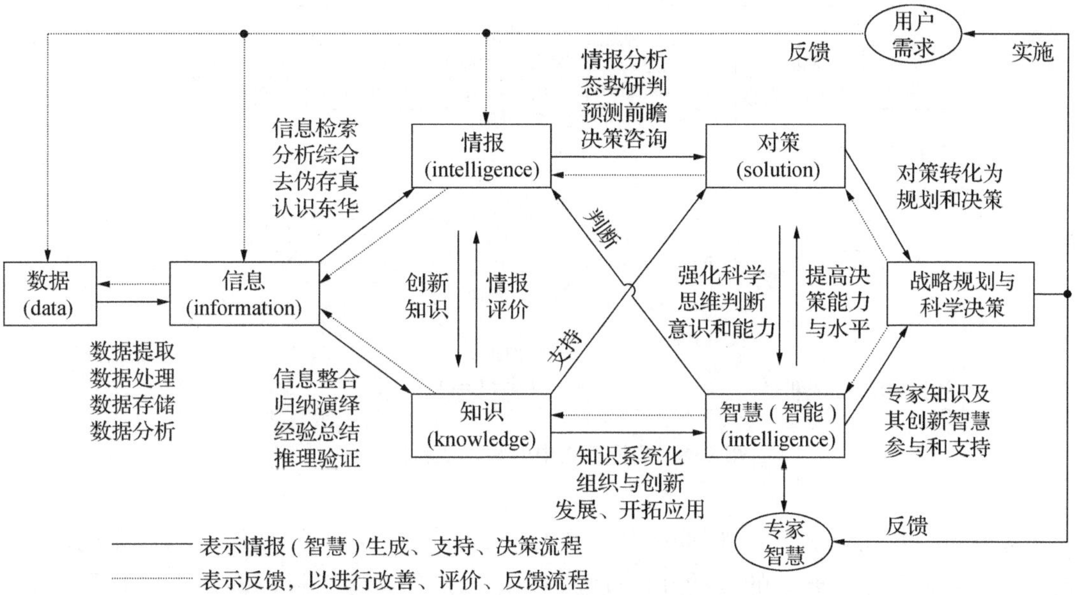

图 3-5 调整后的信息链示意

（采集/记录）、数据的处理（抽取/清洗/标注）、数据的集成（聚合/关联/表现）、数据的分析（查询/建模/分析）、数据的解释（可视化/人机交互）等。在大数据系统引入情报实践领域之前，这些情报活动环节，主要是有人（情报工作者）去承担，辅之以功能单一化的计算机软件（程序），特别是较为规范性的、单一化的数据检索、处理、计算工作均可由特定的计算机软件（程序）进行，如表 3-2 所示。②情报工程在遵循信息链的基础上，还可延伸出知识链、情报链（从属于信息链，以其终端分为知识、情报而命名之）。我们从图 3-3 的信息链中，已经知悉从数据—信息—知识—情报（智慧）的价值依次增值的线性过程，但是在大数据环境下，情报工程的实践将更加灵活和多元，根据用户需求和任务的特点，能自动地进行个性化的情报服务流程，为用户提供知识服务和情报服务。例如，知识的挖掘和发现（数据—知识，可称为知识链），情报的分析和解释（数据—情报，可称为情报链），其具体过程如图 3-6 所示。

表 3-2 情报分析过程中常见的一些单一功能软件（程序）

执行的主要功能	常用软件或程序（例子）
数据（信息）的检索	百度、谷歌、万方、中国知网等
数据（信息）的抓取	乐思网络信息采集系统、火车采集器、熊猫采集软件等
数据（信息）的建模	Matlab、PowerDesigner、R 语言等
数据（信息）的分析	SPSS、SAS、Stata 等
数据（信息）可视化	iCharts、Flot、Modest Maps、Citespace、UCINET 等

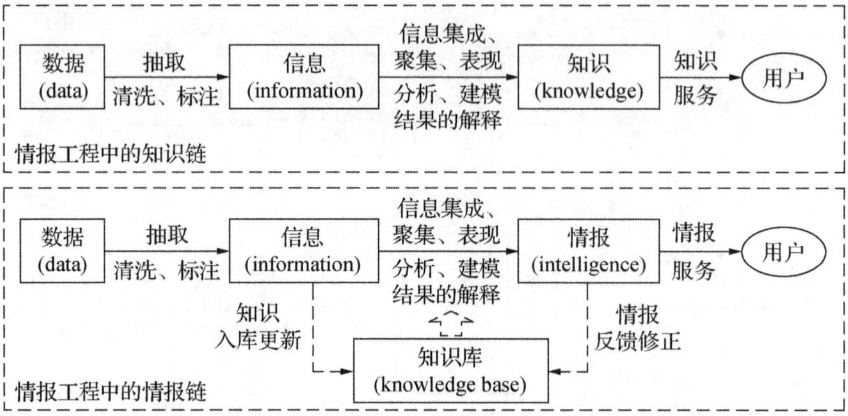

图 3-6　情报工程中的知识链和情报链

图 3-6 分为两个部分，上半部分为情报工程中的知识链，根据用户的知识需求，在大数据环境下，从数据—知识的自动分析过程，为用户提供特定领域的知识挖掘和分析服务，如科技文献、专利、网络用户某些方面特征分析，以提供特定领域的知识服务。下半部分为情报工程的情报链，根据用户的情报需求，从数据—情报的自动化分析过程中，还能自动与系统中的知识库连接，做出自动地比较、判定、推理等，从而能为用户提供竞争情报、商业情报、安全情报等。当然，这里所提及的知识链、情报链仍属于信息链，可以说是信息链的组成部分，或者是信息链在具体情境下面对不同用户的需求而展开情报活动的一个路径而已。

3.1.3　情报学的基本原理——情报工程学的核心理论渊源

当认真回顾和总结情报学过去近 60 年来的发展历程和取得的成果时，发现情报学同其他学科一样具有一些带普遍意义的、基础性的思想和原则在主导其各领域的发展，这样的思想和原则实际上是存在的，它们一直在支撑着情报学的发展，而且随着情报学的发展越来越突出[①]。对这些思想和原则进行系统、深入研究对学科的发展具有奠基性意义。

这里需要特别说明的是，下面（6 个基本原理）所涉及情报学中的 3 个基本对象，信息、知识和情报是从“信息链”的结构来认识的。信息链由事实（facts）→数据（data）→信息（information）→知识（knowledge）→情报/智能（intelligence）5 个链环构成。在信息链中，信息的下游是面向物理属性的，上游是面向认知属性的，作为中心链环的信息既有物理属性也有认知属性，因此成为“信息链”的代表称谓。知识、情报则显然是认知属性的，是知识体系（科学体系）中的基本单元或组件。

3.1.3.1　离散分布原理

信息、知识和情报是以离散形式分布的，在离散分布基础上趋向集中。由于信息、知识和情报的离散分布是绝对的、复杂的，所以我们才需要研究如何用科学的方法获取情报密度

① 马费成．论情报学的基本原理及理论体系构建［J］．情报学报，2007，26（1）：3-13.

最大的情报源，为用户情报需求提供最优服务。它实际上主导着整个情报活动，对情报分散规律的研究也将揭示情报学具有奠基性的定律。

信息、知识和情报的离散分布表现为其内容单元以不同的方式从不同的角度分散于各种著作或不同形式的载体中。情报的离散分布具有复杂的机制，本质上是由知识体系自身的分化和综合决定的，与情报的生产、利用，情报的累积性、再生性、老化性及对创造者的独立性有着密切的关系。情报的离散分布现象是全部情报活动的基石，迄今对情报离散分布现象研究最负盛名的成果便是我们大家熟知的布拉德福（Bradford）定律，该定律研究和揭示了相关论文在科学期刊中的集中分散现象，被公认为是情报学的基本定律，它与描述科学生产率分布的洛特卡（Lotka）定律、词频分布的齐夫（Zipf）定律、文献增长老化的指数定律具有共同的渊源和机制。对于情报的离散分布现象的研究在科技文献（马费成教授研究团队于1999—2000年在情报学报连续刊载若干研究文章）①、专利分析②、网络信息资源③等领域已经得到相应的证明或验证。

上述有关信息、知识和情报离散分布的绝对性及揭示这种分散方法的普遍性、实用性和简明性使情报学有可能和有能力向其他学科提供理论和研究方法，对其他学科产生影响，这正是一个学科走向成熟的关键。

3.1.3.2 *有序性原理*

序——是宇宙之魂，是万物之灵。序是事物的基本结构形式，是事物组成要素之间的相互联系及这种联系在空间时间结构中的表现，即空间结构中的排列组合、聚集状态、立体结构、结构层次及事物发展演化的时间序列。序具有绝对性和相对性：其绝对性是指任何事物都是有层次结构的，每个层次及层次与层次之间都是有序的，其相对性是指事物的组成要素之间的相互联系处于永恒的运动变化之中，序是动态的、变化的。

情报结构的有序性既来自人类创造过程的有序性，又来自知识信息系统的自组织功能，两者相互联系、相互作用，形成了知识信息和情报的序性结构。情报结构的有序不仅是情报学的基本原理，也是情报工作和信息服务追求的基本目标，因此，情报学的基本任务就是要研究这种“序”的规律，揭示这种“序”的表现，按照这种“序”来标引和组织知识信息，建立高效的情报结构④。

情报结构无论是以自然系统存在还是以人工系统存在都具有某种“序性”。研究和揭示这种“序性”，是设计最优情报系统的基础。情报结构的有序性来源于科学体系的有序性和人的创造过程的有序性。情报的产生在许多情况下可能是随机的、无目的的，但它们一旦被生产出来并进入知识体系，成为科学结构中的一分子，便具有特殊意义。它们可能属于知识体系的不同级别（事实，假说、构想，理论等），在知识体系结构中具有不同的功能，但都会通过知识的自组织而形成有序结构。这对于自然科学、技术科学等累积性特别强的学科尤

---

① 马费成，陈锐，袁红．科学信息离散分布规律的研究从文献单元到内容单元的实证分析（I）：总体研究框架［J］. 情报学报，1999，18（1）：79－84.

② 张鹏，刘平，唐田田，等．布拉德福定律在专利分析系统中的应用［J］. 现代图书情报技术，2010（z1）：84－87.

③ 马费成，裴雷．网络信息资源的分布规律［J］. 情报科学，2003，21（11）：1121－1124.

④ 马费成．导言：情报学中的序［J］. 图书情报知识，2008（3）：5－7.

其如此。其他类信息不存在像科学体系一样的自组织结构，而是人工建造的各类信息系统使其有序化。当新信息进入这些系统时，必须有人的干预和调整才能实现有序添加，否则，输入的信息越多，系统就会越混乱。当然，情报在知识体系中的有序性结构并不意味着它能自动生成有序的情报检索系统，只是表明我们可以通过情报的有序结构研究情报的规律和组织，建设更有效率的情报系统。

3.1.3.3　相关性原理

任何一种情报结构都是按一定规则相互关联的。研究和揭示情报相互关联（即相关性）的规律和规则，是有效组织和检索信息、知识、情报的基础。情报学的主要任务之一是要解决“找”的问题，即用户查找自己相关的情报，因此，相关性一直是情报学关注的重要课题。情报学中的相关性实际上存在于两个方面：一是用户的情报检索；二是客观知识体系的自组织建立起来的相关性。迄今为止，相关性研究仅仅注意到了前者却忽视了后者。这不能不说是一个巨大的缺陷。

（1）情报检索的相关性包含系统相关和用户相关。系统相关性主要研究用户情报需求的描述和表达与系统文档描述之间的相互匹配关系，它涉及情报检索系统的分析、设计、算法、性能、评估等要素。用户相关性指用户及用户检索代理者与检索系统之间的关系，这类相关性是主观的，在信息检索过程中，既涉及用户（或检索代理）的认知或知识储备，又涉及用户所处的情报问题情景。显然这类相关性受到用户偏好、兴趣、提出信息问题的时间、相关程度、完整性、信息价值、实用性和针对性等要素的影响。用户（或检索代理）在情报检索过程中与情报检索系统的相互作用关系、作用过程或结果表现为系统对用户情报问题的匹配程度，这种匹配程度可以用一致性、效用、关联度、满意度、适合度、关系等指标加以评价。可见，如果没有相关性，情报检索系统就不可能存在，因为任何情报检索系统都是用一定的方法将相关的情报集中在一起，供用户检索所需情报的结构；没有相关性，用户不可能获得自己所需要的情报。相关性是连接系统和用户的桥梁，同时又是约束系统和用户的潜在规则。无论是哪一类相关性，实质上都是指情报用户（主体）与情报（客体）之间的关系，这种关系对情报检索系统组织、设计、分析、算法都形成约束。而情报主体的情报问题和情报需求多种多样，知识储备各不相同，这使得情报检索系统的组织设计异常复杂。情报主体与情报客体之间普遍存在的相关性便成为情报学的一种基本现象，揭示这种基本现象的原则和思想显然是情报学最基本的原理。

（2）知识系统中的情报相关性。根据信息链的结构，情报必定是进入科学系统的某种知识。由于知识体系的整体性、综合性、继承性、累积性和国际性，使得情报在纵向和横向都有极强的相关性。在纵向，情报的不同的级别之间存在着内在的逻辑联系；在横向，各知识领域之间是一个不可分割的整体，其情报单元也自然相关联。情报的这种逻辑上的相关性是其他类信息（如市场信息、娱乐信息等）没有的，这对情报的组织、存储、检索具有特殊的意义。

情报的相关性在不同的学科领域是不同的，一般来说，在自然科学和技术科学领域，其相关程度较大，而在大多数社会科学、人文科学和管理科学中相关程度相对较小。这是由科学的累积性决定的，科学的累积性实质上是情报在时间轴上的压缩现象，即科学知识趋向日益提高的抽象水平。这种现象导致过去各时代所创造的科学情报总量的减少，虽然这种减少与新的情报的指数增长相比并不明显。累积程度越大，相关性越强，尤其是像数学、物理、化学等具有发达的形式化语言和严格推理规则的科学中，许多领域都已交叉渗透、难分彼此、浑然一体，人们很难区分它是哪一个学科领域的情报，情报的相关性还可实现更深层次的知识组织，这方面有代表性的研究便是布鲁克斯提出的“知识地图”，即对文献中记录的知识的逻辑内容进行分析，找到人们思考与创造的相互影响及联系的节点，然后像地图一样把它们直观地标示出来，以展示知识的序性结构，为用户提供纯情报。

3.1.3.4　易用性原理

人类交流、获取和利用信息、知识、情报总是趋向简捷、方便、易用、省力。研究和揭示人类情报行为，追求易用与省力的特征、规律可以使情报获取和情报服务的成本最小，效益最大。

对易用与省力原则的研究最早集中于人类信息交流的基本工具——语言领域，在这方面做出杰出贡献的是美国哈佛大学语言学教授 G. K. 齐夫。他在前人研究基础上，收集了大量资料并通过实验观察，发现自然语言词汇的使用服从一个简单的定律，他称这一定律为“最小努力原则”（principle of least effort）。

按齐夫的说法，当我们用语言表达思想时，我们就像受到两个方向相反的力的作用——“单一化的力”和“多样化的力”的作用。这两种力的作用表现在人的谈话或写文章时，一方面希望尽量简短；另一方面又希望尽量详尽。如从这一观点出发，说话者以只用一个词表达概念最为省力，而听话者以每个概念都能用一个词表达理解起来最为省力。“单一化的力”和“多样化的力”相互作用，取得平衡，使自然语言的词汇出现频次呈双曲线。在现实生活中，人们在读写时越来越多地使用缩略语词便是信息交流追求省力的一个很好的例证。研究证实，齐夫定律不仅适用于自然语言，而且适用于人工语言，因而又被应用于情报的组织、存储和检索领域。

齐夫定律所描述的省力法虽然发源于语言应论情报学的基本原理及理论体系构建用领域，但他实际上注意到了这一法则更为一般的意义，各个不同领域中最短路线的选择和确定问题都与此有关。例如，企业供应商和库存地点的选择、社区供货点的位置、交通路线安排、通信路线架设等，也都涉及最短路径寻求的解决方法。

3.1.3.5　小世界原理

无论世界如何大，人口如何多，联系多么困难，人际情报交流与传递总是能实现的。研究和揭示人类信息联系和交流得以实现的途径及其特征、规律是建立最佳信息、知识和情报网络的基础。上述结论来源于小世界网络或小世界现象的存在。

在无限广阔的世界和相当大量的人口中，任意挑选两个人，他们相识的概率有多大？任意挑选出两个人，要达到彼此相识或联系的最短路径有多长？匈牙利作家付立叶·卡林惕（Frigyes Karinthy）在 1929 年就论断，地球上任何两个人可以通过一条由 5 位联系人组成的链条来达到相识或联系。1967 年，哈佛大学一位心理学家斯坦利·米尔格拉姆（Stanley Milgram）通过著名的信件投递实验证明了小世界现象。他随机选择了内布拉斯加州和堪萨斯州的近 300 人，让他们把信件传递给一位在波士顿的他们都不相识的目标人，米尔格拉姆告诉每个发信人有关目标人的姓名、年龄、职业、住地等背景信息。如果发信人不认识目标人，他们可以将信件交给他们认识，并且认为最有可能认识目标人的人。实验结果表明有 64 封信件被送达目标人，平均传递次数为 5.2 次。这个实验结论被称为“六度分离”（six degrees of separation）。

小世界现象被揭示的 30 多年时间里，并未引起广泛关注，直到 20 世纪 90 年代末期，由于大规模数据采集实现了计算化，人们对真实世界的各种网络拓扑结构形成了更丰富的认识，并且计算能力的提高使得研究拥有上百万个节点的复杂网络成为可能，小世界现象的研究才有了突破性进展。小世界现象实质上揭示的是人类信息联系和信息对象之间的相关性，亦即，无论世界多么大、人口怎样多、分布如何广、网络结构多么复杂、节点数量如何巨大，都可以通过相关信息达到最短的路径联系。小世界原理更是情报相关性的具体表现，广泛存在于信息生产、信息系统、信息获取、信息传递和信息利用过程及信息对象的分布特征中。如果我们以知识体系、信息载体、信息系统、情报结构或用户群体中的独立元素为节点，都可以通过有线的路径将它们联系或整合到可识别和交流的范围。互联网上的各类网站、网页、网络目录和上网用户之间的有效链接（社交媒体应用等）更加展现了任何一种信息载体和信息传递方式都构成小世界网络的强大功能。这说明小世界现象作为情报学基本原理具有的普遍意义和广泛性。

3.1.3.6　对数透视原理

人类获取和接收信息、知识和情报的认知过程遵循对数转换机制。研究这一转换机制可以揭示物理空间的信息与进入认识空间中的信息、知识和情报之间，信息载体和信息内容之间在数量和特征上的差异，为情报、情报学的定量化提供理论、方法和途径。

这一比例看起来似乎很神秘，实际上是普遍存在的人类感官系统对外界物理刺激的反应机制，它描述物理空间的对象特征在人的感觉系统中的影像之间的差异符合对数转换律。对数律由 19 世纪中叶德国著名物理学家韦伯（Webor）和费希纳（Fechner）通过试验验证后提出，可表示为：$S=k\log R$，其中，S 是由外部物理刺激引起的人的感觉量质，R 是物理刺激量，如声音高低、光的强弱、颜色深浅等。

20 世纪 70 年代末，B. C. 布鲁克斯在研究人的信息获取和吸收过程时，引入韦伯—费希纳定律，并进行了大胆的拓展。他写道：“如果我们的感官系统按照对数规则工作，那么我们所有的神经系统，包括脑神经系统，都可能按某种对数方式工作。”布鲁克斯称其为“对数透视原理”（logarithmic perspective）。根据上述原理可以设想，我们的感觉器官和神经系统乃至认知过程好似携带了一把对数尺，当我们进行观察时，物理空间的一切实体总是以其对数尺度反映在我们的感觉系统中，当人类不能在所处的物理空间中自由移动或借助其他手段观测时，就不能纠正这种对数透视对物理现象带来的歪曲。

虽然潜在信息是均匀分布的，但经过对数透视变换后，那些距接收者时间和距离较近的信息优先获得接收，而且其感知信息量占有相当大的比例。一般来说，人们对距自己时间和距离较远的信息接收较少，对较新较近的信息接收较多，这又一次印证了省力法则。距自己最近（时间和空间）的信息最容易获取，不仅因为省力，而且获得的信息量最大。

以上所讨论的是物理空间中信息获取和接收的对数透视原理。事实上，在不同学科专业领域，不同行业之间也存在这样的对数透视效应。对数透视原理则解释信息对象在物理空间与情报空间的差异，以便于转换。

以上情报学6个基本原理也是情报工程学的奠基性原理，如离散分布原理也是网络信息分布遵循的原理，相关性原理正是大数据技术以及分析的前提，小世界原理是通过大数据技术不同目标之间关联的重要途径。虽然情报工程学应用了大数据技术系统、工程学基本流程、工程化思维（思想方法、思维方式）等新的技术系统、新的学科原理或规律，但是情报工程学的信息链、知识链和情报链没有改变，而基于这些基本原理之上的信息链的逻辑顺序没有改变，通过融合新技术、新思维、新原理，出现更多学科交叉（intersection），使得情报工程学的学科内涵更为丰富，实践领域不断延伸。这里强调的是，在情报工程实践中不能有违背这些原理的逻辑和规律，否则将会产生错误的结论和不合要求的情报产品，从而误导决策者的决策，产生不良的实践后果。

3.2　工程学基本理论

工程学在国外作为STEM（Science，Technology，Engineering and Math，STEM）学科教育中的重要一环，历来受到世界各国的重视。美国对于STEM更是从国家战略的高度来对待，分别于2007年、2010年以立法的形式加以推进，近几年更是密集出台了各项政策[①]。如2013年5月，由美国国家科技委员会（NSTC）牵头并联合联邦教育部、国防部、能源部等10余家部门和机构（简称为CoSTEM）发布的《联邦STEM教育五年战略计划》（Federal STEM Education 5-Year Strategic Plan）。从STEM教育以来看，工程学并不是以一个单一学科体系存在的，总是和某一个或几个学科（领域）相联系的，如有学者提出四元论，其基本观点就是承认和主张科学、技术、工程、产业是4种不同的对象、4种不同的社会活动，它们有本质的区别，同时也有密切的联系[②]。因此，谈论工程，必定涉及科学（原理及规律）、技术（工具和方法）、产业（应用与价值），否则抽象地谈论工程学并无任何实际的意义。在本书中，情报学的基本原理和规律是情报工程学的基本原理和规律，大数据技术系统和平台则是情报工程学的工具和方法，实践领域中服务用户与情报产品需求就是情报工程学的相关产业。因此，工程学作为情报工程学的重要理论基础主要是向情报工程学提供工程学的理论素养。

3.2.1　工程学概念、特征及哲学内涵

（1）工程学概念。工程学，又称为工程科学，是通过研究与实践应用数学、自然科学、经济学、社会学等基础学科的知识，来达到改良各行业中现有建筑、机械、仪器、系统、材料和加工步骤的设计和应用方式的一门学科[③]。美国工程师专业发展委员会（The American

---

① 钟柏昌，张丽芳．美国STEM教育变革中“变革方程”的作用及其启示［J］．中国电化教育，2014（4）：18－24.

② 万长松，曾国屏．“四元论”与产业哲学［J］．自然辩证法研究，2005，21（10）：43－46.

③ 百度百科．工程学［EB/OL］．［2016－05－03］．https：//en.wikipedia.org/wiki/Engineering.

Engineers' Council for Professional Development, ECPD）将工程学定义为：创新性应用科学原则设计或者开发结构、机械、仪器或者制造流程，或者单独或通过结合的方式利用它们；或者根据对它们设计的充分认识进行建造或作业；或者在特定作业条件下能预见它们的行为；所有都作为一种预期的功能，作业的经济性，或保障生命和财产的安全①。工程学是关于工程的知识体系，包括工程原理、工程设计、工程实施、工程预测和决策方法等，涉及工程的相关活动，如计划、预算、执行、管理和评估等，是连接科学、技术与产业（社会）的桥梁。

（2）工程学的特征。工程学在人类知识体系中的作用，在人类运用工程学知识能产生的价值。可以说，工程知识不仅仅集成“自然科学”“技术科学”“人文社会科学”这三大类知识，还集成相关的已有经验（实践经验），尤为重要的是，必须集成在当下具体工程现实发生中，依赖特定的场域、情境而产生的境域性知识与经验。集成并不是上述四类知识的简单叠加，而是把它们有机地融合，并转化为与当下工程现实境域相符合的，可行、可操作的知识、方法、程序、规则、规范、指南。从工程学的研究对象——工程活动的视角，可以得出，工程学具有以下几个特征②。

首先，工程学具有系统性科学的特征。对于工程学的研究对象具有系统性特征是不言而喻的，因为工程本身涉及的是一个具有多主体、多客体和多要素组成的系统，具有系统性特征。工程活动过程中也涉及大量的不同性质的结构要素，要建大量的不同性质的工程要素，通过工程活动整合成一个具有特定功能的工程实体，因此，需要按照系统科学的理论和方法去组织工程活动。特别是对于当代社会的大工程更是需要系统科学，如我国的“两弹一星”、三峡水库、载人航天等。因此，工程学中存在着有系统科学所研究的系统规律和系统原理。但工程学并不等于系统科学。系统科学的理论来自于工程学，又应用到工程学，它是工程学的重要组成，但难以与工程学画等号，而且工程学的内容还包括许多其他科学学科的内容。

其次，工程学具有复杂性科学的特征。工程学的复杂性体现在其既涉及自然科学和管理科学的复杂性，又涉及人文与社会科学领域的复杂性。因此，对于自然发生的事物的复杂性理解有如上特征的话，那么，对于根据自然界的规律和人类的需求规律创造一个自然界并不存在的人工事物，其发展变化和构成过程的复杂性程度就远超出了自然事物的复杂性程度，因为它在自然事物的复杂性基础上加上了社会和人文的复杂性。这是两个复杂性叠加在一起的复杂性。要创造一个人工事物，需要研究和处理各个方面的因素，从最一般的角度上说，它有科学规律、技术规律、社会规律、经济规律、文化规律、政治规律、生态规律等因素，严格地说，只要所要创造的人工物体涉及什么因素，就需要研究什么引起作用的规律。按照复杂性问题的分维分形理论，如果所要创造的人工客体，本质上是一个具有复杂结构的整体的话，这个整体就是一个有众多的子结构及其要素的系统。每一个子结构及其相应的因素都

① Engineers Council for Professional Development（ECPD）. Engineering science ［EB/OL］.［2016-08-03］. https://global. britannica. com/technology/engineering.

② 汪应洛，王宏波. 工程科学与工程哲学［J］. 自然辩证法研究，2005，21（9）：59-63.

是这个整体的一个维度，在它自己的维度上，又有各自的运动轨迹和变化周期，有它自己的对初始条件的敏感性程度区间。而且，这不同维度之间在规律、状态、对初始条件的感应上都存在着非线性相互作用关系。那么，要把这种不同维度的状态，按照某一特定的目的进行整合，就要处理极其复杂的非线性作用关系，因此，工程学是一个处理人工复杂事物的科学。

再次，工程学具有交叉学科的特征。一个具体的工程对象涉及众多的科学领域，不同科学领域的科学规律都共同作用到同一个工程对象上。不同领域的科学规律因同一个工程对象，或者工程目的而发生相互的交叉。工程学中的交叉科学特征不同于一般的交叉科学特征。一般的交叉科学，是由于不同的研究对象相互作用而出现的交叉领域，所引起的不同的科学规律在交叉领域内的相互作用的状态和规律。工程学的交叉性，是一般的交叉科学的规律与特定的工程对象联系在一起，是一般交叉科学规律在具体工程对象上的应用和创新。在上述的图式中，也比较充分地反映了这种交叉科学的特征。自然科学、技术科学交叉的结果，自然科学与社会科学交叉的结果，技术科学与人文科学交叉的结果，数学与社会科学交叉的结果等，都落脚到工程学的知识体系中。工程活动过程的工艺流程、工程创造的对象模式、工程活动的操作规定，都是具有与所建构的新型对象具有相关联系的一般的科学规律，经过相互交叉以后所形成的特殊规律，在具体条件的约束下在工程活动中的体现。所以，研究工程活动的科学现象的工程学的学科内容都是一般科学规律经过特定方式的交叉作用以后形成的。

最后，工程学具有综合科学的特征。工程科学的认识过程是要从已经具有的自然科学学科的理论出发，按照人的社会目的，把不同学科的理论规定和规律性要求综合起来，物化为一个人工的创造物。所以，综合是工程科学思维的重要特征。由于这种综合性思维的要求，使得工程科学具有综合科学的特征。当代社会建设与发展中出现的“大工程”现象，都具有“科学群”的特征。中国的“三峡工程”就涉及地质科学、水力科学、建筑科学、电力电子科学、材料科学、生态科学、经济学、伦理学、社会学等。工程科学中涉及的各种学科都围绕着一个共同的工程对象展开，需要把工程对象所涉及的所有学科因素都包容进来，研究在特定工程对象限定下的不同学科的理论和方法的综合问题。

（3）工程学的哲学内涵。首先，工程学是创造新事物的科学。工程学的产生与发展给哲学的发展开辟了一个新的视域，为哲学理论的创新提供了新的科学基础。工程学是一种创造新事物的科学，工程学的理论与实践给哲学提供的现实参照系是如何把思想、理论和观念物化为现实的事物。这种活动比起如何认识一种事物的本质和特点及其规律的活动还要复杂得多。其次，工程学中的模式问题，模式与真理的关系，实践模式与主体性、价值性等关系问题。工程活动是一种目的性活动，它的活动结果是手段与目的的统一。在工程活动过程中有技术的发明和创造，但这些技术发明和创造是工程活动的一个组成部分，且受制于工程活动。工程活动的典型特征就是创造一个世界上原本就不曾存在的存在物。所以它的本质特征是超越现实存在的。工程活动的本质是既适应存在，又创造新的存在，因为只有适应存在自身的规定性基础上，才能使某一存在物成为变革另一存在物的手段，或者创造一种手段去变革一种存在物。

3.2.2 工程方法[①]

方法是主体为了达到一定的目的而采取运用的手段、措施、途径。在主体使用一定的方法达到其目的时，主体不是直奔目标而是先使用一定的方法，通过方法的途径来达到目标，这就是方法的中介性。在一定意义上可以说，所谓方法，其基本性质和基本特征之一就是以“中介性”代替“直接性”。从工程方法论的角度看，工程方法的以下 3 个特征是特别应注意进行深入分析和研究的。

（1）工程方法的整体结构——“硬件”“软件”“斡件”。工程方法的整体结构（或组成）必须包括 3 个部分：硬件（hardware）、软件（software）、斡件（orgware，国外又称“组织件”，钱学森建议将其翻译为“斡件”）。所谓“硬件”就是进行工程活动所必需的工具、设备、机器等，而所谓“软件”就是指机器的操作方法、程序、工序等。另外，由于工程活动是工程共同体的集体活动，这就使得工程活动中必须进行必需的工程管理，没有一定的管理，工程活动就会陷于混沌状态，工程活动就不可能正常进行、不可能实现工程活动的目的。有人把这个工程管理方面称为斡件。在管理科学和工程管理兴起之前，人们往往忽视了斡件的重要性。在管理科学和工程管理兴起之后，越来越多的人开始认识到了斡件的重要性。对于工程方法的整体结构来说，硬件、软件和斡件都是不可缺少的，而三者的相互配合、相互作用、相互整合就成了工程方法和工程方法论研究中的一个更重要、更困难的问题。

（2）工程方法以创造和提高功效（效力、效率、效益）为基本目的和基本标准。工程方法的另外一个基本特征——工程方法的基本目的和基本特征则是追求提高功效和创造价值。所谓功效包括效力、效率和效益等多个方面。效力是指“总量”，效率（不但可以指技术效率，也可以指经济效率）是指“强度”方面，而效益则是指价值评价上“综合性的结果”。许多经济学家从经济学角度和经济维度研究了效用（utility）、效率等问题；波兰哲学家科塔尔宾斯基发展了行动（praxiology，又译为行为学）理论，比较深入地从哲学角度关注了对效率、效力问题的哲学研究；奥地利学派经济学家米塞斯在其名著《人类行为的经济学分析》中试图把行为学研究和经济学研究结合起来。在工程哲学和工程方法论研究中，我们应该努力从新角度用新资料深化对这些问题的分析、认识和研究。

（3）现代工程技术方法的高度专业化特征使得其行动主体常常需要有“专业资质”。工程师、许多专业的技术工人应需要有“职业资格”或“职业证书”。现代社会之所以形成和执行这种“专业资质”“职业资格”或“职业证书”的“认证制度”，其主要原因之一就是要求这些人员必须掌握相应的高度专业化的方法，这些企业必须拥有符合规定的设备条件、掌握必需的相关方法等。工程方法总体中有些方法是科学方法总体中没有而为工程活动所特有的方法，如设计方法、施工方法、安全方法、维修方法、工程评估方法等；另外，还有一些工程方法，如工程中的数学方法、工程中的模拟模型方法，虽然不是工程特有的方法，但这些方法在工程活动中进行运用时又具有了不同的特点或特征。这些问题在工程方法论中都

① 李伯聪．关于方法、工程方法和工程方法论研究的几个问题［J］．自然辩证法研究，2014（10）：41－47.

是非常重要而复杂的问题。

3.2.3　工程活动的基本流程

工程是利用科学技术原理创造性地解决人类生产、生活、管理等方面的复杂性问题或任务。因此，工程往往又是一个复杂的、系统性的过程，需要经过严格而又规范的操作流程，才能保证工程目标的实现。工程过程从其根本特征来看，是一个设计性和构建性的过程，工程设计过程是从概念模型到设计模型（原型）的转变，工程建造过程则是从设计模型实现为满足设计功能性的物理结构或系统构建，其中工程的设计过程是业界学者关注的重点。工程设计过程从其时间和内容维度来看，可以包括以下几个阶段[①]，如图 3-7 所示。

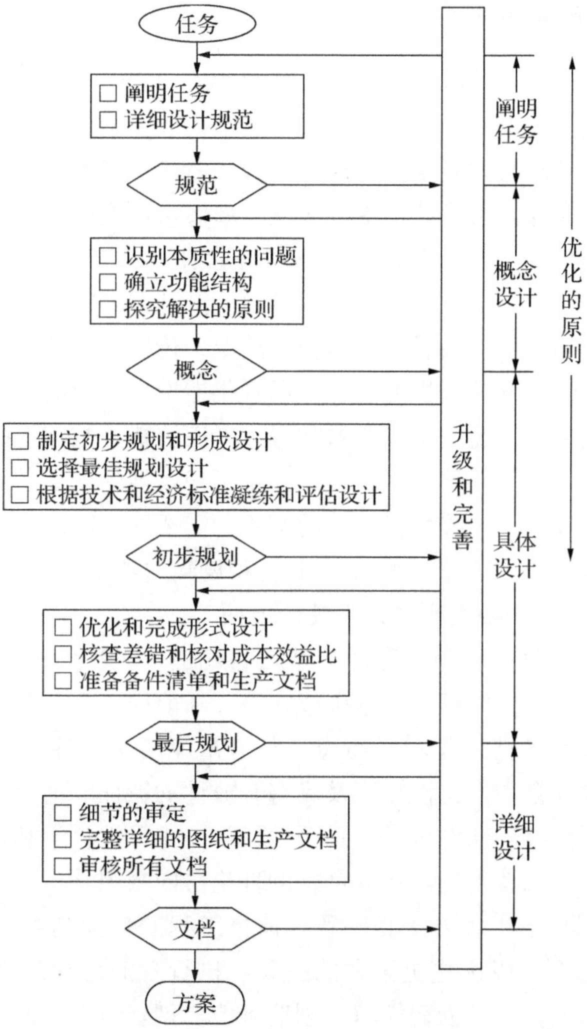

图 3-7　工程设计过程示意

① HAIK Y，SHAHIN T，SIVALOGANATHAN S. Engineering design process［M］. 2nd edition. Boston：Cengage Learning，2010：11.

从图 3-7 工程设计过程示意图可以看出，工程设计过程包括：任务的确定、任务的阐明、概念设计、具体设计和详细设计。在科学原理的指导下及实践情境的任务驱动下，工程设计是按照严格规范和复杂步骤的逻辑关系进行的。既遵循科学原理的指导性、原则性，又能融入技术的规范性、有效性和高效性，同时还考虑到人文因素、情境因素、伦理道德因素，保证工程设计的规范性、构建性和可靠性，从而造福于人类社会。在工程设计中工程化思维是保证工程设计达到用户需求或预定目标的重要保障。工程设计过程之后，接续的是工程实施、应用和评价阶段，这些阶段中主要是将设计的结果转化为现实存在物。

因此，从设计性、构建性、创新性等角度来看，工程设计阶段中的设计思想与理念、构建流程与逻辑、创新方法与思维对于情报工程来说是极富价值和借鉴意义的。

3.2.4 工程学与情报学的融合

在大数据环境下，情报学的研究对象、研究内容、分析方法等方面发生了巨大的变化。首先，研究对象的变化。情报学研究对象不再局限于离散数据、抽样数据、规范数据集、小规模数据等，面临更大规模的大数据。其次，研究内容上的变化，也不再局限于科技情报、企业竞争情报、专利情报等。可能涉及更多领域，如舆情、疫情、灾情、环境污染等领域的情报工作，还有像反恐斗争、金融安全（防止经济危机）、文化安全、生态安全、信息安全等非国家安全领域，而且非传统国家安全领域已经上升到国家安全的重要位置，迫切需要相关领域的安全情报工作的支持。最后，在情报方法上，传统的科技情报工作所使用的方法如文献计量法、信息计量法、统计分析方法等，尽管仍然发挥重要的作用，但是在大数据环境下，除了这些分析方法之外，还应用了机器学习、人工智能、数据挖掘、可视化分析、预测性分析等，而且在软件工具、系统或平台上也发生了根本性的变革。

正是由于这些变化改变了传统情报工作的范式，需要融入新的知识、方法、思维等来改良情报学的理论与实践。而工程学的特点、方法和逻辑过程恰好与大数据环境下情报工作（情报工程）变革相对应，主要表现在以下几个方面。

（1）情报工程学的学科性质与工程学的特点相对应，工程学的特点能够为大数据环境下情报工程学的发展和完善提供相应的基础或支撑。在前面 2.3.1 小节中，就已经阐述了情报工程学具有边缘性（交叉性）学科的特点，具有浓厚的实践性、应用性的学科性质，既具有技术倾向性又兼具社会和人文性维度及具有开放性的特征。情报工程学的这些特点与本节中所讨论的工程学所具有复杂性科学、系统性科学、交叉性科学和综合性科学的特征，在本质上是一致的。因此，二者的融合具有良好的理论协同基因。

（2）情报工程的目标与工程方法相一致。情报工程的目标是向决策者提供知识、智慧（问题解决方案）、情报等，以优化决策者的决策、执行者的行动效率和效果，避免负面因素，抓住机遇。总体来说，就是创造知识、创造价值、创新机遇。而这与工程方法所致力方向是一致的，即工程方法以创造和提高功（效力、效率、效益）为基本目的和基本标准。因此，情报工程需要将工程方法融入情报方法体系中，通过借鉴、吸收、融合，使情报方法能够适应大数据环境下情报工作的要求。

（3）情报工作过程与工程流程相契合。从本质上来看，二者均属于基于问题解决的工作过程。情报工作过程是为了向决策者提供目标、任务或问题的各种知识（确定性的知识，多种概率性知识、决策方案、解决思路等）；而工程流程则是将围绕工程目标、任务或问题，设计各种施工方案，选择最优方案，并实施方案。

3.3　工程化思维

3.3.1　工程化思维概述

在本书中，我们对于工程化思维和工程思维两个概念，在内涵或使用上是不做区分的，因为从状态上来看，它们是相同的。当然，它们之间还是有区别的，“化”所表达的是从“非”（non-）状态转变“是”的状态的过程。工程化思维强调对原有的思维要素、结构、方法、过程等进行重组或再造，使之更符合工程思维的特质，即工程思维的形成过程。工程思维则是指思维分类的一种，是工程设计、开发、实施和管理过程中所应用的思维结构、方法、过程等，工程思维是工程化思维的结果。

现代社会语境中的“工程”一词，无论涉及的是现代化过程中各领域中的工程建设，还是社会公共服务或意识形态领域中工程的施行，一个很重要的主体——人的参与。人在工程活动中发挥着重要的作用，如在工程的规划、研究、设计、开发、应用和管理等环节中，人的思维活动与工程施行流程相融合，形成这一活动中独特的思维方式、思维过程、思维价值取向、思维规律等，即工程思维。

（1）工程思维。工程活动不同于自然过程，工程活动中有思维活动渗透和贯穿其中，工程活动中的思维活动称为工程化思维或工程思维。这种思维是一种价值定向的思维，其核心是解决工程问题，是与具体对象相联系的“殊相”思维（区别于科学思维的“共相”性），以及其时空特定性①。工程思维是工程联系现实世界的重要纽带，具有“构建性”“设计性”和“实践性”作用②。工程思维具有知识内涵、价值内涵和实践内涵。

工程活动的灵魂是工程思维。工程思维是相关主体（设计、开发、应用和管理人员或团队）在工程的设计、研究和实践中形成的思维，是一种筹划性的思维，其核心是运用各种知识解决工程实践问题。工程思维的主体是科技工作者、工程师、企业家、管理者，是他们在现实社会和工程实践中经常实际运用的思维方式。

（2）工程思维的特征。现代工程思维方式的特征包括以下几个方面：①工程思维具有科学性。现代工程是建立在现代科学（包括基础科学、技术科学和工程科学）基础之上的，科学思维为设计师和工程师的工程思维提供了一定的理论指导和方法论的启发，从而可以避免用违背或违反科学规律的方法进行工程实践活动。②工程思维具有运筹性和集成性。由于工程实际问题往往是不确定性和非线性问题，不仅包含科学原理，也包含经验的、经济的、道德法制的、艺术的、社会传统的等因素，甚至还包括未发现的科学。解决工程问题必然调

---

① 李伯聪．工程与工程思维［J］．科学，2014（6）：13－16.

② 殷瑞钰，汪应洛，李伯聪，等．工程哲学［M］．北京：高等教育出版社，2007：102－114.

动和使用各种思维方式，全方位、多层次和多角度对思维对象进行运筹和集成，以达到解决工程问题的目的。通过选择、集成、优化和创新等过程，以跨学科和跨领域方法实现工程预定的任务、问题或目标。③工程思维具有实践性。工程思维从工程实践和现实生活中提出问题，在运用科学知识和科技成果改造客观世界的过程中，使工程师对工程实践活动有了整体的把握，从而形成了工程技术观、工程系统观、工程社会观、工程生态观、工程伦理观和工程文化观，培养了工程实践能力。④工程思维具有逻辑性与“艺术性”。工程思维不允许出现逻辑错误和逻辑混乱。工程思维的艺术性则表现在工程决策者、设计师和工程师在工程实践上的丰富想象力、思维个性和对工程美的追求。⑤工程思维具有创新性。工程创新是国家创新体系运行的基本的和重要的实践形式。工程师工程思维的创新来源于工程理论和实践知识的积累与完善，贯穿于工程实践的始终，在工程实践中达到思维过程的飞跃[①]。

（3）工程化思维的要求[②]。①合规律性。即工程过程中应遵循3个维度的规律——科学技术规律、自然生态规律和人的活动规律。其中维系与协调这些规律的是信息生产、存储、传播和交流过程。工程思维只有遵循科学原理，合乎客观规律，从实际出发，按客观规律运行，才能保证工程规划、设计、施工、运作的现实性、可操作性、可行性和可实现性。②合目的性。工程活动是人类有计划、有目的的造物活动，因此，合目的性自始至终贯穿于工程活动过程中，并成为工程思维的根本要求。虽然构建性是工程思维的重要特征，但构建性只是工程思维的手段或工具，满足并服务人的生存和发展需求才是其最终目的。③社会性要求。社会性是工程活动的内在本性，工程活动与人的造物、社会活动是分不开的。而工程思维必然具有鲜明的社会性诉求与价值趋向——符合社会规范要求，反映社会文明内容，体现并实现社会价值。在工程思维过程中，有技术性维度和非技术性维度（主要是社会性维度）之分，而社会性维度更为重要和关键。④人性化要求。工程活动不仅是造物活动、改造自然和社会活动，而且也是创造并改变人本身的主体性活动，并体现出人之为人的本性——实践能动性。工程思维要符合人性化要求，以人为本，增进社会的福祉，实现人的自由幸福。所以，工程思维要体现人本意识，彰显人文关怀，回应价值诉求，促进文明进步，使之有利于人的自由幸福、社会发展等是工程思维的重要内容和根本要求。⑤最优化要求。苗东升（2005）指出：从工程本体论出发来认识和分析工程活动的特征，工程活动就是通过选择—集成—建构而实现在一定边界条件下要素—结构—功能—效率优化的人工存在物——工程集成体[③]。因此，追求工程要素—结构—功能—效率的最优化就成为工程思维的基本要求。所谓最优化问题，是指控制系统在某些约束条件下，决定某些可控制的因素应取何值，使所选定的目标达最优问题[④]。⑥协同化要求。要把复杂的工程系统综合集成起来并使之动态有序运行，体现出稳定的、有效的功能，必须重视协同伦的方法和相关的数学方法的运用，从而达到工程整体的结构优化、功能涌现和效率卓越。因此，工程思维应该从系统整体卓越的原则出发，注重各要素、各单元、各子系统之间的关联性，运用协同论的方法去统筹和整合工

① 杨英杰，邱俊，金星．基于现代工程师的科学思维与工程思维培养［J］．现代教育科学，2010（2）：149－151.
② 李永胜．论工程思维的内涵、特征与要求［J］．洛阳师范学院学报，2015（4）：12－18.
③ 苗东升．从复杂性看科学发展观［J］．中国工程科学，2005，7（8）：1－8.
④ 王连法，黄辉．简明应用哲学词典［M］．北京：中国广播电视出版社，1991：952.

程整体。

3.3.2　工程化思维与大数据环境下的情报思维的融合

正因为工程思维的科学性、集成性、运筹性、实践性、逻辑性等特征，在人类社会各个领域均有所应用，诸如社会系统工程、经济工程、能源工程、水资源建设工程、信息系统工程等。情报工程方法也不例外，大数据环境下的情报工作也离不开工程思维的融合与应用。

①大数据环境下情报工作具有工程活动的特点。工程活动是资源、技术、经济、社会、政治、生态、伦理等多种要素的优化和集成，是工程共同体（由企业家、投资者、工程师、管理者、工人、其他利益相关者组成）所从事的集体活动，是现实的、直接的生产力。从根本上来说，工程活动是一种既包括技术要素又包括非技术要素的以系统集成为基础的物质实践活动[①]。在工程活动中技术要素和非技术要素并重，而且二者是有机地集成，以解决所面临的问题（任务）。大数据环境下情报分析活动符合工程活动的特点，情报系统是各种数据资源、信息资源、（信息）技术、分析方法、社会（文化和背景）、经济（资金和市场）、管理、伦理等多种要素的优化和集成，情报分析也是情报活动共同体（由企业家、数据工程师、情报分析师、管理者、助手、其他利益相关者等组成）所从事的集体活动。大数据环境下的情报分析活动也是以技术要素和非技术要素的系统集成为基础的物质实践活动。

②工程思维和情报分析之间的关系。工程活动的灵魂是工程思维，所谓工程思维即工程活动中的思维活动，正如冯·卡门所说“科学家发现（discover）已经存在的世界；工程师创造（create）一个过去从来没有存在过的世界”。[②] 我们知道，工程思维体现在两个方面：一方面，工程思维的核心问题是创造性地解决工程问题，工程思维是工程联系现实世界的重要纽带，具有“构建性”“设计性”“实践性”；另一方面，工程思维必须考虑所有技术要素和非技术要素之间的相互作用，也即工程活动部署的系统性、整体性和协同性。

大数据环境下的情报分析活动中也体现了工程思维的特性和作用，即围绕解决特定的问题和任务，通过情报分析向用户提供情报，从而服务于用户的决策和行动。因此，在大数据环境下把工程思维融入情报分析活动之中是情报工作的必然选择，能进一步使得情报工作自动化、规范化和系统化。中信所提出了情报工程概括了大数据环境下“事实数据+工具方法+系统集成”的情报研究方法论，将情报学及相关学科的原理创造性应用到情报研究工作所涉及的构成要素（如数据、分析方法、情报技术），工作流程及组织管理的设计与开发中，以实现情报工作的自动化、规范化、系统化，并在此基础上完成情报系统功能。情报工程给大数据环境下情报工作提供了一条新的途径，在大数据环境下将工程思维融入情报工作当中，优化情报工作过程。

① 殷瑞钰，王应洛．工程哲学［M］．北京：高等教育出版社，2007：67，102－114.

② 李伯聪．工程与工程思维［J］．科学，2014（6）：13－16.

3.4 数据科学

3.4.1 数据科学概念及其发展

数据科学在20世纪60年代就已经被提出，距今有40多年的历史，只是当时并未获得学术界的注意和认可。1974年彼得·诺尔在《计算机方法的简明调查》中将数据科学定义为：“数据科学是处理数据的科学，一旦数据与其代表事物的关系被建立起来，将为其他领域与科学提供借鉴。”1996年在日本召开的“数据科学、分类和相关方法”，已经将数据科学作为会议的主题词。2001年美国统计学教授威廉·克利夫兰发表了《数据科学：拓展统计学的技术领域的行动计划》，因此，有人认为是克利夫兰首次将数据科学作为一个单独的学科，并把数据科学定义为统计学领域扩展到以数据作为现金计算对象相结合的部分，奠定了数据科学的理论基础①。在维基百科中，对“数据科学”是这样界定的：数据科学是一门关于从多类型的、结构化或非结构化的数据中抽取知识或洞见过程或系统的交叉学科②，是对某些数据分析领域的继承和发展，如统计学、数据挖掘和预测性分析，类似于知识发现（knowledge discovery in databases，KDD）③。

2009年，国内有《数据学》专著出版，把数据科学（data science，或称 dataology）定义为研究探索赛伯空间（cyberspace）中数据奥秘的理论、方法和技术。该专著认为，数据科学主要有两个内涵：一个是研究数据本身，即研究数据的各种类型、状态、属性及变化形式和变化规律；另一个是为自然科学和社会科学研究提供一种新的方法，称为科学研究的数据方法，其目的在于揭示自然界和人类行为的现象和规律④。

数据科学的发展与人类社会自身发展与进步分不开的，特别是信息技术的迅猛发展和应用，也进一步促进了人类进入信息时代。社会信息化将现实世界中的事物和现象以数据的形式存储到赛伯空间中，是一个生产数据的过程。这些数据是自然和生命的一种表示形式，这些数据还记录了人类的行为，包括工作、生活和社会发展（对应于前面所提及的虚拟世界中数据映像或数据映射）。而且随着数据被快速大量地生产并存储在赛伯空间中，这种现象称为数据爆炸（data explosion）。数据爆炸在赛伯空间中形成数据自然界（data nature）——可看做人类社会在赛伯空间中的（至少是部分）数据映射。数据是赛伯空间中的唯一存在，便可通过赛伯空间中的数据研究，探索数据世界乃至数据背后的知识、原理和规律。另外，通过探索赛伯空间中数据的规律和现象，也可以成为直接或间接地探索对应的物理世界中的宇宙规律、探索生命的规律、寻找人类行为的规律、寻找社会发展的规律的一种重要手段，例如，可以通过研究数据来研究生命运动轨迹（生物信息学）、研究人类行为现象（行为信息学）、研究科研规律（科研数据）等。

---

① 百度百科．数据学和数据科学［EB/OL］.［2016－07－21］. http：//baike. baidu. com/view/5101599. htm.

② DHAR V. Data science and prediction［J］. Communications of the ACM，2013，56（12）：64－73.

③ Wikipedia. Data Science［EB/OL］.［2016－07－21］. https：//en. wikipedia. org/wiki/Data_science.

④ 叶鹰，马费成．数据科学兴起及其与信息科学的关联［J］. 情报学报，2015（6）：575－580.

3.4.2 格雷法则：以数据库为中心的科学计算①

吉姆·格雷（Jim Gray）在 2007 年 1 月 11 日的计算机科学与电信委员会上的最后一次演讲中描绘了他关于科学研究第四范式的愿景，呼吁资助开发用户数据采集、管理和分析的工具，以及交流预发布的基础设施，强调要建立起与传统图书馆一样普及和强大的现代化数据与文件存储体系。他认为数据科学主要由 3 个基本活动组成：采集、管理和分析。数据采集源包括：①大型国际实验；②跨实验室、单一实验室或个人观察实验；③可能还来自个人生活之中。实验数据涉及多学科、规模大，特别是它们的高数据通量，使得合适的采集、管理和分析工具成为巨大的挑战，也即超出了传统数据采集、数据存储、数据分析等软件的范围（是大数据技术产生之内在因素）。

科学数据的爆炸式增长给前沿科学项目带来的巨大挑战。科研数据集的增长已经超出数十万亿字节，目前，科学家们还没有掌握管理和分析这些数据的现成方案，这些数据在现在或未来的相关研究当中并没有发挥应有的作用。吉姆·格雷提出了几条相应的法则或规则，以处理或应对与大型科学数据集有关的数据工程挑战，主要规则如下。

（1）科学计算日益变得数据密集型；

（2）解决方案是一种“横向扩展（Scale-out）”的体系结构；

（3）将计算用于数据，而非数据用于计算；

（4）以“20 个询问”开始设计；

（5）从“工作至工作”。

这些规则主要是完成以下 3 个任务。

首先，是以数据库为中心的科学计算。大多数的科学数据分析有以下几个步骤：第一，对数据子集进行抽取；第二，以某种方式转换或聚合数据；第三，对数据进行计算。其次，是与科学家连接。设计科学数据库面临的最具挑战性的问题是在数据库建设者和对分析感兴趣的专门领域科学家（domain scientists）之间建立起有效的交流。格雷提出的“20 个询问”启发式规则，他认为 5 个问题不足以识别广泛的模式，100 个问题有将容易导致重点不突出。最后，从万亿次量级到千万亿次量级的科学数据库，微软的 SQL 服务器，已经能成功地处理几个规模在数万亿字节（TB）至数十万亿字节的项目。但是当数据库变得越来越大时，如达到 PB 量级的数据集，则必须采用新的技术（包括采集、处理、存储和计算等），这其实也就是近些年已经走向成熟的“大数据技术”。

3.4.3 数据科学在各领域中发现的推动作用

格雷在 2007 年 1 月美国加州山景城召开的国家研究理事会计算机科学和远程通讯委员会（National Research Council-Computer Science and Telecommunications Board，NRC-CSTB）上提及 eScience，认为这将是科学方法的一次革命。

---

① HEY T，TANSLEY S，TOLLE K M. 第四范式：数据密集型科学发现［M］. 潘教峰，张晓林，等译. 北京：科学出版社，2012：iii－vii.

3.4.3.1 何为 eScience

eScience 由英国在 2000 年提出，是为了应对当时各学科研究领域所面临问题的空前复杂化，利用新一代网络技术（internet）和广域分布式高性能计算环境（grid）建立的一种全新科学研究模式，即在信息化基础设施支持下的科学研究活动①。一方面，信息技术的迅猛发展为各种信息收集、处理、存储、分析和解释提供了技术基础；另一方面，科学家科学研究和实验中各种设备（如传感器、CCD 图像传感器、超级计算机、粒子对撞机等）产生的各种类型的数据，科学家有对科研中数据进行各种处理、分析、再利用等方面的需要，因此，二者结合在一起催生了 eScience。

3.4.3.2 科学研究范式

格雷还认为科学研究已经进入新的研究模式，图 3-8 是格雷常用来表示科学研究范式的演化的过程。最初（几千年前）是实验科学，描述的是自然现象；然后（近几百年来），科研范式是理论科学，运用模型或一般化来抽象出规律性的理论，由于人们用这些理论模型来分析解决实际问题，过程比较复杂；在最近几十年来，开始采用模拟的方法，来模拟复杂的各种现象；最后（当下），人们在模拟方法研究过程当中，产生了大量的数据，同时实验室中的实验数据也在急剧膨胀，因此，人们开始在计算机中研究上述过程产生的数据，以此来挖掘数据背后的本质性、规律性的东西。这便是第四科学研究范式的演化过程。

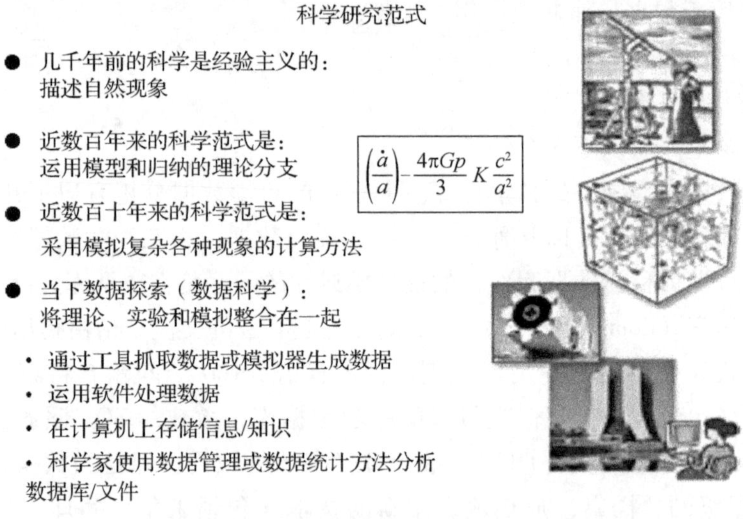

图 3-8 表示科学研究范式的转换（格雷常用的幻灯片）

正如格雷所指出的：科学的世界发生了变化。新的研究模式是通过仪器收集数据或通过模拟方法产生数据，然后用软件进行处理，再将形成的信息和知识存储于计算机中。科学家们只是在这个工作流（相关仪器和计算机计算）之后才开始审视结果（处理后的信息和知识）。用于这种数据密集型科学的技术和方法是如此迥然不同，所以，从计算科学中把数据

① 百度百科. eScience [EB/OL]. [2016-07-23]. http://baike.baidu.com/view/4973593.htm.

密集型科学区分出来作为一个新的、科学探索的第四种范式颇有价值①。

3.4.3.3　数据科学在科学研究中的作用

格雷倡导的科学研究第四范式，在某种意义上提供了一个集成框架，把理论、试验和大规模的计算机模拟融入进来，三者之间相互作用，相得益彰。其中理论提供预测，而预测又可以通过试验来验证，验证发现现象，而现象又需要理论去解释。模拟对科学发展的贡献尽管很巨大，但没有达到它的最初预判，是因为数据量的不足或不能够支持准确的模拟，也即模拟、理论和试验必须要在大量数据的背景下携手合作②。

格雷提出的数据密集型科学 eScience 主要是从科学研究视角出发的、从学科视角来看，与科技情报领域有更多的交集，因为格雷关注的是科学研究中保有、产生的各种类型数据及记录，关注数据科学与相关学科领域的当下或未来研究过程的融合发展，从科学研究的角度来审视科学记录（数据）在其中的作用，包括科学交流的可信赖性、科学结果的可重复性和数据计算的参考性。

（1）科学交流的可信赖性。科学记录的目标是多重的。它的首要目标是交流，即科学发现、假说和见解从一个人到其他人的跨空间和跨时间的交流。它的另一目标是组织，建立统一的命名法和术语，将相关工作关联起来，构建其他科学学科。它又是一种媒介，用以建立科学社区及形成跨空间和时间的大规模合作（形成科学共同体）。它还是一种手段，用以记载和管理科学成果，并往往用来解决争议和异议。它能被用来确立想法和结果的优先权，也能（通过引文和文献计量方法）为科学工作的质量和意义提供证据。因此，从多重意义上讲，科学记录的目的是建立可信赖性。

（2）科学结果的可重复性。无论是单一的、独立完整的文章，还是文献和数据的集合，或者是一篇文章及其所隐含的或明确的关联，科学纪录应该能提供足够的数据，其中包含足够的方法信息和操作信息，使得另一位科学家从同样的数据开始就能重复出同样的结果，而且能够通过新的研究，把处理的研究结果放到更好的情况中，调整假设和分析方法，可能会产生新的结果。科学结果的可重复性同时也是同行评价其结果的准确性、合理性、真实性的重要依据。

（3）数据计算的可参考性。数据和文本的挖掘和推演，基于结构化数据集和文字类论文的信息集成、信息的检索、过滤及聚类，都有助于解决科学记录范围不断增长和人类关注力越来越少的挑战。例如，信息集成，可以通过予以标记以帮助通过计算来确定所提及的特殊类型对象，如基因、星星、物种、化学成分、地点及它们的相关属性，提供比启发式文本分析算法更高的精确性。这些方法也有助于开拓数据密集性科学中的新技术，从而更有效地从科学纪录中获取结果和假说。现在，我们可以看到，研究者们使用广泛的新计算工具，大量地处理文本库和相互关联数据资源集这样的“大”科学纪录。这种处理将帮助确定感兴趣的论文，预示可能通过理论、试验和模拟调查等多种方法的组合来验证假说，或者有时直

---

① HEY T，TANSLEY S，TOLLE K M. 第四范式：数据密集型科学发现［M］. 潘教峰，张晓林，等译. 北京：科学出版社，2012：ix – xii.

② HEY T，TANSLEY S，TOLLE K M. 第四范式：数据密集型科学发现［M］. 潘教峰，张晓林，等译. 北京：科学出版社，2012：181 – 186.

接产生新的数据或结果。

3.4.4 数据科学与情报工程的关系

3.4.4.1 数据科学属于情报工程学的一个领域范畴

格雷所提及的数据科学范畴主要还是聚焦于在科研领域中产生的数据，其主要目标是通过对于科研数据的管理、分析和应用等处理工作以促进科学交流，科学研究的可重复性，进一步对已有科研数据进行再融合、再挖掘，从而能够得到新的知识、新的发现。

但是，近几年随着数据科学涉及的内涵和外延的不断拓展，数据科学不仅仅局限于科研领域中的数据管理和应用了，开始把其他实践领域中的数据纳入自己的范畴，从而使得数据科学应用领域得到进一步扩大。作为一个新兴学科，特别是大数据的形成和发展，以及在实践需求的催发下，数据科学在国内外得到了迅速发展。在美国很多高校已经设置了数据分析师专业或数据科学专业，并且还细分为不同领域方向，如俄亥俄州大学艺术和科学学院就开设了数据分析师专业，具体方向分为商务数据分析师、生物医学数据分析师、计算数据分析师等。

情报工程学作为情报学的子学科，发轫于科技情报、科技专利等科学技术研究，主要是对科学研究的文献、图书、专利等其他数据的统计和分析，为相关用户提供知识、情报。之所以源于科技情报、科技专利传统情报学领域，在大数据环境下，科技情报与科技专利在长期以来积累了大量的、规范的科研数据，同时在数据处理、挖掘和可视化等方面积累了较为成熟的分析模型、方法和工具，为情报工程学的诞生提供了孕育的土壤。情报工程学在综合集成了“事实数据 + 工具方法 + 专家智慧”的科技情报研究方法论的基础上，再融入工程化及系统化思维，形成独特的情报理论研究和实践应用新范式。但情报工程也并不止于科技情报数据的挖掘，而是把目光投向更为广阔的情报工程实践领域，如电子商务大数据、金融大数据、交通大数据、健康大数据、智慧城市的决策支持等，通过情报工程把数据、平台、专家与工程思维融为一体，从中获得知识、(问题解决的）智慧和决策情报。数据科学其侧重点在于科研数据的处理、分析和解释，为科学研究提供相应的决策支持和服务。在大数据环境下，数据科学的研究对象是大数据，是科学研究中的大数据，因此，在本质上来看数据科学从属于情报工程学范畴。

3.4.4.2 数据科学的发展为情报工程学提供了领域应用实践中的范例

数据科学源于相关学科的科学研究，如环境科学、生命科学、健康与卫生科学等学科在科学研究中积累了大量的科学数据，需要数据科学为这些科学研究产生的数据提供数据管理的方法、工具和系统，解决的是所有科学研究领域所面临的共性问题——数据的收集、处理、分析和解释等，需要数据科学对之进行研究和处理。当然，在数据科学同时必定是领域特定的（domain-specific），即数据本身是关于某一学科领域的数据，也即是有其特定内涵、规律。新的科学实验必然是在已有实验数据和结论的基础上展开的，甚至是对已有实验数据运用新的模型进行分析，获得新的发现、突破与机遇。而情报工程学是在大数据基础上，集成了工具、方法、专家智慧，融入工程思维，实现从数据到知识（新知识、新发现），或从数据到智慧（问题解决、新机遇），或从数据到情报（决策）。数据科学在各学科领域的发展和突破，为情报工程学提供了实践范例。首先，数据科学为情报工程的前端数据收集、处理提供了丰富的数据收集，处理（清洗、关联、聚类等）方法和工具，同时数据科学也为学科研究提供了数据分析模型，正如皮奇则指出，大数据的目标就是发现海量数据中潜在的模型①。这些工作主要是由数据分析师或科学家来负责完成。其次，数据的领域特定性也就要求，数据科学必须依赖于特定学科领域的专家智慧来分析、解释经过数据科学范式挖掘和分析的结果，这类专家或是学科领域的科学家，而且这些科学家还具备一定的数据科学素养，能够看懂数据科学工具、系统的分析结果。从某种意义上，他们的作用与情报工程学中专家智慧是等价的。最后，数据科学还不能与情报工程学画等号。二者在指导思想、目标和流程上有着较大的差异性，在指导思想上，情报工程学融入工程思维和专家智慧，是以规范化、集成化、自动化为特征的情报工程理论与实践，以满足大数据环境下人类社会实践的需求为导向，而不仅仅是以科学研究领域中的数据研究为对象，同时面向其他社会实践，如电子商务、电子政务、公共卫生服务、交通服务等，还涉及综合性的大数据实践应用，如智慧城市。在目标导向上，数据科学主要集中于数据自身的管理规律的研究，情报工程则以生产知识、智慧和情报产品为目标，直接为用户社会实践而服务。在工作流程上，数据科学关注数据的收集、处理、建模、分析和解释，情报工程则更多关注大数据处理的规范化、集成化和自动化，以工程化思维和理念，实现知识、智慧和情报的有效、高效产出。

3.5　ACP平行情报理论体系②③

中国科学院自动化研究所王飞跃教授研究团队在社会计算与情报学的研究（特别是著名科学家钱学森提出的情报“激活”与“大成智慧”之理念）相结合基础上提出了“情报5.0：平行时代的情报体系”。他认为在情报5.0时代，情报就是封装的智能，而智能就是开放的情报，情报将是整个社会，从军事国防、社会经济到个人服务的核心与关键，主要特征就是实时、在线、交互的社会信号、社会情报、社会智能，主要方法即为基于ACP的平行情报理论与系统技术。

3.5.1　智慧与情报

（1）近代科学技术发展与演化的过程。如图3-9所示，近代科学技术在先后经历了以蒸汽机为特征的机械化、以电动机为特征的电气化、以计算机为特征的信息化和以路由器为特征的网络化4个发展阶段之后，正进入以智能机（如机器人、无人车、无人机等）为特征的平行化智能技术的发展阶段。显然，技术的平行化时代是“互联网+”之必需，其特色就是虚实互动，通过实时在线的社会信号，例如，人类通过智能手机所产生的各类信号，实现知识的自动化，从而进入智能产业和智能时代。就制造业而言，即为“工业5.0”，这

---

① PIETSCH W. Big data-the new science of complexity [C]. 6th Munich-Sydney-Tiburg Conferece on models and Decision, 2013.

② 王飞跃．情报5.0：平行时代的平行情报体系［J］．情报学报，2015（6）：563-574.

③ 王飞跃．从激光到激活：钱学森的情报理念与平行情报体系［J］．自动化学报，2015（6）：1053-1061.

也是“工业 4.0”融合“互联网 +”的必然结果。情报，经过“激活”和变革后的平行情报，无论在国防军事上，还是社会经济上，都将在这个时代发挥关键且巨大的作用，因为本质上这就是情报的时代。

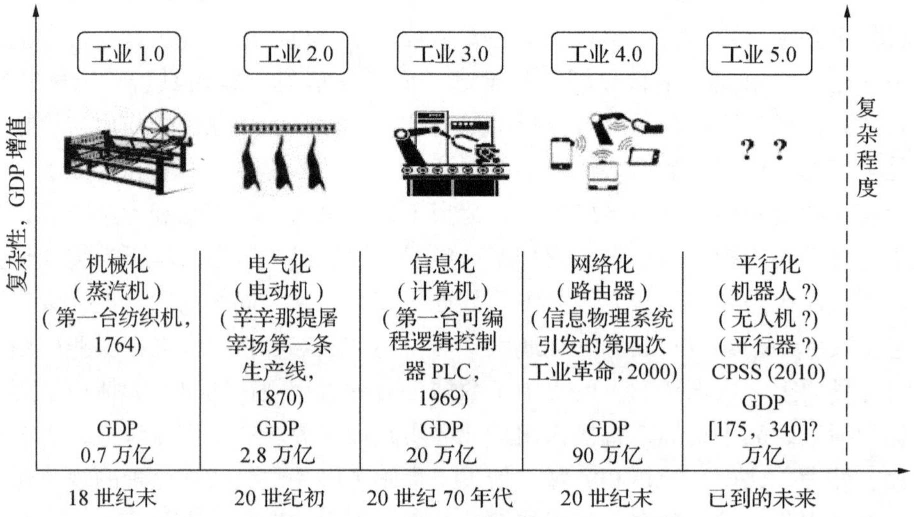

图 3-9　近代科学技术发展与演化阶段

图 3-10　情报与智能的一体化

（2）情报和智能的一体化。实际上，情报与智能化有着“天然”的内在联系。情报的英文“intelligence”既有“情报”之意，又有“智能”之说。智能是获取和应用知识与技巧的能力，而情报又是服务于特定目的的知识，因此，情报与智能可谓是一枚硬币的两面，知识将其连接为不可分割的整体。情报与智能的一体化，是情报科学与智能科学未来的发展方向与途径。鉴于情报本身传统的“秘密”色彩，用中国历史传统文化的“阴阳鱼”表示这种观点既直观又恰当：intelligence，阴为情报，阳为智能，情报是封装的智能，而智能就是开放的情报，如图 3-10 所示，传统文化认为：阴阳结合，变化无穷，是万物之源。因此，情报技术之阴，加上智能技术之阳，就是构建各种智能系统，特别是智能情报系统的根本之道。过去，情报的 KAO“知识 + 行动 + 组织”一体化，知识是秘密情报，行动是谍报行动，组织是特务组织。这在新时代发生了本质的变化：随着信息的开源，物联网、云计算、大数据等技术的应用和普及，众包、人肉搜索等网民群体运动的常态化，各种智能技术都将派上用场。未来的智能系统一定是开放的、开源的、实用化、大众化和微小“创客”式的，成为开放的智能，其核心或灵魂就是各种各样社会化“活”的情报。

（3）情报 5.0 时代。经过 HUMINT、SIGINT、IMINT、OSINT 或 NETINT，情报科学与技术就在新的平行时代进入了新的第 5 个技术发展阶段：基于平行系统的情报 5.0，即平行情报（parallel intelligence，PARINT）阶段，如图 3-11 所示。

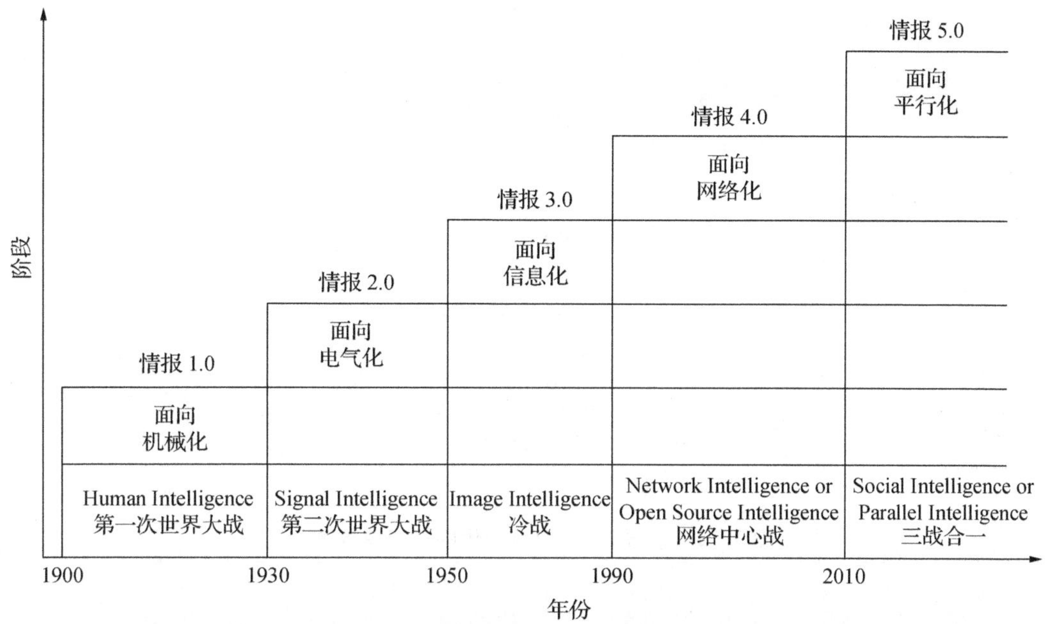

图 3-11　情报技术的 5 个发展阶段

3.5.2　5.0 平行情报体系

所谓 5.0 平行情报体系，就是通过虚实互动的平行系统，根据情报工作的需要，培育许多“活”的人工情报系统，它们可以自主搜索、自主交换、自主变态，并向实际情报组织及时、针对性地发出情报、提醒、警告、请求等，构成实际与人工情报过程平行运行的实时、在线、闭环、自适应的智能情报体系。情报 5.0 的核心理念在于虚与实互动、情报与智能合一的平行思想；2 个关键支撑为 ACP（人工社会 + 计算实验 + 平行执行）理论和社会物理信息系统 CPSS（Cyber—Physical—Social Systems）基础设施；3 个主题为智能组织或智能结构、智慧行动或智慧管理、社会智能或智能解析；4 个集成为使人员、装备、信息、使命密切地融合成为一个整体；最终目标为使情报工作所面临的 UDC 不定性（uncertainty），多样性（diversity）和复杂性（complexity）转化成为完成特定任务和使命所生成情报的 AFC：灵捷（agility）、聚焦（focus）、收敛（convergence）等品质和特性，如图 3-12 所示。

3.5.3　ACP 情报理论方法

我们在 3.1.1 小节中提到了钱学森曾提及波普尔的“世界 3”理论，显然，钱学森则是批判性地“吸取”了波普尔的思想——他在其情报的“激活”理念中将情报定义为“精神财富”，而“精神财富”正是钱学森对波普尔第三世界的另一种变通的说法。所以，钱学森在引文中几乎把情报等同于波普尔的“人工世界”或“知识世界”，由此可见，融合物理世界、心理世界、人工世界的社会物理信息系统 CPSS 必然是“激活”情报的基础生产设施。

如何“激活”信息，产生“激光情报”，使情报也像激光一样，具有“单色性极好、发散性极小、光亮度极大”的特性，从而使相关的决策和行动能够像“最快的刀”一样灵捷、

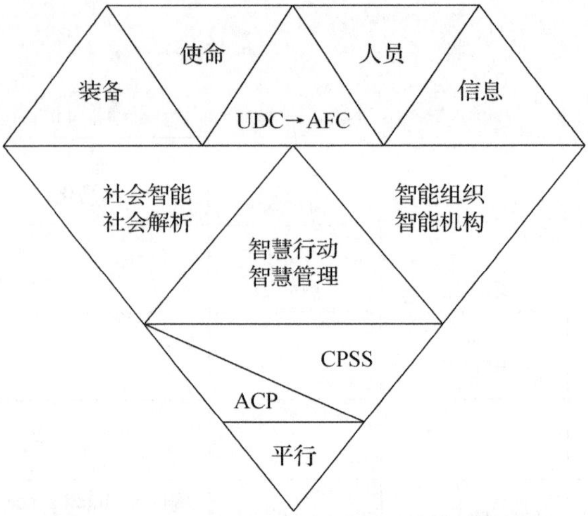

图 3-12　情报 5.0：平行时代的智能情报体系

像“最亮的光”一样聚焦、像“最准的尺”一样收敛，实现从 UDC 到 AFC 的转化，这就是智能情报的任务（图 3-13）。为此，我们必须借助于复杂系统研究的新理论和新方法。

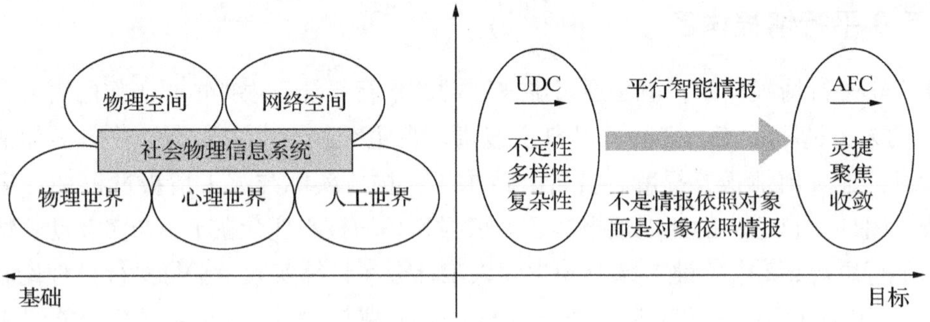

图 3-13　智能情报的变革：从 UDC 到 AFC

那么，构造情报“激活器”的核心任务就是使复杂情报工作所面临的 UDC，即不定性（uncertainty）、多样性（diversity）和复杂性（complexity）三大障碍，转化为所生成情报的 AFC 特性，即具有特定知识支持的灵捷（agility）、通过针对性解析获得的聚焦（focus）、能够及时反馈互动的收敛（convergence）。显然，完成这一任务，必须是信息化、自动化、智能化的一体化融合（图 3-14）。

3.5.4　平行情报理论体系与情报工程学之间的关系

平行情报理论体系与情报工程学均是从不同视角来应对大数据环境下的情报学研究和实践中所面临的挑战而进行的理论探究和实践探索，有着共同的基础和目标。

（1）二者理念、目标和特征是相一致的：在 3.5.3 小节中，就提到 ACP 理论的理念是“激活”情报，其目标就是在复杂的环境中把情报工作所面临的不定性（uncertainty）、多样

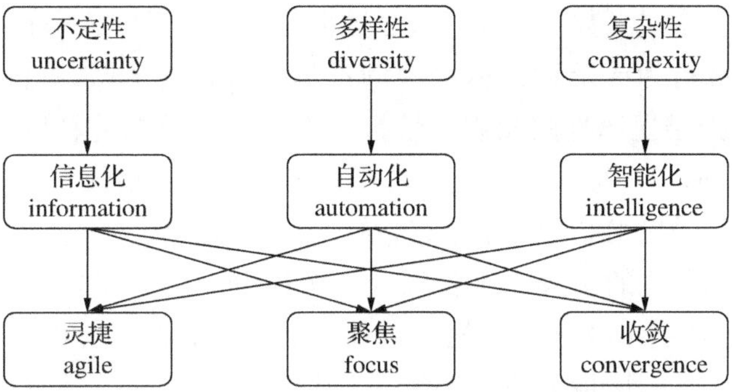

图 3-14 情报“激活器”的使命：从 UDC 到 AFC

性（diversity）和复杂性（complexity）三大障碍，转化为所生成的情报的三大特性，即灵捷（agility）、聚焦（focus）、收敛（convergence）。而完成任务的过程则是信息化、自动化、智能化的一体化融合过程。情报工程学的理念是在大数据环境下为了实现对用户深入而综合化的情报需求的快速响应。情报工程学的目标，通过对与情报相适应的资源的快速发现与重构、数据与分析方法封装、知识发现与推理、业务流程及平台的快速构建形成一种利用工程化思维开展科技情报工作的能力，进一步为用户提供决策支持、情报研究、科技评价等方面的深层次解决方案，其特点是信息来源大数据化、信息处理自动化、工作流程集成化、系统运作协同化。而且 ACP 平行情报理论体系和情报工程学的特征是相一致的：实现情报处理的自动化、集成化和协同化，情报服务的自动化、智能化和自主化。

（2）情报工程学与平行情报理论同为大数据时代的产物。平行情报理论和情报工程学均源于大数据时代应对大数据实践的迫切需求，也是大数据环境下情报研究和实践中孕育的产物，正如王飞跃教授在文中所指出的“大数据和社会信号是应用 ACP 理论的主要前提”。就大数据的本质与任务而言，可从管理学家的名言“除了上帝，其他任何人都必须用数据说话”中提炼成 3 项任务：“数据说话”“预测未来”“创造未来”，后续分别经过数据驱动、预测解析和引导未来，并对应于技术形态上的“人工社会”“计算实验”“平行执行”，最后对应于 3 种情报形态——“描述情报”“预测情报”“引导情报”（图 3-15）。

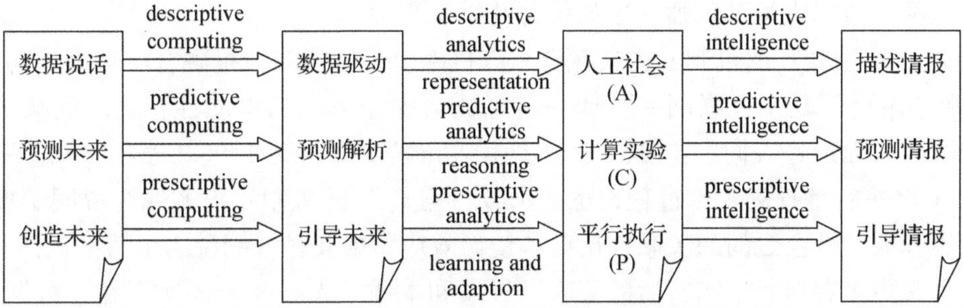

图 3-15 大数据驱动的 ACP 智能情报方法

大数据时代，传统的数据分析方法、工具和技术难以有效处理大数据。而人类社会各种活动通过各种连接设备、软件应用、感受器将产生的各种数据上传至网络中，形成大数据。

从数学映射视角来看，这些大数据可通过关联数据技术形成反映人类行为和其他活动的数据映像，如果能够与相应行为或活动过程中的场景数据融合或关联，可以构建出动态的行为“影像”，进而发现和挖掘规律性的知识和情报。当然，大数据的粒度和规模反映了影像或“影像”的清晰度。因此，大数据的出现、科研范式的变革、情报方法和技术的发展、用户需求的变化迫切需要新的思维和理论框架来指导情报实践，大数据技术、人工智能技术的迅速发展，与自动化、规范化的工程思维相融合，而且由于用户需求的多样性（目标多元）、动态性（变化频繁）、适应市场的时效性（竞争激烈）、专业性（用户领域的复杂性），因此，需要新的情报范式——情报工程。

（3）理论基础的共通性：二者在理论基础上也有相当多的交集，包括信息科学、智能科学、复杂性科学、系统工程等。在本章前三节中，我们介绍了情报工程的理论基础。而王飞跃提出 ACP 平行情报理论体系的理论基础包括两大块——ACP（人工社会 + 计算实验 + 平行执行）理论与社会物理信息系统理论（Cyber—Physical—Social—Systems，CPSS），并且在 ACP 平行情报理论阐述中，反复提及钱学森的情报思想、理念和方法。而这些也是包括情报工程学在内的情报学的理论基础，情报工程学中工程思维的融入，就是把工程学、复杂性科学等学科的基本知识、基本原理和基本规律解决大数据环境下的情报理论与实践中的问题。因此，从理论基础来看，ACP 平行情报理论与情报工程学有着共同的理论基础，并且还拥有共同的目标：知识、智慧、情报的获取，从而为问题的解决、任务的完成、决策等提供支持。一如王飞跃教授指出的：最终目标为使情报工作所面临的 UDC 不定性（uncertainty）、多样性（diversity）和复杂性（complexity）转化成为完成特定任务和使命所生成情报的 AFC：灵捷（agility）、聚焦（focus）、收敛（convergence）等品质和特性。

（4）共同的技术基础：二者的技术基础也有着较大的交集，如大数据技术、物联网技术、云计算、人工智能、社会计算等，后面将专章论述。

（5）重视情报“人”的作用：在情报工程中，大数据化、自动化、协同化、集成化是其重要特征，其中自动化、集成化并不等同于无须专家或专业人员的参与。相反，情报工程实践中需要情报工程师的参与，其主要工作包括：大数据的收集与存储，大数据的处理、建模、挖掘和分析等，可视化解释与传播等。ACP 平行情报实践也需要情报搜索工程师、情报分析工程师、情报决策工程师（不妨统称情报工程师）。

（6）强调“融合”的机制：虚实融合、人机融合、智能与情报融合、多维空间的融合。“跨界”和“融合”是“互联网 +”这一信息社会操作系统的本质性特征，反映在社会发展的各个层面。无论是人们的工作、学习、生活和娱乐等，无不与“融合”相关联。而情报工程与 ACP 平行情报的工作过程，也离不开“融合”的机制：虚实融合说明了虚拟世界与物理世界和人类社会之间的关联、反射和镜像效应，虚实融合则说明了情报工作可以通过虚实关联发现更多数据、事实背后的关联、规律和本质。人机融合说明了在大数据环境下，情报工作是最优化配置人与机器的协同关系，既要充分发挥机器（系统或平台）的工作效率、作业规范、控制精度……又能充分发挥人的主观能动性、非线性思维等，以及人的态势感知能力、抽象能力、判断能力等。智能与情报融合则是指人工智能与情报的融合、专家智慧和情报的融合。多维空间的融合则是指情报工作中时间、三维空间的融合，也包括多维数据（信息）空间的融合，从而获得更易理解和应用于实践的知识、情报和机遇。

3.6 小结

情报工程学虽然基于大数据时代下情报实践之中，但是在情报工程实践中是有着坚实的理论支撑的，同时这些理论也是构成情报工程学的理论基础。其中，情报学基本概念、基本过程和基本原理是情报工程学的基石；工程学基本概念、方法、流程为情报工程学提供了存在的方式；工程化思维为情报工程学注入规范性、理性、价值趋向性的意识；数据科学则是为情报工程学提供了作业对象——大数据；ACP 平行情报体系则是从理论与实践的视角向情报工程学提供了情报方法论体系及更为广泛的实践场域，需要情报工程学理论与实践的融合与跟进。限于篇幅，情报工程学的理论基础并不局限于上述几个方面，随着理论与实践的不断发展，情报工程学也将随之不断地完善与成熟。

第 4 章　情报工程学的方法论基础

【本章导读】 方法论是关于认识世界和改造世界方法的理论，本章旨在阐明情报工程学方法论的体系结构和方法类型。情报工程学是在大数据背景下提出的，是将情报学及相关学科的原理应用到情报研究工作所涉及的构成要素、工作流程及组织管理的设计与开发中，以实现情报工作的自动化、规范化、系统化，并在此基础上完成情报系统功能。基于情报工程的概念，本章主要从通用方法、情报学学科方法、系统工程方法、大数据方法和其他方法 5 个维度描述情报工程学的方法论基础，具体分类如图 4–1 所示。

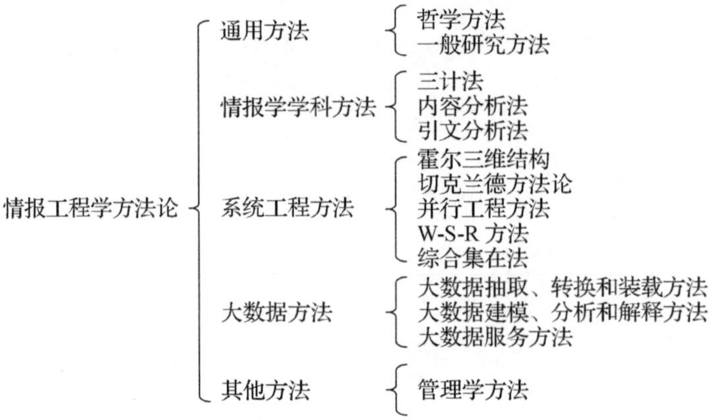

图 4–1　情报工程学方法论框架

4.1　通用方法

通用方法一般是指适用于许多学科的研究方法，对于学科研究具有普遍的指导意义，本节主要介绍哲学方法和一般研究方法。

4.1.1　哲学方法

哲学方法是适用于一切科学研究的最普遍的科学方法，也是高层次的具有指导意义的方法。哲学方法可以广泛应用于诸多学科的基础理论体系的研究。

（1）马克思主义唯物辩证法。马克思主义哲学科学地揭示了认识方法的客观本性，一方面，唯物辩证法认为任何认识方法都不能归结成纯主观的，因为任何方法都必然受到客体的属性及其规律的制约；另一方面，唯物辩证法认为认识方法也不能被视为纯客观的东西，因为客观规律本身并不构成方法。科学认识的进步是主体与客体双向运动的结果。唯物辩证法是关于自然、人类社会、思维运动和发展的普遍规律的科学学说，因此，唯物辩证法所达到的普遍性是其他知识体系难以比拟的。唯物辩证法贯彻了本体论、认识论和方法论的原则，深刻揭示了人的认识和思维活动的一般规律与特点。唯物辩证法还从科学的、普遍的方法论角度提供了正确运用各种科学方法的一般原则。

情报工程学在其发展过程中应坚持辩证唯物主义和历史唯物主义的思想，全面、联系地分析问题；坚持用变化和发展的观点分析问题，反对静止、一成不变的观点，在继承前人研究成果的基础上进一步进行学科的研究与发展；坚持理论联系实际，认真地从现实活动中概括和总结新的知识。

（2）库恩的科学范式。范式是库恩的科学发展模式中最基本的概念，但库恩并没有给范式下一个统一的定义。范式可被视为以符号形式出现的理论概括；范式是某些在科学活动中被公认的应遵循的模型或范例；范式体现了科学的世界观、方法论、价值观和科学信念，是推动科学创造的精神武器。基于范式的孕育、形成、发展和新旧范式的更替，库恩形成了科学发展的模式，即常规科学—科学革命—新常规科学。库恩认为，在范式还没有形成之前是“前科学”阶段，范式的形成是一门科学达到成熟的标志，这时科学的发展进入常规科学阶段。而科学在不断发展的过程中，已有范式会受到挑战，新范式战胜旧范式的过程就是科学革命。科学的发展经历科学革命阶段后，就实现了新旧范式的更替，科学进入了一个新的常规科学阶段①。情报工程学的发展也遵循库恩的科学范式，即在传统情报学的背景下，迎来大数据革命，原有情报学理论与实践已经容纳不了新内容、新技术、新方法，突破原有范式，形成新的情报工程学理论体系。

（3）拉卡托斯的科学研究纲领。拉卡托斯提出了科学研究纲领方法论，认为科学理论体系是一个有机联系的整体，科学研究纲领是一组具有严密的内在结构的科学理论体系。在科学研究纲领中有 4 个要素，即硬核、反面启发法、保护带、正面启发法。硬核是研究纲领的基本假设和基本纲领，是科学理论系统的核心，硬核决定了研究纲领的发展方向。反面启发法是阻止经验将矛头指向硬核的方法论原则。保护带则承受检验的压力，进行调整或完全替换以保护硬核。正面启发法是一种积极的鼓励性原则，表明了理论科学具有自主性并可以指导研究纲领中具体理论的产生②。

情报工程学理论体系正处于初期发展阶段，理论体系的构建应遵循拉卡托斯的科学研究纲领，构建情报工程学的硬核、反面启发法、保护带、正面启发法。

（4）波普尔的证伪主义。波普尔的证伪主义认为任何一种科学理论都是某种假设或猜想，其中必定蕴含着错误。这一主义可被视为包含两个独立论题：划分科学与非科学的论题和科学应该如何实践的论题。前者在哲学界一直是广泛争论的主题，但在其他学科的研究

① 赵明．库恩的范式及其科学发展模式［J］．长春理工大学学报（社会科学版），2001（2）：39－41.

② 冷英，莫雷．拉卡托斯的科学纲领方法论对学习理论研究的启示［J］．自然辩证法研究，2003，19（3）：23－27.

中，科学应该如何实践的问题更为重要。波普尔的证伪主义方法论认为科学知识的探索过程是由科学家发现一个问题并提出某个可以解决问题的猜测开始。随后将结果与相关资料进行对比，使猜测得到验证。证伪最关键的一步是进行检验，如果提出的理论与证据不一致，那么猜测被证伪。反之，如果该理论不被证据证伪，那么就可以看作猜测被得到认证，则结论暂时被接受①。

波普尔的证伪主义为情报工程学研究提供了一种哲学方法，本领域研究人员可遵循波普尔的证伪主义所提倡的科学知识的探索过程进行情报研究，促进情报工程发展。

（5）皮亚杰的结构主义。皮亚杰的结构主义认为一个结构需包含 3 个特性：整体性、转换性和自身调节性。整体性即一个结构是一个整体，由若干个成分组成，这些成分都不是孤立存在的而是有机结合在一起的。转换性即结构不是一个静止的整体而是包含变化的，在转换性的支配下整体的守恒不会与各要素的各种变化相矛盾。自身调节性带来了结构的守恒性和某种封闭性，即结构的转换不会越出结构的边界之外。总之，皮亚杰的结构主义理论观点包括两个方面：一方面，在一个研究领域里要找出能够不像外面寻求解释说明的规律，能够建立一个自己能说明自己的结构；另一方面，一个研究领域的规律要能够形式化且可以作为公式进行演绎②。

皮亚杰的结构主义为情报工程学发展提供了指引，情报工程学应不断优化其理论内涵及结构，形成本领域的规律。

4.1.2 一般研究方法

一般研究方法指各门学科或大部分学科都采用的研究方法。它是将各个学科研究方法的共性提取出来而形成的具体的泛化方法，具有通用性、横断性和综合性的特征。本小节着重介绍 4 种一般研究方法：横断科学方法、经验科学方法、理性思维方法和移植方法。

4.1.2.1 横断科学方法

横断科学是自然科学、技术科学和社会科学所共用的一门科学理论。横断科学主要有系统论、信息论、控制论、耗散结构论、协同论、突变论等。

（1）系统论。系统论这一体系的理论基础是一般系统论，最早是由理论生物学家贝塔兰菲提出的。一般系统论中把系统定义为：由若干要素以一定结构形式构成的具有某种功能的有机整体。这一定义包含了 4 个核心概念，即系统、要素、结构和功能。系统是由要素组成的集合体，要素是系统中的基本组成部分，结构是系统内部各要素之间相互作用的模式，功能是系统与外部环境相互作用过程中所体现的效果，是系统对外的表现形式。

系统论的核心理论原则是整体性原则、结构功能原则和最优化原则。整体性原则是指任何系统都是一个有机的整体，而不是各个要素的机械组合或简单相加，系统的整体功能是各要素在孤立状态下没有的性质，通常整体功能大于结构要素之和。结构功能原则是指当要素不变时，结构决定功能；同一结构可能有多种功能；结构和要素都不同时也可能表现出相同

---

① 余洪翔．波普尔的证伪理论研究［D］．重庆：西南大学，2009.

② 陈刚．皮亚杰的结构主义哲学及其教育意义［J］．乐山师范学院学报，2008，23（11）：53－56.

的功能。最优化原则是指系统的目标是通过改变要素和结构使系统功能最佳。

系统论运用于情报工程学的方法论意义在于，在进行情报分析时可以把所处理的对象视为一个系统，分析系统的结构和功能，研究系统、要素、环境三者的相互关系和变动的规律性，寻找使系统达到功能最佳的途径。

（2）信息论。学术界对信息的定义尚未统一。从本体论角度看，信息是标志事物存在及其关系的属性。从认识论角度看，信息是认识主体接收到的并且可以消除对事物不确定性的东西①。申农以概率论为工具，提出了计算信源、信息量和信道容量的方法和一般公式，并在此基础上建立了信息论。

经典信息论（申农信息论）就是基于信息量、信源、信道、噪声等的研究，揭示了各种编码和解码的规律，从而形成了以数学方法研究通信中信息传输和变换规律的理论。申农的通信模型如图 4-2 所示。

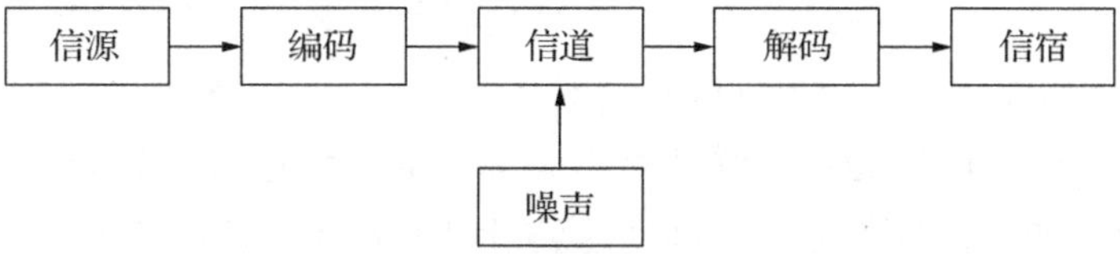

图 4-2　申农的通信模型

信息量是信息论中量度信息多少的基本量，是指从 N 个相等可能事件中选出一个事件所需要的信息度量或含量，也就是在辨识 N 个事件中特定的一个事件的过程中所需要提问“是或否”的最少次数。换言之，信息量与它所代表的事件的发生概率有关，当事件的发生概率小时，不确定性就大，则包含的信息量就小；当事件的发生概率大时，不确定性就小，则包含的信息量就大。申农认为信息就是用来减少不确定性的东西，基于这一观点，信息就是负熵。熵具有无序性和混乱性，而负熵位于其的对立面。信息熵具有确定性、递增性、可加性和扩展性等特点②。

信源是信息的来源，载体可以是物体、人、机器等。编码分为两个步骤：第一步是按规则将信息用符码进行编制；第二步将编制好的符码转换成适于相应信道传输的信号序列。信道是信息传递的通道，是将信号进行传输、存储和处理的媒介。噪声是指信息在传输过程中遇到的干扰，噪声对信息的发送与接收均会产生影响，在一定程度上会影响信息传递的准确性。译码是编码的反向过程，也包含两个步骤：第一步是把信号转换为信息；第二步是把信息还原为信息意义的过程。信宿是信息的接收者，载体也可以是物体、人、机器等。

信息论运用于情报工程学的方法论意义在于，信息论模型适用于许多系统，如通信系统、管理系统、社会系统等，这一模型也适用于情报学中的情报传输过程，因而信息论也是与情报学关系十分密切的方法论，为情报学研究提供了思想框架。

---

① 宋秉龙，谢丽娜．论情报学中信息的概念：基于本体论和认识论意义上的融合［J］．山东图书馆学刊，2012（6）：23－27.

② 廖大麟．随机事件的不确定性或信息量的度量—信息熵［J］．贵州工程应用技术学院学报，2006，24（4）：35－38.

（3）控制论。控制论中的基本概念是系统、信息、控制和反馈。其中核心概念是控制和反馈，控制是通过信息的传输、变换、加工、处理来实现的；反馈能够对系统的控制和稳定起决定性作用。结合系统论的系统概念和信息论的信息概念，控制论也可视为研究控制系统的理论。在当今科学技术发展的背景下，控制论的定义可以表述为：利用经典和现代控制理论及智能控制和人工智能技术，对复杂系统的通信和控制进行研究的科学。复杂系统包含了生物系统、工程系统、自然系统和社会经济系统等。

经典控制理论在分析和设计控制系统时采用的方法是频率特性法和根轨迹法。使用这2种方法分析和设计线性或定常单变量系统是很有效的。但是，对于非线性系统、时变系统、多变量系统等，经典控制理论就显得无能为力了。而现代控制理论以状态空间描述作为数学模型，利用计算机进行系统建模分析，设计和控制的手段适应于多变量、非线性和时变系统。状态空间方法属于时域方法，其核心是最优化技术。最优控制是现代控制论的核心，是指在控制中实现某一性能指标最优而不是使任何性能指标均达到最优，系统的变量只能在一定范围内变化，不能超出一定的允许值范围。

控制论的方法论可以归纳为：它强调对不同部门的系统进行信息分析，确定输入、输出和研究信息的处理、加工内容及过程；对系统进行闭环和反馈及其因果性质的分析；通过“黑箱”和功能模拟方法建立系统的模型，探讨系统的特性等；采用计算机进行仿真；采用类比的方法引进其他部门系统中有用的思想（如进化、适应、自繁殖、自组织、最优化，特别是智能等）来控制该系统，以制造、培育、创建出能满足人们目的的更好的人造系统。

控制论运用于情报工程学的方法论意义在于，在进行情报分析时可以把研究对象看作控制系统，分析其信息流程、反馈机制和控制原理，寻找使系统达到最优状态的路径。

（4）耗散结构论。耗散结构论证明自然界可以同时存在从混沌（无序）到有序和从有序到混沌的现象。耗散结构论主要讨论一个系统从混沌向有序转化的机制、条件和规律。该理论指出一个远离平衡状态的开放系统中的某个变量变化到一定的临界值时，就会发生突变即非正衡相变。这种远离平衡的结构需要不断与外界交换物质和能量才能保持一定的稳定性。这种需要耗散物质和能量才能维持的有序结构叫作耗散结构。

要形成和维持耗散结构需要遵循4个条件。第一，系统必须是一个开放系统。系统可以与周围环境进行物质、能量和信息的交换，这样才能形成新的有序结构并维持下去。第二，系统必须处于远离平衡的状态。一个孤立系统内各参数达到不再随时间变化时则称为平衡状态，此时系统处于熵极大的混乱状态，不能产生有序结构，只有系统远离平衡状态时，才有可能形成有序结构。第三，系统各要素之间必须存在非线性的相互作用。只有系统内部各要素之间产生相互协调动作和相干效应时，才能使系统从杂乱无章变成井然有序。第四，涨落导致有序[①]。即如果系统处于不稳定的临界状态，涨落便起作用，使系统从不稳定状态跃进到一个新的有序状态。

耗散结构论运用于情报工程学的方法论意义在于该理论适用于许多系统，例如，情报系

① 王崧．耗散结构论的理论价值及方法论意义探析［J］．电子科技大学学报（社会科学版），2006，8（6）：72－74.

统是一个开放系统，它需要不断有负熵注入，并且保持远离平衡状态，就可能产生新的有序结构。

（5）协同论。协同论是一门研究不同的学科之间存在的共同本质特征的横断学科，它进一步揭示了各系统和现象从无序到有序、从低序到高序的机制、条件和规律。协同论的要点可以概括为 3 个方法：第一，协同效应原理。即系统的有序性是由诸要素的协同作用形成的，协同作用是任何复杂系统本身固有的自组织能力。第二，支配原理。即系统接近不稳定点时，系统的突现结构通常是由少数几个集体变量决定的，而系统其他变量的行为也是由这些变量决定的。第三，自组织原理。即系统在没有外部指令的条件下，其内部子系统之间能够按照某种规则自动形成一定的结构或功能，具有内在性和自生性。

协同论运用于情报工程学的方法论意义在于，它认为各系统存在差异性质也可能完全不同，但各系统从无序到有序的转变机制却是类似的，从而可以横向研究不同学科的共同规律，将一个学科的成果推广到另一个学科，情报工程学在其发展过程中可以有机利用其他学科的成果。

（6）突变论。突变论是通过描述系统在临界点的状态，来研究非连续性突然变化现象①。突变论的主要特点是用形象而精确的数学模型来描述和预测事物连续性中断的质变过程。该理论认为可用一组参数来描述系统所处的状态，当系统处于稳定状态时，标志该系统状态的参数就取唯一值。若参数值在某个范围内变化，则参数有许多极值，这时处于不稳定状态。系统从一种稳定状态进入不稳定状态，随参数的再变化，又使不稳定状态进入另一种稳定状态，系统状态就在这一刹那发生了突变，突变论旨在给出系统状态的参数变化区域。

突变论运用于情报工程学的方法论意义在于，在进行情报工程服务时注重外部条件微小变化引起的系统突然的质变的规律，防止突变，促使事物向良好转变具有重大意义。

4.1.2.2　经验科学方法

经验科学方法是科学研究中最重要的方法类别之一，其核心是基本的可观察性和实验的可辩护性②。经验科学方法是进行情报工程学领域研究时可以利用的具体科学研究方法，本节主要介绍经验科学方法中的调查研究法、观察法和实验法。

（1）调查研究法。调查研究法一般是通过访谈、问卷调查、文献调查等方式去搜集反映研究对象的材料。运用调查法要坚持客观性、发展性、完整性和新颖性的原则。调查法的一般步骤是：①准备，即选定调查对象，确定调查范围，了解调查对象的基本情况，拟订调查计划并规划调查的程序和方法。②调查，即按计划开展调查活动，通过各种方式搜集研究所需材料。③分析，即整理材料，采用多种方法对材料进行分析。④总结，即对分析结果进行总结并写出调查研究报告。

（2）观察法。观察法是被观察对象处在不加控制和干预的状态下，由研究者通过观察被观察对象的外部表现来收集材料的方法。观察法要坚持客观性、全面性、典型性和辩证思维性的原则。观察法的一般步骤是：①准备，即确定观察的目的、中心和范围，拟订计划、

---

① 古月．现代科学方法论“新三论”：耗散结构论、协同论和突变论［J］．学术交流，1986（6）：8.

② 李醒民．论科学经验方法［J］．社会科学论坛，2009（2）：5－25.

步骤和观察标准等。②观察，即观察现象，要善于抓住现象中所需要观察的事实和材料，并发现各种现象间的联系。③记录，即及时做好全面的观察记录。④撰写报告，即对观察记录进行整理和分析，撰写观察报告。

（3）实验法。实验法是研究者根据研究目标的需要有意改变环境，在改变的环境下了解研究对象的外显行为。实验法要坚持主动变革性、控制性和因果性的原则。实验法的一般步骤是：①选择对象，即确定实验目的，选择适合的研究对象。②确定方法，即根据研究对象的特性制定恰当的研究方法。③操作，即按照确定的研究方法进行具体实验操作。④处理数据，即综合运用多种方法对实验中获取的数据进行处理。⑤分析结果，即对处理后的数据进行分析以得到实验结果。⑥撰写报告，即对整个实验过程和结果进行整理，撰写实验报告。

4.1.2.3 理性思维方法

理性思维是指用理论来思考和表述的思维活动。一门学科需应用理性思维方法以获得规律性的认识，形成对应的理论体系，在进行情报工程研究时应综合利用理性思维方法，强化理论体系构建。本小节着重介绍的理性思维方法是：比较与分类方法、归纳与演绎方法和分析与综合方法。

（1）比较与分类方法。比较是对客观存在进行分析和研究的方法，是理性认识的开端，可以通过比较发现事物之间的共同点和差异点。然后基于共同点可以将事物划分为不同的类，反映客观事物的区别与联系，即称为分类。

分类的类型主要有 3 类，即实用分类法、现象分类法和本质分类法。实用分类法是对事物的外部属性进行分类。现象分类法是以事物的外部特征和表面属性为依据进行分类。本质分类法是以事物的本质属性进行分类，可以反映事物之间的自然关系。

（2）归纳与演绎方法。归纳是从个别事物中概括出一般原理的思维方法，归纳既是概括的手段又是探求因果关系的逻辑手段。归纳主要有 3 种类型，即完全归纳法、不完全归纳法和科学归纳法。完全归纳法指根据某类事物中每一事物都具有的某个属性，推出全部事物都共有该属性的归纳方法。不完全归纳法指根据某类事物的部分对象具有的某个属性，推出该类事物都具有某种属性的一般性结论的归纳方法。科学归纳法也被称为因果关系归纳法，指通过某种现象的相关变化归纳出现象的因果关系，包含了 5 种归纳方式：求同法，即从不同现象中找出相同因素；存异法，即从两种现象之间的差异中找出因果关系；求同存异共同法，即将求同法和存异法两者结合起来找出因果关系；共变法，即从某个现象变化所引起的另一现象变化中找出两个现象间的因果关系；剩余法，即在一些复杂的现象中，减去已知的因果现象，以探求其他现象的原因[①]。

演绎是从一般到个别的思维方法，即用已知的一般原理分析某个对象，推演出有关这个研究对象的结论。演绎的类型主要有两类，即公理演绎法和假说演绎法。公理演绎法指以已知公理作为出发点，随后基于公理，按照严格的逻辑方法推导出一系列个别的结论，进而建立一个理论体系。假说演绎法指研究人员为解决问题提出了可能的答案即假说，假说形成

---

① 张寒生．当代图书情报学方法论研究［M］．合肥：合肥工业大学出版社，2006.

后，研究人员以此为出发点来进行逻辑推导，推导后得出一系列个别结论，若结论与经验事实相符，则假说正确，可以成为公理；反之，假说不正确。

（3）分析与综合方法。在科学研究中，可以把总体分解为部分，部分又是由要素构成的，对各个部分和要素进行认识和研究的方法称为分析。分析主要包含 4 类，即定性分析法、定量分析法、因果分析法和相关分析法。定性分析法是指确定研究对象是否具有某种性质的方法，是从事物的属性来区别事物。定量分析法是指确定研究对象各种成分的数量关系的分析方法，是通过量的计算来增加对事物的认识。因果分析法是指为确定引起某一现象变化原因的分析方法，可以进一步认识事物的发展规律和方向。相关分析法是指利用事物之间的联系来判断未知事物的分析方法。

综合是在思维中把研究对象的各个要素和部分联系起来，从整体上考察事物的特征和本质的方法。综合主要包含 4 种类型，即纵向综合、横向综合、求同综合和求异综合。纵向综合关注事物的历史和过程；横向综合关注事物的因素和联系；求同综合从同类或异类的事物中抽取共性；求异综合从同类或异类事物中抽取不同的特性①。

4.1.2.4 移植方法

移植方法是指将某一研究领域的研究方法有意识地应用于另一个研究领域的方法。该方法在促进不同学科之间的横向融合、推动科学的一体化进程及促进新的边缘学科的产生方面都发挥着重要作用。情报工程学是一门交叉学科，结合了情报学、工程学及其他学科的思想、思维、方法和技术等，情报工程学研究可积极利用其他相关学科的理论及思想以推动本学科的发展。

移植方法具有综合性、启发性和创造性的特点。综合性，即移植方法本质上是寻找不同领域之间的相似点，发现其内在关联性。这样可以在不同领域之间建立纽带，有时甚至可以把许多领域中的方法综合地移植到一个研究上去。启发性，即移植法将一个领域的研究方法创造性地运用到另一个领域中解决问题，这种方式可以对另一个领域产生意想不到的影响。创造性，即移植方法具有明显的创造性，能够促进新方法和新理论的出现。

移植方法可以分为 3 类，即概念和理论的移植、方法的移植和科技成果的移植。概念和理论的移植是把某一学科的基础概念或理论应用于另一个相关学科，这种移植方法常可以创造巨大的科学成绩，促进新的边缘学科的产生。方法的移植是把某一学科中的某个研究方法应用于解决另一个学科中的问题，这种移植方法是研究人员认识提高的结果。科技成果的移植是把已有科技成果应用于另一个科学问题上，这种移植方法在思想理论上相对简单但是在技术上常遇到困难。

4.2 情报学学科方法

情报学学科方法是情报工程学方法论的重要组成部分，本节主要从情报学学科方法论和具体研究方法两个角度进行阐述。

---

① 符福峘，陆婷．论情报学方法论体系的构建、发展和应用［J］. 情报理论与实践，2007，30（2）：149－153.

4.2.1 情报学学科方法论

情报学学科方法论是关于情报学方法理论的总称，是情报学理论与情报工作具体实践之间的联系桥梁，是关于情报学思维和认识的学说。情报学学科方法论对情报学的研究方向和成果有重大影响，也会随着情报学的发展而发展。

在进行情报学学科方法论研究时，要坚持一般与特殊相结合、理论与应用相结合、历史与现实相结合、定性与定量相结合、个体与整体相结合及实证性与评价性相结合的原则。

情报学学科方法论的发展经历了 4 个阶段，即孕育时期、探索时期、徘徊时期和开拓创新时期。在孕育时期，为情报学提供方法论基础的主要是信息方法。信息方法是运用信息的观点把系统的运动看作抽象的信息变换过程，从整体的角度出发，用联系的观点研究系统的信息过程。在探索时期，为情报学提供方法论基础的主要是实验方法。情报学中的实验方法是广义和宏观的，实验所得的结果可以作为一种广义的统计规律来认识。在徘徊时期，为情报学提供方法论基础的主要是数学方法。数学方法是用数学工具来解决情报学科中的问题，为文献计量学的发展提供了支持。在开拓创新时期，为情报学提供方法论基础的主要是系统科学方法。系统科学方法强调把研究对象放在系统的形式中，从全局出发寻求最优的处理方式以解决情报学科中的具体问题①。

情报学学科方法论体系结构种类较多，本节着重介绍王崇德提出的图书情报学方法论三分法和严怡民提出的情报学方法论三维结构。

三分法将情报学学科方法论分为 3 类，即哲学方法、一般方法和特殊方法②。哲学方法是最普遍的科学方法也是高层次的具有指导意义的方法，为情报学研究提供了思想方法和原则，但解决情报学科中的实际问题还需要采用具体的科学方法。一般方法是许多学科均可采用的研究方法，它是将各个学科研究方法的共性抽出来而形成的具体的泛化方法，具有一定的通用性。特殊方法是情报学学科的专有研究方法，适应于解决情报学学科中的各类实际问题。

三维结构如图 4-3 所示，将情报学方法论分为 3 个维度，即时间维、学科体系维和方法维。时间维是指情报学方法论体系发展的过程。学科体系维是指情报学发展过程中的知识体系，包括情报学原理、情报哲学、情报心理学、情报经济学、情报史学、情报计量学、情报技术学、应用情报学等。方法维是指情报学发展过程中主要运用的方法论，分为经验方法、理论方法、思维方法、数学方法、系统方法等。

4.2.2 情报学主要研究方法

情报学主要研究方法以实证研究方法为主，本节着重介绍三计法（文献计量法、科学计量法和信息计量法）、内容分析法和引文分析法。

4.2.2.1 三计法

（1）文献计量法、科学计量法和信息计量法的联系与区别。三计法指文献计量法、科

① 叶鹰，武夷山．情报学基础教程［M］.2 版．北京：科学出版社，2012.

② 王洪芳．图书情报学方法论研究综述［J］.情报探索，2006（11）：114－115.

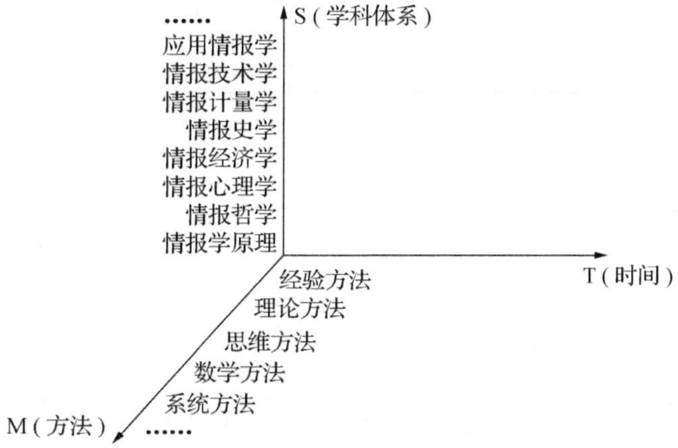

图 4–3　情报学方法论三维结构

学计量法和信息计量法。文献计量法是利用数学、统计学等计量方法，以文献和文献相关媒介为研究对象，研究文献信息的结构、分布、数量关系和规律，以此进一步探究研究领域的结构和规律的一种方法①。科学计量法是利用定量分析的方法来研究科学活动的投入、过程和产出整个过程的方法。信息计量法是利用数学和统计学方法对科学活动中的信息过程、信息现象和信息规律进行描述和研究的一种方法。

文献计量法、科学计量法和信息计量法之间存在着许多联系，最尤为突出的共性在于它们的主要研究对象都是文献。因为研究对象的类似，这 3 种方法在研究内容和研究方法上也存在着诸多类似之处。首先，在研究方法方面，3 种方法均以数学理论为基础也运用了一些计量模型，包括期刊等级模型（布拉德福定律）、字和词频率模型（洛特卡定律）、老化模型和半衰期模型等。在研究内容方面，3 种方法均包含了语言、词和词组的频率统计、著者特征、出版源特征、引文分析、文献失效和文献老化。其次，虽然 3 种方法的主要研究对象均为文献，但是文献计量学主要研究图书、电子出版物和期刊正式文献；科学计量学研究正式的科学文献和非正式科学交流的信息、事实、事件和事物这些非文献的规律性；信息计量学研究正式交流的数据、文本和文献，也包括非正式交流的信息、实物、消息和事件等。由此可见，信息计量学的研究对象更为广泛。

此外，3 种方法的研究目的也有差异。文献计量法的研究目的是研究文献的分布结构、数量关系、变化规律，以此来改进文献信息的管理机制并提升文献交流率，这一方法满足图书馆学的研究需要。科学计量法的研究目的是利用计量方法研究科学发展的文献及相关元素的规律性，以此揭示科学发展的特征并预测科学发展规律，这一方法满足科学研究的需要。信息计量法研究目的是要引进量的概念和定量分析方法，进一步揭示信息单元（文献、数据、事物、消息和事件等）的体系结构和数量变化规律，从理论上提高情报学及信息管理学科的科学性和精确性，促使这些学科向定量阶段发展，这一方法满足信息科学的研究需要。

---

① 王曰芬．文献计量法与内容分析法的综合研究［D］．南京：南京理工大学，2007.

综上所述，文献计量法、科学计量法和信息计量法之间的异同，如表 4–1 所示。

表 4–1　三计法比较

		文献计量法	科学计量法	信息计量法
研究对象	同	研究对象均包含文献		
	异	正式交流的文献	除了正式交流的文献，还包括科学事实和事件等的规律性	正式交流的数据、文本和文献等，也包括非正式交流的消息、事实和事件等
研究内容	同	语言、词和词组的频率统计；著者特征；出版源特征；引文分析；文献失效和老化		
	异	图书流通及内部使用	科学活动的评价指标、科技管理决策和科技政策	信息的定义与测度及信息检索性能测度量的类型与特征等
研究方法	同	①数学基础是统计学、运筹学、集合论、代数、微积分学、向量分析、图论、矩阵、聚类分析、模拟方法、模糊数学等 ②计量模型有布拉德福定律、齐普夫定律、洛特卡定律、老化模型、半衰期模型、拟合逼近方法等		
	异	定量	定量	定量变量，也包括定性变量
研究目的	异	图书馆学需求	科学研究需求	信息科学需求

（2）相关计量模型介绍。本节主要介绍 5 个计量模型，即文献分散规律、著者分布规律、词频分布规律、文献增长规律和文献老化规律。

①文献分散规律——布拉德福定律。布拉德福定律揭示了科学论文在期刊中的集中与分散分布规律。该定律的基本内容包含了区域描述和图像描述。布拉德福在《文献工作》（*Documentation*）中这样进行区域描述："若将科学期刊按其登载某个学科的论文数量的大小，以渐减顺序排列，那么可以把期刊分为专门面向这个学科的核心区和包含着核心区同等数量论文的几个区。这时，核心区与相继各区的期刊数量成 $1:a:a^2$……的关系。"而图像描述则是取区域描述中按等级排列的期刊数量的对数（$\lg n$）为横坐标，取相应的论文累计数 $R(n)$ 为纵坐标可得到一条曲线，即为布拉德福分散曲线，如图 4–4 所示。分散曲线 AB 由两段组成，AC 是对应核心区的上升的一段曲线，BC 是对应相继各区的直线。学者格鲁斯指出，布拉德福曲线在进入直线部分后不会无休止的延伸，后来会弯曲下垂。因而，布拉德福曲线可变为 3 部分：上升部分（AC）、直线部分（CB）和弯曲下垂部分（BD），弯曲下垂部分称为格鲁斯下降。

②著者分布规律——洛特卡定律。洛特卡定律定量地揭示了作者与文献的数量关系，提出了科学生产力的"倒平方律"。若设 $f(x)$ 为写了 X 篇论文的作者数占作者总数的比例，则洛特卡定律表示为：

$$f(x) = c/x^a, \tag{4–1}$$

其中 c 为某主题领域的特征常数，洛特卡统计的数据大约有 $a=2$，对于倒幂法则的这个特例，式（4–1）可以变为：

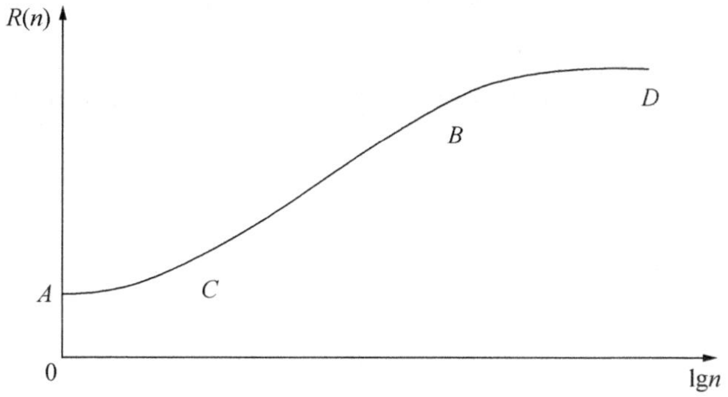

图 4-4　布拉德福分散曲线

$$f(x) = c/x^2 。 \tag{4-2}$$

这个就是科学生产率的“平方反比律”的表达式。$f(1) = c/1^2$，通过推导和级数求和可得：$c = 6/\pi^2 = 60.79\%$。则 c 在数值上等于 $f(1)$，式（4-2）就可变为 $f(x) = f(1)/x^2$，该式两边同时乘以作者总数，可得：

$$y(x) = y(1)/x^2, \tag{4-3}$$

$y(x)$ 是写了 X 篇论文的作者数，$y(1)$ 是写了 1 篇论文的作者数。

洛特卡定律的图像描述以 x 轴表示一个作者所写的论文数，y 轴表示写了 X 篇论文的作者频率，用对数刻度描绘其关系曲线，如图 4-5 所示。洛特卡分布曲线基本上是一条直线，其斜率近似为 -2。

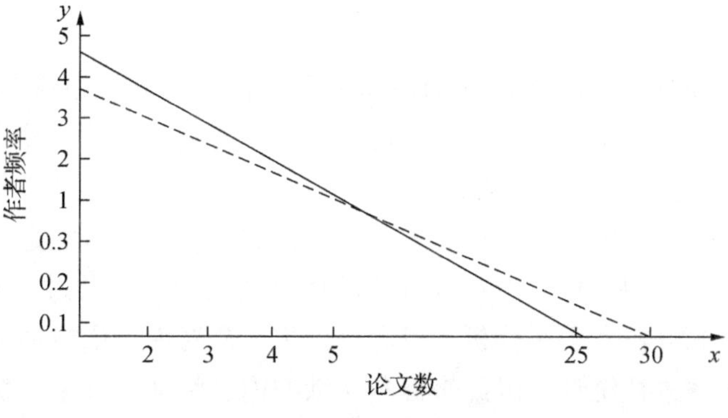

图 4-5　洛特卡分布曲线

③词频分布规律——齐普夫定律。齐普夫定律揭示了不同词汇在文献中出现频率的规律，即如果把一篇字数大于 5000 字的文章中每个词出现的频次统计一下，按照高频到低频的顺序排列，并且用自然数给等级编号，频次最高为 1，次高为 2……频次最低为 D。如果用 f 表示频次，r 表示等级序号，则有：

$$fr = c \text{ 或 } f = c/r, \tag{4-4}$$

其中，f 是词在文中出现的频次，r 是词的等级序号，c 是常数。这个常数不是一个恒量，而是围绕着一个中心数值上下波动的，该式称为齐普夫定律。这一定律对研究词频分布、编制词表、制定标引规则、进行词汇分析与控制和分析作者著述特征具有一定意义。

④文献增长规律——普赖斯曲线。普赖斯以大量统计资料为依据，以历史年代为 x 轴，以科学文献为 y 轴，将各个不同年代的科学文献量在坐标系中逐点描绘，再用平滑的曲线将各点连接起来，十分近似地表述了科学文献随时间增长的规律，即普赖斯曲线，如图 4-6 所示。

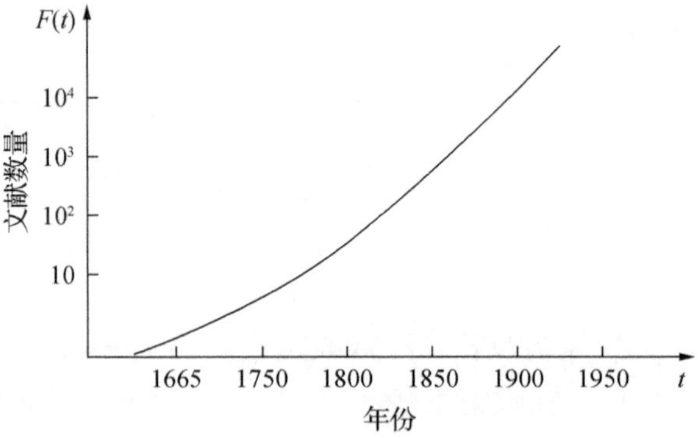

图 4-6　普赖斯曲线

⑤文献老化规律。学者们常用“半衰期”这一概念说明文献老化现象。“半衰期”的定义为：某一学科尚在利用的全部文献中较新的一半是在多长一段时间内发表的，这与该学科一半文献失效所经历的时间大体相当。“半衰期”是测定文献新颖性的指标，科技文献的半衰期较短，社科类文献的半衰期较长。

4.2.2.2　内容分析法

内容分析法是一种对具有明确特性的传播内容进行的客观、系统和定量描述的研究方法。内容分析法的研究对象是多元的，一般包括 4 类，即正式文件、私人文件、数量记录和其他。

内容分析法的本质是对内容所含信息量及其变化的分析，换言之是由表征信息的有意义的词句推断出其准确含义的过程，内容分析的过程可被视为推理的过程①。内容分析法的类型主要有两类，即概念分析和关系分析。概念分析主要是对由词语或词组表示出来的预定概念在文献中出现的频率进行统计，以此来推断文献的内容特征。关系分析是指统计预定概念出现频次的同时还要分析预定概念之间的关系，如与上下文之间的关系、概念组合的含义等。

内容分析法的特点是结构化、定量与定性相结合、非接触性和客观性。结构化指内容分析法的目标明确，对分析过程严格按照规范的操作说明进行；定量与定性相结合指内容分析法以定性研究为前提，能够找出反映文献内容的一定本质的量的特征，并将其转化为定量的数据；非接触性指内容分析法的对象是物，研究者的主观态度不易被干扰，故研究效率高；客观性指内容分析法是一种规范的方法，有严格的操作步骤，研究者的主观态度不会影响研

① 邹菲．内容分析法的理论与实践研究［D］．武汉：武汉大学，2004.

究结果。

内容分析法中使用的模型主要是3类，即系统分析模型、指标分析模型和语言分析模型。系统分析模型是利用文字来表达系统的内在联系，进而推理出它所反映的社会现象。指标分析模型是使用指标作为一种测度，从而定量地反映事物的变化和发展状态。语言分析模型是参考人类学习语言的过程，利用语言计量指标，从语法、语意和语用的角度对研究对象进行分析。

内容分析法的一般步骤包括6步，即建立假设、抽取文献样本、确定分析单元、制定分析体系、定量处理与计算和分析汇总。

（1）建立假设。确定分析目的，以下步骤以分析目的为导向进行。

（2）抽取文献样本。通常采用抽样的方法，选择符合分析目的的、具有连续性的文献样本作为分析对象。

（3）确定分析单元。确定分析所需的各项考察因素，这些因素需要与分析目的有关。如单词、符号、主题、人物、句子甚至是段落。

（4）制定分析体系。确定分析单元的归类标准，也就是把分析单元分配到最能表达分析目的的逻辑框架中。这个框架应该是详尽的，即每个分析单元都可以归为某一类，并且类别间应该是互斥和独立的。

（5）定量处理与计算。对分析单元进行编码，把文字语言转化为计算机可以识别的符号，再使用统计分析方法统计各类别出现的语义强度、频数及空间数额等。

（6）分析汇总。对处理结果进行有用性和可靠性分析，将数据统计分析的结论与文献的定性判断结合起来，总结出研究人员自己的观点。

4.2.2.3 引文分析法

引文分析法可以被视为文献计量方法的一种，但随着引文分析方法的不断完善和发展，一般将它单独列为一种情报学研究方法进行描述。在科学文献的著写过程中，需要引用其他文献的内容作为参考文献，这就建立了科学文献间的联系。引文分析就是利用各种数学、统计学及逻辑方法，对科学期刊、论文、著者等各种分析对象的引用或被引用现象进行分析，以期揭示其数量特征和内在规律的一种方法。

引文分析法大体上有3种类型：引文数量分析、引文网状分析、引文链状分析。引文数量分析用于评价科学文献；引文网状分析从引文反映的主题相关性入手，用于揭示科学的结构、学科相关程度和文献检索等；引文链状分析，科学文献中存在着一种“引用链”，即文献A被文献B引用，文献B被文献C引用，用于揭示学科的发展与联系并展望未来发展前景。

引文分析法的特点是引文分析应用的广泛性、内涵的丰富性、结果的权威性和方法的简易性。

（1）引文分析应用的广泛性。引文分析的素材是各类文献文末的参考文献，凡是有引文的文献，都可以利用引文分析法对其加以研究，故引文分析法具有广泛的适用性。

（2）引文分析内涵的丰富性。从形式上看著文和引文之间只简单存在着引用与被引用的关系，实质上体现了学科与文献之间的一种特殊的逻辑关系。从引文分析入手，可以探究国家、地区、团体、机构、作者等的相互关系。

（3）引文分析结果的权威性。引文分析是利用数理统计方法对大量真实的文献引文进行分析，结果具有说服力和权威性。

（4）引文分析方法的简易性。引文的记录格式比较统一，有相应的国际标准或国家标准，方便分析人员统计和整理所需分析的素材。

在对科学文献进行分析时，主要的测度指标有 11 种，如表 4–2 所示。

表 4–2 引文分析测度指标

指标名称	指标内涵
引文率	在抽样时间内，期刊中每篇论文平均占有的参考文献数量
期刊载文量	在抽样时间内，某期刊刊登论文的数量
期刊引用量	在抽样时间内，某期刊引用其他期刊的次数
自引率	在引用文献时，对主体本身的引用
被自引率	主体文献被自引的次数与主体被引用的总次数的比值
影响因子	在抽样时间内，某期刊中论文平均被引用次数，等于某期刊论文被引量与可引论文总数之比
当年指标	用于测度期刊被利用速度的指标，衡量期刊载文质量的及时性和有用性
引证系数和被引证系数	是各期刊或各学科文献之间引用关系的测度，可从引用或被引用的角度反映出科学文献相互引用的分类结构和关系
引文耦合	若两篇文献同时引用一篇或多篇相同的文献时，称为引文耦合，这两篇文献就具有耦合关系
同被引	若两篇或多篇文献同时被其他的文献引用时，这两篇文献具有“同被引”关系

引文分析的步骤大致分为以下 4 步。

（1）选取统计对象。依据所要研究的学科的具体情况，选择该学科中有代表性的较为权威的期刊，确定若干篇相关论文作为统计对象。

（2）统计引文的数据。在所选取的若干篇论文中，分项统计每篇论文的引文数量、引文的语种、类型、年代、论文作者等。具体统计项目可以根据研究需求自行确定。

（3）引文分析。基于获取的引文数据，依据研究目的，从引文的各种指标或其他角度进行分析。

（4）得出结论。依据引文分析原理和其他一般原则进行判断和预测，得出相应的分析结论。

引文分析的工具主要是一些引文数据库，如国外的《科学引文索引》（SCI）、《基本科学指标》（ESI）、《社会科学引文索引》（SSCI）等，以及国内的《中国科学引文数据库》（CSCD）、《中国科技论文与引文分析数据库》（CSTPC）和《中国社会科学引文索引》（CSSCI）等。

引文分析方法主要应用于测定学科影响、研究学科结构、确定核心期刊、研究学科交流和情报传递规律、研究文献老化和情报利用规律、研究情报用户的需求特点及研究科学水平和人才评价。

（1）测定学科影响。通过分析文献引用频率，可以测定某一学科的影响和某一国家某学科的重要性，即平均引用频率越大则学科越重要。

（2）研究学科结构。引文与被引文之间往往存在着学科内容上的关联，通过引文聚类分析，能够揭示有关学科之间的亲缘关系和结构，划定某学科的作者群体。同时能够对某一学科的产生背景、发展概况、突出成就等进行分析，从而揭示学科的动态结构和某些发展规律。

（3）确定核心期刊。利用引文分析方法确定核心期刊是从文献被利用的角度来评价和选择期刊，能够揭示某一学科的核心期刊。

（4）研究学科交流和情报传递规律。利用科学文献的“引文链”和“引文网络”研究情报流的方向、过程、特点和规律，能够分析科学发展的历史规律。

（5）研究文献老化和情报利用规律。学科的引文年代分布曲线与文献老化曲线十分相似，可以说明文献引用分布反映了文献老化的规律性，故从文献引用角度研究文献老化是一种有效的途径。

（6）研究情报用户的需求特点。文献的著者可被视为引文分析中的用户，引文的特点可以反映出用户利用正式渠道获得情报的特点。通过对某一学科的用户所发表的论文的大量引文的统计，可以获得与情报需求有关的许多指标，例如，引文数量、引文文献类型、引文出处等，这些指标在一定程度上可以说明用户情报需求的特点。

（7）研究科学水平和人才评价。通过对科学文献的被引率和持续时间等指标的分析，可以对某一学科的科学能力和学术水平进行评估。而通过对某著者的论文的被引量分析，可以衡量著者在该学术领域的影响能力，是人才评估的一种测度方式。

4.3　系统工程方法

系统工程方法是研究和探索复杂问题的一般规律和途径，其特点是研究方法强调整体性、技术应用强调综合性及管理决策强调科学性，系统工程方法是情报工程学中“工程”部分的体现。本节主要介绍几种具体的系统工程方法：霍尔三维结构、切克兰德方法论、并行工程方法、W-S-R 方法和综合集成法。

4.3.1　霍尔三维结构

20 世纪 60 年代，霍尔提出了三维结构模型，即将系统工程的整个活动过程分为 7 个阶段和 7 个步骤，并考虑为完成这些步骤所需要涉及的各种专业知识，形成了由时间维、逻辑维和知识维构成的三维结构模型，如图 4-7 所示。

时间维按时间顺序表示了系统工程活动从开始到结束的全过程，分为规划、方案、研制、生产、安装、运行和更新 7 个阶段。逻辑维表示了每个阶段需要进行的工作内容应该遵循的思维程序，包括了明确问题、选择目标、系统综合、系统分析、方案优化、做出决策和

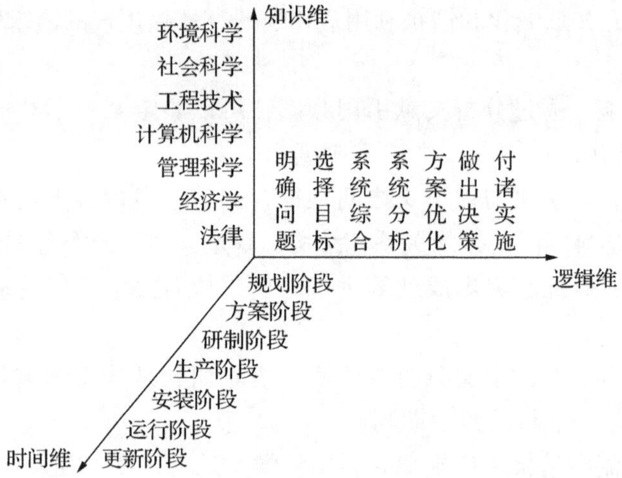

图 4-7　霍尔三维结构模型

付诸实施 7 个逻辑步骤。知识维列举了一些系统工程活动中可能涉及的知识，包括法律、经济学、管理科学、计算机科学、工程技术、社会科学、环境科学。

霍尔三维结构主要用于研究复杂的大系统和大型工程项目，尤其是探索性强、技术复杂度高、投资大、周期长的研究项目，可以减少决策上的失误和计划实施过程中的困难，以期寻求最优策略①。

霍尔三维结构应用于情报工程的方法论意义在于，可以把三维结构模型应用于构建情报工程的三维结构模型。唐晓波等提出的情报工程三维结构如图 4-8 所示，对于加强情报工程理论研究和开展情报工程学科建设具有重要意义。

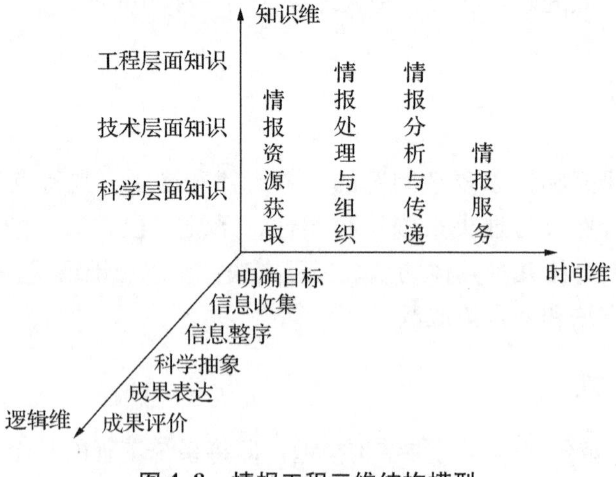

图 4-8　情报工程三维结构模型

时间维按时间顺序表示了情报工作从开始到结束的全过程，分为 4 个阶段，即情报资源获取、情报处理与组织、情报分析与传递和情报服务。逻辑维表示了情报工作各个阶段进行

① 李金海，徐敏．基于霍尔三维结构的项目风险管理集成化研究［J］．项目管理技术，2008（8）：17－21.

时需要遵循的思维程序，包括了明确目标、信息收集、信息整序、科学抽象、成果表达和成果评价 6 个逻辑步骤。知识维则列举了情报工程工作中涉及的知识体系，即科学层面知识、技术层面知识和工程层面知识①②。

4.3.2　切克兰德方法论

系统工程中常把系统分为良结构系统和不良结构系统，良结构系统是偏重工程、机制明显的物理型硬系统；而不良结构系统是偏重社会、机制尚不清楚的生物型软系统。霍尔三维结构适合应用于解决硬系统问题，切克兰德提出了解决软系统问题的方法，即调查学习法。调查学习法的核心不是寻求最优化，而是通过调查、比较和学习的方法从模型和现状中获取改善系统现状的途径。切克兰德方法论的主要内容和工作过程如图 4–9 所示。

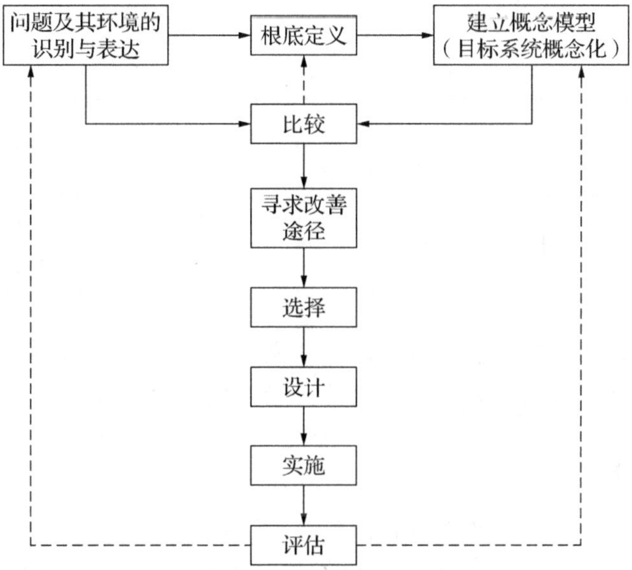

图 4–9　切克兰德方法论的主要内容和工作过程

切克兰德方法论的主要内容可以分为 7 个部分。

（1）认识问题。即收集与问题有关的信息，表达问题现状，寻找构成或影响因素及其关系，以便明确系统问题结构、现存过程及其相互之间的不适应之处，确定有关的行为主体和利益主体。

（2）根底定义。即弄清系统问题的关键要素及关联因素，为系统的发展及其研究确立各种基本的看法，并尽可能选择出最合适的基本观点。

（3）建立概念模型。即在不能建立精确数学模型的情况下，用结构模型或语言模型来描述系统的现状，概念模型来自根底定义，是通过系统化语言对问题抽象描述的结果，其结构及要素必须符合根底定义的思想，并能实现其要求。

---

① 唐晓波，魏巍．工程化视角下的情报工作方法论研究：理论模型的构建［J］．图书情报工作，2016（7）：5 – 10.

② 唐晓波，朱娟．基于霍尔模型的情报工程知识体系构建［J］．数字图书馆论坛，2016（2）：27 – 32.

（4）比较及探寻。即将现实问题和概念模型进行对比，找出符合决策者意图且可行的方案或途径。有时通过比较，需要对根底定义的结果进行适当修正。

（5）选择。针对比较的结果，考虑有关人员的态度及其他社会、行为等因素，选出现实可行的改善方案。

（6）设计与实施。通过详尽和有针对性的设计，形成具有可操作性的方案，并使得有关人员乐于接受和愿意为方案的实现竭尽全力。

（7）评估与反馈。根据在实施过程中获得的新认识，修正问题描述、根底定义及概念模型等。

切克兰德方法论与霍尔三维结构的相同之处是均为系统工程方法论，以问题为起点，有相应的逻辑过程。而两种方法论在研究对象、研究目的和研究方法上均有不同之处，如表4–3所示。

表4–3　霍尔方法论与切克兰德方法论的比较

	霍尔方法论	切克兰德方法论
研究对象	良结构系统	不良结构系统
研究目的	寻求最优解	寻求满意解
研究方法	定量分析	定性与定量分析相结合

切克兰德方法运用于情报工程学的方法论意义在于解决研究中存在的难以用定量分析处理的问题，以概念模型替代数学模型，使求解问题的思路更加开阔。

4.3.3　并行工程方法

并行工程是20世纪80年代由美国提出的，在计算机集成制造系统和系统工程领域不断发展。美国防御分析研究所对并行工程的定义是“并行工程是集成地、并行地设计产品及相关过程（制造过程和支持过程）的系统方法。它要求产品的开发人员从设计一开始就考虑产品生命周期中从概念设计到报废的各种因素，包括质量、成本、企业调度及用户需求”。并行工程把序列化的从设计、生产到保障研制的过程变为并行的、交互作用的综合研制过程，达到缩短研制周期的目的。并行与串行的开发过程比较如图4–10所示。

由图4–10可以看出，并行工程开发把时间上有先后顺序的作业过程转化为同时考虑和尽力同时处理的过程，简化了频繁的反馈过程，缩短了产品的上市时间。并行工程的特点是：并行性、整体性、协同性和集成性。

（1）并行性。即在产品设计阶段就并行地考虑了产品整个生命周期中的因素，研制周期可以大大缩短，并且这样设计出来的产品具有良好的性能，易于制造、检验和维护。

（2）整体性。即制造过程是一个有机整体，每个制造单元存在着不可分割的内在联系。并行工程追求的是整体最优，有时为了保障整体最优，可能会牺牲局部的利益。

（3）协同性。即并行工程强调设计群体的协同工作，各工作小组之间信息资源共享，使各组协调一致完成工作，提高整体工作效率。

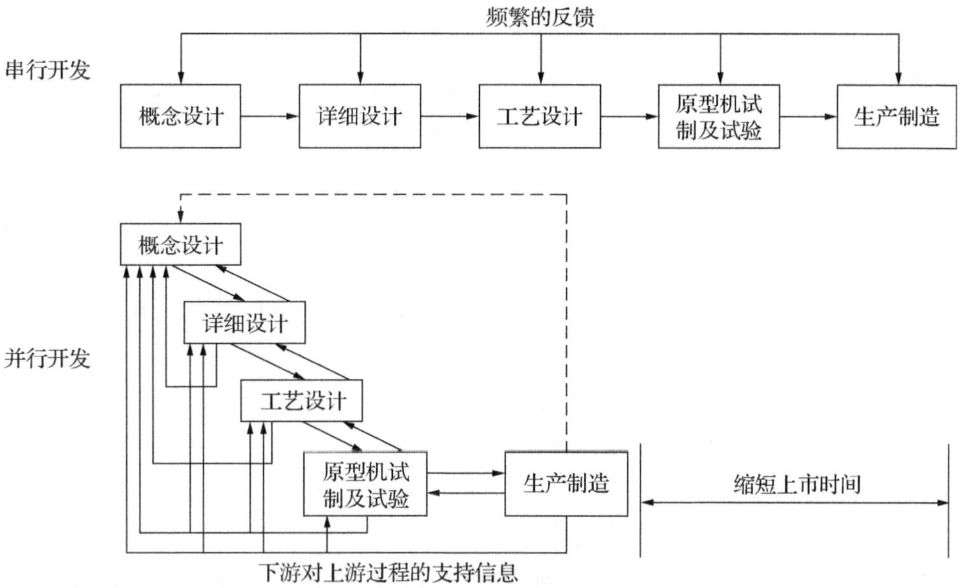

图 4-10　并行与串行的开发过程比较

（4）集成性。即并行工程是一种包括人员集成、信息集成、功能集成和集成的方法。

并行工程的应用十分广泛，著名的案例有波音公司开发的 777 大型民用客机。波音公司在开发研制该机型时运用了计算机集成制造系统和并行工程技术，由 200 个研制小组形成了群组协同工作，波音 777 与波音 767 的研制周期相比，缩短了 13 个月。

并行工程方法运用于情报工程学的方法论意义在于，并行工程不仅是制造商利用的生产模式，更是一种系统化的方法，任何问题的高效解决都离不开一种系统化的、经过全局考虑的决策方法，并行工程方法的并行性、整体性、协同性和集成性可以指导和优化情报分析流程，以提高情报分析的效率和质量。

4.3.4　W-S-R 方法

W-S-R 方法即物理—事理—人理方法论。物理即自然科学；事理即做事的道理，包括运筹学、管理科学、系统科学；人理即做人的道理，包括人理学、人文科学、行为科学。具体而言，物理是关于物质世界、法则、规则的理论，其研究对象是客观物质世界，着重点是功能分析解决是什么的问题；事理是关于管理和做事的理论，其研究对象是组织和系统，着重点是逻辑分析解决怎样做的问题；人理是关于人、纪律和规范的理论，其研究对象是人、群体和人际关系，着重点是人文分析解决应该怎么做的问题。W-S-R 方法的主要步骤如图 4-11 所示。

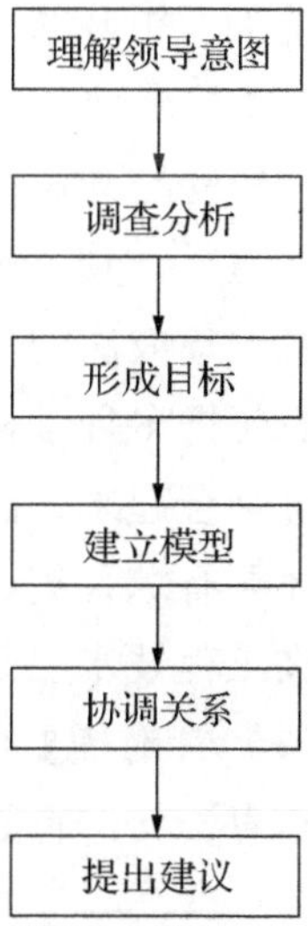

图 4-11　W-S-R 方法的主要步骤

（1）理解领导意图。在物理方面，即收集领导的讲话，了解领导最初想法；在事理方面，了解领导对于目标的偏好；在人理方面，了解领导会在哪些事情上参与决策。使用的主要方法有头脑风暴法和认知图等。

（2）调查分析。在物理方面，即通过现场调查和文献检索，分析现有资源和约束条件；在事理方面，了解与问题相关的背景、经验和知识；在人理方面，了解各种关系和必要的知识。使用的方法主要有各种调查表和交叉影响分析等。

（3）形成目标。在物理方面，列举出所有可行的目标和约束；在事理方面，弄清目标之间的优先次序和权重；在人理方面，弄清各种目标所涉及的人和物。使用的方法主要有头脑风暴法和目标树法等。

（4）建立模型。在物理方面，将各种目标和约束数据化、规范化；在事理方面，选择适当的模型程序和知识；在人理方面，尽量把领导的意图放入模型中。使用的方法主要是利用各种建模方法和工具。

（5）协调关系。在物理方面，协调模型、软硬件和数据之间的关系，即技术协调；在事理方面，协调模型和知识的合理性，即知识协调；在人理方面，协调各方面的利益、观点和关系，即利益协调。使用的方法主要有冲突分析等。

（6）提出建议。在物理方面，对各种物理设备和程序进行安装、调试和验证；在事理方面，将各种术语变为用户能理解的语言；在人理方面，尽量让利益各方易于接受和执行。使用的方法主要是利用各种统计表。

W-S-R 方法运用于情报工程学的方法论意义在于，该方法是一种解决复杂情报分析问题的工具，该方法将组群条理化、层次化，起到了化繁为简的功效，是定量与定性相结合的东方系统工程思想。

4.3.5 综合集成法

钱学森在研究解决开放的复杂巨系统问题时，提出了从定性到定量的综合集成方法，这是系统工程领域的一个新发展。系统集成法是从整体上考虑并解决复杂问题的方法论，这一方法的本质是将专家群体、数据和各种信息与计算机仿真有机结合起来，将各种学科的理论和人的经验与知识结合起来，以发挥整体优势。综合集成即为创造，是实现大科学和大工程的基本途径，其关键是解决整体与局部的关系，以期实现 1 + 1 > 2 的目标[①]。

综合集成法的特点是：坚持定量研究与定性研究相结合；经验与科学理论相结合；应用系统思想把多种学科结合起来进行综合研究；根据复杂巨系统的层次结构，把宏观研究和微观研究结合起来；需要有大型计算机系统的支持，不仅有管理信息系统、决策支持系统等功能，还要有综合集成的功能[②]。综合集成法的基本步骤如图 4-12 所示。

在工程技术层面上，综合集成法的基本描述如下。

（1）针对需要研究的实际问题，充分收集相关的信息，利用相关统计方法对收集到的数据信息资料进行处理，为后续工作做好基础性准备。

---

① 于景元，刘毅，赵军．开放的复杂巨系统的方法论：从定性到定量综合集成方法［C］. 1997 中国控制与决策学术年会论文集. 1997.

② 吕斌，李国秋．钱学森情报学思想及其对情报学持续发展的启示［J］. 情报理论与实践，2010，33（7）：1-6.

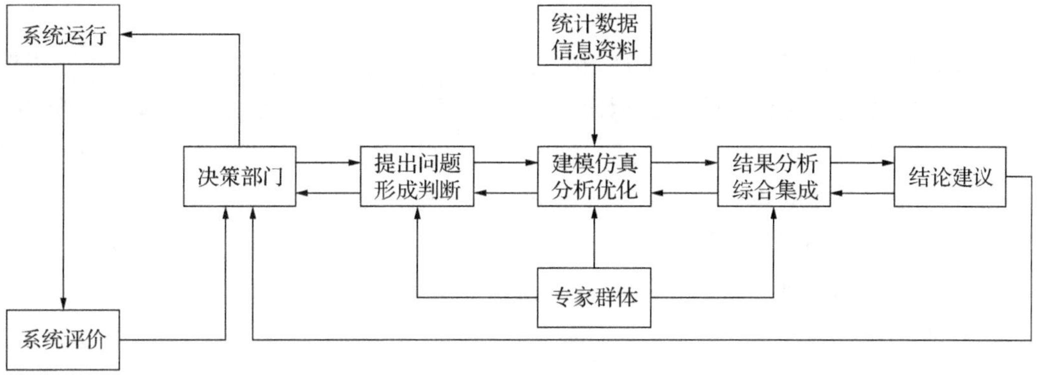

图 4-12 综合集成方法

（2）请相关领域内专家对系统进行分析，提出相关问题，明确问题的症结所在，形成定性判断。

（3）专家群体以经验假设为前提，对系统进行定量表示，建立数学模型。把与数学模型有关的数据、信息输入计算机，对系统进行仿真模拟实验，获取有关系统的定量数据资料。

（4）专家群体对仿真实验结果进行分析评价，形成意见。

（5）基于专家群体的意见和判断，对系统模型做出修改，随后可以进行再仿真，再分析评价，如此反复循环，直到结果符合实际系统的理论描述。

综合集成法运用于情报工程学的方法论意义在于，该方法高度综合地整合了专家智慧和学科理论，符合“事实数据 + 工具方法 + 专家智慧”的情报研究思路与情报实践方法①，为情报工程学的发展提供了方法论基础。

4.4 大数据方法

大数据的基本处理过程包括对海量的异构数据进行抽取、转换和装载，采用合理的方式建模并对数据进行分析，然后再用恰当的方式对数据分析结果进行呈现。大数据方法优化了情报分析及服务过程，为情报工程提供了技术支撑，本节着重描述大数据的基本处理过程和大数据提供服务的方法。

4.4.1 大数据抽取、转换和装载方法

大数据时代的到来，信息量的急剧增长对海量数据的集成和组织提出了更高的要求。这就需要建立数据仓库，数据仓库并不是数据的简单积累，而是对数据进行抽取、转换和装载的过程，即 ETL（extract、transform、load）。ETL 是构建数据仓库的重要环节，也是企业数据管理的核心。在大数据背景下，ETL 的目标是实现数据优化，即以最小的代价将数据源转化为决策支持型数据。目前，市场上的 ETL 工具主要有 PowerCenter、DataStage、Warehouse

---

① 贺德方. 工程化思维下的科技情报研究范式：情报工程学探析［J］. 情报学报，2014（12）：1236－1241.

Builder 等。

进行大数据 ETL 的前提是确定 ETL 范围、选择 ETL 工具和确定解决方案。确定 ETL 范围是通过对目标数据的收集，确定数据源范围。选择 ETL 工具是综合考虑运行平台的支持程度、可编程的灵活性、数据处理时间的控制、对异常情况的处理等能力，选择适合的 ETL 工具进行数据处理。确定解决方案是形成数据处理的完整方案①。

在 ETL 过程中应遵循以下原则。

（1）应尽量利用数据中转区对运营数据进行预处理，以保障数据的安全性、集成性和加载的高效性。

（2）形成流程化的配置管理模式。

（3）保证数据质量的正确性、一致性、完整性、有效性和可获取性。

大数据 ETL 的过程如图 4-13 所示。

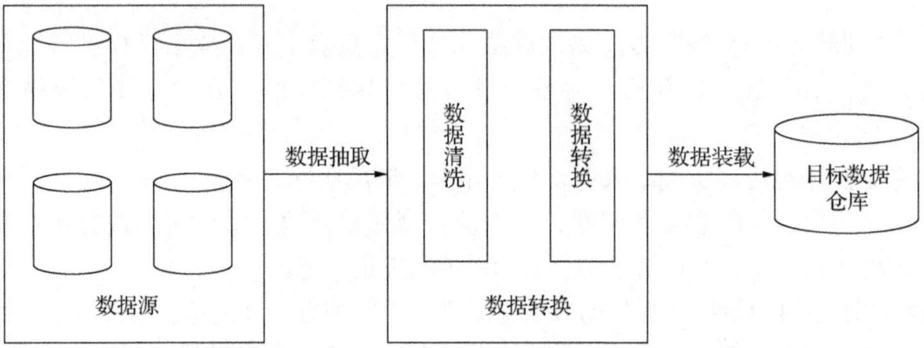

图 4-13　大数据 ETL 概念模型

数据抽取是指通过手动、半自动或自动的方式将数据从各种原始的信息源中抽取出来，抽取方式是全量或增量抽取，并且要根据具体业务制定抽取的时间、频度和流程，这是所有后续工作的前提。

数据转换是包括对于数据的清洗和转换。数据清洗是过滤掉不符合要求的数据，清洗规则包括数据补缺、数据替换、格式规范化和主外键约束。数据补缺是对空数据和缺失数据进行补缺操作，对无法处理的数据进行标记；数据替换是对无效数据进行替换；格式规范化是将源数据抽取的数据格式转换为便于数据仓库进行处理的数据格式；主外键约束是通过建立主外键约束，对非法数据进行替换或进行重新处理。数据转换是按照预先设计好的规则将抽取的数据进行转换，使本来异构的数据格式统一起来。转换规则包括数据合并、数据拆分、行列互换、排序、修改序号、去除重复记录等。

数据装载是指将转换完成的数据按计划增量或全部导入数据仓库中。具体的数据装载方式包括时戳方式、日志表方式、全表对比方式和全表删除插入方式。时戳方式是在数据表中添加统一的字段作为时戳，当系统更新修改数据时，同时修改时戳字段值。日志表方式是在

① 王新英，陈语林．数据抽取、转换、装载综述［J］．企业技术开发，2004，23（8）：3－5.

系统中添加日志表，当数据发生变化时，更新维护日志表中的内容。全表对比方式是抽取所有处理后的数据，在更新目标表之前先根据主键和字段进行数据比对，有更新则进行更新或插入操作。全表删除插入方式是删除目标表数据，将处理后的数据全部插入①。

4.4.2　大数据建模、分析和解释方法

4.4.2.1　大数据建模方法

大数据建模可以理解为是从实际的海量数据中寻求所需要的问题答案的方法和手段②。建模过程需要分析研究对象的状态和特征，并做出评价和决策，以预测研究对象未来的变化状态和趋势。建模的一般过程包含以下几步：选择与重构变量、选择算法、设定参数、加载算法和输出结果，如图 4-14 所示。

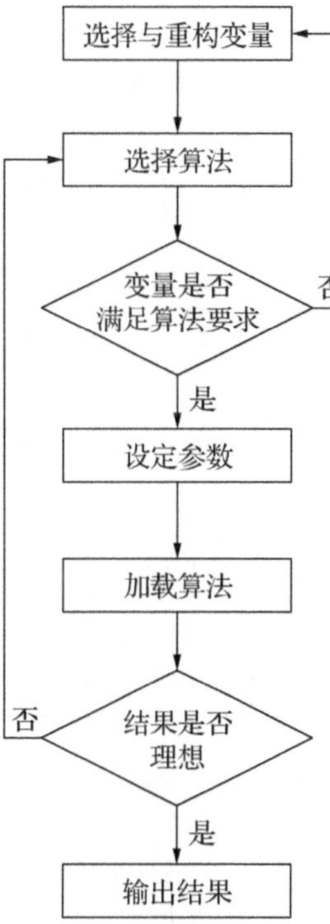

图 4-14　建模步骤

（1）选择与重构变量。选择变量指在建模之前要考虑使用哪些变量来建立模型，变量的选取主要是从业务逻辑和数据逻辑两个角度来考虑。业务逻辑即考虑变量与需要解决的问题在业务层面相关的逻辑；数据逻辑即考虑数据与变量的相关性及数据的完整性和集中程度。在选择变量时，业务逻辑优于数据逻辑，因为业务逻辑与实际解决的问题的相关性更高。重构变量指若收集到的数据不适合建模时可以将数据进行重构，使其符合建模要求。

（2）选择算法。根据目标问题，选择适合的算法，常用的建模算法包括相关、聚类、决策树、回归、时间序列、神经网络等。在确定算法后，需要再次查看变量是否满足算法要求，若不满足则返回上一步进行变量的选择和重构，若满足则进入下一步。

（3）设定参数。在选定算法后，需要利用数据分析工具进行建模，针对不同的模型需要调整参数，一般而言，参数需要在后续的测试中进行多次调整。

（4）加载算法。设置参数之后，加载算法，根据输出结果判断是否可以解决目标问题。若结果不理想，则可以重新选择算法，得到理想结果后进入下一步。

（5）输出结果。不断调整算法和参数后，最后得到理想结果，模型可以输出一个报告或一些规则。

4.4.2.2　大数据分析方法

大数据分析是整个大数据处理流程的核心，是指对海量、类型多样、增长快速、内容真实的数据进行分析，从中找出可以辅助决策的隐藏模式、未知的相关关系及其他有用信息的过程③。换言之，大数据分析是根据数据生成机制，对数据进行广泛的采集与存储，并对数

① 罗会兰．数据提取、转换和装载技术研究［J］．计算机工程与设计，2004，25（5）：761－765.

② 赵卫东．商务智能［M］．北京：清华大学出版社，2014.

③ 李静．基于大数据分析的数学建模实践应用研究［J］．淮海工学院学报（自然科学版），2017，26（1）：1－4.

据进行清洗，以大数据分析模型为依据，在集成化大数据分析平台的支撑下，运用云计算技术调度计算分析资源，最终挖掘出大数据背后的模式或规律的数据分析过程。

大数据分析过程一般包括问题需求提出，数据获取及记录，数据抽取、转换和装载（ETL），选择建模及分析方法，结果诠释和评测结果有效性等几个阶段，如图4-15所示。

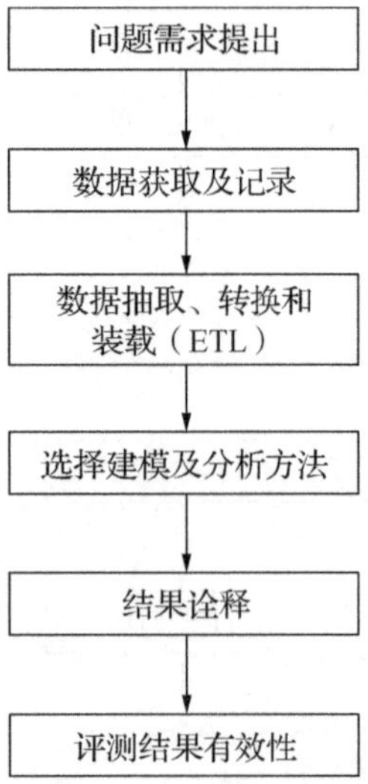

图4-15　大数据分析过程

（1）问题需求提出。以事实需求为依据，提出目标分析问题。

（2）数据获取及记录。根据目标问题收集海量数据，并做好相关记录工作。

（3）数据抽取、转换和装载（ETL）。对收集到的数据进行预处理，完成清洗及转换等工作，并把处理好的数据进行存储。

（4）选择建模及分析方法。根据目标问题选择恰当的建模和分析方法，分析数据。

（5）结果诠释。导出分析结果，常以表格或报告形式进行诠释。

（6）评测结果有效性。对分析结果进行评价，为后续分析提供参照依据。

大数据分析方法的主要应用领域包含以下几个方面。

（1）预测性分析。大数据分析重要的应用领域之一就是预测性分析，即从大数据中挖掘出有相互联系的不同类型的数据，科学的建立模型，再利用模型预测未来发展方向。这一技术被广泛应用于销售预测、票价预测、收视率预测等领域。

（2）语义引擎。各互联网平台基于用户网页搜索的关键词来预判用户的潜在消费需求，从而给用户推送相应的产品信息，实现精准化营销。这一技术被各大电子商务平台广泛应用。

（3）实时分析。利用流处理等实时处理技术可以保障分析结果在短时间内获得。这一技术可应用在公共安全领域，即基于海量用户在实时通信平台上传的信息，国家公共安全部门可以分析出自然灾害的活动趋势，从而有效地指导民众规避灾害。

（4）大数据分析工具的类型多样，目前并没有适合所有场合的大数据分析软件与工具。大数据分析工具可以分为调查与报告软件、联机分析处理软件、数据挖掘软件等。一个好的大数据分析工具应具有磁性、灵活性和深刻性三大特征。磁性指该工具能抓取足够多的数据；灵活性指该工具有适应性和对不同数据的应变性；深刻性指该工具能支持传统的商业情报、机器学习和复杂的统计分析①。

4.4.2.3　大数据解释方法

大数据解释方法就是把数据分析结果通过合理的方式呈现出来，进一步引导用户进行分析，使用户在得到结果的同时更好地理解分析结果的由来。本节主要介绍大数据的可视化技术。

---

① 李超，周瑛，周焕，等．大数据环境下情报分析方法与情报分析软件探讨［J］．现代情报，2017，37（7）：151－158.

可视化技术是利用计算机图形学和图像处理技术，将数据转换成图形和图像在屏幕上显示出来，并进行交互处理的理论、方法和技术。它涉及计算机图形学、图像处理、计算机视觉、计算机辅助设计等多个领域，成为解决呈现研究数据、数据处理、决策分析等一系列问题的综合技术。伴随着数据仓库、电子商务等技术的发展，可视化技术涵盖的内容更加广泛，数据可视化这一概念被提出。数据可视化是对大型数据库或数据仓库中的数据进行可视化操作，它是可视化技术在非空间数据领域的应用，使人们可以以更直观的方式看到数据及其结构关系。

数据可视化技术的主要特点是：交互性、多维性和可视性。交互性，即用户可以方便地以交互的方式管理和开发数据；多维性，即可以看到表示对象或事件的数据的多个属性或变量；可视性，即数据可以用图像、曲线、二维图形、三维体和动画来显示。

数据可视化技术的一般过程是：数据预处理、映射、绘制和显示①，如图 4–16 所示。

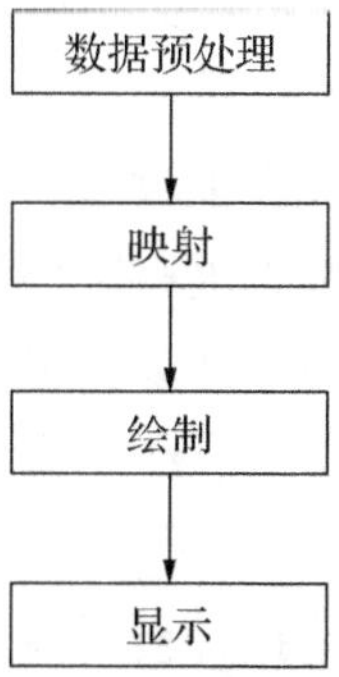

图 4–16　数据可视化技术的一般过程

（1）数据预处理。这一步骤包含两部分的内容，即原始数据预处理及存储和面向可视化方法的数据处理。原始数据预处理及存储包括了数据格式及其标准化、数据变换、数据压缩和解压缩；面向可视化方法的数据处理是指针对不同的可视化方法和内容，对原始数据做进一步的变换处理，以满足可视化的需求，包括滤波处理、平滑处理、坐标变换、几何变换、线性变换等。

（2）映射。这一步骤是数据可视化技术的核心，映射是将数值数据转变成几何数据的过程。可视化技术应用的领域众多，不同类型的应用数据应采用不同的映射技术。

（3）绘制。这一步骤是将几何数据转换成图像的过程，包括了物体的精确图形表示和场景中光照效果的物理描述。物体的精确图形表示需综合应用几何体建模技术、扫描转换技术、反走样技术、隐藏面消除技术等；光照效果的物理描述需要考虑到光的反射、透明性、表面纹理等，大多数软件采用由物体表面光强度的物理公式推导出来的简化光照模型。

（4）显示。这一步骤是将上一步骤生成的图像数据按照用户需求进行输出。

数据可视化技术主要可以被分为这几类：基于几何的技术、面向像素技术、基于图标的技术和基于层次的可视化技术②。

（1）基于几何的技术，是指以几何画法或是几何投影的方式来表示数据库中的数据，主要包括 Scatter plots、Landscapes、Projection Pursuit、Parallel Coordinates 等方法。

（2）面向像素技术，是指将每一个数据项的数据值对应于一个带颜色的屏幕像素。这一技术包含两种方法：独立于查询的方法和基于查询的方法。独立于查询的方法是将数据库中的数据按照从左到右（从上到下）的次序一行行（一列列）地显示出来，数据值的变化范围与之前固定好的颜色变化范围相对应；基于查询的方法是根据数值与所查询的要求的符

① 陈建军，于志强，朱昀．数据可视化技术及其应用［J］．红外与激光工程，2001，30（5）：339–342.

② 任永功，于戈．数据可视化技术的研究与进展［J］．计算机科学，2004，31（12）：92–96.

合程度来匹配不同的颜色。

（3）基于图标的技术，是指用一个简单图标的各个部分来表示 n 维数据属性。这一技术适用于某些维值在二维平面上具有良好展开属性的数据集，主要包括 Chernoff face、Shape Coding、Stick Figures 等方法。

（4）基于层次的可视化技术，是指将 n 维数据空间划分为若干子空间，对这些子空间仍以层次结构的方法组织并以图形表示出来，主要包括 Dimensional Stacking、Treemap、Cone Trees 等方法。

4.4.3 大数据服务方法

大数据可以被视为一种规模大到在获取、存储、管理、分析方面大大超出了传统数据库软件工具能力范围的数据集合①。大数据服务是基于云计算、人工智能等技术，为用户提供包含数据采集、处理、挖掘、分析、可视化展示等在内的一系列服务，提升了数据处理速度，提高了数据利用效率。

情报工程服务是基于大数据的情报处理、分析和解释的服务，在情报采集和情报分析环节借力云计算技术的 IaaS（Infrastructure as a Service，基础设施即服务）、PaaS（Platform as a Service，平台即服务）、SaaS（Software as a Service，软件即服务）等服务模式②，在大数据平台上自动化、规范化地实现情报采集、存储和分析的操作。基于大数据的情报工程服务实现了情报分析的高效性和并行性，可以对用户的行为和操作的文本进行特征分析，智能地挖掘用户的关注点③，为情报用户提供更为精确的情报产品，助力政府决策与咨询服务、科技情报服务、企业竞争情报服务等。下面着重描述云计算从硬件设施到高层软件的多层次服务，主要可以被划分为 3 个层次，即 IaaS、PaaS 和 SaaS。

4.4.3.1 IaaS

IaaS 是 Infrastructure as a Service，即基础设施服务模式，是将支撑软件运行的基础设施，作为服务提供给用户，包括服务器、操作系统、磁盘存储、数据库、信息资源、内存等。换言之，这一服务模式是将物理资源整合成为一个可以进行统一管理的资源池，通过虚拟化技术进行计算、存储和网络 3 个层面的资源分配，构建虚拟网络，进而形成虚拟的基础设施环境。用户就不需要再租赁机房、维护服务器和交换机，只需要购买 IaaS 资源。知名的 IaaS 应用有 Amazon EC2、BlueCloud 等④。

IaaS 的核心技术是虚拟化技术，包括了服务器虚拟化、存储虚拟化、网络虚拟化及桌面虚拟化。其中，服务器虚拟化是目前应用最为广泛的技术，分为全虚拟化和半虚拟化两种。

（1）全虚拟化是通过客户操作系统和硬件之间捕捉和处理那些对虚拟化敏感的特权指

---

① 拉姆什·沙尔达，杜尔森·德伦，埃弗雷姆·特班．商务智能：数据分析的管理视角［M］．北京：机械工业出版社，2015.

② 李英，王晨筱，杨晨，等．支撑产业链协同的公共服务平台研究综述［J］．计算机工程与科学，2016（6）：1111－1117.

③ 周峰．大数据背景下档案利用研究与实践［J］．中国档案，2016（9）：70－71.

④ 玄佳兴．IaaS 云平台运营管理子系统的设计与实现［D］．北京：北京邮电大学，2014.

令，使客户操作系统无须修改就能运行。这种虚拟化技术又包含两种模式，即托管和虚拟监管。知名的产品有 IBM PC/CMS、Oracle Virtualbox、KVM 等。

（2）半虚拟化技术是在全虚拟化的基础上，将客户操作系统进行了修改，增加了一个专门的 API，这个 API 可以将客户操作系统发出的指令进行最优化，不需要虚拟监管耗费一定的资源进行翻译操作，故整体性能得到提高。

4.4.3.2 PaaS

PaaS 是 Platform as a Service，即平台服务模式，是将应用运行环境和开发环境作为服务提供给用户。平台服务模式是实现云计算应用的最关键部分，高效的平台服务模式应该在核心技术设施基础上进行扩展，使其可以负载上层 SaaS 应用。知名的 PaaS 应用有 Google App Engine、AWS、force. com 平台等。

平台服务模式的核心技术包括 5 个维度：运行支撑、管理支撑、开发支撑、业务支撑和运营支撑。运行支撑方面包括了扩展分布式计算技术和云存储技术；管理支撑方面包括了提供面向计算逻辑和存储逻辑的部署技术、过程监控技术、安全技术；开发支撑方面包括了面向云计算应用的辅助建模、开发和测试工具；业务支撑方面包括了应用安全及面向行业领域的构建技术；运营支撑方面包括了共有云相关的多租户管理技术、SLA、计费技术等①。

4.4.3.3 SaaS

SaaS 是 Software as a Service，即软件服务模式，是将所有业务运行所需的后台环境放入云端，通过一个客户端，一般是 Web 浏览器向用户直接提供服务。SaaS 与 IaaS 和 PaaS 的区别在于它的服务对象是最上层用户，而不是软件开发人员。知名的 SaaS 应用有 Google Doc、Google Apps、Zoho office 等。

SaaS 的特性是多租户、互联网、按需服务和规模效应。多租户特性指通过多租户模式实现多种使用方式，以满足不同用户的个性化需求；互联网特性指用户仅需浏览器或联网的终端设备就可以访问应用；按需服务特性指支持可配置性和按使用付费，按用户需求提供服务；规模效应特性指一般面向大量用户提供服务，以取得规模效应和效益②。

SaaS 的成熟度模型包括 4 个等级：Level 1 是定制开发的 SaaS 应用；Level 2 是可配置的多租户 SaaS 应用；Level 3 是单实例支持多租户的 SaaS 应用框架；Level 4 是支持可伸缩性的多租户 SaaS 应用架构。

综上所述，可以用图 4-17 理解 IaaS、PaaS 和 SaaS 的区别与联系。部署一个软件一共包含应用、数据、运行环境、中间件、操作系统、虚拟化、服务器、存储和网络 9 个方面。运用 IaaS 模式时，供应商提供网络、存储、服务器和虚拟化技术，用户需要操作部署其他 5 个方面；运用 PaaS 模式时，供应商提供网络、存储、服务器、虚拟化、操作系统、中间件和运行环境，用户需要操作部署数据和应用；而运用 SaaS 时，所有 9 个方面的技术均由供应商提供，用户直接使用搭建好的软件功能。

---

① 杨挺．一个 PaaS 平台中应用管理子系统的设计与实现［D］.北京：北京大学，2014.

② 吕冬雪．基于 RDB 的 SaaS 多租户数据存储和扩展研究综述［J］.电脑与信息技术，2015，23（5）：46－48.

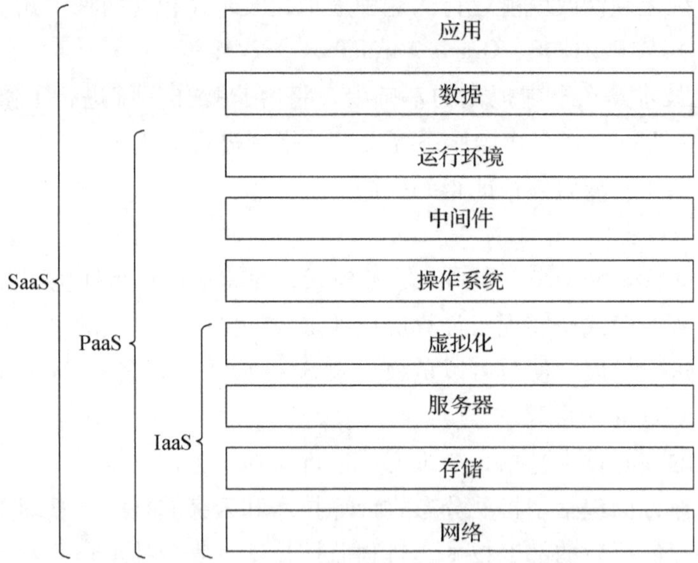

图 4-17　IaaS、PaaS 和 SaaS 这 3 类服务模式的比较

4.5　其他方法

除上述方法外，管理学中的部分方法也可应用于情报工程学的研究之中，本节将介绍管理学中的部分方法。

管理学是一门系统的研究人类社会活动中的现象和规律的学科，是在社会化大生产和自然科学与社会科学日益发展的基础上逐步形成的①。管理的职能是计划、组织、领导和控制。计划是定义目标、制定战略，以及开发计划以协调活动的过程；组织是决定需要做什么，怎么做，谁去完成的过程；领导是指导和激励群体与个人并解决冲突的过程；控制是监控活动以确保它们按计划完成的过程。

管理学是一门综合性极强的交叉学科，许多经典的管理学方法可辅助其他学科的研究，本节主要介绍 4 种管理学方法：SWOT 分析法、PDCA 循环规则、5W2H 分析法和 SMART 原则。

4.5.1　SWOT 分析法

SWOT 分析法就是识别与研究对象相关的内部优势（strength）和劣势（weakness）、外部机会（opportunity）和威胁（threat），利用系统分析的思想，把各个因素互相匹配并加以分析，从中得出可以辅助决策的结论。SWOT 分析模型如图 4-18 所示。

（1）SO 战略，即机会和优势的组合，是一种依靠内部优势和利用外部机会的战略，是一种理想的战略模式。只有当组织具有特定方面的优势，并且外部环境又为这种优势提供有

① 周三多，陈传明，贾良定．管理学：原理与方法［M］. 上海：复旦大学出版社，2014.

利机会时，才可以采取该战略，组织可以谋求最大限度的发展。

（2）WO 战略，即机会和劣势的组合，是一种利用外部机会来克服内部劣势的战略。当组织的外部环境存在机会，但内部有劣势妨碍其利用外部机会时，可以采取这一战略。

（3）ST 战略，即威胁和优势的组合，是一种依靠内部优势并回避外部威胁的战略。当组织的外部环境存在威胁，而内部有某些优势可以克服外部威胁时，可以采取这一战略。

（4）WT 战略，即威胁和劣势的组合，是一种减少内部劣势并回避外部威胁的战略。当组织面对内忧外患，需要尽量减少内部劣势和外部威胁带来的负面影响时，可以采取这一战略。

SWOT 分析法运用于情报工程学的方法论意义在于该方法可以对企业在行业中的位置、竞争对手及市场进行一个客观的评价，当情报工程的服务对象为企业时，可以利用该方法分析企业优劣，以辅助竞争情报分析为企业提供情报服务。

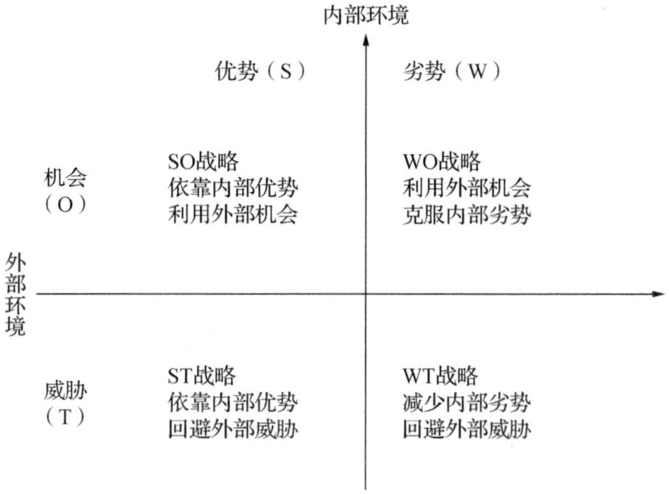

图 4-18　SWOT 分析模型

4.5.2　PDCA 循环规则

PDCA 循环规则是由美国质量管理专家戴明提出来的，所以又称“戴明环”。PDCA 循环涵盖了质量管理从计划制定到实施的全过程，这一循环也可被视为任何一项管理活动有效进行的科学方法和基本程序。PDCA 循环包括规划（plan）、执行（do）、核查（check）和行动（act）4 个阶段①，如图 4-19 所示。

（1）规划。这一阶段就是要制定计划，具体包括：①分析现状，找出存在的问题；②分析产生问题的各种原因或影响因素；③找出导致问题的主要因素；④制定措施，提出行动计划，即确认问题、收集和组织数据、设定目标和测量方法，寻找解决问题的途径、测试并选择提出行动规划。

① 斯欣宇．PDCA 循环理论在质量管理工作中的运用［J］．中国检验检疫，2004（6）：35－36.

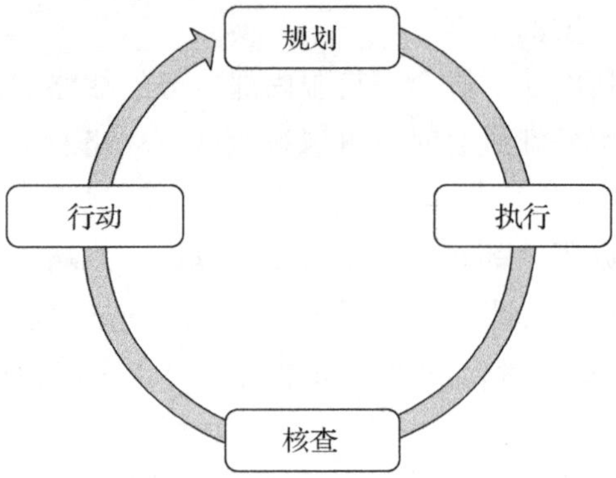

图 4-19 PDCA 循环

（2）执行。这一阶段就是具体实施计划中的内容。

（3）核查。这一阶段就是要检查执行计划的情况，对执行情况进行系统的分析和评估。

（4）行动。这一阶段就是要总结和改进，具体包括：①对于执行结果进行总结，若是成功的则加以肯定并进行标准化推广，若是失败的则总结教训；②对于没有解决的问题，应进行改进并提交到下一个 PDCA 循环之中去解决。

PDCA 循环规则运用于情报工程学的方法论意义在于情报服务也是一个循环过程，即规划定向—正确的搜集和报告—信息存储和加工—信息分析和生产—情报发布。情报工程服务流程可以借助 PDCA 循环规则以优化情报服务效率。

4.5.3 5W2H 分析法

5W2H 分析法是从 7 个角度思考所要解决的研究问题的方法，广泛应用于企业管理和技术活动，该方法对于决策的制定和执行十分有帮助。7 个角度包括做什么（what）、怎样做（how）、为什么（why）、何时（when）、何地（where）、谁来做（who）和多少（how much）①。5W2H 模型如图 4-20 所示。

图 4-20 5W2H 模型

（1）做什么，即明确基本性质。了解要解决的研究是什么、条件是什么、重点是什么、功能是什么等。

（2）怎样做，即明确方案因素。了解怎样实施、怎样提高、如何完成等。

（3）为什么，即明确理由和前提。了解为什么要解决这个问题。

（4）何时，即明确时间的条件与限制。何时开始、何时完成、何时最佳、何时停止等。

（5）何地，即明确空间的条件与限制。了解何地开始、从何处着手。

（6）谁来做，即明确对象因素。了解谁来执行、谁来决策、对谁有利等。

（7）多少，即明确数量概念。了解成本、利润、成效、成功可能性等的量化分析。

5W2H 分析法运用于情报工程学的方法论意义在于，在制定情报研究规划时可参照该方法进行，以明确研究目标，确保研究过程的执行效率。

4.5.4 SMART 原则

目标管理的前提和重要环节就是目标的制定，SMART 原则可以辅助制定高质量的目标，

① 莫飞飞. 5W2H 分析法在企业管理决策中的应用［J］. 中国科技投资，2014（A3）：368.

该原则包括目标必须是具体和明确的（specific）、目标必须是可以衡量的（measurable）、目标必须是可实现的（attainable）、目标必须是实际的并且与其他目标具有相关性（relevant）和目标必须有明确的截止日期（timebound）[①]。SMART 原则模型如图 4-21 所示。

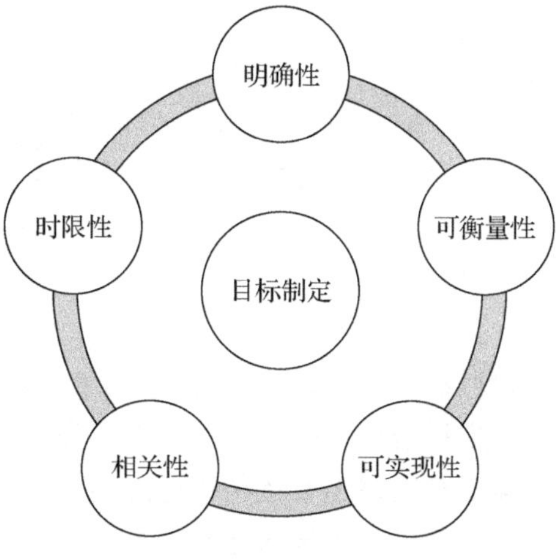

图 4-21　SMART 原则模型

（1）明确性。要求目标的设置要有明确的衡量标准、达成措施、完成期限等，能够清晰地了解目标的完成程度。

（2）可衡量性。要求目标是可以量化或者质化的，可以从数量、质量、成本、时间等方面进行衡量。

（3）可实现性。要求目标的制定需参照自身的能力条件、内外部可用资源、当前发展和未来发展的趋势等情况，区分阶段分步骤制定。

（4）相关性。要求目标的制定具有相关性，例如，长、中、短期目标的相关，部门目标和公司目标的相关。目标的制定还要考虑达成目标所需要的相关条件，包括人力资源条件、技术条件、系统条件、信息条件等。

（5）时限性。要求目标的制定需要根据任务的紧急程度和权重，制定完成项目的时间要求，并且要定期检查项目完成进度，实时调整工作计划，按时完成目标。

SMART 原则运用于情报工程学的方法论意义在于，在制定情报工程研究规划时可利用该方法辅助制定高质量的目标，确保研究目标的明确性、可衡量性、可实现性、相关性及时限性。

4.6　小结

本章主要梳理了情报工程理论研究和实践应用过程中的方法体系，根据分类，包括以下几个方面：通用方法（哲学方法和一般研究方法）、情报学学科方法（情报学是情报工程的上位学科，承继其学科方法）、系统工程方法（是融入情报工程的重要方法体系）、大数据方法（是连接情报与工程的桥梁）及其他方法的移植和融入。

① 刘祯．评价管理研究的 SMART 原则［J］．经济与管理评论，2013（1）：54－58.

第5章　情报工程学的技术基础

【本章导读】 情报工程学将工程思维引入情报领域中，综合采用各种工程技术方法设计、开发和实施新型的情报服务系统与产品，从而创造性地解决各种问题。云计算、大数据和人工智能等技术的逐渐普及和广泛应用为工程化思维下开展情报研究与服务提供了有力的技术支撑。情报工程学的技术基础包括大数据技术、云计算技术、知识管理技术、数据挖掘与统计分析技术及综合集成技术。

5.1　大数据技术

大数据技术是继云计算、物联网、移动互联网之后IT产业又一次颠覆性的创新技术①。世界各国政府和互联网企业对大数据表现出高度的关注和重视，国际上的IBM、Google、亚马逊、Facebook和国内的百度、阿里巴巴、腾讯等企业相继推出了各自的大数据产品。大数据技术通过对海量数据的采集、存储和挖掘从而发现新知识、创造新价值，为情报工程学提供了有力的数据处理工具和方法。

5.1.1　大数据及关键技术

大数据自提出以来得到了世界范围内的广泛关注，各大互联网公司、高校和科研院所对大数据技术进行了一系列深入的研究。大数据的关键技术包括云计算和MapReduce、分布式文件系统、分布式并行数据库、开源实现平台Hadoop和大数据可视化技术。

5.1.1.1　大数据概述

近年来，随着移动互联网、社交网络、物联网、云计算和互联网的飞速发展，数据规模呈现爆炸性增长的趋势，大数据时代已经到来。IBM研究表明，在整个人类所获得的全部数据中，有90%是过去两年内产生的，到2020年，全世界所产生的数据规模将达到2009年的44倍。根据国际数据资讯（IDC）监测，人类产生的数据量正在呈指数级增长，大约每两年就会翻一番，预计到2020年全球数据总量将达到35 ZB，并且85%以上的数据以非结构化或半结构化的形式存在。对于大数据的定义有多种，典型的定义如表5-1所示。

---

① 严霄凤，张德馨．大数据研究［J］．计算机技术与发展，2013（4）：168－172．

表 5-1　对大数据的不同定义

定义者	对大数据定义
研究机构 Gartner	大数据是指需要新处理模式才能处理的具有更强的决策力、洞察发现力和流程优化能力的海量、高增长率和多样化的信息资产
麦肯锡	大数据是指无法在一定时间内用传统数据库软件工具对其内容进行采集、存储、管理和分析的数据集合
维基百科	大数据指的是所涉及的资料量规模巨大到无法在合理的时间通过常规软件工具去管理、处理并整理成为帮助企业经营决策的信息

大数据的研究与应用被广泛应用于物联网、商务智能、健康医疗、电子商务、金融业和生物技术等领域，并产生了巨大的社会价值和产业空间①。《华尔街日报》将大数据时代、智能化生产和无线网络革命评为引领未来的三大技术变革。国际顶级学术期刊 *Nature* 和 *Science* 也分别推出题为“Big Data”和“Dealing with data”的专刊，从互联网技术、超级计算、环境科学、生物技术、网络经济学等多个方面讨论了大数据带来的挑战和大数据研究的重要性。业界普遍认为大数据具有典型的 4V 特征，即 volume（数据量大）、variety（数据类型繁多）、velocity（存取速度快）、value（价值密度低）。

（1）volume 特征。大数据的数据规模可达 PB 乃至 EB 以上，特别是社交网络、博客、基于位置的服务，以及云计算、移动互联网等技术的兴起带来了大量的数据，人类近两年产生的数据相当于 2010 年前产生数据的总和。同时，网络、存储设施、数据库等技术的发展，以及物联网、RFID 技术、视频监控等技术的普及与应用也积累了大量的数据。

（2）variety 特征。随着物联网技术的兴起及智能设备、社交网络等的流行，数据类型与传统的数据类型相比更加复杂，不仅包括传统的关系数据类型，同时也包括以网页、视频、音频、图片、地理位置信息等形式存在的半结构化和非结构化的数据。

（3）velocity 特征。存取速度是大数据区分于传统数据的重要特征。数据是快速动态变化的，形成流式数据是大数据的重要特点，在海量数据面前很多类型的数据必须要进行实时存储和分析，才能使得大量的数据得到有效的利用并产生价值。

（4）value 特征。大数据的价值密度低是指有效的信息相对于海量数据来说整体偏少，大数据的数据量呈指数增长使得挖掘隐藏在海量数据的有用信息的难度加大。例如，在大量的监控视频中有利于警方办案的视频数据可能仅有一两秒的长度。

5.1.1.2　大数据关键技术

大数据通过数据整合、分析与挖掘可以获得其背后隐藏的巨大的价值。大数据技术使用非传统的工具来对大量的结构化、半结构化和非结构化数据进行处理，从而获取有价值信息。大数据处理的一般流程包括大数据采集、大数据预处理、大数据存储及管理、大数据分析与挖掘、大数据展现与应用，如图 5-1 所示。

① 冯芷艳，郭迅华，曾大军，等．大数据背景下商务管理研究若干前沿课题［J］．管理科学学报，2013，16（1）：1-9.

图 5-1　大数据处理的一般流程

大数据的分析处理是大数据处理的核心部分，分析处理过程中所运用到的处理技术显得至关重要。云计算既是大数据处理的基础，同时也是大数据处理的支撑技术，为大数据的分析与处理提供了解决方案；可扩展能力优秀的分布式文件系统为大数据提供了底层的数据存储支撑架构；在分布式文件系统的基础上建立分布式数据库方便了数据的管理，同时也提高了对数据的访问速度；针对用户的实际需求，利用各种大数据分析技术对不同种类和不同形式的海量数据进行分析与挖掘，最终利用各种可视化技术将分析与挖掘的结果直观、形象地展示给数据用户。

（1）云计算和 MapReduce。作为大数据主要推动者的 Google 于 2006 年率先提出云计算的概念。云计算是一种大规模的分布式计算模式，通过网络将计算能力、存储空间和信息服务等提供给云计算用户。目前，云计算包含基础设施即服务（IaaS）、平台即服务（PaaS）和软件即服务（SaaS）3 种应用形式。云计算是大数据分析处理的基础，也是大数据应用的基础平台。

MapReduce 编程模型由 Google 公司于 2004 年提出，该编程模型是最具代表性的批处理模型。基于 MapReduce 架构的程序在大量只拥有普通配置的计算机上就能够实现并行化处理。MapReduce 编程模型的原理是利用一个输入键值（Key/Value）对集合来产生一个输出的 Key/Value 对集合。MapReduce 用 Map 和 Reduce 这两个函数表达此计算过程：用户自定义的 Map 函数接受一个输入的 Key/Value 值，然后产生一个中间 Key/Value 对集合；MapReduce 把所有具有相同中间 Key 值的 Value 值集合在一起传递给用户自定义的 Reduce 函数。Reduce 函数接收一个中间 Key 值和相关的一个 Value 值的集合，Reduce 函数合并这些 Value 值，形成一个较小的 Value 值集合。MapReduce 编程模型如图 5-2 所示。

（2）分布式文件系统。Google 公司开发了一种可扩展的分布式文件系统 GFS（google file system）用以处理种类繁多、数量巨大的数据，GFS 是基于分布式集群的大型可扩展分布式文件系统，作为上层大型分布式应用的支撑，GFS 为 MapReduce 计算框架提供低层数据存储和数据可靠性的保障。GFS 有着传统的分布式文件系统的诸多优点，如性能、可伸缩性、可用性等；然而 GFS 运行在廉价的普通硬件上，并将服务器故障作为常见情况加以处理，因此具有良好的容错功能，使其在大数据时代得到了广泛的应用。HDFS（hadoop distributed file system）是模仿 GFS 的开源实现，具有视硬件错误为正常、提供流式数据访问、适用大规模数据集、简单的一致性模型和异构平台之间可移植的特性。

（3）分布式并行数据库。大数据时代的数据种类繁多且规模庞大，传统的关系型分布式数据库已经不能适应大数据时代的数据存储要求。并行数据库系统通过多个处理节点并行执行数据库任务来提高整个数据库系统的高性能和高可用性。谷歌公司提出了分布式数据存储系统——Bigtable，Bigtable 将数据统统看成无意义的字节串，客户端需要将结构化和非结

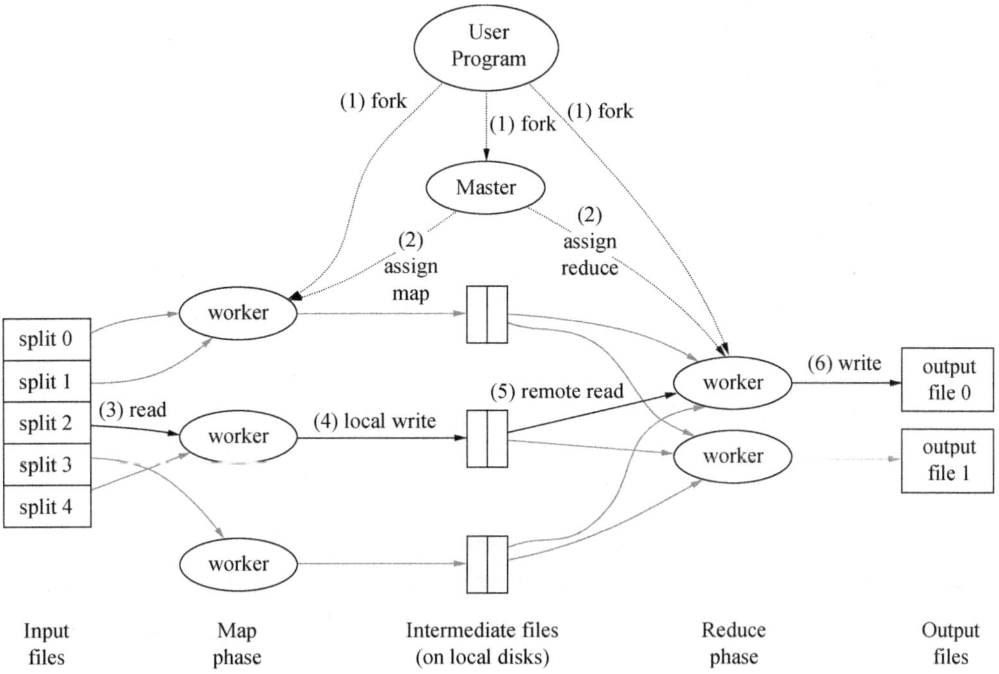

图 5-2　MapReduce 编程模型

来源：MapReduce：simplified data processing on large clusters，J Dean，et al，2008。

构化数据串行化再存入 Bigtable 中。Bigtable 并不支持完整的关系型数据模型，而是为客户端提供了一种简单的数据模型，客户端可以动态地控制数据的布局和格式，并且利用底层数据存储的局部性特征。

（4）开源实现平台 Hadoop。Hadoop 是一个开源分布式计算平台，它的核心是 HDFS 和 MapReduce，HDFS 为海量的数据提供存储功能，MapReduce 则为这些海量数据提供计算功能。软件开发者借助于 Hadoop 可以编写出分布式并行程序，并将程序运行在计算机集群上完成对海量数据的处理。Hive 和 Hbase 是两种基于 Hadoop 的不同技术。Hive 是分布式数据仓库，用来做统计分析和并行处理大量数据；HBase 是一种在 Hadoop 之上的 NoSQL 分布式非关系数据库，由于其具有查询效率高等优点，因此 HBase 主要用于查询和展示结果。将 Hive 与 HBase 进行整合，共同用于大数据的处理，可以减少开发过程，提高开发效率。使用 HBase 进行海量数据的存储和使用 Hive 提供的 SQL 查询语言可以十分方便地实现大数据的存储和分析。ZooKeeper 是 Hadoop 的子项目，ZooKeeper 将复杂易出错的关键服务进行封装，从而提供给用户简单易用的接口和性能高效、功能稳定的系统。ZooKeeper 主要用于大型分布式系统的可靠协调，提供配置维护、分布式同步和组服务等方面。

（5）大数据可视化技术。可视化技术作为解释大数据最有效的手段之一，最初被科学与工程计算领域所使用。可视化技术可对分析结果进行形象化处理和显示，因此，在社交网络、电力等领域可视化技术得到了广泛的应用。可视化技术可以直观、形象地向用户展示大数据处理和分析的结果，使用户对分析结果更容易理解和接受。常见的可视化技术有基于几何的技术、基于图标的化技术、基于层次的技术、面向像素的技术和分布式技术。

5.1.2 大数据分析及应用

大数据分析（big data analytics，BDA）是指对类型多样、增长快速且内容真实的海量数据进行分析，从中找出有助于决策的隐藏模式、未知的相关关系及其他有用信息的过程①。大数据分析主要包括大数据采集、大数据预处理、大数据存储与管理、大数据分析与挖掘和大数据分析结果展示。大数据分析能够将隐藏在海量数据中有价值的信息挖掘出来，目前在金融、医疗、政府和交通等领域得到了大量的应用，并取得了良好的效果，带来了巨大的经济价值和社会价值。

（1）金融大数据分析。金融大数据是指高度依靠数据资源实现资金融通、支付和信息中介等业务的一种新兴金融。金融大数据相比于传统金融具有更加透明性、更强参与度、更高协调性和更低中间成本等优势。金融行业积累了海量的客户数据及交易数据，这些大数据是金融业的底层基础设施，金融大数据分析主要对金融业所具有的海量数据进行包括客户行为分析客户投资分析、金融风险分析和金融欺诈检测等一系列的分析；金融大数据分析有利于金融业更好地进行客户关系管理、改善金融服务、促进金融产品创新、降低金融风险和更好地进行精准营销。

（2）医疗大数据分析。医疗领域每天产生着海量的医疗数据，如医学影像数据、病历数据、药品研发数据、病情统计与调查数据等。如何高效地收集、处理、存储、交换和挖掘海量的医疗与健康相关大数据已经成为跨医学和计算机科学领域的一个重要的研究和产业发展方向。医疗大数据分析可以用于疾病诊断与预测、药物不良反应分析、基因序列计算与分析、健康趋势预测与分析、医疗电子健康档案分析等方面。医疗大数据分析有利于医疗服务质量的改善、临床决策支持系统的改进和医疗产品研发的推进。

（3）政府大数据分析。政府拥有的数据总量巨大，同时种类齐全，包括人口普查、社会保障、财政税收、交通路况等数量庞大和种类繁多的数据，这些数据与民众生活息息相关，是一笔巨大的财富。但是从目前来说，这些数据资产的运营和利用仍处于较为原始的阶段，这些高价值的数据并未完全发挥其应有的价值。政府大数据分析可以用于经济形势进行分析与预测、公众与企业行为分析、舆情分析、公共安全检测与分析、城市物联网数据的智能分析与管理等方面。与此同时，政府信息公开和数据开放已经成为全球的趋势，自从2009年美国政府开放数据门户网站DATA. GOV上线以来，许多国家纷纷制定开放数据战略或政策，开放政府数据已经成为全球的共识。

（4）交通大数据分析。交通领域每天产生的车辆监控信息、路网监控信息、RFID识别信息和GPS定位等信息都在以指数级增长。近年来，大数据、云计算、物联网等技术给交通领域带来了重大变革，交通大数据分析可以对交通运行进行管理和优化、实现智能交通预测分析、面向车辆和出行者的行为分析和交通应急分析。交通大数据分析的结果能够帮助交通管理部门促进和提高交通运营效率、道路网的通行能力、交通设施效率和完成对交通的调控。

---

① 官思发，孟玺，李宗洁，等. 大数据分析研究现状、问题与对策［J］. 情报杂志，2015（5）：98－104.

5.1.3　新兴大数据相关技术

新兴信息技术主要包括人工智能技术，物联网技术，移动互联网技术，3D 打印、可穿戴技术、神经网络技术和虚拟现实等技术。这些新兴的大数据相关创新技术在多源数据获取及预处理、多源数据融合、数据深度分析和数据分析结果的可视化展现等多个方面为情报工程学的技术提供了新的视角。

5.1.3.1　人工智能技术

人工智能技术（artificial intelligence，AI）是计算机科学的一个分支，同时也是一门涉及计算机、数学、语言学、心理学和哲学等学科的交叉与边缘学科，人工智能技术的主要研究目标是让机器模拟人类的智能。20 世纪 80 年代后期以来，随着机器学习、计算智能和人工神经网络等研究的深入开展，人工智能技术得到了越来越广泛的应用并深入渗透到其他学科领域。2016 年 3 月，谷歌基于深度学习技术的“阿尔法狗”机器人以 4：1 的比分战胜国际围棋大师李世石；2017 年 5 月，“阿尔法狗”机器人以 3：0 的比分战胜中国围棋高手柯洁。

目前，人工智能可以分为两大类：弱人工智能和强人工智能。我们目前所处的还属于弱人工智能阶段。弱人工智能不具备自我思考、自我推理和解决问题的能力，只能模仿人类的智能去解答特定的问题，由于其没有自主意识，所以并不能称为真正意义上的智能；而强人工智能拥有知觉和自我意识，可以不根据人类事先做好的设定而机械的行动，具有自主感知能力、自主思维能力、自主行动能力、创新意识和自我情感。

人工智能技术对人类社会产生了重大的影响，并且随着人工智能技术的发展影响将不断扩大。目前在专家系统、模式识别、机器学习、自然语言理解、机器人学、智能决策系统等方面开展了大量的人工智能研究，人工智能技术已经成功应用于图像识别、股票分析、无人驾驶、医疗机器人等诸多领域。Venture Scanner 对跨越 13 个种类，总计 957 家人工智能公司进行了追踪分析，其中各类人工智能公司数量如图 5-3 所示，其中，机器学习公司以 263 家的数量遥遥领先、自然语言处理公司以 154 家的数量位列第二。

机器学习（machine learning，ML）是人工智能领域的一个重要分支，主要研究如何使用计算机来模拟人类学习活动。20 世纪 80 年代以来，机器学习在理论和应用层面都取得了巨大的进展。深度学习是机器学习领域的一个新的研究方向，如今深度学习已经成为互联网大数据和人工智能的一个热潮；深度学习通过建立类似于人脑的分层模型结构，对输入数据逐级提取从底层到高层的特征，从而很好地建立从底层信号到高层语义的映射关系；其实质是通过构建具有大量隐藏的机器学习模型和海量的训练数据来学习有用的特征从而最终提升分类或预测的准确性。2013 年《麻省理工学院技术评论》将深度学习列为年度十大突破性技术之首。Google、微软、IBM、百度等巨头也投入了大量资金到深度学习的研究中。深度学习目前在语音识别及合成、人脸识别、自然语言处理、计算机视觉、信息检索、机器翻译等领域取得了显著的进展。

5.1.3.2　物联网技术

物联网的概念最早是由麻省理工学院（MIT）自动识别实验室在 1999 年提出的，是指

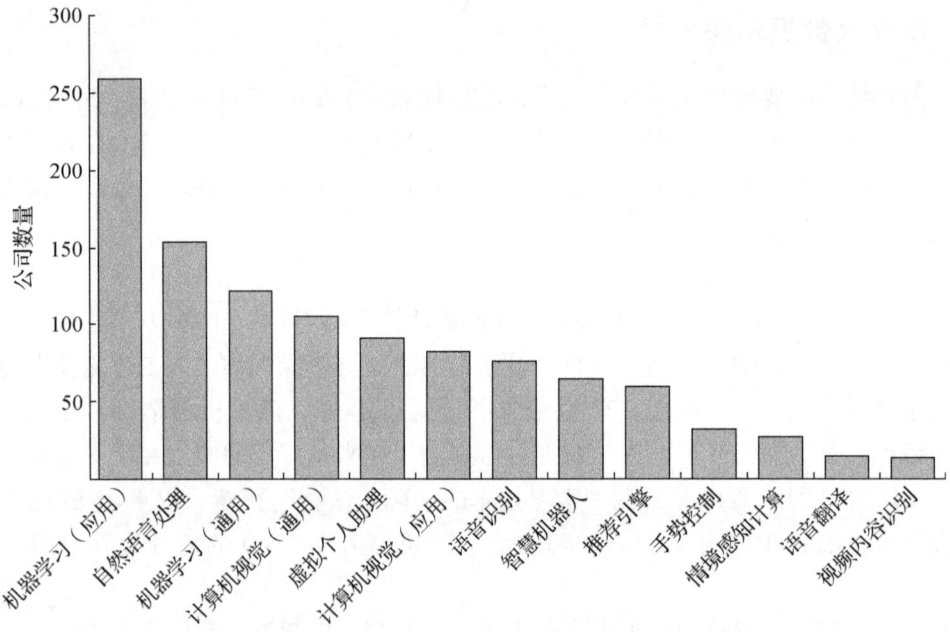

图 5-3　各类人工智能公司数量

来源：2016 年 Q1 人工智能创业与投资分析，Venture Scanner，2016。

将所有的物品通过智能传感设备与互联网连接起来，形成一个巨大的网络，从而实现智能化识别和管理。“物联网”是继计算机、互联网与移动通信网之后世界信息产业的第 3 次浪潮。

2005 年，国际电信联盟（ITU）在《物联网》年度报告中扩展了物联网的概念，指出物联网是与泛在网络（ubiquitous networks）、普适计算（pervasive computing）、智能终端（smart things）、云计算技术等结合起来，实现任意时间、任意地点、任意物体的相互连接。2008 年全球首个国际物联网会议在苏黎世举行，会议探讨了物联网的新理念、新技术及如何推进和发展物联网技术。物联网的技术体系框架包括感知层技术、网络层技术、应用层技术和公共技术①，如图 5-4 所示。

（1）感知层。数据采集与感知主要用于采集物理世界中发生的物理事件和数据，包括各类物理量、标识、音频、视频数据。物联网的数据采集涉及传感器、RFID、多媒体信息采集、二维码和实时定位等技术。

（2）网络层。实现更加广泛的互联功能，能够把感知到的信息无障碍、高可靠性、高安全性地进行传送，需要传感器网络与移动通信技术、互联网技术相融合。经过 10 余年的快速发展，移动通信、互联网等技术已比较成熟，基本能够满足物联网数据传输的需要。

（3）应用层。应用层主要包含应用支撑平台子层和应用服务子层。其中，应用支撑平台子层用于支撑跨行业、跨应用、跨系统之间的信息协同、共享、互通的功能。应用服务子

① 张晖．我国物联网体系架构和标准体系研究［J］．信息技术与标准化，2011（10）：4-7.

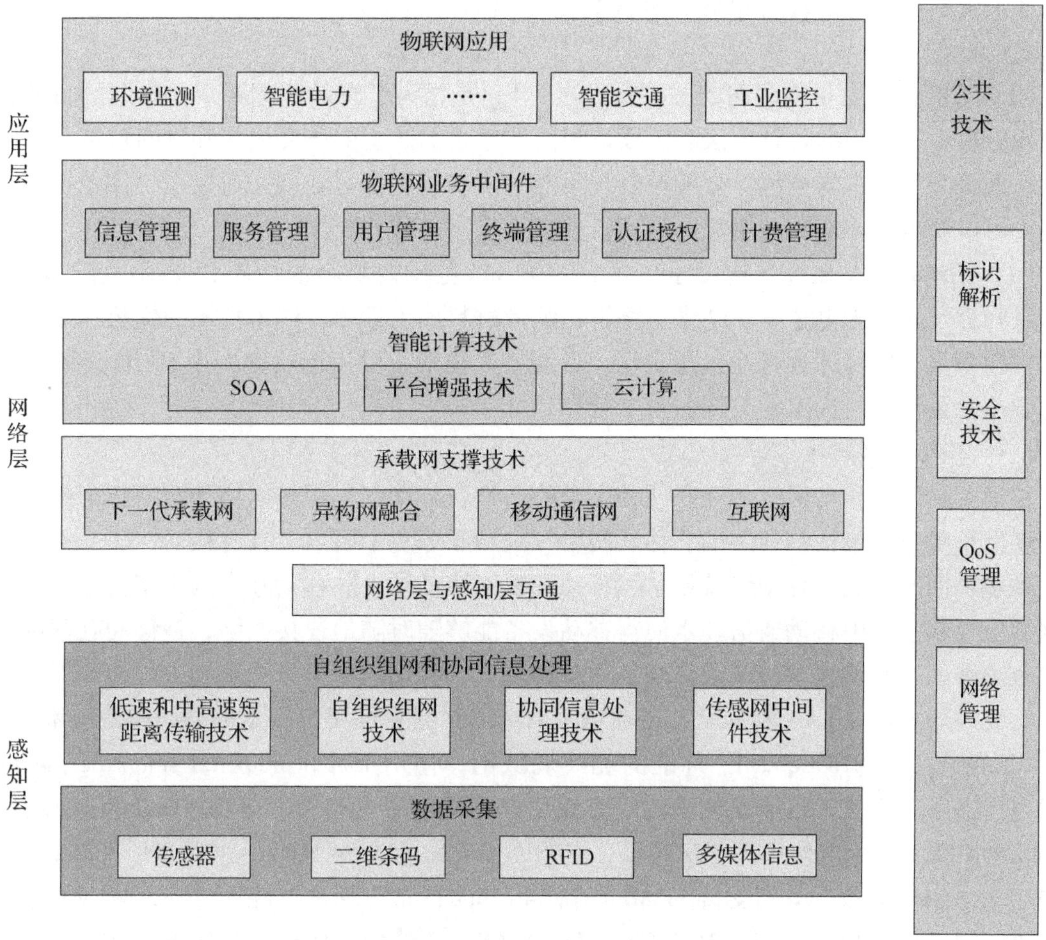

图 5-4　物联网技术体系架构

来源：我国物联网体系架构和标准体系研究，张晖，2011。

层包括智能交通、智能医疗、智能家居、智能物流、智能电力等行业应用。

（4）公共技术。公共技术不属于物联网技术的某个特定层面，而是与物联网技术架构的三层都有关系，它包括标识与解析、安全技术、网络管理和服务质量管理。

物联网主要包括射频识别、传感器、智能技术及纳米技术这 4 个关键性的应用技术。

（1）射频识别（radio frequency identification，RFID）是一种通过射频信号自动识别目标对象并获取相关数据的非接触式自动识别技术，可识别高速运动的物体并可同时识别多个标签，操作方便快捷，可工作于各种恶劣环境。RFID 通过物体贴上电子标签从而实现对物体的高效灵活管理，是物联网最为关键的技术。RFID 一般是由电子标签、读写器和天线 3 部分组成。

（2）传感器通常是由敏感元件和转换元件组成，是机器感知物质世界的“感觉器官”。传感器将感知到的热、力、电、声等信号传递给网络系统，物联网正是通过各式各样的传感器及由传感器组成的无线传感器网络来感知整个物质世界。物联网中的传感器节点的基本组成包括负责数据采集的传感单元、负责数据处理的处理单元、负责数据传输的通信单元及电源。

（3）智能技术也是物联网的关键技术之一①，是指为了有效地达到某种预期的目的，利用知识分析后所采用的各种方法和手段。智能技术目前的主要研究内容和方向包括人工智能理论、人机交互技术与系统、智能控制技术与系统和智能信号处理；通过在物体中植入智能系统，可以使得物体实现与用户的沟通，并表现出一定的智能性。

（4）纳米技术是研究结构尺寸在 0.1 ~ 100 nm 范围内材料的性质和应用，主要包括纳米体系物理学、纳米电子学、纳米生物学、纳米材料加工学等。纳米技术的优势在于使得物联网中体积很小的物体进行连接与交互，目前纳米技术主要用于物联网中 RFID 设备和传感器的微小化设计材料加工等方面。

5.1.3.3 移动互联网技术

移动互联网是移动网络与互联网相融合的产物，移动互联网是以移动网络作为接入网络的互联网及服务，包括移动终端、移动网络和应用服务 3 个要素，具有移动性、个性化、私密性和融合性的特点。移动终端技术、移动互联网通信技术和移动互联网应用技术是移动互联网的三要素。其中移动通信技术使得移动设备能够随时随地连接网络，是移动互联网技术的核心。移动互联网技术包括通信标准与各种协议、移动通信网络技术和中段距离无线通信技术。无线局域网 WLAN 和蜂窝移动通信（3G/4G）是目前得以普及的移动通信技术。

WLAN 是基于 IEEE802.11 标准的无线局域网，使用 ISM（industrial scientific medical）无线电广播频段通信。目前比较成熟的商业化产品基本上支持 IEEE802.11a/b/g 协议标准，WLAN 的 802.11a 标准使用 5 GHz 频段，支持的最大速度为 54 Mbps；802.11b 和 802.11g 标准使用 2.4 GHz 频段，分别支持 11 Mbps 和 54 Mbps 的最大速度。除此以外，WLAN 还包含 IEEE802.11n、IEEE802.11E、IEEE802.11i、WAP（无线应用协议）等协议标准。

蜂窝移动通信（cellular mobile communication）由美国贝尔实验室在 1947 年提出，采用蜂窝无线组网方式实现用户或设备在活动中的远距离通信。目前大部分的移动终端都支持第 2 代（GSM、GPRS 等）、第 3 代（W-CDMA、CDMA2000、TD-SCDMA）和第 4 代（TD-LTE、FDD-LTE）的蜂窝移动通信，其中第 4 代通信系统能够以 1000 Mbps 的速度下载，比拨号上网快 2000 倍，上传的速度也能达到 20 Mbps。通信宽带可达第 4 代技术 1000 倍的第 5 代（5G）移动通信也已经正在研发当中，第 5 代移动通信网络主要用于满足 2020 年以后人类信息社会需求。

此外，移动通信技术还有基于 IEEE802.16a/e 协议的 WIMAX（world interoperability for microwave access）宽带无线接入技术，尽管尚未大规模投入市场，但 WIMAX 技术在无线城域网领域有巨大的潜力；除此以外，基于 IEEE802.15.3a 协议的 UWB（ultra wideband）技术目前主要用于军事和家庭数字娱乐等领域。

5.1.3.4 3D 打印、可穿戴技术

3D 打印（three-dimensional printing）又称三维打印，是一种新型的快速成形技术，被

---

① 何可．物联网关键技术及其发展与应用［J］. 射频世界，2010（1）：32－35.

《经济学人》杂志评为第三次工业革命重要标志之一。3D 打印技术直接从计算机图形数据中生成任何形状的物件，无须机械加工或任何模具。其特征是利用缩削、减少材料来生产部件，相比于通过模具等机械加工技术与工具将原材料转化成产品的传统制造技术，3D 打印技术具有个性化定制、零技能制造、缩短产品研制周期、提高原材料的利用率和适合复杂结构等优势。3D 打印技术通过三维建模、分层切割、打印喷涂和后期处理完成一次 3D 打印，3D 打印领域的关键技术包括新材料的开发、新成型技术和模型制作等紧密联系的技术。

可穿戴技术（wearable technology，WT）由美国麻省理工学院媒体实验室提出的新兴智能技术，将电子产品和计算机集成到衣服和配饰中，赋予了配件或服装计算能力和传感能力，可以辅助用户完成特定的任务。伴随着信息技术的飞速发展，可穿戴技术走向了现实的应用，如爱普生智能手表和智能手环、三星 Galaxy Gear、苹果 Apple Watch 和谷歌眼镜都是可穿戴技术具体应用的体现。可穿戴系统具有识别感知能力，能够辅助用户完成特定的任务。可穿戴技术不单是指硬件设备，更是通过软件支持及数据交互、云端交互来实现强大功能的新型技术，同时也需要人与设备结合起来共同发挥效能，人也是可穿戴系统的部件之一。

百度公司发布的《可穿戴设备用户需求研究报告》指出：九成的用户对可穿戴设备有认知，七成以上的用户有意愿购买智能手环/手表，用户对产品的核心需求主要体现在运动/健康监测方面。2014 年互联网消费调研中心（ZDC）发布的《2014 年 IT 网民可穿戴设备购买意向调查报告》显示：网民对可穿戴设备的运动健身功能最感兴趣，其次为健康监控功能、GPS 定位功能、智能开关和休闲娱乐等功能（图 5-5）。

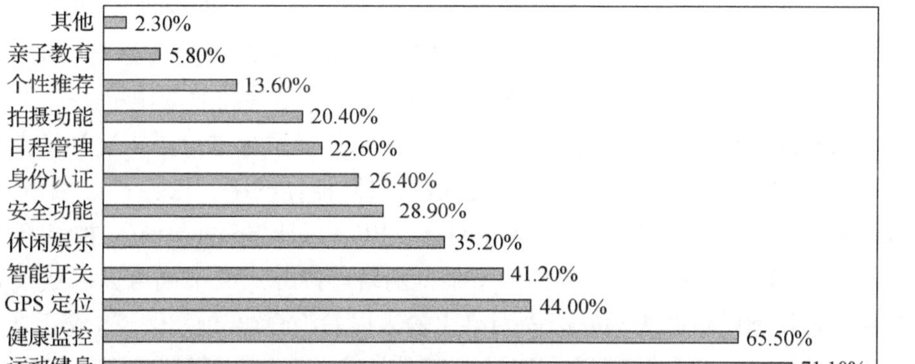

图 5-5　用户感兴趣的可穿戴设备功能

来源：2014 年 IT 网民可穿戴设备购买意向调查报告，ZDC，2014。

可穿戴技术是信息技术和生物医学工程的研究热点，可广泛应用于健康医疗、运动、娱乐、军事、智能家居等领域。市场调查公司 IDC 预计可穿戴设备的出货量在 2020 年之前将以两位数的速度增长，2019 年出货量将超过 2 亿，2020 年出货量将达到 2. 371 亿；随着续航、柔性器件、传感器和安全等技术的日趋成熟，各种可穿戴产品将大规模地走进人们的生活，为人类带来重大的科技变革。

5.1.3.5 神经网络技术

人工神经网络（artificial neural networks，ANN）是由大量的类似于神经元的简单处理单元广泛相互连接而成的复杂网络系统，其主要思想是模拟人脑的神经系统的结构和功能，是近年来研究的热点之一。在人工神经网络中，尽管单个神经元只包含了简单的结构和功能，但由大量神经元广泛连接的网络系统可以实现复杂的功能。人工神经网络是一种非线性动力学系统，具有分布式、自适应、自组织、学习能力强、鲁棒性、良好的容错性和实时性等优点，可以解决特征缺失的模式识别及规则学习等问题，在复杂问题的建模求解过程中起着重要的作用。近年来随着神经网络的快速发展和本身优势的体现，它已经逐渐渗透并应用到多个领域，如计算机科学、信息科学、认知科学、生物医学等领域，神经元的数学模型如图 5-6 所示。

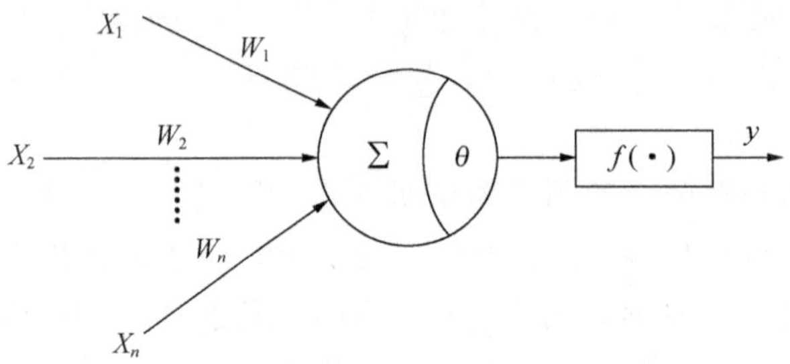

图 5-6 神经元的数学模型

X_1，X_2，…，X_n 是来自其他人工神经元的信息作为该人工神经元的输入，权值 W_1，W_2，…，W_n 表示各输入的连接强度。$f(\cdot)$ 是激发函数，θ 是神经元兴奋时的内部阈值，当神经元输入的加权和大于 θ 时，神经元处于兴奋状态，y 是神经元的输出。

各种各样的神经网络模型从不同角度和层次对生物神经系统进行了描述和模拟，目前已经发展出数十种不同的神经网络模型，主要包括感知器神经网络、线性神经网络、Hopfield 网络、Boltzmann 网络（BM 网络）、Kohonen 网络、BP（back propagation）神经网络和 RBF（radial basis function）神经网络等。神经网络根据网络连接方式的不同可以分成没有反馈的前向网络和相互连接型网络两大类。前向网络由输入层、隐含层和输出层组成，隐含层可以有若干层，每一层神经元只能接受前一层神经元的输出，如感知器神经网络、线性神经网络、Kohonen 网络、BP 神经网络和 RBF 神经网络；而相互连接型网络中任意两个神经元之间都有可能连接，因此在神经元之间有输入信号反复在进行着往返传递，从某个状态开始，经过若干次变化，渐渐趋于某一稳定状态或者进入周期振荡等状态。具有输出单元到隐层单元或输入单元的反馈连接则形成了反馈网络，如 Hopfield 网络。相对而言，无反馈网络的结构简单，容易训练，因此得到了广泛的应用。

5.1.3.6 虚拟现实技术（VR/AR/MR）

虚拟现实技术是一种交互式三维动态视景和实体行为的系统仿真，是计算机仿真系统的一个重要发展方向，它通过对三维世界进行建模并利用计算机生成一种模拟环境，并使用户沉浸到该环境中。产业界将虚拟现实技术分为3类：虚拟现实（virtual reality，VR）、增强现实（augmented reality，AR）与混合现实（mixed reality，MR）。VR技术是借助计算机图形技术和可视化技术产生物理世界中不存在的虚拟对象，并将产生的虚拟对象准确“放置”在物理世界中，即把虚拟世界变成现实世界的组成部分；AR技术是采用计算机图像技术对物理世界的实体信息进行模拟和仿真；而MR技术在虚拟世界、现实世界和用户之间搭起一个交互反馈的信息回路，以增强用户体验的真实感。

尽管目前VR/AR/MR技术尚仍处于起步阶段，但是有着广阔的发展前景，尤其在军事、娱乐、医疗和教育等领域的市场潜力巨大。据Digi-Capital预测，VR/AR硬件和软件市场潜力将达到1500亿美元的规模，预计未来5年复合增长率超过100%。2016年被公认为VR/AR的“爆发元年”，国内外各大科技公司都涉足虚拟现实技术领域，并推出了诸多的VR产品，如HTC Vive、Oculus Rift、索尼Morpheus、三星Gear VR、微软HoloLens、乐视LeVR COOL1等；多个大型VR/AR产业峰会相继召开，如中国VR/AR产业峰会和全球VR/AR中国峰会等。

5.1.4 大数据技术发展趋势

（1）不断引入人工智能技术。大数据技术主要是从大量的数据中挖掘出有用的数据，而非对数据进行简单的统计分析。人工智能技术可以提升计算设备对数据的认知计算能力，让计算系统可以对数据进行理解和推理。近年来人工智能的研究和应用又掀起新高潮，机器学习、数据挖掘、自然语言处理、模式识别、深度学习等大量人工智能技术运用到大数据的相关研究中，实现对大数据的智能处理。

（2）大数据与云计算、移动互联网等的综合应用。具有十分丰富的IT资源、分布较为广泛的云计算为大数据提供了数据处理平台和重要的技术支持。云计算所提供的分布式计算方法、可弹性扩展、相对便宜的存储空间和计算资源都是大数据技术发展中十分重要的组成部分。移动互联网、物联网和社交网络产生了大量的数据，是大数据的重要来源之一，大数据和云计算提供的强大存储管理和计算能力让这些数据的价值得以充分发挥。今后，大数据、云计算、移动互联网、物联网等技术将相互交叉融合，产生很多综合性应用。

（3）分布式处理架构成为大数据处理的主要模式。大数据需要处理TB、PB甚至是EB级别的数据，传统的数据处理方法很难对这些海量数据进行处理。如今在大数据的各个处理环节中，具有灵活性、可扩展等优势的分布式处理方式已经成为主要的数据处理方法。除了分布式处理方式，分布式文件系统、分布式编程环境和大规模并进行处理数据库等技术在未来都将得到广泛的应用。

（4）广泛采用实时性的数据处理方式。目前对大数据的处理主要采用批量化的处理方式，但是批量化的处理方式无法支持实时性要求较高的数据处理。传统数据处理方式对数据处理的时间往往以小时或者天为单位，无法满足在线个性化推荐、股票交易处理和实时路况信息等对数据处理实时性要求极高的数据处理需求。在未来大数据的发展中，实时性的数据处理方式将会成为主流，并不断推动大数据技术的发展和进步。

（5）开源技术作为大数据技术推动的主要动力。据统计目前有超过150种的开源大数据平台，并且这些平台的数量还在不断增多。一系列优秀的开源工具促进了大数据的发展，为大数据技术的发展贡献了力量，例如，高效可靠的 Hadoop，使用简单并支持 Scala、Python、Java、R 等多种语言的 Spark，强大可靠同时具备高可配置性的 NiFi 等；与此同时，大数据的广泛应用又推动了开源技术的进步。尽管目前商业化的软件发展十分迅速，但是商业化软件与开源工具两者并不矛盾，而是可以优势互补，从而共同进步。

（6）大数据的安全技术。相对于传统的信息安全，大数据时代的信息安全则显得更加复杂，大数据的应用需要高速的网络、大规模的存储设备、众多的服务器和大量的计算设备等基础设施的支持，这些基础设施支持大数据应用的同时也带来了诸多的安全隐患。滥用和非法使用云计算、非授权访问、拒绝服务攻击、不安全的应用编程接口、数据泄露和丢失、网络病毒传播都是大数据环境下安全隐患的具体表现。未来研发更加可靠的大数据安全技术、培养大数据安全人才和健全大数据安全法律法规都将是保证大数据安全的重要举措。

5.1.5 大数据技术与情报分析技术间的关系

大数据技术包括大数据分析、Hadoop、分布式文件系统等技术，据 ESM 国际电子商情调查表明在这些技术中大数据分析技术成为人们最关注的技术。情报分析技术早在 20 世纪 50 年代就已经存在，而大数据分析则是近几年才出现；大数据分析与情报分析技术有着天然的联系，两者都是对信息和数据进行分析、挖掘、管理和传递，都是为用户提供相关服务的过程。情报分析技术与大数据分析各有特点，两者既有共性，又存在着一定的差异。大数据时代的到来给情报分析带来了机遇，关注大数据分析是大数据环境下情报分析技术发展的趋势。但是情报分析毕竟不同于大数据分析，情报分析有着自己的特点。

情报分析与大数据分析的共性主要表现在重视对数据的定量分析、关注多源数据融合和强调相关性分析 3 个方面①。

（1）重视对数据的定量分析。大数据分析的任务是从数据中挖掘出有价值的信息与知识，要把大数据通过定量分析变成小数据。大数据定量分析方法包括相关分析、回归分析、聚类分析、关联分析、时间序列分析和社会网络分析等。情报分析越来越多地依赖数据挖掘、人工智能等新兴计算机技术，综合运用词频统计、共词分析、文献计量等定量化手段，通过定量计算的基础上辅以情报人员的判断形成分析结论。

（2）关注多源数据融合。传统的数据分析大多是针对单一的数据源进行统计与分析，而多源异构是大数据的重要特征之一，多源数据融合是大数据分析和处理的关键环节。一方面，大数据分析可以通过多源数据融合来更加深入地挖掘大数据中的价值；另一方面，大数据分析也可以利用多源数据融合来进行多源信息交叉验证。目前情报分析在各行各业得以广泛使用，情报分析面临的问题往往更为复杂与综合，单一数据源已经不能满足情报分析的要求，需要进行多源数据融合以获得更加完整、准确和可靠的情报。

（3）强调相关性分析。重视相关性分析是大数据分析的一个突出特点，大数据的相关性分析可以通过对全部数据的分析来洞察数据之间的相关性，能更加快捷和高效地发现事物

---

① 李广建，化柏林．大数据分析与情报分析关系辨析［J］．中国图书馆学报，2014（5）：14－22.

间的内在关联，大数据的相关性分析在推荐系统、医疗诊断等领域得到了广泛而有效的应用。相关性分析也是情报分析的常用分析方法，分析并揭示情报相关性的规律和规则是对信息、知识、情报进行有效组织检索与分析挖掘的基础。

情报分析与大数据分析在诸多方面有着共同之处，但是大数据分析与情报分析在数据对象、数据规模和分析任务方面则有明显的差异。

（1）数据对象。情报分析主要以文献中的文本信息作为分析的对象和基础，这些文本包括期刊论文、专利文本、行业报告和新闻报道等，分析出这些文献信息中的语义关联是情报分析的重要任务之一。大数据分析则不同，其分析对象并不限于某种数据类型，从当前实际应用的角度来看，大数据分析对象更加广泛，如销售数据、用户数据、传感器数据、服务器日志数据、社交网络数据等。

（2）数据规模。与传统的针对样本进行抽样分析不同的是，大数据分析的对象强调对全体数据进行整体的分析，要全体不要抽样是大数据分析的一个重要特点。情报分析在绝大多数情况下并不需要对整体的全部数据进行分析，只需要分析关键数据或主要数据即可。

（3）分析任务。大数据分析技术强调挖掘出未知的模式与关系。与大数据分析不同，情报分析的目的和任务通常情况下是明确的，是要回答具体提出的问题，并形成相关报告以辅助管理决策者进行决策。

5.2　云计算技术

云计算作为一种新兴的基于互联网的计算方式，被视为信息技术的第3次浪潮。云计算所掀起的信息产业革命浪潮正席卷全球，将带来工作方式和商业模式的根本性改变；同时，云计算也为工程化思维下开展情报研究与服务提供了有力的技术支撑。

5.2.1　云计算概述

云计算（cloud computing）是一种通过互联网络将虚拟化的软硬件资源便捷地提供给用户的计算模式。根据美国市场调查公司Gartner评出的2011年十大战略技术中云计算被评为十大战略技术之首，云计算被业界看作继大型计算机、个人计算机、互联网之后的第4次IT产业革命。自2006年Google首席执行官Eric Schmidt在搜索引擎大会（SES San Jose 2006）上正式提出云计算的概念以来，许多研究机构和研究人员对云计算进行了深入研究，并对于云计算做出了定义，目前的定义有几十上百种，比较典型的定义如表5-2所示。

表5-2　对云计算的不同定义

定义者	对云计算定义
美国国家标准与技术研究院NIS	云计算是一种资源利用的计算模式，它能帮助客户方便、友好、按需访问由计算单元、存储设施、应用软件等组成共享的数据中心，在这种模式中，可以快速供应并以最小的管理代价提供服务

续表

定义者	对云计算定义
伯克利云计算白皮书	云计算包括互联网上以各种服务形式提供的应用及数据中心中提供这些服务的软硬件资源
Sun 公司	云计算是一种方便的使用方式和服务模式，通过互联网按需访问网络、存储、应用程序和服务等资源，快速、高效地为用户提供服务；云计算是下一代的网络计算，云计算可能还会出现我们现在无法想象到的形式
维基百科	云计算是网络转化为服务的计算方式，用户无须了解这些服务提供的原理及物力资源，即使没有设备操作能力，仍可以在界面操作，通过网络连接到数据中心，完成自己的工作

云计算是网格计算（grid computing）、分布式计算（distributed computing）、并行计算（parallel computing）、效用计算（utility computing）、虚拟化（virtualization）等技术和网络技术融合的产物。云计算具有超大规模、分布式、高可靠性、高可扩展性、性价比高和按需服务等特征；云计算的原理是通过网络将多个成本相对较低的计算实体整合成一个具有强大计算能力的系统，并借助 IaaS、PaaS、SaaS 等服务模式，把强大的计算能力分布到终端用户手中。云计算能够通过不断提高“云”的处理能力，减少用户终端的处理负担，最终使用户终端简化成一个单纯的输入输出设备，并能根据实际需求享受“云”的强大计算处理能力。

云服务提供商可以选择在不同种类的云上部署其应用程序，目前云计算有私有云、社区云、公共云和混合云 4 种部署模式。

（1）私有云。基础设施是供一个客户单独使用而构建的，私有云可部署在组织的防火墙内，也可以交由云提供商进行构建与托管。

（2）社区云。社区云的基础设施被一些组织共享，并为一个有共同关注点的社区服务，由多个组织共同管理和操作，具有一致的任务调度和安全策略。

（3）公共云。由一个组织管理维护，提供对外的云服务，社会公众和工业群体以免费或按量付费的方式通过网络来获取存储和应用等资源。

（4）混合云。混合云的基础设施是由两种或两种以上的云组成，使用标准或专有的技术将可移植性的多种云组合起来，但是每种云仍然保持着独立。组织可以让应用程序运行在公共云上，将敏感的数据和程序则部署在私有云上以保证具有较高的安全性。

Google、IBM、Microsoft、Amazon、华为、百度、阿里巴巴等知名 IT 企业都成立了云计算研发小组，并纷纷推出云计算解决方案：谷歌拥有成熟完整的云计算技术架构，其中 GFS、MapReduce、BigTable 都是云计算系统的关键部件；亚马逊在 2011 年全美云计算供应商中排名第一；IBM 在全球建立了多家云计算中心，并启动“蓝云”计划，推出了一系列云计算产品；阿里巴巴成立了专注于云计算研究和研发的子公司“阿里云”。与此同时，世界各大高校和科研院所也对云计算的各项关键技术开展了深入的研究。

5.2.2 云计算的主要技术及应用

随着云计算技术的不断发展和云计算解决方案的不断成熟，云计算成为信息服务业发展的重要方向，得到了工业界和学术界的广泛关注。同时，云计算在电子商务、医疗健康和智慧交通等领域得到了广泛的应用。

5.2.2.1 云计算的主要技术

云计算作为一种新的计算方式和服务模式，是由众多技术融合而成的综合体，其中主要包括虚拟化技术、分布式编程技术、数据存储和管理技术、云计算平台管理技术和安全技术①。

（1）虚拟化技术。虚拟化技术实现了物理资源的逻辑抽象和统一表示，是云计算的基础和关键。云计算运用虚拟化技术来实现硬件资源的虚拟化管理、调度及应用，有效地分离了硬件与软件。虚拟化技术极大地提高了资源利用率，使多个操作系统在计算机上同时运行，每个操作系统及应用构成一个虚拟机，所有虚拟机共享物理主机的硬件资源。在云计算服务模式中，用户并不清楚私有数据的准确位置，由服务提供商来负责管理，用户将精力更加集中在软件所提供的服务上。计算虚拟化、网络虚拟化和存储虚拟化是云计算模式中 3 个基本的技术。目前使用广泛的虚拟化技术有 KVM、Xen、VMware、Hyper-V 等。

（2）分布式编程技术。云计算是一种处理大规模密集型数据的并行分布式计算技术。目前 IT 厂商提出的云计划中采用的编程模型主要是 MapReduce 编程模型和 Dryad 编程模型。MapReduce 是谷歌提出的适用于大规模数据集的并行运算的软件架构，是一种简化的分布式编程模型和高效的任务调度模型。MapReduce 的主要思想是将要执行的问题分解成 Map 和 Reduce 两个过程，MapReduce 切割的数据块文件通过 Map 程序进行并行处理，再通过 Reduce 程序将结果进行整合汇总输出。微软于 2010 年年底发布的分布式并行计算模型 Dryad 成了谷歌 MapReduce 模型的竞争对手。Dryad 系统总体的构建用来支持有向无环图（directed acycline graph，DAG）类型数据流的并行程序。Dryad 的整体框架根据程序的要求完成调度工作，在各个节点上自动完成相应的任务，一个 Dryad 任务被表示为一个有向无环图；当重要的计算事件发生时，这些有向无环图甚至在执行期间也能发生变化。

（3）数据存储和管理技术。云计算系统需要同时满足大量用户的需求，属于数据密集型的超级计算，需要并行地为大量用户提供服务。因此，云计算的数据存储技术必须满足分布式、高吞吐率和高传输率等要求；云计算采用大量分布的存储单元来存储海量数据，并通过虚拟化技术、冗余存储等方式保证数据存储的安全可靠和数据读写的经济高效。目前数据存储技术主要有 Google 公司的非开源文件系统 GFS 及 Hadoop 开源的文件系统 HDFS。云计算的数据管理技术需要能够高效地管理大量的数据才能对海量的分布式数据进行处理和分析，目前云计算系统中的数据管理技术主要是 Google 的 Bigtable 和 Hadoop 的 HBase。

（4）云计算平台管理技术。云计算资源规模庞大，处于不同物理位置的云计算数据中心拥有数量众多、结构不同的系统服务器，这些服务器上运行着大量的应用。如何对云环境

---

① 李天目. 云计算技术架构与实践［M］. 北京：清华大学出版社，2014.

中的这些服务器进行有效的管理并保证整个系统能够提供不间断的服务是一个巨大的挑战。云计算平台管理系统可以看作云计算的“指挥中心”，通过云计算系统的平台管理技术能够使大量的服务器协同工作，并且能够快速发现和恢复系统故障，通过自动化、智能化的手段实现大规模系统的可靠运营和管理。

（5）安全技术。安全性是用户选择云计算应用时首要考虑的因素，也是云计算实现可持续发展的基础与关键①。云计算为信息安全领域带来了巨大的挑战，数据泄露、数据丢失、账户或者服务流量劫持、不安全的接口与API、拒绝服务和云服务的滥用等问题都是云计算安全所面临的具体问题；同时，虚拟化技术也会带来主机受到破坏及虚拟网络中断等安全问题。云计算的开放性、复杂性、按需服务、虚拟化资源池和快速弹性架构等特点直接影响云计算环境的安全和相关的安全保护策略。

5.2.2.2 云计算技术的应用

云计算技术作为当今全球范围的研究热点之一，正在成为IT业的一种发展趋势；云计算被视为科技业的下一次革命，它将带来工作方式和商业模式的根本性改变。云计算技术主要应用在智慧城市、智慧医疗、智慧交通和智能家居等方面②。

（1）在智慧城市上的应用。智慧城市是由多应用、多行业、复杂系统组成的综合体。智慧城市中众多系统中各种类型且结构多样的海量数据需要强大的信息处理中心进行处理。使用基于云计算的网络架构来建设智慧城市云计算数据中心，对智慧城市中物联网络所感知到的信息进行智能处理和分析。云计算应用于智慧城市可以实现平台层的统一与高效能、大规模的基础软硬件管理、资源调度管理、安全控制管理和节能降耗管理等目标。

（2）在智慧医疗上的应用。智慧医疗是智慧城市的一个重要组成部分，而云计算则是智慧医疗的基石。智慧医疗是指综合运用大数据、云计算、物联网、移动互联网等新兴信息技术，实现患者与医务人员、医疗机构、医疗设备之间的互动，推动医疗信息化模式创新，最终实现实时、智能化、自动化、互联互通的动态服务。云计算可以解决医院各种信息系统中的信息孤岛问题，同时也可以降低实现智慧医疗的软硬件资源成本和信息管理成本。

（3）在智慧交通上的应用。云计算、大数据、物联网等新兴信息技术为智慧交通提供了强大的技术支撑。智慧交通是在整个交通运输领域充分利用物联网、空间感知、云计算、大数据等新一代信息技术，综合运用交通科学、人工智能等理论与工具，应用于交通领域以提高交通运行效率、提高交通安全水平和提供有效的环境监测。智慧交通通过云计算可以整合服务资源、优化资源配置、提高资源利用效率和提升服务质量。交通运输部印发《推进智慧交通发展行动计划（2017—2020年）》提出，将加快云计算、大数据等现代信息技术的集成创新与应用，从而达到交通系统协调、高效运行。

（4）在智能家居上的应用。智能家居是以住宅为平台，利用综合布线技术、网络通信技术、安全防范技术和自动控制等技术，构建高效的住宅设施与家庭日程事务的管理系统。云计算技术是智能家居实现的关键，云计算可以整合计算资源和存储资源来共同处理多个智

① 汪来富，沈军，金华敏．云计算应用安全研究［J］．电信科学，2010，26（6）：67－70.

② 虞慧群，范贵生．云计算技术的应用及发展趋势综述［J］．微型电脑应用，2011，27（10）：1－3.

能家居业务的请求，同时也将大量的处理放在了家庭外部，降低了智能家居的成本；同时云计算也为家庭内部的复杂计算提供了可能，使得智能家居更具安全性和舒适性，同时也有利于政府对社区进行综合管理。

5.2.3　云计算与情报工程的关系

大数据和云计算的概念提出后，情报业面临着机遇与挑战。相对于较为规范的文献信息，大数据时代面临更多的是对海量、实时、结构复杂的多源数据①，如何发现这些大数据信息资源中蕴藏的隐性知识和内在关系，提交满足用户需要的情报产品是情报人员面对的最重要的问题。接下来主要从情报工程技术基础角度、情报业的产业链角度、情报组织体系和协同工作方式角度来阐述云计算与情报工程的关系。

（1）从情报工程技术基础角度。大数据、云计算、人工智能、自然语言处理、数据挖掘等组成了情报工程的技术架构，云计算是情报工程的关键技术基础之一。大量的传感器数据、用户行为数据、市场和经济数据可以低成本获得，数据处理通过云计算在云端进行并且可以在云端分布式保存，云服务保障了情报工程基础设施平台的开放与共享。

（2）从情报业的产业链角度。随着云计算、人工智能、大数据等智能技术的发展，数据的采集、处理和挖掘及初步的情报分析环节已经越来越多地被研发高效、可并行化、适合云端进行的情报分析工具平台所取代。这些工具可配置、可组合以便完成更复杂的情报分析任务；与此同时，这些功能强大的自动化工具平台可以通过云服务平台以低成本提供服务。

（3）从情报组织体系和协同工作方式角度。大数据时代，情报工程化阶段对情报分析方法、情报处理技术平台、信息资源加工、情报组织体系 4 个方面提出了更高的要求②。情报工作面临着数据存储和处理云端化等诸多挑战，充分利用当前数据云存储和云计算服务可以形成新型的情报组织体系和协同工作方式。

5.3　知识管理技术

知识管理是知识经济时代涌现出来的新兴的管理思想与方法，知识管理不仅具有现代企业的管理思想和理念，同时还融合了计算机科学和信息科学等技术。知识管理已成为如今组织的基础工作，知识管理技术是情报工程学重要的技术基础。

5.3.1　知识管理概述

虽然知识管理最早是由联合国国际劳工组织在 1986 年提出，但知识管理作为一项活动早已存在，管理大师彼得·德鲁克用知识管理来形容企业的知识活动过程③。进入 20 世纪 90 年代，以知识为背景的商业观念成为主流。麦肯锡、埃森哲都是知识管理实践领域的引

---

① 乔晓东，朱礼军，李颖，等．大数据时代的技术情报工程［J］．情报学报，2014（12）：1255－1263.

② 李阳，李纲，张家年．工程化思维下的智库情报机能研究［J］．情报杂志，2016，35（3）：36－41.

③ 邱均平．知识管理学概论［M］．北京：高等教育出版社，2011.

领者，彼得·圣吉、野中郁次郎等学者也从理论层面将知识管理带入了新的高度。随着市场竞争愈加激烈和创新速度的加快，知识逐渐成为信息经济时代各类组织中的重要资源，知识管理已成为组织的基础管理工作，在企业迎接知识经济时代的挑战面前知识管理发挥着越来越重要的作用。至今，知识管理尚未有一个明确的定义，各研究领域所侧重的知识管理的方面各有不同，概念内涵也有所差异，具有代表性的定义如表 5-3 所示。

表 5-3　对知识管理的不同定义

定义者	对知识管理的定义
法拉普罗（Frappaolo）	知识应有外部化、内部化、中介化和认知化 4 种功能。知识管理就是运用集体的智慧提高应变和创新能力，是为企业实现显性知识和隐性知识分享提供的新途径
莲花公司（Lotus）	知识管理是系统地利用信息内容和专家技能，改进企业的创新能力、反应能力，生产率和技能素质，以帮助公司自身适应知识管理活动的要求
皮德·德鲁克（Peter F. Drucker）	知识管理是提供知识去有效地发现现有的知识怎样最好地应用并产生效果
乌家培	知识管理是信息管理的延伸和发展，是信息管理发展的新阶段，是将信息转换为知识，并用知识提高特定组织的应变能力和创新能力
邱均平	知识管理的概念可以从狭义与广义的角度来理解。所谓狭义的知识管理主要针对知识本身的管理，包括对知识的创造、获取、加工、存储、传播和应用的管理；广义上的知识管理不仅是对知识进行管理，而且还包括与知识有关的各种资源和无形资产的管理，涉及知识组织、知识设施、知识资产、知识活动、知识人员的全方位和全过程的管理

知识根据可呈现程度分为显性知识和隐性知识，显性知识是指可以用文字、语言等清楚表达出来的知识；而隐性知识指难以表述、记录和编码的需要在实践和行动中体会的知识，显性知识与隐性知识的比较如表 5-4 所示。

表 5-4　显性知识与隐性知识的比较

特征	显性知识	隐性知识
正式化程度	可以以文字、图表等进行编码并进行传播	不容易被记录、传递和说明
形成过程	对信息的研读、推理与分析	在实践等过程中学习与积累
存储方式	网页、图片、资料库等形式	人类的大脑

1995 年日本管理学家野中郁次郎在其著作《创造知识的企业》中提出了知识管理的 SECI 模型（图 5-7）。SECI 模型对知识转化过程进行了详尽的描述，是知识管理领域重要的理论模型，深刻揭示了显性、隐性知识转化的本质与内涵。

野中郁次郎借鉴了柏拉图、笛卡儿、波兰尼等哲学家对知识的分类方法，将知识分为显

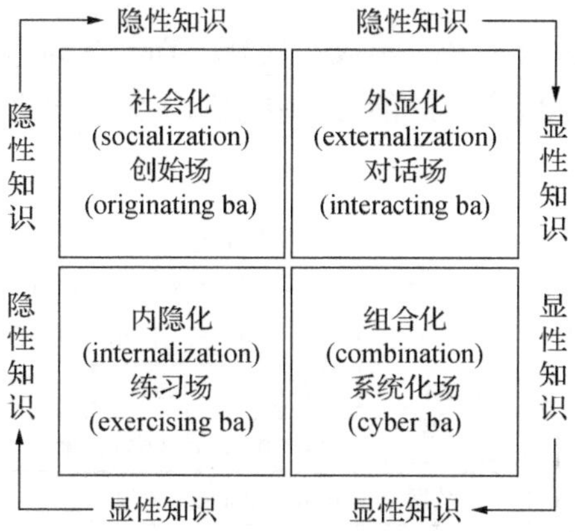

图 5-7 知识管理的 SECI 模型

性知识和隐性知识，并将显性知识和隐性知识引入企业和组织知识创造和转化的理论中。他认为知识的创新是一个从隐性知识到隐性知识、隐性知识到显性知识、显性知识到显性知识、显性知识到隐性知识，再从隐性知识到显性知识的螺旋循环过程，知识转化 4 个阶段对应的 4 种场环境：创始场（originating ba）、对话场（interacting ba）、系统化场（cyber ba）、练习场（exercising ba）。

5.3.2 知识管理关键技术

20 世纪末和 21 世纪初，IT 技术的迅速发展使知识管理的可操作性大为提高，一些国际知名的 IT 公司和咨询公司将知识管理的发展推进到一个全盛时期，同时一些世界顶级企业的成功也对知识管理起到了很好的促进作用。知识管理的关键技术主要包括知识挖掘技术、语义网技术、知识可视化技术①和知识网格技术。

（1）知识挖掘技术。知识挖掘是从数据集中识别出有效的、新颖的、潜在有用的信息，并进一步转换成可用于预测和决策的知识的过程。知识挖掘源于全球范围内的数据量急剧增加，人们海量增长的知识需求已经不只是简单的查询和维护，而是希望能够对这些知识进行较高层次的处理和分析以得到识别出有效、新颖、潜在有用和最终可理解的模式。

知识挖掘涉及人工智能、统计学、数据库、联机在线分析等多学科的知识，统计学和人工智能技术是知识挖掘的技术基础。知识挖掘涉及人工神经网络算法、遗传算法和决策树算法等人工智能方法，同时也涉及因子分析、相关分析、多无回归分析和最小二乘法分析等统计学方法。

（2）语义网技术。语义网被认为是下一代互联网的发展方向，是由万维网之父 Tim Berners-Lee 于 1998 年最早提出的。2001 年 Tim Berners-Lee 在《科学美国人》杂志上发表了题为“The Semantic Web”的论文，由此揭开了语义网研究的序幕。语义网是一种使用可以

① 邱均平．知识管理学概论［M］．北京：高等教育出版社，2011.

被计算机理解的方式描述事物的网络，它的基本思想是让机器来理解万维网上的内容，并能够将来自不同数据源的数据进行整合、集成和处理。Tim Berners-Lee 提出了语义网的 7 层体系结构，每一层都具有利用下层语言的能力，并说明了针对语义网而标准化的各种技术的组织形式，如图 5-8 所示。

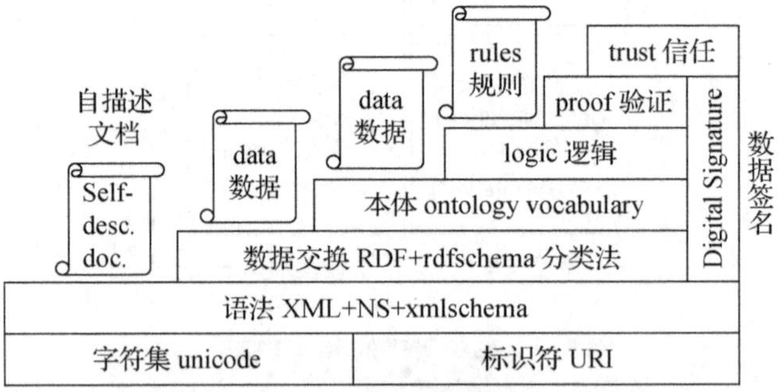

图 5-8　语义网的体系结构

来源：语义网基础教程，陈小平等译，2008。

语义网的核心是 RDF（resource description framework）数据模型，RDF 模型通常是三元组的结构，语义网中的信息以 RDF 的形式存储以便于机器所理解。RDFS（RDF schema）和 OWL（web ontology language）提供 RDF 中所用的词汇，SPARQL 提供对 RDF 的查询。

（3）知识可视化技术。知识可视化（knowledge visualization）是在科学计算可视化、数据可视化、信息可视化基础上发展起来的新兴研究领域。知识可视化是指“使用可视化的表示形式提高知识在至少两个或两组人之间知识创造和知识传递”。知识可视化的目标除了传达事实信息之外，还包括个人或群体的见解、经验、态度、价值观、期望、观点、意见和预测等，其目的在于传输知识及帮助他人正确地重构、记忆和应用这些知识①。知识可视化工具主要有概念图（concept map）、思维导图（mind map）、认知地图（cognitive maps）、语义网络（semantic networks）、思维地图（thinking maps）等（图 5-9）。

科学知识图谱（mapping knowledge domain）是知识可视化的一种方式，科学知识图谱可视化地描述知识资源及其载体，绘制、挖掘、分析和显示科学技术知识及它们之间的相互联系。知识图谱运用的工具主要有 Pajek、Citespace、UCINET、Bibexcel、Gephi 等。

（4）知识网格技术。FranBerman 于 2001 年提出知识网格（knowledge grid）的概念，知识网格的主要研究内容是集成知识，利用网格、数据挖掘、推理等技术从大量在线数据集中抽取和合成知识，使搜索引擎能够智能地进行推理和回答问题，并从大量数据中得出结论。知识网格是构建于语义网和万维网服务之上的一种智能互联环境，使得用户或虚拟角色能够有效地获取、发布、共享和管理知识资源，并为用户和其他服务提供所需要的知识服务，是一种高层次的知识组织与共享理念。

诸葛海研究员提出了知识网格的多空间体系结构，是一个包含人类层、语义层和资源实

① 邱均平．知识管理学概论［M］．北京：高等教育出版社，2011.

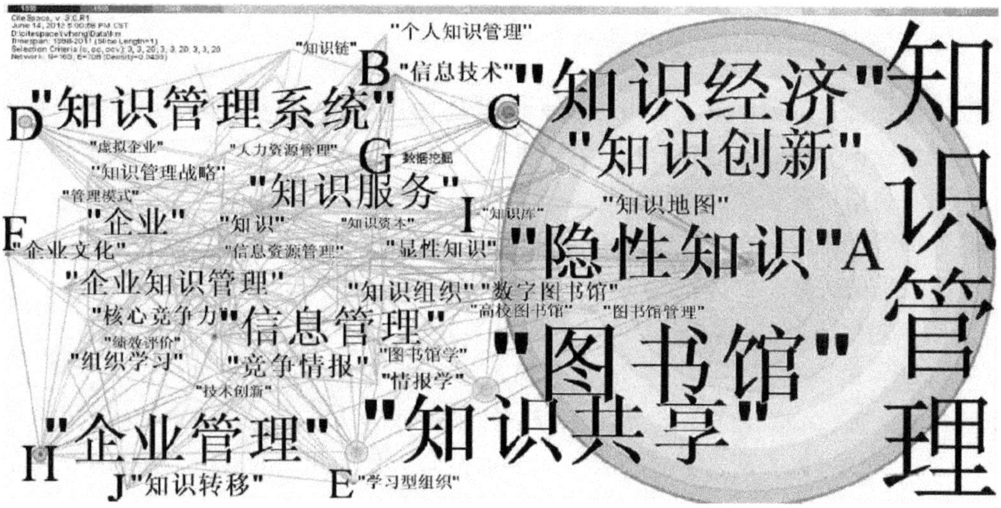

图 5-9　国内知识管理研究热点知识图谱

体层的 3 层结构。人类层反映知识网格的社会和人类行为特征，包括知识空间、用户空间和社会组织规则 3 个功能模块。这 3 个功能模块既是相互独立的，又是相互合作的。语义层包括知识表示子空间、角色子空间、需求子空间、服务子空间和规范语义空间。语义层的主要功能是避免用户直接与资源实体层的交互，它能够把收集的异构数据通过语义进行规范，以人机可理解的形式表述，并且使得资源实体层的任何变化用户都能即时察觉，实现用户透明化。资源实体层包括智能通信平台和资源实体空间。后者包含知识存储子空间、XML 文件子空间、HTML 文件子空间、软设备子空间等。知识存储子空间通过定义在语义空间的原语来实现（图 5-10）。

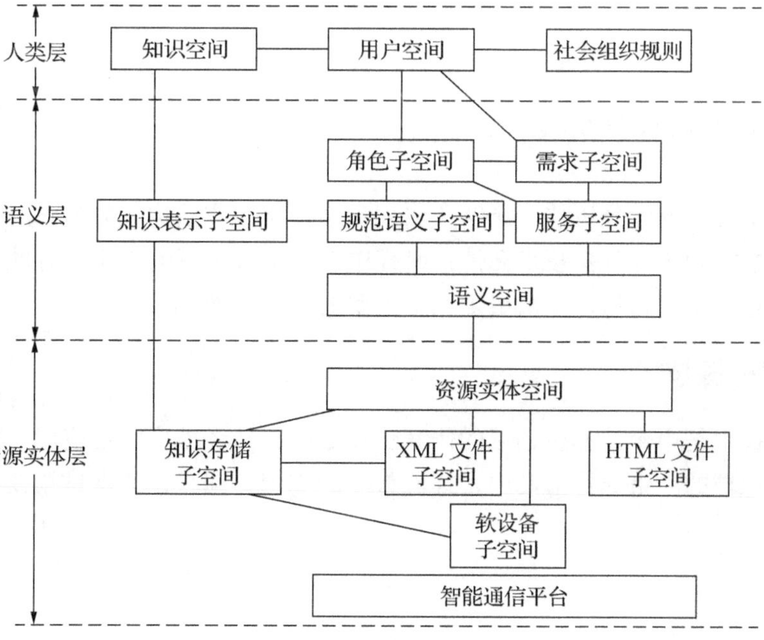

图 5-10　知识网格的多空间体系结构

5.3.3 知识管理与情报工程的关系

情报工程融合大数据思维、情报思维、工程思维于一体，统筹数据资源、工具技术、专家资源，把大数据分析嵌入情报分析流程，集成在一个自动化、结构化、模块化的情报分析平台中，从而为用户提供知识和情报，为决策者提供决策服务。如今，知识管理已经作为诸多组织的基础管理工作，在迎接知识经济时代的挑战面前发挥着越来越重要的作用①。知识管理与情报工程的关系主要体现在研究对象、目标、支撑条件 3 个方面。

（1）研究对象方面。情报工程学属于情报学的分支学科，因此，情报学的 3 个基本研究对象（信息、知识和情报）仍是情报工程学的基本概念，知识是情报工程的研究对象，而知识管理的研究核心就是知识，情报工程与知识管理的研究都与知识息息相关，都会涉及知识获取、知识推理等方面。但是情报工程更加偏向于显性知识的研究，而知识管理则更加偏向于隐性知识的挖掘。

（2）目标方面。情报工程根据用户的个性化需求，构建专业化分析模型和平台，用工程化的研究模式完成情报分析的全过程，为用户提供决策支持。知识管理是社会经济发展的主要驱动力和提高组织竞争力的重要手段，其目标是提高组织的应变和创新能力。相较两者的目标而言，情报工程更加偏向于为企业决策提供情报支持，而知识管理则更偏向于提高组织的应变和创新能力；但是情报工程与知识管理的最终目标都是提升组织的竞争优势和核心竞争力。

（3）支撑条件方面。情报工程以语义网技术、数据仓库与数据挖掘技术、计算机网络技术、大数据相关技术、云计算技术、信息和情报处理技术、可视化技术等技术作为技术基础；知识管理以计算机网络技术、语义网技术、知识挖掘技术、云计算技术和知识可视化技术作为技术基础。两者都以计算机网络技术等传统的信息技术和云计算等新兴信息技术作为技术支撑条件。

5.4 数据挖掘与统计分析技术

通过数据挖掘和统计分析技术能够获取大量结构化和非结构化数据中潜在的模式和隐含的知识。数据挖掘和统计分析技术在情报研究中有着十分重要的作用，有助于将混沌复杂的信息转变成清晰有用的知识，是情报工程学重要的支撑技术。

5.4.1 数据挖掘技术

数据挖掘技术是当今计算机领域的研究热点之一，已经被广泛地应用于社会经济的各个方面，在各个领域的决策支持活动中发挥着重要的作用。同时，数据挖掘技术也是情报分析中常用的技术之一。

---

① 储节旺．国内外知识管理理论发展与流派研究［J］．图书情报工作，2007，51（4）：80－83.

5.4.1.1　数据挖掘概述

数据挖掘（data mining）又被称为数据库中的知识发现（knowledge discovery in database，KDD），是指从大量的、不完全的、有噪声的、模糊的数据集合中提取人们感兴趣的信息和知识的过程①。数据挖掘是计算机科学的一个研究热点，被信息产业界认为是大数据研究中最重要的技术之一；数据挖掘也是一门交叉学科，涉及机器学习、模式识别、统计学、人工智能、数据库等多个领域。如今数据挖掘已经成功应用到了许多领域，如金融、政务、教育、医疗、生物科技、零售业、客户关系管理等领域。

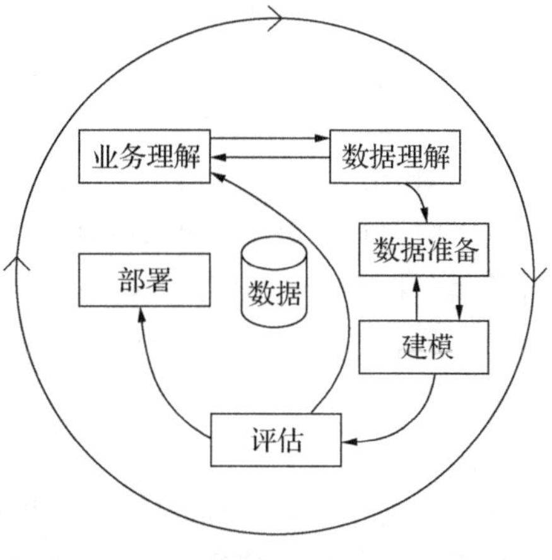

图 5-11　数据挖掘的 CRISP-DM 模型

欧洲委员会与 DaimlerChrysler、SPSS 等在数据挖掘应用上有经验的公司提出了“跨行业数据挖掘标准流程”——CRISP-DM 模型，如图 5-11 所示。该模型提供了一个数据挖掘生命周期的全面评述，如今 CRISP-DM 模型在各种 KDD 过程模型中占据领先位置，据 KDNuggets 2014 年统计表明，CRISP-DM 模型采用量达到43%。

（1）业务理解（business understanding）。任何数据挖掘研究都需要理解研究目的，在此基础上可以制订具体的项目实施计划，将项目实施过程中的数据收集、数据分析及报告编写等任务进行细化，为后续的数据挖掘过程提供指导。最初的业务理解阶段集中于从业务的角度理解数据挖掘的目标和需求，同时将目标和需求转化为数据挖掘问题的定义和初步的计划。

（2）数据理解（data understanding）。在进行业务理解之后，数据挖掘的主要任务是从海量数据源中识别相关数据，即对数据进行提取和选择。在这一过程中，可利用各种统计分析和可视化技术来识别和选取数据源和相关变量，为后续的数据预处理提供数据基础。数据理解阶段从初始的数据收集开始，通过一系列的处理来熟悉数据，识别数据的质量问题，发现数据的内部属性，或是探测引起兴趣的子集去形成隐含信息的假设。

（3）数据准备（data preparation）。数据准备阶段包括从未处理的数据中构造最终数据集的所有活动，这些数据将是模型工具的输入值。这个阶段的任务没有任何规定的顺序，并且能执行多次。任务包括表、记录和属性的选择及为模型工具进行转换和清洗数据。数据准备也包括了数据清洗、数据集成、数据变换和数据归约。数据清洗试图填充空缺值，识别孤立点，消除噪声并纠正数据中的不一致的过程；数据集成是将多个数据源中的数据结合起来存放在一个统一的数据存储中；数据变换是把数据转化成适合于数据挖掘的形式，这一过程包括平滑、聚集、数据概化、规范化和属性构造；数据归约可以用来得到庞大数据集的归约，但仍接近于保持原数据集合的完整性。在归约后的数据集上进行挖掘更加有效，并且能

① JIAWEIHAN，MICHELINEKAMBER，JIANPEI. 数据挖掘概念与技术［M］. 范明，孟小峰，译. 北京：机械工业出版社，2012.

保证分析结果的质量。

（4）建模（modeling）。建模是数据挖掘过程的核心内容，分析人员根据数据挖掘任务选择适当的建模方法，解决具体的需求。这一阶段首先要根据对问题的理解，明确挖掘的任务，如分类、回归、聚类或关联，然后选择数据挖掘方法和算法。在选择建模方法的过程中，应综合比较各种可行模型，以寻求最优建模方法。可以选择和应用不同的模型技术进行建模，此时模型参数被调整到最佳的数值。由于有些技术在数据形成上有特殊要求，因此经常需要跳回到数据准备阶段。

（5）评估（evaluation）。测试与评估是对模型是否能满足业务目标进行评估，并利用可视化技术向用户呈现挖掘出的结果。具体而言，在这一阶段，需要先对数据挖掘得到的结果进行解释，再利用可视化技术直观地表示出来，方便用户理解并辅助用户对基本的数据和现象做出结论。在完成最后的部署模型之前，需要全面地对模型进行评估，检查构建模型的步骤以确保模型可以完成业务目标。评估阶段的关键目的在于确定是否存在未被充分考虑的重要业务问题。

（6）部署（deployment）。通常模型的创建并非是项目的结束。模型的作用是从数据中找到知识，获得的知识需要根据用户的使用方式进行重新组织和呈现。部署是指对数据挖掘过程所获取的知识进行组织，并以终端用户可以理解的方式表达。不同用户的需求不同，部署的过程也有繁简之分。此外，由于业务不断变化、业务活动产生的数据也一直在更新，部署也应包括对部署模型的维护，使其满足业务需求。部署阶段可以根据需求产生简单的报告或是实现一个比较复杂的、可重复的数据挖掘过程。在很多案例中，这个阶段是由客户而不是数据分析人员承担部署的工作。

5.4.1.2　数据挖掘方法与工具

数据挖掘首先需要对数据进行清理，然后对数据进行选择和集成，再通过数据变换将数据转变为适合数据挖掘的类型；随后，最重要的一步是选择合适的数据挖掘方法以发现数据中隐藏的模式和规律。数据挖掘的方法主要包括以下几种。

（1）分类。分类通过学习得到一个分类模型，然后运用这个模型对其他记录进行分类。分类是一个两阶段的过程，包含构建分类器的学习阶段和使用模型预测给定数据类标号的分类阶段。分类是一种有监督学习的方法，即分类器的学习在被告知每个训练元组属于哪个类的监督下进行的。常用的分类算法有决策树算法、贝叶斯算法、神经网络算法、KNN 算法、SVM 算法等。

（2）聚类。聚类分析将数据划分为有意义或者有用的簇，簇中的对象彼此相似，但与其他簇中的对象不相似。与分类问题不同的是，聚类问题并没有明确的目标变量，是无监督学习的方法，即事先没有用有标记的训练样本进行模型训练而直接对数据进行建模。常用的聚类算法有 K - Means 算法、BIRCH 算法、DBSCAN 算法等。

（3）关联规则。关联分析也是从数据中发现知识的一种重要方法，可以用来发现事情之间的联系，最早是为了发现超市交易数据库中不同的商品之间的关系。如果若干个数据项之间出现了重复并且出现的概率比较高时，可能就会存在某种关联，可以建立起关联规则。常用的关联规则算法有 Apriori 算法、FP growth 算法等。

（4）其他方法。除了分类、聚类、关联挖掘以外还有很多其他数据挖掘的方法，如时间序列分析和离群点挖掘等；同时，还有一些针对复杂数据类型进行的挖掘的方法，例如，用来挖掘大规模图像数据中隐含知识的图像挖掘，用来提取视频数据的语义信息并挖掘出隐含其中有用模式和知识的视频挖掘，用来从 Web 相关资源和行为中抽取感兴趣的和有用的模式的 Web 挖掘等。

如今数据挖掘技术研究取得了丰硕的成果，不少数据挖掘的工具在世界范围内得到了广泛的应用。目前，广泛使用的数据挖掘工具主要有 RapidMiner、WEKA、Orange、KNIME、NLTK、SPSS Clementine、Enterprise Miner、Quest 等。

5.4.2 统计分析技术

通过对收集和整理的数据进行统计分析，能够探索数据的内在数量规律性，从而达到对客观事物的科学认识。如今，统计分析技术被广泛地应用于金融、保险、医学、工程技术和经济等领域，发挥了重要的作用。

5.4.2.1 统计分析技术概述

统计分析技术是运用统计分析的方法和知识在定性和定量相结合的基础上对研究对象的规模、范围、程度等数量关系进行分析的技术。统计分析技术目的在于对社会、经济等信息进行集中、整理和提炼，总结出研究对象的内在规律，从而认识和揭示事物的特征、变化规律和发展趋势，最终实现对事物的正确解释和预测。统计分析技术具有信息功能、咨询功能、监督功能和辅助决策功能的作用，应用领域十分非常广泛。

统计分析方法通常可以分为描述性统计和推断性统计。描述统计学和推断统计学的划分，一方面反映了统计方法发展的前后两个阶段；另一方面反映了应用统计方法探索客观事物数量规律性的不同过程。统计研究过程的起点是统计数据，终点是探索出客观现象内在的数量规律性。在这一过程中，如果搜集到的是总体数据，则经过描述统计之后就可以达到认识总体数量规律性的目的；如果所获得的只是研究总体的一部分数据，要找到总体的数量规律性，则需根据样本信息对总体进行推断。

（1）描述性统计。描述性统计（descriptive statistics）研究如何收集、处理和汇总反映客观现象的数据，并通过图表描述等方法对数据进行加工、处理和显示，进而通过概括与分析得出反映客观现象的规律性特征。常见的描述性统计方法包括均值、标准差、直方图、散布图、趋势图、条形图、统计分析表、分层图和流程图等。

（2）推断性统计。推断性统计（inferential statistics）是研究如何根据样本数据去推断总体的数量特征，它是在对样本数据进行描述的基础上，对统计总体的未知数量特征做出以概率形式表述的推断。如果所获得的只是研究总体的一部分数据（样本数据），要想找到总体的数量规律性，则必须应用概率论的理论并根据样本信息对总体进行科学的推断。推断性统计包括参数估计和假设检验，即通过样本统计量来估计和检验总体的参数。

描述性统计和推断性统计是统计方法的两个组成部分。描述性统计是整个统计学的基础，推断性统计则是现代统计学的主要内容。由于在对现实问题的研究中，所获得的数据主要是样本数据，因此，推断性统计在现代统计学中的地位和作用越来越重要，已成为统计学的核心内容。

5.4.2.2 统计分析常用方法与工具

目前统计分析方法有回归分析、相关分析、主成分分析、对应分析、因子分析、时间序列分析、判别分析、生存分析等，其中常用的统计分析方法有相关分析、回归分析、主成分分析和时间序列分析①。

（1）相关分析。相关分析（correlation analysis）是对变量之间关系进行的研究和分析。相关分析目的在于对关系的密切程度和变化的规律性进行分析，可以用于推断和预测等方面。相关分析的主要内容包括确定现象之间有无关系、确定现象之间关系的密切程度、测定两个变量之间的一般关系值、测定因变量估计值和实际值之间的差异。相关模型包括皮尔逊（Pearson）、斯皮尔曼（Spearman）和肯特尔（Kendall）3 种子模型。

（2）回归分析。回归分析（regression analysis）侧重于考察变量之间的数量伴随关系，利用数据统计原理对统计数据进行数学处理，根据其相关关系的具体形态选择一个合适的数学模型（称为回归方程式）来近似地表达变量间的平均变化关系。从所处理变量数量上进行划分，回归分析分为一元回归分析和多元回归分析；从变量的关系形态上进行划分，回归分析可分为线性回归分析和非线性回归分析。目前有多种模型用于回归分析，如线性回归、逻辑回归、多项式回归、岭回归等模型。

（3）主成分分析。主成分分析（principal component analysis，PCA）是一种用较少数量的特征对样本进行描述以降低特征空间维数的方法。主成分分析将原来多个指标重新组合成一组新的相互无关的综合指标来代替原来的指标，同时根据实际需要从中可取几个较少的综合指标尽可能多地反映原来指标所包含的信息，原来指标的线性组合而成的综合指标称为主成分。通过主成分分析可以降低数据维数，消除原始变量之间的相关性以便进一步利用其他方法对数据进行分析。

（4）时间序列分析。时间序列数据用于描述现象随时间发展变化的特征。时间序列分析（time series analysis）是根据实测的时间序列数据通过曲线拟合和参数估计来建立一定的数学模型，并在此模型的基础上预测未来事物的发展趋势。该方法是在有限样本数据总量的情况下建立相对精确的数学模型，从而获得具有一定精度的统计特性。时间序列分析可分为确定性变化分析和随机性变化分析，其中确定性变化分析包括趋势变化分析、周期变化分析和循环变化分析；随机变化可用自回归 AR 模型、移动平均 MA 模型与自回归移动平均 ARMA 模型来进行分析。

统计分析工具大多集成了多种成熟的统计分析方法，使用方式直观简单，易于与其他软件进行数据交换和方便生成统计图形和表格，因此，统计分析工具在世界范围内的各个领域得到了广泛的应用，其中具有代表性的统计分析工具包括 SPSS、SAS、R、Stata、MATLAB、Excel 等。

---

① 李金昌，苏为华．统计学［M］.3 版．北京：机械工业出版社，2012.

5.5　综合集成技术

综合集成技术以思维科学、系统科学、数学科学和现代信息通信等为基础，通过将跨学科专家体系、信息与知识体系及计算机体系有机结合起来，从而构成一个高度智能化的人机结合、以人为主的体系，这个体系具有综合优势、整体优势和智能优势，能把人的思维、经验、知识、智慧及各种信息、情报集成起来，从多方面的定性认识上升到定量认识。

5.5.1　ACP 技术体系

中国科学院自动化研究所的王飞跃研究员针对复杂系统的实际需求，将人工智能方法与控制理论相结合，提出了 ACP（artificial systems + computational experiments + parallel execution）方法。ACP 方法是人工系统（artificial systems）、计算实验（computational experiments）和平行执行（parallel execution）之间的有机结合而形成的新的理论和方法体系①。

在对复杂系统的研究过程中，很多情况下难以找到可用来描述复杂系统的精确系统模型以实现对复杂系统的各种行为进行分析或预测，并且很多实验也因为成本、社会、经济等因素难以实现。ACP 方法将人工的虚拟空间 cyberspace 变成我们解决复杂问题的新的另一半空间，同自然的物理空间一起构成求解“复杂系统方程”完整的“复杂空间”。ACP 方法为复杂实际系统的建模、分析、控制和管理提供了理论框架体系，目前已经成功应用到交通、公共管理、化工、农业等多个领域，并取得了良好的效果。

ACP 方法的核心思想是利用代理等新兴的计算机技术构建与实际复杂系统等价但并不是完全相同的人工系统，将实际系统信息的实时信息输入人工系统，完成对实际复杂系统的行为和决策的相关实验，对出现的各种实验现象进行分析；实现对实际系统解决方案的评估、修正及人工系统的滚动式优化，最后通过平行执行完成对真实复杂系统的控制和管理②。

利用 ACP 方法解决实际的复杂问题可以分 3 步进行：第一步，利用人工社会或人工系统对复杂系统进行建模；第二步，利用计算实验对复杂系统进行行为分析和评估其可能的后果；第三步，将实际社会与人工社会并举，通过实际与人工之间的虚实互动，以平行执行的方式实现对复杂系统有效的控制与管理。

（1）人工系统。人工系统是采用智能体技术（agent）来描述和构建复杂系统以解决复杂系统不能解析建模的问题。人工系统可以理解为传统的数学或解析建模的扩展，但是人工系统建模不以逼近实际系统为唯一目的。与传统计算机仿真方法不同的是，在人工系统建模中更加关注系统中人的行为，模型中的人通常作为具有思考能力与自适应能力，并且可以进行一定程度的交互通信，这种机制下体现出来的社会性是传统的建模难以实现的③。

---

① 王飞跃．平行控制：数据驱动的计算控制方法［J］．自动化学报，2013，39（4）：293－302.

② 王飞跃，刘德荣，熊刚，等．复杂系统的平行控制理论及应用［J］．复杂系统与复杂性科学，2012，9（3）：1－12.

③ 张越．基于 ACP 方法的城市轨道交通枢纽应急疏散若干问题研究［D］．北京：北京交通大学，2013.

（2）计算实验。计算实验是以人工系统为平台，可以进行各种在实际系统中限于各种条件而无法进行的仿真实验，如火灾、水灾、地震等，计算实验是仿真模拟的升华。计算实验利用涌现和各类统计方法来评估解决复杂系统方案的有效性，大量的计算实验演练可以对复杂系统的各种决策方案进行不同体系、不同标准的全面准确评估，得出不同场景对应的响应方案。

（3）平行执行。平行执行是以人工系统和计算实验为基础，将人工系统与实际系统相结合，两者相互优化而构成平行系统，计算实验发挥全面、及时的计算及存储策略的功能。大型计算机、云计算、物联网等技术为平行系统的方法提供了技术保障（图 5-12）。

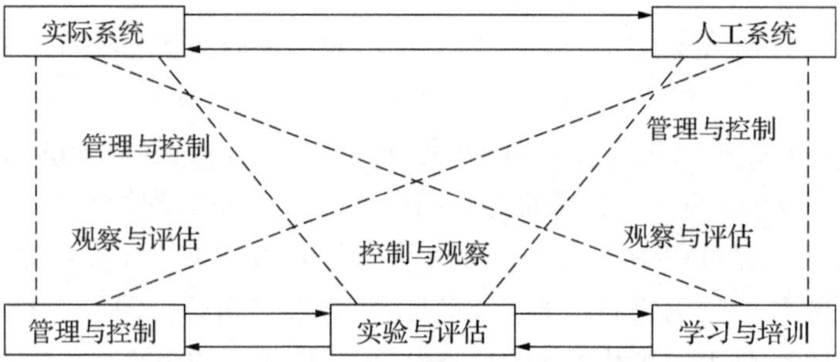

图 5-12　平行执行基本框架

图 5-12 为平行系统的基本框架，主要包括实际系统和人工系统。通过二者的相互作用，完成对实际系统的管理与控制，对相关行为和决策的实验与评估、对有关人员和系统的学习与培训等。平行系统的主要目的是通过实际系统与人工系统的相互连接，对二者之间的行为进行对比和分析，完成对各自未来状况的“借鉴”和“预估”，并相应地调节各自的管理与控制方式，达到实施有效解决方案及学习和培训的目的，主要过程如下。

（1）实验与评估。人工系统主要用来进行计算实验，分析了解各种不同的复杂系统的行为和反应，并对不同解决方案的效果进行评估，作为选择和支持管理与控制决策的依据。

（2）学习与培训。人工系统主要作为一个学习、培训管理及控制复杂系统的中心。通过对实际与人工系统的适当连接组合，可以使管理和控制实际复杂系统的有关人员迅速掌握复杂系统的各种状况及对应的行动。在条件允许的情况下，应以与实际相当的管理与控制系统来运行人工系统，以期获得最佳的真实效果。同时，人工系统的管理与控制系统也可以作为实际系统的备用系统，增加其运行的可靠性和应变能力。

（3）管理与控制。人工系统试图尽可能地模拟实际系统，对其行为进行预估，从而为寻找对实际系统有效的解决方案或对当前方案进行改进提供依据。通过观察实际系统与人工系统评估的状态之间的不同，产生误差反馈信号，对人工系统的评估方式或参数进行修正，以减少差别，并开始分析新一轮的优化和评估。

5.5.2　Fast4 Wisdom 体系

为促进科技情报事业的发展，中信所提出了“事实数据 + 工具方法 + 专家智慧”的情报研究思路与情报实践方法。此方法在中信所研发工作中得到了有力的验证，亦成为情报界的普遍共识①。针对海量、实时、结构复杂的多源数据，充分利用大数据与云服务技术，在“事实数据＋工具方法＋专家智慧”的思路指导下，中信所提出了情报工程的Fast4 Wisdom实施模式。

5.5.2.1　Fast4 Wisdom的内涵

（1）事实型数据。事实型数据是对客观世界中事物的描述，可客观地反映事物发展的过程和结果。在大数据环境下，事实型数据资源表现出流式、分布式、异构及碎片化等特征，并且长期仍然以非结构化数据资源为主。目前信息服务行业正在发生从文献传递服务向情报分析服务的深刻转变，异构性的事实型数据资源将包括更多市场类或其他传感器的数据，以便提供特定领域具体问题的解决方案。对大数据的有效存储、索引和检索是实现大数据环境下情报分析的基本要求，传统的信息技术和软件难以应对大数据的规模和复杂性。大数据环境下的事实型数据资源不仅仅只包括数据，还应该包括海量数据的存储、索引及分布式访问搜索等技术。

（2）专用方法工具。为应对大数据时代的挑战，情报学领域将更加重视对大数据相关技术的研发投入，也将吸引大批跨领域优秀人才进入该领域，按照工程化的思路，研发高效、可并行化、适合云端运行的情报分析工具。所有工具将像螺丝钉和螺丝帽标准件一样可配置、可组合，以便完成更复杂的情报分析任务。情报工作从事者不仅可以利用其他人研发的工具，还可以通过分享自己研发的工具获得实实在在的收益，从而形成良性循环。大数据技术的推进同时能够为传统情报学提供有力的数据处理分析工具和方法，有力弥补本学科技术能力不足的长期劣势。

（3）专家智慧。事实型数据加上专用方法工具可以为情报工作者完成高质量的研究报告奠定坚实的基础和条件。但仅有这些基础和条件仍然不够，还需要高水平的领域专家和情报分析师的智慧保障①。利用同样的专用方法工具，在相同的事实型数据上，专家智慧的引入可以使情报工作者更好地了解决策需求，更有针对性地处理事实型数据资源，更及时地选择、调整研究方法、研究工作和分析模型，更合理地对分析结果进行解释。

5.5.2.2　Fast4 Wisdom体系的技术基础设施

Fast4 Wisdom体系的技术基础设施由数据资源云、软件工具云、智慧云、信息服务云等技术基础设施构成，如图5-13所示。

数据资源云是指基础性数据资源和专业性数据资源，主要包含来自于各个数据库厂商的论文、专利及商业数据库，以及经过清洗的权威规范数据库，如科研人员库、科研机构库等，软件工具云是指共性技术工具和专有技术工具，共性技术包含一些通用的算法、模型、方法，专有技术工具则面向一些特殊的应用，智力智慧云则将代表各领域的专业人力资本和智能化的决策模型，信息服务云包含各类标准、接口、协议、规则等，可以将云端的数据、工具、决策模型组装，形成情报搜集、加工、处理和分析的流程，在整个过程中提供云端的

① 乔晓东，朱礼军，李颖，等．大数据时代的技术情报工程［J］．情报学报，2014（12）：1255－1263．

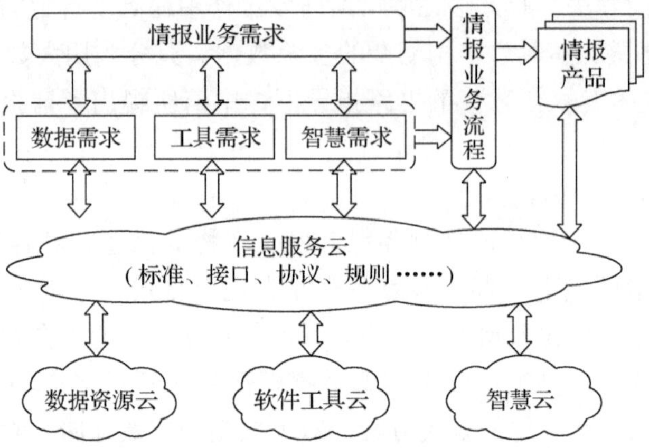

图 5-13　Fast4 Wisdom 体系的技术基础设施

智力专家的智慧支持，支撑情报分析人员按照情报处理需求完成情报业务工作。

5.5.3　知识图谱分析系统

知识图谱（knowledge graph）是 Google 公司在 2012 年提出的概念，用来应对海量知识检索的挑战，实现语义层面的搜索引擎以帮助用户实现更加准确和智能的搜索（图 5-14）。知识图谱是结构化的语义知识库，同时也是一种智能、高效的知识组织方式①；知识图谱的本质是具有有向图结构的知识库，其中图的结点代表实体或者概念，而图的边代表实体/概念之间的各种语义关系。如今知识图谱已被广泛应用于智能搜索、深度问答、社交网络、情报分析、个性化推荐等领域。各大互联网公司也对知识图谱开展了深入的研究，并推出了一系列的知识图谱产品，如微软的“Satori”、百度的“知心”、搜狗的“知立方”等。

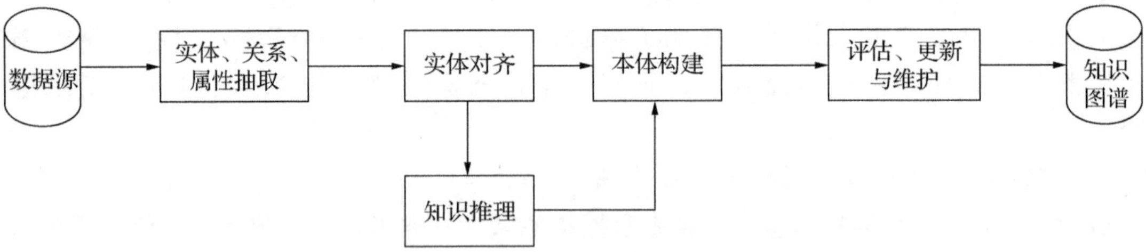

图 5-14　知识图谱的体系架构

知识图谱构建是知识图谱应用的前提和基础，目的是获取大量计算机可读和可理解的知识。知识图谱构建涉及实体抽取、关系抽取、实体对齐、知识推理和本体构建等过程。知识图谱的构建通常分成两步：知识图谱本体层构建和实体层的学习。本体层构建通常包含术语抽取、同义关系抽取、概念抽取、分类关系抽取、公理和规则学习，实体层学习则包含实体

① 徐增林，盛泳潘，贺丽荣，等．知识图谱技术综述［J］．电子科技大学学报，2016，45（4）：589－606.

学习、实体数据填充和实体对齐。

知识图谱的构建方法通常有自顶向下和自底向上两种，自顶向下的方法是指先构建知识图谱的顶层关系本体，然后逐步细化，将抽取到的实体匹配更新到所构建的顶层本体中；而自底向上的方法则与此相反，首先从实体层开始对实体进行归纳组织，形成底层的概念，然后逐步向上抽象，形成分层的概念体系。然而在实际的知识图谱构建中，并不是单独采取某一种方法，而是混合使用两种方法从而更好地构建知识图谱。

知识图谱分析系统从新闻、行业报告、公司年报等海量数据中通过知识抽取技术，抽取出有关对手、供应商、客户等的实体、关系和属性等知识要素①；对来自不同知识源的知识进行知识融合，形成高质量的知识库；通过基于逻辑的推理、基于图的推理等推理技术对实体、实体的属性、实体间的关系等进行推理和挖掘，完成对知识库的丰富和拓展；最后进行知识图谱的维护更新和完成对知识图谱的应用。

5.6　案例分析——用友企业大数据管理平台 UDM

用友企业大数据管理平台 UDM 为帮助企业处理分析内外部系统数据提供了一系列服务与工具，能够支持对企业内部数据及互联网相关数据的采集、存储、管理、处理、分析、展现和应用，支持结构化和非结构化数据处理，同时通过云服务和移动化的形式增强了用户随时随地对数据进行获取与分析的能力②。用友企业大数据平台产品构成如图 5-15 所示。

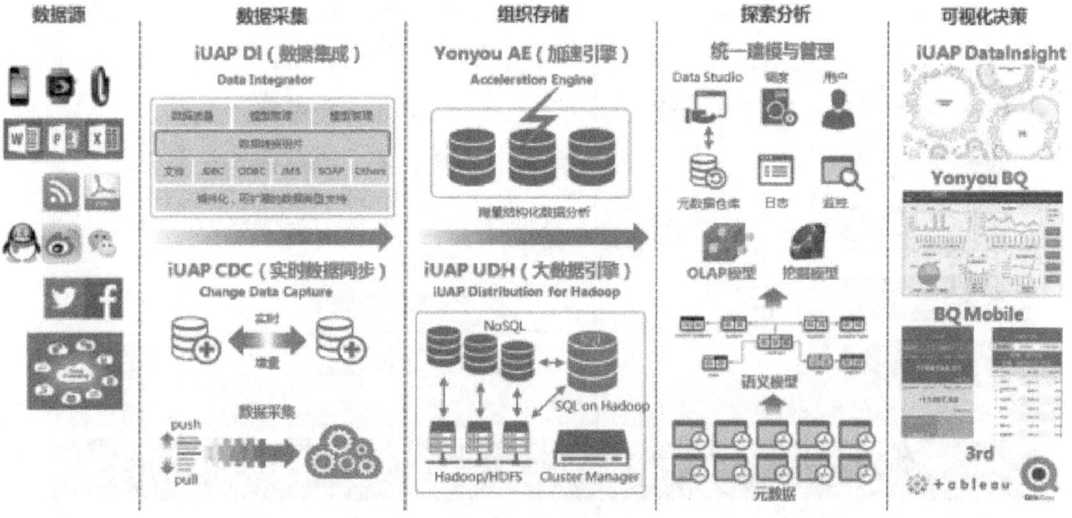

图 5-15　用友企业大数据平台产品构成

来源：http：//cio. yesky. com/service/16/57953016. shtml。

① 漆桂林，高桓，吴天星. 知识图谱研究进展［J］. 情报工程，2017，3（1）：4-25.

② 搜狐. 直击数博会：用友大数据教你构建企业数据经营中心［EB/OL］.［2016-11-27］. http：//www. sohu. com/a/77685359_269746.

用友企业大数据平台涵盖了传统企业数据处理中数据的捕获、存储、计算、分析应用等领域①。按照处理的数据模型，平台主要包括两个部分：结构化大数据处理和非结构化大数据处理。结构化和非结构化两部分产品可集成协同工作，也可以分别独立部署，可为企业提供专业的数据处理和分析计算解决方案，为满足企业复杂的大数据处理需求，提供企业级的产品和平台。下面以用友的大数据处理平台 UDH、高级分析平台 DataInsight 和用友 BQ 商业分析平台为例介绍用友大数据技术的具体应用。

5.6.1 大数据处理平台 UDH

用友基于 Hadoop 开源产品体系发布 UDH 产品，并围绕 UDH 开发了一系列解决企业大数据应用需求的产品和组件，使企业可实现大规模结构化、非结构化数据的集成、分析处理。用友 UDH 产品旨在降低企业运用大数据的技术门槛，通过封装、优化、可视化等多种手段，让企业端也可以非常灵活、自主地使用最新的大数据技术。用友 UDH 在开源社区软件的基础上，包含了 HBase、Hive、Impala、Pig、Sqoop、Storm、Spark 等 20 余个主流组件②，支持批量、实时处理、内存计算、搜索等特性。并且对这些组件在安全性、管理、性能和高可用等方面进行了优化。同时整合数据集成工具、集群管理和监控工具、增强了其企业级应用特性。用友 UDH 系统架构如图 5-16 所示。

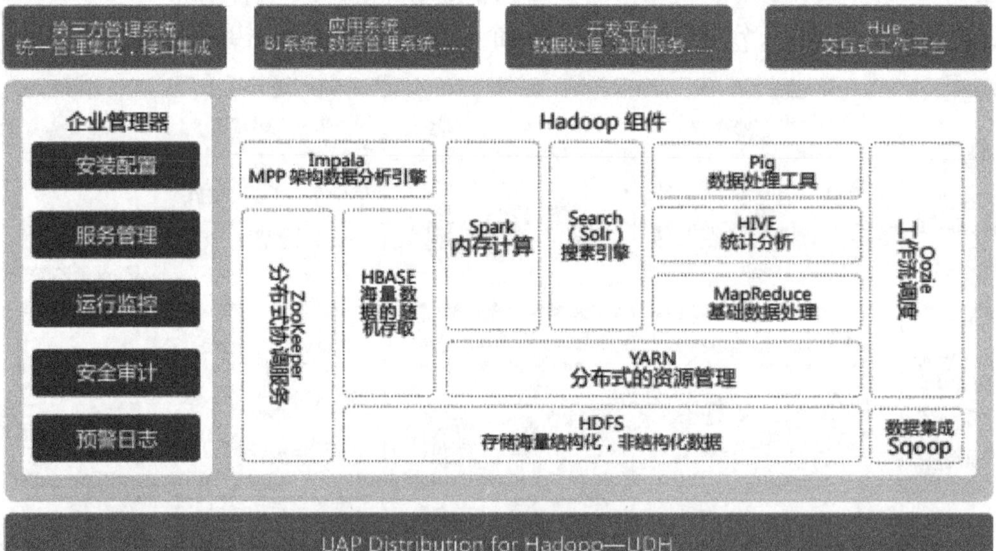

图 5-16 UDH 系统架构

① 搜狐．用友 iUAP 亮相“数博会”展示大数据落地成就［EB/OL］.［2015－06－10］. http://www.sohu.com/a/18314504_115052.

② 中国工控网．用友 UDH 大数据处理平台［EB/OL］.［2017－05－09］. http://www.gongkong.com/news/201705/361024.html.

5.6.2 高级分析平台 DataInsight

用友高级分析平台 DataInsight 为企业提供了高效的建模工具，帮助企业在大数据上进行数据挖掘，同时提供模型应用系统。DataInsight 整合了从模型开发到模型上线的大数据挖掘落地全过程，真正使得大数据挖掘能在企业轻松落地①。高级分析框架如图 5-17 所示。

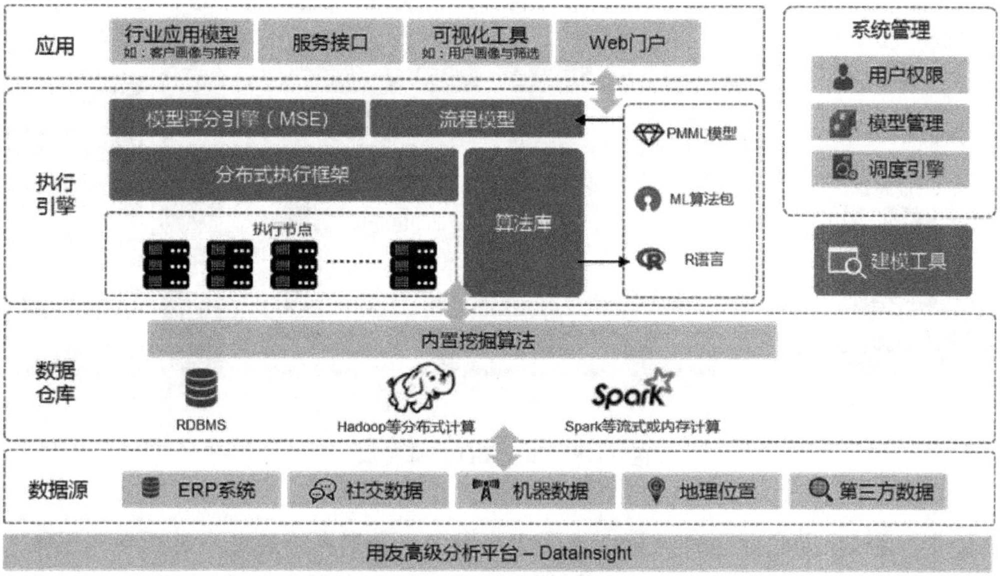

图 5-17 高级分析框架

DataInsight 构建于大数据技术平台和框架之上，具体的特点②包括支持可视化拖拽的设计器和自定义的数据处理流程；支持常见的挖掘算法，支持 R 脚本对算法进行扩展及各类算法的实现，内置于数据库或者 Hadoop/Spark 引擎中，加速算法执行效率；支持文件，数据库等多种类型数据源，以及丰富的数据转化和可视化组件；支持 PMML 模型规范，支持模型的导入导出；支持模型的本地和服务器端集中管理；支持自定义可视化的数据报告，并进行分享；支持并行执行的调度引擎；平台内置了面向不同行业的数据应用方案，如用户标签管理与用户画像、推荐系统等。

5.6.3 用友 BQ 商业分析平台

作为用友大数据平台的重要组成部分，用友 BQ（business quotient）是基于 UAP 平台的商业分析平台和应用套。它是一个综合的商业分析平台产品和工具集，能够帮助企业将各类

① 搜狐. 用友大数据之 DataInsight 高级分析平台亮相数博会［EB/OL］.［2016-05-30］. http：//www.sohu.com/a/78547492_344769.

② 搜狐. 2016 大数据展：用友大数据 DataInsight 高级分析平台［EB/OL］.［2016-05-31］. http：//www.sohu.com/a/78765132_344060.

数据进行整合分析，并可通过查询、报表、报告、多维分析、仪表板、移动分析、嵌入式分析等丰富的可视化分析和展现方式为客户提供灵活直观的交互分析能力和信息展现能力。用友 BQ 总体框架如图 5-18 所示。

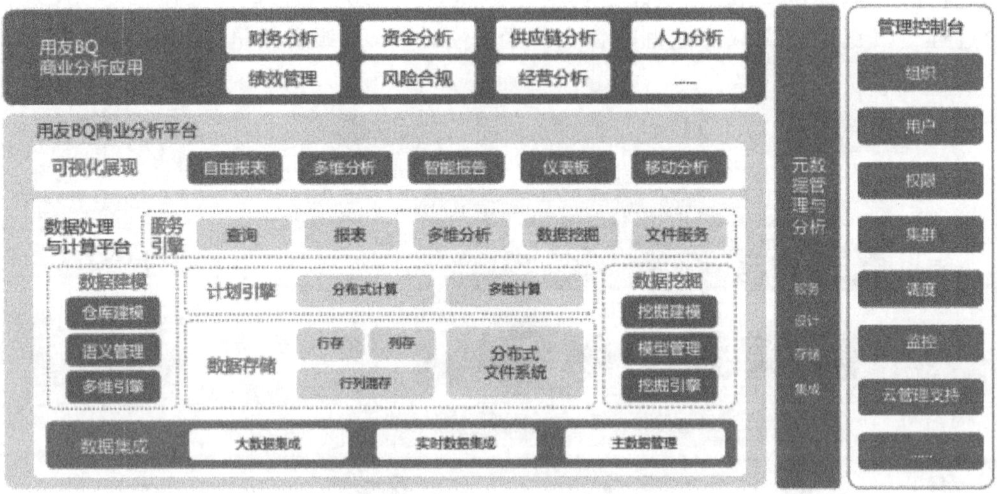

图 5-18　用友 BQ 总体框架

用友 BQ 能够帮助企业将各类数据进行快速整合，并根据不同业务分析场景的需要，通过丰富的展示分析手段提供所需信息，灵活快速地响应企业管理和业务变化，从而为企业搭建一套完善的企业经营大数据决策分析体系①。用友 BQ 商业分析平台覆盖了数据整合、分析、报表等商业分析全功能，同时通过扩展的移动端的服务模式，可以灵活快速地辅助企业进行分析决策。

5.7　小结

情报工程是在大数据时代下孕育出来的情报学分支学科，具有强烈的时代特征和技术特征。在大数据环境下，社会对于情报学界能够提供更为有效和高效的情报工作方法，以满足传统情报分析方法难以实现的用户情报需求。方法需要技术支撑，情报工程技术主要包括大数据技术、云计算技术、知识管理技术、数据挖掘和统计分析技术及综合集成技术等。而其中的综合集成技术则是情报工程的技术基础的核心，如 ACP 平行情报体系、Fast4 Wisdom 技术系统等。

① 用友．用友 BQ 商业分析［EB/OL］.［2016－05－31］. http：//www. yonyou. com. mo/index. php？ m = content&c = index&a = lists&catid = 69.

第6章　情报工程的关键环节

【本章导读】情报工程是指在大数据时代背景下将工程思维引入情报领域，综合地采用各种工程技术方法实现情报工作的自动化、规范化、系统化，以此完成情报系统功能[①②]。其中，将工程化及系统化的思维融入情报研究的情报工程学，也是一种全面支撑大数据环境下科技情报工作的新范式。依据情报从生成到其价值完全消失的时间发展为序，情报工程化的工作过程可以分为以下3个阶段：①数据采集和加工：结合先进的大数据技术手段和传统情报收集方法对海量的多源数据进行采集和加工；②情报分析：根据用户的个性化需求，利用信息技术和分析算法与情报学理论方法深度融合的专业化分析模型和平台完成情报分析工作；③情报服务：提供多样化的情报服务产品，从而为用户提供决策支持、情报研究、科技评价等方面的深层次解决方案。

6.1　情报工程的数据采集与加工

（1）数据采集。用户根据实际情况提出情报服务的需求后，情报机构专业分析师根据用户的需求归纳并提出科学问题或假设，随后根据问题假设进行数据采集。此阶段是情报工程工作的基础阶段，是后续阶段得以进行的前提。大数据技术对数据结构规范化的要求大大降低，使得可搜集的数据类型更加多样，数据种类更加丰富。在此阶段，情报工作人员除了采用传统的数据搜集方法如文献调研、问卷调查、用户访谈、网络爬取等，还利用大数据技术开发新型数据收集手段如对信息资源的自动搜索、甄别、过滤、监测和跟踪的智能化采集技术，对信息进行更深层次的分类、标引、抽取和转换的智能化加工和组织技术，以及对数字化和网络化的信息资源进行组织和描述的本体、元数据和语义网技术等。

（2）数据加工。大数据环境下的数据加工过程即一个数据的清洗过程，包括数据规约、进行时间切片划分、分词、停用词剔除、提取网络等步骤，是将存储数据中可识别的错误去除。在数据仓库中和数据挖掘过程中，数据清洗是使得数据在一致性、正确性、完整性和最小性4个指标满足上达到最优。在大数据的背景之下，在来源不一的海量数据中，存储了冗余、复杂及错误的数据，数据的加工阶段能够在极短的时间内，抽取出高质量的数据，形成

---

① 潘云涛，田瑞强．工程化视角下的情报服务：国外情报工程实践的典型案例研究［J］．情报学报，2014（12）：1242－1254.

② 贺德方．工程化思维下的科技情报研究范式：情报工程学探析［J］．情报学报，2014（12）：1236－1241.

统一的规范的标准化数据集。

6.2 情报工程的分析

6.2.1 传统情报分析（information analysis）

情报分析是一个复杂的过程，根据情报课题、所属机构、已有有关资料的不同，可以采取不同的方法对其进行分析。除去每一种情报的特殊性，从其内在分析解决问题的步骤或者具体的操作过程来看，传统的情报分析大体可以分为以下 6 个步骤（图 6-1）：浏览、阅读已搜集和整理的原始资料，创造最初的假设，再搜集、整理、评价信息，确定前提，验证假设并形成推论，形成最终的结论。

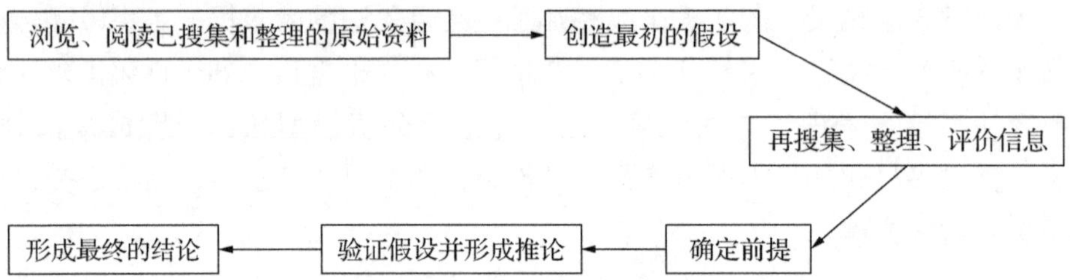

图 6-1 传统情报分析流程

（1）浏览、阅读已搜集和整理的原始资料。这个步骤是情报分析的基础，也是继续情报分析的前提。首先，通过浏览原始资料，情报分析人员对资料内容有一个总体的把握。其次，仔细阅读每一篇文献，寻找原始资料的内在联系和外在联系，并留意文献可能出现的矛盾或错误，注意文献的观点与自己想法的联系和矛盾之处。最后，确定遗漏的信息，并从信息中发现解决问题的突破口。

（2）创造最初的假设。创建假设是分析和研究的重要手段或重要环节。首先，通过问题的结构化使最初假设结构化，即在把问题分成其组成部分——关键驱动因素的基础上，再做出关于关键驱动因素的“可讨论的建议方案”。其次，把最高一层的建议方案记录下来，然后把它分成多个子问题或子假设，并考虑每一个问题的可能答案。

（3）再搜集、整理、评价信息。此环节突出两个特点：一是行为上更具目标性和指导性，这要求情报分析人员非常明确缺少了什么信息、遗漏了什么信息；二是内容上更具专指性和准确性。

（4）确定前提。根据提取的信息确定假设前提，确定与子假设相对应的观点和具有类似观点的信息组，并对信息组的内容进行归纳、总结。

（5）验证假设并形成推论。根据前提，可对每个子假设进行判断，根据判断结果，继续判断其上一级假设，层层推进，最终对最高一级假设进行验证或反驳，最后对判断结果进行可能性分析。

（6）形成最终的结论。结合假设的判断结果和可能性分析，最后形成信息分析的最终结论，并阐述为什么得出这样结论的证据。

6.2.2 工程化思维下的情报分析

工程化思维就是在系统思考“工程”本质的基础上，应用自然科学理论，尤其是系统科学理论方法，研究和制定情报工作的模块化、流程化、集成化。工程化情报分析是将工程化的思维、理念及方法应用到情报分析的方法和流程中。工程化思维下情报分析的方法与工具应注重分析模型的构建和工具系统的研制开发，实现理论方法、工具、模型、系统的自动化及集成。

情报分析作为情报研究中的关键部分，除了强调传统的文献计量分析、定量定性分析、专利分析、文献定性研究等方法的结合外，更强调在应用层次分析、聚类分析、举证分析、德尔菲法、大规模情境法、成本效用分析、度量研究效益方法等工程技术等方法基础上，实现工具的自动化、集成化。目前，广泛应用的情报分析工具有 Thomson Reuters 的 InCites、TDA、Essential Science Indicator 等，以及 Scopus 的 SciVal 工具平台，包括 SciVal Spotlight 和 SciVal competency map，可用于共被引聚类，可对科学引用结构进行可视化展示。除了这些常用工具外，各研究机构还在实践中探索出一些专用工具，也取得了很好的效果，如兰德公司的万正态偏差的百万随机数字、投资组合分析工具、计算机辅助决策分析工具，中信所的模型等。

除了上述各种情报分析的方法和工具外，在工程化思维下的情报分析还注重专家智慧的借鉴。不同的机构、不同的研究人员对同一数据资源可能会得出不同的分析结论，专家对本专业领域情报信息的敏锐的洞察力和分析力，专家智慧的差异在工程化视野下的情报分析中具有重要作用。另外，为了完成大数据环境下的复杂情报分析，需要不同结构、不同研究人员对信息数据的共享、工具技术的整合和人员的跨界合作①。

6.2.3 大数据环境下的情报分析

大数据的产生与发展，使得数据成为组织中最重要的资产和生产要素，也为原本就以数据、信息为研究对象的科技情报研究创造了发展契机；相比于传统的信息内容，大数据的4V 特征也给数据分析带来了巨大挑战，具体表现在：一是数据更零散、更原始、更复杂，碎片化特征明显，质量参差不齐，真伪难辨，这需要数据的存储规模更大、组织与处理方法更复杂；二是对信息获取、处理及分析技术的改进、创新变得刻不容缓；三是用户对基于大数据服务的需求有更高的期望，且更加复杂。

因此，大数据环境下的情报分析面临的新环境总结为以下 4 个方面：数据流分析倍受关注、信息粒度更为细小、情报问题动态复杂、分析技术丰富多样。数据以“流冶”的形式产生和传递，这明显区别于传统结构化数据在数据库中的存在形式，如何快速响应环境需求和变化、如何高效地从实时产生的海量数据中挖掘蕴含的巨大价值是情报分析的重点。在大

---

① 张家年，马费成．立足情报服务借力工程思维：大数据时代情报工程学的理论构建［J］．情报学报，2016，35（1）：4－11.

数据的环境下，数据来源和数据类型呈现前所未有的多元化：综合来自不同数据源（尤其是来自微博、社交媒体、搜索引擎的数据），不同类型的数据，就像通过显微镜从更细微的视角观察和认知目标。情报问题变得动态、复杂是由很多因素导致的：情报需求主体的丰富、全球各群体交流的频繁、科技高速的发展。而要对大规模的、多元的数据集进行处理和分析，必然会带动数据获取、存储、整合、分析、管理等相关技术的发展。与传统的情报分析流程相比，大数据环境下的情报分析阶段工程化特点更明显分为以下 3 个步骤：数据分析、结果展示与价值评价。

（1）数据分析。与传统数据分析一致，在数据分析环节，分析人员采用相关分析方法对数据进行分析，包括引文分析法、内容分析法、多元分析法、趋势外推法、时间序列法等。考虑到大数据环境下数据的规模和特性，很多大数据情报分析技术与工具已经得到不断应用，如 Hadoop、Splunk、HPCC、Apache Drill、Penta - ho BI、PEST、神经网络、情景感知、决策树等①，同时也加入领域专家参与，使其成为分析人才资源组的成员，能够根据个人的意愿与专长对数据进行各种探索，以支持以“问题”为导向的智库研究中的情报监测、知识发现与推理、信息抽取等，以此拓展情报工程中数据分析的宽度与深度，加强了情报工程中数据分析与研究的水平与效率。

（2）结果展示。随着可视化工具的快速发展，在大数据环境下数据分析的结果展示中，采用数据可视化技术将更加高效形象地展示大数据的价值和鲜明的对比性；利用可视化技术使数据特点更为鲜明——关联性：可以将表示对象或事件的数据的单个或者多个属性和变量进行关联，在不同维度体现数据之间的关联性；互动性：使用者可以方便地使用交互的方式管理和开发数据；可视性：借助图像、曲线、三维立体及动画等多种方式来展示，便于专家对其模式、关系和趋势进行进一步明了的分析。

（3）价值评价。随着分析流程的扩展性不断提高，新的分析流程如何利用分析后的价值把企业带到一个更高的层次是一个问题，因此，需要引入针对大数据的价值评估方案，对分析流程最终会产生新的信息进行评估。

6.3 情报工程的产品和服务

6.3.1 情报工程的产品

情报工程的产品多样，分类角度多种，本书根据产品内容特点，将工程化视角下的信息产品划分为系统资料类产品、动态报道类产品、研究报告类产品和情报分析工具类产品。

（1）系统资料类产品。系统资料类产品，一般是信息分析人员以某一专业、技术、产品或现象为主题，在日常积累、全面调查、系统搜集某主题的资料和数据的基础上，经过加工整理和分析研究而形成的一种情报产品。随着科学技术的逐步发展与深入应用，这类产品的类型呈多元化的发展趋势，除了传统的手册、汇编、指南、概览、年鉴、名录等，还有数

① 李阳，李纲，张家年．工程化思维下的智库情报机能研究［J］．情报杂志，2016，35（3）：36 -41.

据图表、数据库、数据集等该类新型产品。

系统资料类产品特点明显。该产品需要大量、全面、系统地搜集信息，此后经过科学地分类、摘录、分析、筛选等过程而形成。从时间跨度上看，这类产品的时间跨度较长，少则 2～3 年，多则 7～8 年。从产品的资料层次上看，这类产品是基础性资料，是进一步研究的工具。从总体上看，系统资料类产品密度极高、系统性极强、完整性和准确性极好、类例分明、查阅方便。

（2）动态报道类产品。动态报道类产品主要报道国内外科学技术或技术经济、科技管理的发展现状和动态，或者某一学科、某一技术领域出现的新进展、新动向、新成果、新生长点等。该类产品主要有“快报”和“动态”两种。动态报道类产品由于主要反映某一领域的新动态、新进展。因此，该类产品具有内容简洁、新颖，报道迅速及时，极强的针对性、实用性和客观性等特点。

动态报道类产品的特点决定了其制作应注意选材新颖、主题集中、篇幅短小和结构上浑然一体。一般说来，完整的动态报道类产品由导语、主体、结尾和背景 4 个部分组成，当然可以根据内容需要，取舍其中的部分。导语是动态报道类产品的第一段或第一句话，简要概括某一事实中最重要、最新鲜、最能引起读者兴趣的内容；主体是动态报道类产品的事实内容；结尾是用来充实深化主题，并起到画龙点睛的作用；而背景材料是指与本体事实有关的附属材料，如对比性材料、说明性材料、注释性材料等。一般来说，动态报道产品的制作不注重格式或体例，更注重的是内容的新颖性、简洁性和及时性。

（3）研究报告类产品。这类产品以分析说明、归纳提炼、论证推测为宗旨，具有结构严谨、分析深刻、结论明确等特点。根据研究报告内容的性质，主要可以分为综述性研究报告、评述性研究报告、预测性研究报告、评估性研究报告、背景性研究报告等。从结构上来看，一般的研究报告是由题目、绪言、正文、结论、参考文献、附录等几个部分构成的。

（4）情报分析工具类产品。作为情报研究与服务的辅助类产品，许多高校及科研院所陆续推出了相关数据处理与数据分析的产品供用户使用。这类产品注重工具平台的实用性，可开源获取，并且具有良好的交互性，同时具有详细的说明系统，增强了工具的可读性和用户的再扩展。同时，越来越多的情报分析工具类产品以集成的模式出现，将各种分析模块集成到一个平台上，能够支持微观（个人）、中观（地区）和宏观（全球）层面的各类型信息分析，如时序分析、地理空间分析、主题分析、网络分析和可视化分析等，并注重可视化的展示效果。

6.3.2　情报工程的服务

工程化视角的情报服务是将工程化的思维、理念及方法应用到情报服务的研究体系中①，也是将情报学及工程相关学科的原理创造性应用到情报服务所涉及的构成要素、工作流程及组织管理的设计与开发中，以实现情报工作的自动化、规范化、系统化，并在此基础

① 潘云涛，田瑞强．工程化视角下的情报服务：国外情报工程实践的典型案例研究［J］．情报学报，2014，33（12）：1242－1254.

上完成情报系统功能。

通过建设具有自身特色的集成化数据库，实现大规模、海量化、异构数据资源统一接口下的深度聚合组织，为工程化视野下的情报服务创造坚实的资源组织基础。在此基础上，利用模块化专有工具，以流程化的管理方式按照规范的质量评价体系实现情报研究和服务的自动化处理。数据资源和专用的方法工具组成的集成工作平台生产的初级情报产品，通过协作利用专家的领域知识对初步结果进行解读，并提出改进意见，进入下一个循环过程。由此基础资源、方法工具和专家智慧高度集成在工程化情报服务的工作流中，从而实现标准化、流程化的情报服务。情报工程服务中各环节的关系如图 6-2 所示。

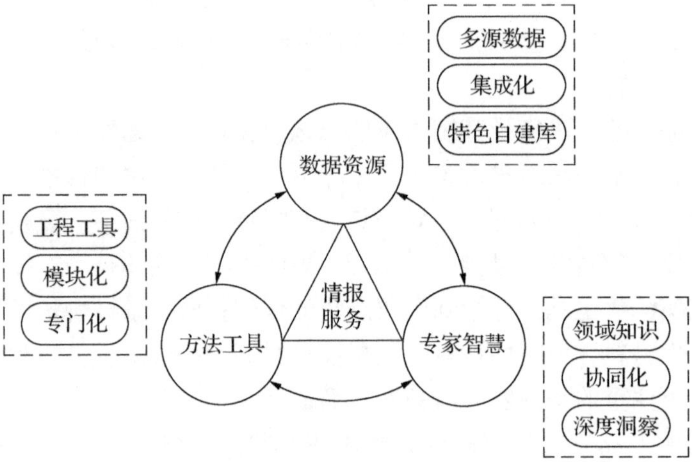

图 6-2　情报服务工程化流程要素①

（1）数据资源。在复杂多变的决策环境中，情报研究不仅需要与问题直接相关的某一类数据资源，也将特别关注与问题产生背景相关的所有信息。广义的数据包括数值数据、知识数据、法律法规数据、新闻报道数据、名录数据、图像数据、多媒体数据和软件数据等。在科技情报研究和服务领域，主要有科技论文、发明专利等科研产出数据，政府和企业的研发投入数据，科技基础设施、研发机构和研发力量、技术产出数据（如技术成果、标准和技术贸易额等），科技档案和科技进展资料等。

然而，对于工程化视野下的情报服务而言，仅仅依靠外部数据库商的已有产品很难提供标准化、流程化的情报服务，情报研究和服务机构必须建设具有自身特色的集成化数据库。国外情报研究机构对于数据资源的累积、更新都非常重视，并逐渐形成了自身的特色。例如，加拿大科技信息研究所建立了丰富的原始信息资料库、各种类型文献数据库和目录数据库，涵盖了科学技术报告、会议论文、计划和规划、年度报告、案例库等信息资源。而国内中信所的数据建设处于行业领先，主要包含了国内外期刊、会议文献、科技报告、科技丛书、协会出版物、学位论文、检索和参考工具书等类型的科技文献，并形成了中国科技论文

① 潘云涛，田瑞强．工程化视角下的情报服务：国外情报工程实践的典型案例研究［J］．情报学报，2014，33（12）：1242－1254.

与引文数据库（CSTPCD）、学位论文数据库、中国专利数据库、中国科技报告数据库、成果档案数据库、中信所人才数据库等集成化的数据平台。实现对大规模、海量化、异构化数据资源统一接口下的深度聚合和组织是情报工程化视野下资源组织的显著特点。

（2）方法工具。在工程化思维下，与情报问题相关的所有数据、方法与技术将被以构件的形式集成到一个统一的工作流中。情报研究工程化突出强调工作流程及所涉及要素的标准化，以及情报研究的自动化处理，其目标是对所有产出进行统一、规范的质量评价体系。

信息技术的迅猛发展使科技信息资源向纵深和集成分析处理的可能性大大提高，各类分析方法及软件工具不断涌现，为情报工程的提出奠定了技术基础。传统的科技情报研究与服务仅停留在信息检索与文献传递的层面，缺乏信息的深度利用与挖掘，而随着新一代信息技术的不断涌现与飞速发展，数据挖掘、信息分析、知识组织和知识关联、语义分析等技术已经逐步成熟，包括云计算、大数据、移动通用技术的逐渐普及和应用，科技情报研究与服务的支持渠道和应用环境不断优化，传统技术瓶颈被打破，为工程化思维下开展科技情报研究与服务提供了有利的技术支撑。

（3）专家智慧。基于工程化思路的情报研究设计与实现，不仅可以使情报分析团队中的不同角色协调统一，而且也可以使情报分析者、信息提供者及最终用户等不同主体可以在一个统一、规范的业务平台中实现协同工作。

数据资源和专用的方法工具只是为研究工作搭建了一个集成的工作平台，但是生产具有洞察力的见解、观点和报告，则还需依赖专家智慧。此外，在情报服务过程中执行团队、质量监督团队、评审保障团队的统一协作是高效的情报服务的保障。科学研究的演进变化及用户信息行为、大数据、e-Science、开放获取、开放式创新等因素给科技环境带来了新的变化因素。科研及科研管理活动方面的决策选择，其所需的情报与信息已经超出了个人处理信息的能力。正是在这种背景之下，协同化的情报工程应运而生，用以支撑科研及科研管理者日益复杂的决策活动。

6.3.3　情报工程产品和服务的创新

国外优秀的情报工作实践已经将工程化的思维贯穿到了情报研究工作中，对传统的情报产品和服务模式进行了创新，主要体现在以下几个方面。

（1）多源数据集成。情报工程的产生与大数据时代的到来有着天然联系。在复杂多变的决策环境中，情报研究不仅需要与问题直接相关的某一类数据资源，也将特别关注与问题产生背景相关的所有信息。数据来源呈多层面、多平台、多维度、多类型等特征。多源数据互补结合保证了工程化情报分析的全面性。

（2）方法工具的流程化。情报研究工程化突出强调工作流程及所涉及要素的标准化，以及情报研究的自动化处理。例如，爱思唯尔具有体系的评价分析指标、印第安纳大学也有体系的科学图谱绘制流；无论是爱思唯尔的SciVal工具平台，还是印第安纳大学的The Science of Science（Sci2）Tool工具，都承担了自动化、标准化、流程化、可扩展地进行情报分析处理的功能。此外，在情报工作进行的过程中，它们也具有流程化的情报工程思想，如爱思唯尔的研究过程就包含了技术工程流、分析工程流、编辑工程流和通信工程流；相应的印第安纳大学也有科学图谱绘制的工程流。

（3）系统优化整合。工程化的情报研究是一项系统工程，从资源的遴选、存储、建设构架开始，到以实现服务为目标的工具开发，再到专家智慧的实时参与、分析成果的提供和反馈机制，都是一个优化的完备系统，需要顶层设计。

综上所述，情报工程是以丰富的信息资源为基础，以大数据环境与新型科研范式下的情报学理论方法为指导，以先进的技术手段与分析工具为支撑，对海量的多源数据进行采集和加工，根据用户的个性化需求，构建信息技术和分析算法与情报学理论方法深度融合的专业化分析模型和平台，用工程化的研究模式组织完成情报分析的全过程，从而为用户提供决策支持、情报研究、科技评价等方面的深层次解决方案，并具有大数据、自动化、集成化和协同化的特征。

6.4 小结

情报工程的实施是以一系列情报活动为核心环节为支撑的，本章主要对情报工程活动的重要环节进行了分析。主要环节包括：首先，情报工程的数据采集与加工处理，从而为情报工程提供“原材料”；其次，情报工程的分析活动，与传统情报分析有根本性的不同，既有大数据分析的支持及工程思维方法的融入，也包括传统情报分析活动和专家智慧的融入；最后，情报工程产品和服务的提供。

第 7 章　情报工程的系统环境建设

【本章导读】 情报工程既是大数据环境下情报工作的一种模式，同时也是新时代背景下情报工作的组织方式。为了保障情报工程有序、规范、高效的运作，适应情报工程的系统环境建设将显得尤为重要。本章主要探讨情报工程系统环境建设的关键方面：大数据环境的建设，国家相关政策、制度和法律环境的建设，情报工程技术平台的建设，以及情报工程人才队伍的建设等。

7.1　情报工程的系统环境

情报工程是以工程化思维实施情报工作活动的流程，情报工程具有信息来源大数据化、信息处理自动化、情报流程集成化、系统结构复杂化、系统运作协同化等其他情报实践领域所不具备的特征①，故情报工程的实施需要有特定的系统环境作为保障。

7.1.1　情报工程系统环境的内涵及特征

情报工程系统环境主要是指情报工程系统周围与情报工程系统有关的各种因素的集合，通常包括自然、社会、国际、劳动和技术方面的因素。其中，在大数据环境下，情报工程系统环境主要呈现出如下特征。

（1）大数据化。情报工程系统环境产生与大数据时代的到来有着天然联系。在复杂多变的决策环境中，工程化思维下的科技情报需要处理的不仅是与问题直接相关的某一类数据资源，更会特别关注与问题产生背景相关的所有数据资源，这些数据往往是海量、异构、多模、多维的，具有显著的大数据特点。

（2）自动化。情报工程系统环境突出强调工作流程及所涉及要素的标准化，以及情报研究的自动化处理，其目标是对所有产出具有统一、规范的质量评价体系。

（3）集成化。在情报工程思维下，与情报问题相关的所有数据、方法与技术将被以构件的形式集成到一个统一的工作流中。

（4）协同化。基于工程化思路的情报研究设计与实现，不仅可以使情报分析团队中的不同角色协调统一，而且也可以使信息提供者、工具开发者、情报分析者及最终用户等不同

---

① 张家年，马费成．立足情报服务借力工程思维：大数据时代情报工程学的理论构建［J］．情报学报，2016，35（1）：4－11.

主体可以在一个统一、规范的业务平台中实现协同工作。

情报工程的“四化”特征，能够确保“全样本”数据的收集、数据处理工具的有效整合和专家智慧的协同作业。同时，通过云服务，情报工程可以保障基础设施平台的开放与共享，进而通过情报工程的发展完善科技情报支撑科技创新的良好机制。

7.1.2 情报工程系统环境的要素及其影响

系统与环境息息相关①。有机的情报工程系统必定存在与之一般相适的动态环境里，其需与环境保持着一种相对稳定的状态。深入开展情报工程系统环境要素及其影响的研究，有利于情报工程系统顺应环境，为自身创造更为广阔的生存和发展空间。其中，情报工程系统环境要素主要包括数据资源环境、信息需求环境和技术环境。

（1）情报工程系统的数据资源环境。数据资源是情报工程系统赖以生存的最重要的“物质”基础，也是情报工程系统全力获取或传递交流的唯一对象。其中，情报工程系统的数据资源环境的构成，大致包括数据发生量、数据内容及载体、数据时空结构、数据流程状态等。从广义上讲，还包括和“控制数据”有关的物理设置、人力、机构、资金、运作机制等。

（2）情报工程系统的信息需求环境。社会对情报工程的需求程度是情报工程系统得以存在的原动力，满足社会的情报需求则是情报工程系统首要的社会职能。在市场经济大条件下，情报需求主要是来自3个层次：一是政府机关、事业团体的信息需求；二是各公司、企业的信息需求；三是一般用户，如普通市民或一些分散、小型的特殊行业的信息需求。其中，这些情报需求的数量、内容和方式是随着社会的进步而变化的，构成了情报工程系统赖以生存的最基本的动态环境。基于情报工程系统具有对环境适应性的分析，变化中的情报需求环境必然对情报工程系统的发展产生影响。

（3）情报工程系统的技术环境。信息技术是实现并扩展情报工程系统的社会职能和功能的支撑手段，现已形成由众多相关技能、知识、设施和网络的应用软件和硬件组成的技术体系，其体系核心是计算机技术、通信技术、控制技术、传感技术等。其中，常用技术方法包括传统情报分析方法如引文分析法、内容分析法、多元分析法、趋势外推法、时间序列法等，以及大数据情报分析技术与工具如 Hadoop、Splunk、HPCC、Apache Drill、Penta-ho BI、PEST、神经网络、情景感知、决策树等。

7.2 大数据环境的建设

数据资源是情报工程学得以依存的对象，方法工具是情报工程学形成的必要条件。大数据环境建设，作为发展大数据的基本要素，已经成为当前研究的重点。

---

① 严一桥．论情报系统的生存环境［J］．图书情报知识，1995：24－27．

7.2.1　大数据基础设施的建设

（1）数据汇聚设施。由于互联网大数据由分散于社会各个角落、种类和数量繁多的不同主体创造，因此，需要将与某一特定问题（或目的）相关的数据从数据创造者那里抽取出来，通过数据中转者逐级传递给数据支配者，最终聚集成能够满足创新所需的数据资源。数据的“抽取—传递—聚集”这一连续过程借助网络通信的硬件设备和软件系统，并依赖数据创造者、数据中转者与数据支配者之间的“交换”。对于任何创新主体而言，拥有汇聚数据的基础设施是互联网大数据创新能够发生的前提。

（2）数据存储设施。数据存储为数据的处理和应用服务。大数据存储面对以下挑战：一是数据增长速度远超存储空间增长速度；二是已有的数据存储、管理和调度方法不适合多源、海量、异构数据在多种存储设备之间频繁而密集地流动。在数据汇聚过程中及数据资源形成后，必须借助相应的数据存储设施，这类基础设施通过软、硬件功能的整合应满足以下要求：一是存储能力极强，能应对以“EB”“ZB”计数的数据规模；二是管理效率高，可最大限度地提升数据存取和交换的速度；三是及时剔除重复、冗余、无用和过时的数据，尽可能提升存储空间利用率；四是考虑到惊人的数据量和数据的频繁提取和交换，存储设施的运行成本要尽量低。Google 等少数公司拥有类似的数据存储系统，但是现有的数据中心仍无法满足要求，且绝大多数企业也不具备这样的能力，仍要借助公共服务。

（3）数据处理设施。大数据处理基础设施建立在云计算平台上，应具有可扩展、经济、可靠、高效等特性。Hadoop 是目前最流行的大数据处理基础设施，在世界范围内被广泛采用、改进并应用于各种场景。不过，Hadoop 在数据价值挖掘等方面还不能很好地满足要求，进一步发展 Hadoop 体系架构或发明其他性能更优异、更适合于互联网大数据创新的数据处理基础设施仍然任重道远。此外，数据分析和解释技术（如可视化算法等）是大数据分析的具体工具，企业可根据实际需要自行开发或定制，因此，不需要以基础设施的形式出现。

（4）数据传输设施。数据汇聚、存储及处理的全过程都离不开数据传输，大数据的发展得益于互联网的快速发展，同时也对数据传输能力提出了更高要求——要求网络规模急剧扩大、对数据异构性充分包容、支持海量数据在跨层和跨域间实现完整而实时的传输，尤其是对传输过程中的数据完整性提出了苛刻要求。目前，互联网无法满足大数据传输在实时性和完整性方面的要求（受数据丢包、乱序和误码等的影响），亟须研发新的网络体系结构、传输交换机理、通信协议及高效数据流和网络资源调度方法等，以支持数据传输设施的建设。由于数据传输涉及广阔时空范围内的众多主体，很多时候还要跨越国界，因此，数据传输设施的建设任务很难由单独一家企业承担。例如，至关重要的高速宽带网络只能以基础设施的形式由政府、企业等多主体协同建设。

（5）通用硬件设施。大数据的移动、存储和处理要消耗大量能源，现有硬件（如磁盘、CPU 等）的高能耗已成为制约大数据发展的一个瓶颈。日益复杂的硬件环境还带来异构性难题，因为对于在不同时期购入的不同厂商的硬件系统来说，整个数据的汇聚、存储、传输和处理速度都存在较大差异，大量时间被浪费于性能较好的服务器等性能较差的服务器。然而，上述问题尚未引起足够重视。大数据的通用硬件设施有待进行以下改进：一是研发硬件节能技术；二是引入可再生的新能源；三是提高各类硬件的异构包容性。由于通用硬件设施影响互联网大数据创新的全过程，因此，突破通用硬件障碍会显著完善创新生态系统。突破通用硬件障碍需要借助相关厂商的力量，还要依靠行业协会、政府等提供技术标准、技术研发等方面的规范和支持。

7.2.2 大数据技术生态体系的建设

生态体系是指多种生物共存共生的自然体系。大数据技术生态体系主要用来描述围绕大数据管理的共存共生的各技术和工具①。大数据的技术生态体系通常可以分为大数据采集与预处理、大数据存储与管理、大数据计算模式与系统、大数据分析与挖掘、大数据可视化计算及大数据隐私与安全等几个方面。

（1）大数据的采集主要有 4 种来源，即管理信息系统、Web 信息系统、物理信息系统、科学实验系统。从人—机—物三元世界观点看，管理信息系统和 Web 信息系统属于人与计算机的交互系统，物理信息系统属于物与计算机的交互系统。关于物理世界的原始数据，在人—机系统中，是通过人实现融合处理的；而在物—机系统中，需要通过计算机等装置做专门的处理。融合处理后的数据，被转换为规范的数据结构，输入并存储在专门的数据管理系统中，如文件或数据库，形成专门的数据集。对于不同的数据集，可能存在不同的结构和模式，如文件、XML 树、关系表等，表现为数据的异构性（heterogeneity）。对于多个异构的数据集，需要做进一步集成处理（data integration）或整合处理（data consolidation），将来自不同数据集的数据收集、整理、清洗，转换后，生成到一个新的数据集，为后续查询和分析处理提供统一的数据视图。

（2）为上层应用提供的访问接口和功能侧重不同，存储与管理软件主要包括文件系统和数据库；在大数据环境下，目前最适用的技术是分布式文件系统、分布式数据库及访问接口和查询语言。

（3）大数据计算模式，即根据大数据的不同数据特征和计算特征，从多样性的大数据计算问题和需求中提炼并建立的各种高层抽象（abstraction）或模型（model）。例如，MapReduce 是一个并行计算抽象，Bekerley 大学著名的 Spark 系统中的“分布内存抽象 RDD（a distributed memory abstraction，RDD）”，CMU 著名的图计算系统 GraphLab 中的“图并行抽象”（graph parallel abstraction）等。传统的并行计算方法主要从体系结构和编程语言的层面定义了一些较为底层的并行计算抽象和模型，但由于大数据处理问题具有很多高层的数据特征和计算特征，因此，大数据处理需要更多地结合这些高层特征考虑更为高层的计算模式。

（4）大数据时代，不同领域不同格式的数据从生活的各个领域涌现出来。大数据往往含有噪声，具有动态异构性，是相互关联和不可信的。尽管含有噪声，大数据往往比小样本数据更有价值。这是因为从频繁模式和相关性分析得到的一般统计量通常会克服个体的波动，会发现更多可靠的隐藏的模式和知识。一方面，互相连接的大数据形成大型异构信息网。通过信息网，冗余的信息可用于弥补数据缺失所带来的损失，可用于交叉核对数据的不

① 郭自宽，张兴旺，麦范金. 大数据生态系统在图书馆中的应用［J］. 情报资料工作，2013，2：23 –28.

一致性，进一步验证数据间的可信关系，并发现数据中隐藏的关系和模型。数据挖掘需要集成的、经过清洗的、可信的、可高效访问的数据，需要描述性查询和挖掘界面，需要可扩展的挖掘算法及大数据计算环境。与此同时，数据挖掘本身也可以用来提高数据质量和可信度，帮助理解数据的语义，提供智能的查询功能。只有能够鲁棒地进行大数据分析，大数据的价值才能发挥出来。另一方面，从大数据得出的知识有助于纠正错误，并消除歧义。

（5）在可视化的发展中，首先面对大规模数据挑战的是在科学可视化方向。高通量仪器设备、模拟计算及互联网应用等都在快速产生着庞大的数据，对 TB 乃至 PB 量级数据的分析和可视化成为现实的挑战。大规模数据的可视化和绘制主要是基于并行算法设计的技术，合理利用有限的计算资源，高效地处理和分析特定数据集的特性。很多情况下，大规模数据可视化的技术通常会结合多分辨率表示等方法，以获得足够的互动性能。在科学大规模数据的并行可视化工作中，主要涉及数据流线化（data streaming）、任务并行化（task parallelism）、管道并行化（pipeline parallelism）和数据并行化（data parallelism）4 种基本技术。

（6）近年来数据的安全与隐私问题一直是国内外学者关注的重大研究课题，并且针对不同的应用和数据类型都有相关的研究成果，目前所拥有的方法有：文件访问控制技术，基础设备加密、匿名化保护技术，加密保护技术，基于数据失真的技术，基于可逆的置换算法。

7.2.3　大数据应用环境的建设

大数据的快速发展反映的是定量化的思维方式，这与我国情报界这些年一直倡导的“事实数据 + 工具方法 + 专家智慧”的情报研究思路与情报实践方法不谋而合①。尽管大数据问题的出现会给传统的情报学研究带来不少新问题、新挑战，但大数据实质上是对数据资源的开发利用，这也给情报学的发展带来了前所未有的战略机遇。其中，大数据应用环境的假设主要通过对信息和数据共享、综合运用多种类型数据源、方法、技术和工具及跨领域合作来加以实现②。

（1）对信息和数据共享。来自组织内部的需求带动了对外部数据有意识的引进。以追求数据所带来的价值为驱动，在保护隐私、保护数据安全的前提下，数据可实现在不同组织间的自由流动，由此形成整个社会的数据基础设施。美国防务系统网站 2014 年 8 月 22 日消息称，为提高效率，节省费用，促进整合、共享和安全，中央情报局将与亚马逊网页服务公司合作，将美国情报系统从以机构为中心的信息技术模式转向基于云计算的共享服务模式，集中各机构的数据、采用通用的桌面和标准化的数据访问和分析工具，由此转变 17 个情报机构多年来采用的烟囱式的、独享信息的工作方式。

（2）综合运用多种类型数据源、方法、技术和工具。情报问题的复杂化需要多种类型数据源从不同层面和视角对目标进行全面揭示，而各学科领域方法的交叉运用和相互借鉴也

① 张家年，马费成．立足情报服务借力工程思维：大数据时代情报工程学的理论构建［J］．情报学报，2016，35（1）：4 – 11.

② 迟玉琢．大数据背景下的情报分析［J］．情报杂志，2015，34（1）：18 – 22.

越来越广泛地体现在科学研究过程中。同时，技术和工具的整合也成为分析处理大规模、多类型数据集的必然要求。IT 行业的领军企业如 EMC、惠普、IBM、微软等率先感知这一趋势，纷纷通过收购大数据技术企业的方式实现技术整合。在未来，综合运用多种方法、技术和工具开展多种类型数据源分析的特征在大数据环境下会越来越明显。

（3）跨领域合作。基于开放创新模式理念，跨领域合作首先意味着理念的开放，即参与协同分析任务的主体要主动模糊内部和外部的边界，贡献内部的数据、人员和技术优势，同时从外部获得自身可利用的资源。基于共享数据搭建的协同分析资源技术平台，各主体间以协调、互惠为前提开展领域间互动合作，共同致力于任务的完成，并实现自身与其他主体的资源优化和价值增长。

7.3 国家相关政策、制度和法律环境的建设

情报系统工程面临的是大数据环境，而该环境下，大数据安全含义更为广泛，人们面临的威胁并不局限于个人隐私泄露，也包括通过大数据分析得到的知识。因此，如何利用相关政策、制度或者法律对大数据时代下的用户隐私及与数据相关的知识产权法提供保护是尤为重要的问题。

7.3.1 国外的相关政策、制度和法律环境建设

（1）个人隐私保护方面。对于大数据环境下的个人隐私保护方面，具有代表性的是欧美国家制定的相关法律政策。目前，《欧盟数据保护指令》仍是欧洲信息保护框架中的核心，但这一指令虽经过《隐私和电子通讯指令》的修订，包含了电子邮件、传真等互联网内容，但面对当前数据海量化、社交网络和云计算技术等的发展，现行适用的《欧盟数据保护指令》的一些原则已经过时，很难发挥很好的规范制约作用。因此，在 2012 年 1 月欧盟委员会公布了《欧盟数据保护规则》草案（*General Data Protection Regulation*）[①] 以取代现在各国根据《欧盟数据保护指令》而制定的相关法律，也就是说如果该草案最终得到通过，将不再以“指令”的形式存在，而是将新的规则直接作为欧盟各成员国国法的一部分，这将统一各国在信息保护方面司法实践的尺度和标准。面对互联网的普遍运用与快速发展，美国保护个人信息隐私安全的最大特点在于利用行业自律加以保护为主[②]，以立法保护为辅。其中，美国主要通过创建自律组织和安全港模式来进行个人信息自律保护，主要的组织包括：在线隐私联盟（即由重要的互联网公司组成，旨在发布网络隐私政策的指导，要求所有加入联盟的公司和组织执行隐私政策）、网络广告提倡协会（由互联网公司组成的行业组织，要求组织成员遵守组织规定的隐私原则）、安全港模式（将自律规范结合国家立法的引导方式，通过设置国家主管机关审查行业自律规范，若能经该机关通过，则被认为遵守了国

① General data protection regulation [EB/OL]. [2017-08-31]. https://en.wikipedia.org/wiki/General_Data_Protection_Regulatio

② 颉翔. 大数据时代个人信息安全法律问题研究 [D]. 北京：北京交通大学，2014.

家的法律规定，如此使自律规范的缺陷得以弥补，使其优势得以发挥）。美国对个人信息的立法保护，不同于欧盟统一规制个人信息的立法方式，而是分散规定在几部法律当中。需要指出的是，美国对个人信息的立法保护是以隐私权为基础的，且隐私权制度根植于人性尊严，是全面保护个人人格的法律制度，是美国的人格权制度①，其主要相关的法律为：《电子通信隐私权法》《儿童网上隐私保护法》《隐私权法》。

（2）知识产权保护方面。总体来说，国外发达国家对大数据管理知识产权的制度成熟。国外主要是通过采取相关政策来实施保护，其主要方式是通过提高数据资源共享减少知识产权侵权。例如，欧盟成员国家间达成了大数据资源共享和协同利用协议，且针对商标申请开展审查机制。这些机制需要成员国之间有较高的数据化共享能力，从而可利用先进的大数据技术解决从庞大数据中获得的不同国家组织、公民的商标数据，以此高效预防侵权人和被侵权者就商标侵权行为的案件发生。

另外，日本特许厅采取了知识产权制度的实施，如倡议国际社会分享的专利审查高速路（PPH）制度，让参与的各国专利局大数据资源有效利用，同时统一参加国审查检索大数据资源的标准，使知识产权工作的效率和质量显著提升；美国政府不仅公开发布专利数据集、开放获取全国联网数据的渠道，而且正在探索更快速度获取数据方式且对其进行可视化，例如，由原来的台式计算机或笔记本电脑获取数据，逐渐发展为从各类移动设备终端（如手机、平板电脑等）获取数据；所获得的内容也由单纯的文字或数字转变为可视化的图形、图标、图像等，从而给民众提供更为直观便捷的服务。

7.3.2　国内的相关政策、制度和法律环境建设

我国对个人信息的保护包括法律保护和自律保护两个方面。目前，我国尚未针对个人信息的收集、分析、使用行为出台专门的法律，但存在着一些相关领域的法律和行政规章，以及侵权责任法、刑法等部门发布的相关规定对个人信息加以保护。例如，我国 2012 年 12 月 18 日公布施行《全国人大常委会关于加强网络信息保护的决定》，其内容主要为一些必要的互联网管理措施提供法律上的依据，以此保障公民、法人和相关组织的合法权益；2013 年 7 月 16 日由国家工信部公布且于同年 9 月 18 日开始施行的《电信和互联网用户个人信息保护规定》对电信业务经营者与互联网信息服务提供者收集、使用用户个人信息的行为加以规范，确保安全的保障措施及相关法律责任。此外，互联的快速发展，在我国也催生了一些行业自律规范的产生，如 2012 年 11 月 1 日，百度、搜狗、奇虎、网易、腾讯、新浪等多家搜索引擎及相关企业在北京签署的《互联网搜索引擎服务自律公约》就反映了中国互联网行业的自律实例。

在知识产权保护方面，我国仍然缺乏知识产权大数据管理方面的立法，虽现行的法律对知识产权保护有了详细规定，但面对大数据这一特定环境，难免法律会存在一些新问题规定的空白。目前，我国仅在《民法总则》第 127 条中对数据保护做了原则性规定，而在司法

---

① 齐爱民．美德个人资料保护立法之比较，兼论我国个人资料保护立法的价值取向与基本立场［J］．甘肃社会科学，2004（3）：137－141.

实践中，与大数据相关的案例大多通过《著作权法》《反不正当竞争法》等多种方式进行保护。目前新修订后的《民法总则》第 127 条规定，法律对数据、网络虚拟财产的保护有规定的，从法律视角原则性地明确了数据作为财产权的对象，而对于知识产权保护方面的策略，主要以是学习和借鉴国外知识产权保护经验为主。

7.3.3 未来可能需要的政策、制度和法律环境的支持

虽当前国内外通过制定相关政策、制度或法律对大数据环境下的个人隐私和知识产权进行了保护，且产生了一定的影响，但难免会存在着一些不足之处。为解决此类问题，未来将从以下几个方面对相关政策、制度和法律环境进行完善。

（1）完善用户隐私和知识产权保护方面的法律法规及条例。大数据时代下，知识产权方面的法律法规体系也要做相应的调整和修改。例如，制定个人信息非法收集的立法体制（规定大数据主体在需要收集用户个人信息时，必须向用户明确说其可能存在的信息收集行为及收集个人信息的用途和目的），针对个人信息过度分析的立法规制（立法应当规定对个人信息储存时间的限制、规定个人信息可供分析的程度），针对个人信息泄露的立法规制（立法应当规定个人信息的掌控者有妥善保管个人信息的义务），立法规定专门机构监管自律组织与自律规范（应当通过立法明确细化的规则，规范审查机构的工作流程，严格按照法律规定为自律规范的实施提供程序保障）。大数据环境下的知识产权保护在不同情况下可以受到诸如商业秘密权、版权法（著作权法）隐私权、合同债权、人身权及反不正当竞争保护等多项法定权利的保护。但目前缺乏有关数据公开、数据安全和数据产权的法律法规，政府对数据信息的开放、采集、交易等相关全责做出明确界定，建立一套民事责任、行政责任、刑事责任有机结合的数据侵权责任法律体系。

（2）通过运用监测软件等工具来保护个人隐私和知识产权。当前，可供人们使用的智力成果存储、电子文档监测软件工具越来越多，这些软件定位和追踪敏感文档和重要信息，实时监测数据情况，如知识产权核心信息，追踪对资料的使用者可以很好地监测可能或潜在的信息泄露或被利用，如 2005 年前后出现的数据丢失防护类工具，现在越来越多地被使用在其他安全工具集上，有效地保护了这些“大数据”。又如，可借鉴百度、Google 等图像识别功能保护商标和外观设计专利领域的在先权利；借鉴京东大数据管理评论技术，将待申请的专利说明书与已有专利说明书之间的关联性进行分析，从而使申请人全面了解到潜在类通行，避免机会成本增加①。

（3）构建大数据知识产权开放平台。在大数据时代，经济、贸易等领域的数据要想发挥更大的作用和带来经济效益，需要和政府的各类基础数据紧密结合，形成真正的大数据系统，需要政府部门、知识产权服务机构、企业和大数据服务机构的良好沟通与协作。建设大数据知识产权平台，有助于服务有大数据需求的用户，有利于降低数据获取或利用的成本，减少知识侵权行为的发生。

---

① 崔立红，刘德旺．大数据时代我国知识产权管理与保护的变革［J］．知识产权，2016（11）：89－93.

7.4　情报工程技术平台的建设

建设数据资源库是科技情报研究工作的基础，但事实型数据本身并不能为科技情报研究工作中的具体问题提供答案。如何从事实型数据资源库中淘出金子，找出隐藏在浩如烟海的事实型数据中的重大发现、重要规律，甚至进一步归纳出影响科技政策和科技战略的关键因素，这就需要借助各种专用的研究方法、研究工具和研究模型。这些方法、工具和模型必须建立在一定的技术平台上才能发挥其最大作用①，因此，情报工程领域技术平台的构建是使情报工程从理论走向实践的必经之路。

7.4.1　大数据系统

大数据具有的数据量（volume）大、处理速度（velocity）快、数据类型（variety）繁多和价值密度（value）低这“4V”特征②，为情报学提出新挑战，而大数据系统作为以处理数据为核心的系统，涉及数据整个生命周期的不同阶段的数据处理过程。根据情报工程的思想，大数据系统的系统架构被分解为数据生成、数据获取、数据存储和数据分析 4 个连续阶段，这 4 个阶段形成数据的整个生命周期。

（1）数据生成阶段关注数据产生的过程。大数据系统将特定数据生成环境中不同类型、不同用途、不同大小的原始数据进行采集并整合，产生可供进一步研究的复杂数据集，通常此复杂数据集的价值与随后的数据处理方法、数据分析方法等有着本质联系。

（2）数据获取阶段关注信息获取的过程。包括数据传输和数据预处理。对于数据生成阶段产生的数据集，运用合适且高速的数据传输机制将其传输到特定存储介质中，以便将来调用和查找，而数据预处理阶段则将数据传输中为便于数据识别的标记冗余信息进行技术压缩，以减轻数据存储压力。

（3）数据存储阶段关注存储的持久性和有效性。大数据系统下的数据存储系统包括两部分：硬件基础设施和数据管理软件。硬件基础设施由资源池组成，资源池以任意方式组织，保证数据存储与取用的便捷性，同时保证硬件基础设施在一定程度上具有扩充的可能性。数据管理软件则建立在硬件基础设施之上用于与用户进行交互，给用户提供便于其管理数据的接口和操作方式。

（4）数据分析阶段关注数据的最终效用。利用多样的数据分析方法和工具可以挖掘存储在数据存储系统中的数据，根据用户的不同需求挖掘不同深度的数据价值。数据分析技术主要分为结构化数据分析、文本数据分析、多媒体数据分析、Web 数据分析、网络数据分析和移动数据分析 6 个方面，以此为基础衍生出很多新的方法或技术。

通过大数据系统，情报工程可以更加系统化、流程化地对数据进行处理分析，推动情报

---

① 贺德方．工程化思维下的科技情报研究范式：情报工程学探析［J］．情报学报，2014（12）：1236 - 1241.

② 陈肖庚，王顶明．MOOC 的发展历程与主要特征分析［J］．现代教育技术，2013，11：5 - 10.

科学研究的发展①，在这其中，大数据技术下的情报工程体系给创新型国家带来的最重要影响的有两点：技术洞察与技术基础设施的根本变革。

技术洞察是指通过对某技术领域内海量信息资源的深入挖掘和分析，在揭示已有技术发展趋势及其相互关系的同时，发现最新技术动向，洞悉该领域可能出现的技术形态或技术发展点。

技术创新服务平台是国家技术创新工程的三大载体之一，是引导社会公共服务资源向企业集聚，建立产学研机制，构建面向企业技术创新的公共平台，搭建企业所需的“随时、随地、随需”的创新支撑环境，突破技术创新服务的“最后一公里”障碍，来有效解决当前我国在产业技术创新链中存在较为严重的产学研结合松散、持续稳定的有效合作不够、企业特别是中小企业创新缺乏有效的支撑服务等问题。技术创新服务平台以政府主管机构、行业及个人等广大的用户群为服务对象，提供创新知识，是技术创新的基础性平台，起着基础设施的作用。其开发过程采用了情报工程的理念，各层面的研发成果如下。

（1）数据层面。为获得全样本数据，平台提供了从多种渠道获取信息的功能，包括数据库、网站和文献资料等。利用自然语言处理技术，对文本进行分析和处理，建立语义索引。对重要数据，动态可视化地展现给用户。

（2）工具层面。针对技术创新的重大需要，提供模拟仿真工具和企业评价工具。

（3）智慧层面。提供创新有关人员之间智慧协同聚合（synergy）的机制。

虽然利用情报工程思维对我国创新型国家建设带来诸多益处，但我们也不能忽视目前在大数据系统的技术平台建设还有许多亟待完善的地方，具体如下。

（1）大数据的情报研究理论和方法的思考②。传统情报研究侧重于各类科技文献资源和科学数据，大数据的兴起和发展能够丰富传统情报研究中事实数据的来源、内容与媒体形态，不同的事实数据互相补充、互相印证，能够促进传统情报工作水平和情报产品质量的提升。大数据时代的科技情报发掘利用涉及包括数据获取、数据监护、数据存储、数据检索、数据共享、数据分析、数据展示等多个环节在内的价值链条，如何采用一种有效的模式开展情报工作，实现科技情报的价值，服务科学技术和国民经济发展，将是我们面临的一项重大挑战。

（2）大数据下的科技情报技术基础设施建设。在大数据时代，情报工作已突破单一数据源、单一机构、单一行业的制约，大量的数据交换、集成和融合，大量的数据处理和分析，大量的专家决策等需要通过云计算的方法实现，这已经不是某一个情报所、某一个企业、某一个行业所单独能完美解决的事情，需要通过顶层设计来考虑整个情报工作的价值链条，联合政府、企业、科研院所、情报服务机构和个人等各方的力量，建立信息服务业和技术基础设施，推动技术创新、知识创新和制度创新，形成积极协作、互惠互利、健康发展的社会创新机制，使科技情报互动融入经济社会发展的网络之中，使科技情报事业真正成为我国经济发展的“倍增器”。

---

① 贺德方．大数据环境下的情报学［J］．数字图书馆论坛，2012（11）：2－5.

② 迟玉琢．大数据背景下的情报分析［J］．情报杂志，2015，34（1）：18－22.

（3）大数据下的技术情报工程模式推广教育与人才培养。在大数据技术情报工程应用的需求牵引下，数据的监护人才、工具的开发人才、数据的分析洞察人才及情报工程管理人才的需求量非常大。这些专业技术人员的孵化，需要从科研院所的学科设立、从业人员的上岗培训做起。这对我们既是挑战，也给了我们这样的国家级情报所引领行业发展的新机会。

总之，利用大数据及其相关工具、算法、模型、平台和技术等进行情报计算、信息统计、数据挖掘和知识发现，以实现情报工作的自动化、协同化、规范化、系统化①，并在此基础上完善情报系统功能是情报工程的核心价值理念。

7.4.2 云计算系统

云计算，其本质不是一种具体的技术，而是一种理念和方式，它利用虚拟化技术，通过网络来实现分散资源间的整合和互操作，在任意时间和地点，以被请求的任意方式为用户提供高效、灵活、按需分配且成本低廉的服务，包括软件、平台和基础设施等各层次的服务。

一个典型的云架构分为 3 个基本层次：基础设施层（infrastructure）、平台层（platform）和应用层（application）。其中，每一层都可以为用户提供服务，分别为：基础设施即服务（infrastructure as a service，IaaS）、平台即服务（plat-form as a service，PaaS）和软件即服务（software as a service，SaaS）②。基础设施即服务交付给用户的是基本的基础设施资源。基础设施层向用户提供了虚拟化的计算资源、存储资源和网络资源，这些资源能够根据用户的需求进行动态分配。平台即服务交付给用户的是丰富的“云中间件”资源，这些资源包括应用容器、数据库和消息处理等。软件即服务交付给用户的是定制化的软件，即软件提供方根据用户的需求，将软件或应用通过租用的形式提供给用户使用，该软件通过网络交付给用户，用户不需要在本地安装。

云计算作为一种新的技术方案，具有下面几个方面的特点。

（1）以用户为中心。云计算可以将各种资源像水、电等公共设施一样方便快捷地提供给最终用户，用户不用关心其来源和原理，只需登录系统，即可直接使用。

（2）高扩展性。云中的各种资源可随业务量的增减而弹性改变，为用户提供足够的空间和足够的计算能力。

（3）高可靠性。通过数据多副本容错和计算节点同构可互换等措施来保障服务的高可靠性，用户不用担心数据的丢失或损坏，能够享受到最安全的服务。

（4）成本低廉。云计算使用户能够更专注于本身的业务，而无须花费成本和精力投入到各种软硬件的基础设施的建设中，用户只需一台终端接入云中，即可按需取用，并按实际使用量付费。

云计算可以加快部署周密的战略、使用最新的软件、获得专家支持而无须承担昂贵的成本支出，其卓越的优点使它应用在各个领域各个方面，总结起来主要是以下 3 个方面。

---

① 曾建勋．适应大数据环境建设情报工程学科［J］．数字图书馆论坛，2015（5）：1.

② 肖晶，吕世炅，张晓丹．云计算环境下面向用户的科技信息资源整合和服务浅析［J］．现代情报，2014，34（3）：63－67.

（1）数据存储和资源整合。云计算的出现使用户可以将所需要的数据信息存储在互联网的某个地方，以便随时随地访问且不同担心容量限制。同时，利用云计算提供的强大、弹性的计算和存储能力，以统一的公共云服务平台和机构私有云结合的混合云的方式，来对现有机构的各类资源和服务实现整合，从而实现基于核心资源的分布式存储之上的集中式管理和服务。云计算平台是一种公有云和私有云混合的模式，各生产中心建立自己的私有云，通过云服务平台接口，在公共云服务平台上整合各自的资源，从而对外提供统一的服务，形成一个统一的公共云服务平台，生产中心的私有云只需对云服务平台负责，通过云服务平台提供的接口，在云服务平台中提供并维护各自的服务，终端用户不再与生产中心直接交互，只需根据自己的需求在云服务平台中请求相应的服务即可通过云计算对信息资源整合，其中云计算的特点为：①服务的位置无关性。在云计算环境下提供的服务，能保证用户在任意时间、任意地点都能方便快捷地获取云中提供的信息和服务，用户不需关心具体的细节，只需要一个终端，如笔记本或者平板电脑，即可通过互联网随时按需购买并获取服务。②服务方式的多样化。除了简单的文献服务外，还可以提供大规模计算服务、数据存储服务、知识服务、社交网络服务等。③深入的个性化服务。按需为用户提供服务，通过数据挖掘发现用户的关注点，从而提供用户感兴趣的服务，允许用户个性化地创建或者设置自己所需要的服务。

（2）系统扩展和业务延伸。云计算平台具有优越的弹性扩增性能，随着技术和需求的发展，系统可以以最小的成本满足用户需求。因此，当系统在前期设计时，就可以完全按照现有需求进行设计，而不用为之后的弹性扩增进行担忧，是目前系统设计的一大福音。

（3）合作办公。利用云端的虚拟现实技术，企业或个人可以在不同的时间或空间进行交互办公，同时可以将办公内容和任务等进行共享，极大提高办公效率。

情报工程中的技术基础设施是一种便利的基础服务，在大数据环境下，应当以云服务作为其必要的服务手段①。通过云服务，情报工程可以保障基础设施平台的开放与共享，这是形成良好社会创新机制的重要基础。

7.4.3 工具和方法体系的建设

分析方法与技术工具的发展为情报工程提供了技术基础。情报研究工程化突出强调工作流程及所涉及要素的标准化，以及情报研究的自动化处理，其目标是对所有产出具有统一、规范的质量评价体系。信息技术的迅猛发展使科技信息资源纵深和集成分析处理的可能性大大提高，各类分析方法及软件工具不断涌现，为情报工程的提出奠定了技术基础。传统的科技情报研究与服务仅停留在信息检索与文献传递的层面，缺乏信息的深度利用与挖掘，而随着新一代信息技术的不断涌现与飞速发展，数据挖掘、信息分析、知识组织和知识关联、语义分析等技术已经逐步成熟，包括云计算、大数据、移动等通用技术的逐渐普及和应用，科技情报研究与服务的支持渠道和应用环境不断优化，传统技术瓶颈被打破，为工程化思维下开展科技情报研究与服务提供了有力的技术支撑。

---

① 叶小榕，邵晴．一项结合云计算和 PKI 的数字图书馆系统框架设计［J］．科技导报，2010，28（9）：63－67.

当前，国内外的研究方法非常多，它们可以总结为5类，即定量分析法与定性分析法、纵向对比法与横向对比法、宏观研究分析法与微观分析法、专利检索法与文献分析法、研究设计方法与决策应用方法等。钱军等①根据各自描述研究对象情报特征的途径和方法的差别，将其聚类为基于数据的方法、基于文献的方法、基于知识的方法、基于人的方法、基于组织的方法和基于认知的方法6类，进一步明晰了各种方法之间的关联性。二次世界大战以后，除了文献定性研究、文献计量研究、层次分析、专家咨询、聚类分析、矩阵分析等传统科技情报研究方法外，国内外都在积极进行专用方法的创新，例如，美国兰德公司先后创造了德尔菲法、“跨学科”研究方法、大规模情景法、成本效用分析法、处理不确定问题方法、度量研究效益方法、未来方法、离散选择模型等诸多应用广泛的分析方法和工具，也为其赢得了无数的成就和荣誉。尽管目前的方法研究仍不可避免地要以定性方法为主，但是定性与定量相结合的综合集成方法的应用趋势日趋明显。综合集成方法将专家智慧、事实型数据资源、文献资料和计算机技术进行了很好的结合，这种以人为主、人机结合的系统集成方法不仅能很好地体现社会科学研究自身的特点，还最大限度地避免了研究个体的某些缺陷对整个研究造成的负面影响，因而应该更加积极地推动其在科技情报研究领域的应用②。

而在研究工具上，一般包括逻辑模型、数学模型、图表模型、文字表述模型和系统仿真模型5类，它们都可能在情报工程研究中用到。情报工程化除了强调传统的文献计量研究、定量定性分析、专利检索、文献定性研究等的结合外，更强调在应用层次分析、聚类分析、矩阵分析、德尔菲法、大规模情景法、成本效用分析、度量研究效益方法等工程技术方法基础上，实现工具的自动化、集成化。基于事实型数据的研究所采用的工具更加关注科技人才、科技经费等投入指标及专利、知识产权、论文等产出指标，并相应地采用一些工具来进行研究。目前广泛应用的情报分析工具有Thomson Reuters的InCites、TDA、Essential Science Indicator等，以及Scopus的SciVal工具平台，包括SciVal Spotlight和SciVal competency map，可用于共被引聚类，可对科学引用结构进行可视化展示。除了这些常用工具外，各研究机构还在实践中探索出一些专用工具，也取得了很好的效果，例如，兰德公司的10万正态偏差的百万随机数字、投资组合分析工具、计算机辅助决策分析工具，中信所的T21模型等。此外，在情报工作进行的过程中，流程化的思想也是情报工程的特点，例如，爱思唯尔的研究过程就包含了技术工程流（technical work stream）、分析工程流（analytical work stream）、编辑工程流（editorial work stream）和通信工程流（communications work stream）；相应的，印第安纳大学也有科学图谱绘制的工程流。这些在情报工程的实际研究和操作工程中起着重要的作用。

在情报工程化思维下，与情报问题相关的所有数据、方法和技术将被以构件的形式集成到一个统一的工作流中。通过研究方法、工具与高质量的事实型数据资源之间的有机结合，可以有效地使科技情报研究工作者做出比较准确和客观的判断，只有科技情报研究人员真正理解了各种分析工具，并能够针对研究工作的具体需求进行不断的优化，形成研究方法、研

① 钱军，杨欣，杨娟. 情报研究方法的聚类分析 [J]. 情报科学，2006（10）：1561－1567.

② 乔晓东，朱礼军，李颖，等. 大数据时代的技术情报工程 [J]. 情报学报，2014（12）：1255－1263.

究工具与研究成果之间的良性互动，才有可能产生高水平的科技情报研究成果，因此，需要加强方法和工具的创新与灵活运用工作。

7.4.4 人工智能技术的开发与建设

“人工智能（artificial intelligence，AI）”的概念始于1955年，是McCarthy给美国Dartmouth学院将于1956年进行的自动机研究计划所做建议之中提出的，这个研究计划的名称为“The Dartmouth Summer Research Project on Artificial Intelligence”①。因此，公认地，1956年夏季在美国达特茅斯学院关于人工智能研究领域的这次会议，成为“人工智能”概念诞生的时刻和场所。当前，“人工智能”定义被综合为两个流派，即行为主义学派——将模拟人类行为作为人工智能的本质特征，以及符号主义学派——将类人的思考作为人工智能的本质特征。行为主义学派承认机器系统外在行为结果与人的行为结果的一致性，而不保证人工智能与人的思维的本质完全一致；而符号主义认为至少在人的抽象思维方面在原理上、本质上是一致的。人工智能的研究是与不同领域相结合进行的，目前主要有以下应用领域。

（1）专家系统。专家系统是具有专门知识的计算机智能程序系统，它运用领域内专家的经验和知识，模拟人类专家求解问题的思维过程来解决问题，在人工智能领域发展较成熟。专家系统一般由知识库、数据库、推理机、解释器及知识获取5个部分组成，通过运用存储专家知识经验的知识库，在数据库中存放专家系统利用推理机得出的结果，用户可以通过解释器作为人机交互的接口进行知识获取，实现了人工智能从理论研究到实际应用的重大突破，并广泛应用于医学、地理等领域，形成广泛的用户群。

（2）机器学习。机器学习是一种能够赋予机器学习的能力以此让它完成直接编程无法完成的功能的方法，机器学习时计算机利用数据而不是指令来进行各种工作，它的主要目的是把人类通过思考归纳为自身经验的过程转化为计算机通过对数据的处理计算得出模型的过程，并利用此模型对未来进行预测。机器学习是人工智能的关键技术，通过建立具体任务的学习系统，实现机器系统在外在行为结果上与人类一致的目标，目前比较成熟的应用为无人驾驶汽车的研发，通过机器学习，汽车可以在无人驾驶情况下对路面信息进行判断，从而安全行驶抵达目的地。

（3）模式识别。模式识别是指对表征事物或现象的各类信息进行处理和分析，以达到对事物辨认和分析的过程，是人工智能的重要组成部分，主要包括语音识别、文字识别、指纹识别等。在模式识别技术中，关键问题是自然语言的识别和处理，通过自然语言处理，机器能够“读懂”人类的语言，通过系统分析和用户进行交互，实现真正的人工智能。目前除了市面上常见到的光学字符识别和语音识别系统外，模式识别也广泛地应用于医学领域，对白细胞和癌细胞的识别技术已进入使用阶段。

（4）人工神经网络。人工神经网络是模仿动物神经网络行为特征、运用神经元作为元处理单位进行机器学习的方法，人工神经网络具有极强的学习能力，通过神经元的动态演化过程，修改知识库和推理机的结构，可以实现根据用户的实际操作和具体行为推断用户意图

① 徐高林．人工智能与图书情报工作自动化［J］．现代图书情报技术，1995，1：43－45．

的目的，从而对满足用户需求的信息、资源等进行推荐。通过多年研究，人工神经网络快速发展，已成为机器学习中重要的方式和方法。目前，除了对人工神经网络模型进行优化改造外，新的人工神经网络模型也日益增多，在大数据趋势下，人工神经网络与不同领域的融合也日渐紧密，在情报工程领域中，通过运用人工神经网络，可以提高信息服务系统工程的智能化程度，提高用户的个性化服务水平，加快推进情报工程的实用价值。

人工智能技术作为信息科学的重要组成部分，在情报工程思维的引导下，正在向大型分布式人工智能、大型分布式多专家协同系统等工程领域发展，不断推进情报科学的应用广度和深度。

7.4.5　综合集成平台的开发与建设

异构数据源综合集成遵循科学领域逻辑框架内的信息集成研究，在情报工程领域中关注数据规范和集成，对不同来源的数据在异质领域本体融合基础上实现数据语义规范化和位置一致性，是情报工程领域中高效实现信息聚合的一条必经之路。异构数据源综合集成是指把不同来源、不同格式、不同结构和特点的数据在逻辑或物理上有机地集中，从而方便数据的获取和利用。异构数据源综合集成是综合集成平台的基础和关键，通过运用综合集成平台可以利用组件化方式高效率完成异构数据源融合功能。

综合集成平台是指在不同应用系统之间实现内容聚集、应用整合和数据集成的信息聚合平台系统，数据集成功能集数据采集、数据处理、数据存储和数据发布于一体，它能够对跨时间、跨空间的异构数据源进行采集，并按照用户设定的具体方式将其进行适当的预处理，并存储在综合平台不同系统中，以便随时调取，同时该平台还可以为其他系统提供结构化的数据支撑，实现数据共享和传播。综合集成平台通过将不同系统进行有机整合，使用户可以在综合平台上进行多功能操作，形成操作和监管的一体化。综合集成平台具有以下几个显著特点①。

（1）综合集成平台要以满足用户需求为根本出发点，而用户需求具有一定的模糊性和多变性，因此，运用综合集成平台可以多方位满足用户需求以控制风险。

（2）综合集成平台不是最好产品和最高技术的简单集成，而是要站在用户角度，以最适合用户需求和现阶段投资的产品和技术进行高效融合，以最低的成本取得最大的效益。

（3）综合集成平台是一种系统工程，因此包含技术、管理、应用等多方面，是一项综合性的系统工程，强调各方面的配合和协作。

（4）综合集成平台强调沟通的重要性。从综合集成平台的需求调研、方案确定、技术实现到操作应用均涉及沟通的问题，如果沟通不及时或不彻底，都有可能形成系统偏差，无法满足用户的根本需求，形成资源和财产的浪费。

（5）综合集成平台强调规章制度的统一性和规范性。在综合集成平台中，信息化给用户带来便利的同时也增加了信息安全隐患，因此，在整个集成平台的操作过程中，要以法律、法规、规章制度为基础，保证信息传递和利用的合理合法。

---

① 刘红煦，曲建升．文献综合集成模式下领域知识发现流程研究［J］．图书情报工作，2016，60（4）：125－133.

综合集成平台在总体架构设计阶段共构建了支撑层、资源层、应用层和用户层 4 个层次，支撑层原型系统主要采用 P2P（Peer-to-Peer）技术和 Gnutella 网开源包作为支撑，使互联网之间可以交互共享，方便高效地实现情报知识管理系统的构建；资源层主要包括对信息和知识进行存储，通过运用各种知识库对信息进行分析和整合；应用层主要为对互联网资源进行上传下载功能，用户可以检索自己想要的信息并添加自己认为重要的信息，形成人机之间的良好交互；用户层的对象为使用综合集成平台的个人或集体，他们可以通过人工或机器自动的方式访问和使用该平台。

在情报工程学领域中，综合集成平台可以实现人与人之间、应用系统之间、不同数据资源之间、不同终端设备之间、不同应用场景之间、人与机器之间等全方位的协同，并且能将内容聚集、应用整合和数据集成等不同应用模块融合为统一的整体，具有非常大的应用价值，具体来说包括以下方面。

（1）快捷高效地实现信息的统一发布，使不同应用、不同系统层面的人员能够无时差接收有用信息，同时辅助建立文化宣传阵地；建立协同工作平台，降低沟通成本，提高协作效率，增大收益。

（2）通过对内部流程的梳理和统一，可以去繁化简，取消功能内容相似或相同的系统应用，使信息化建设可以密切联系不同系统应用程序，实现工程化创新和系统重大改革。

（3）通过综合集成平台的应用，明确不同应用、不同系统之间的关系，减少对其的重复操作，增强整体执行力，实现效率驱动的信息化蓝图。

总之，综合集成平台的建设和开发始终坚持以系统工程为核心思想，在操作利用中，融合情报工程对数据集成的核心技术，不断完善各系统层面的相互协作功能，实现综合集成平台管理行为和技术行为的高度统一。

7.5 情报工程人才队伍的建设

数据资源库加上专用的研究方法、工具（包括有针对性开发的技术模型），可以为科技情报工作者完成高质量的研究报告奠定坚实的基础和条件。但仅有这些基础和条件仍然不够，还需要高水平的专家智慧作智力保障，而专家智慧源自于情报工程人才智慧的结晶。专家智慧的引入可以使科技情报工作者更好地了解决策需求，更有针对性地处理事实型数据资源，更及时地选择、调整研究方法、研究工具和分析模型，从而做出能够为科技决策提供支撑的研究成果。情报工程建设有其自身人才结构层次，基于工程化思路的情报研究设计与实现，不仅可以使情报分析团队和人才结构中的不同角色协调统一，而且也可以使情报分析者、信息提供者及最终用户等不同主体可以在一个统一、规范的业务平台中实现协同工作。

7.5.1 计算机系统专家

21 世纪以来，计算机通信与网络技术的飞速发展，使网络已经成为人们获取信息的重要途径，而网络信息资源正在以惊人的速度不断增加，需要存储和传播的信息量也越来越大，信息的种类和形式也越来越丰富，计算机系统应运而生。计算机系统作为数字化信息仓储、处理、分析和管理的工具，能够根据用户需求展现相应功能，是目前进行计算机操作的基础。由于计算机系统的高处理性能，使计算机系统专家成为目前炙手可热的信息化人才。

计算机系统专家需要将信息技术、现代管理技术和制造技术相结合，并应用于产品全生命周期（从市场需求分析到最终报废处理）的各个阶段，通过信息集成、过程优化和资源优化，实现物流、信息流、价值流的集成和优化运行，达到人（组织、管理）、经营和技术三要素的集成。以加强企业新产品开发的时间、质量、成本、服务、产品创新、环境，从而提高企业的市场应变能力和竞争能力。

计算机系统专家主要针对计算机系统进行操作，需要掌握熟练的计算机建模、系统开发技能，并能在一定程度上对系统改进和创新提出自己独到的见解。目前，我国政府也已认识到计算机系统人才对科技和经济发展的重要作用，制定了人才强国战略，但总体来看还是政策层面多，具体措施和贯彻落实不够。为此，提出以下建议以供参考。

（1）培养和留住本土人才，保证人才供给。首先，计算机系统专家的培养应提前规划、超前部署。人才的培养有个过程，因此，一是要根据科技发展的前瞻性预测，提前制定人才的培养规划。十分重要的是，要改变我国教育制度，改变以灌输知识为主的教育方式为以培养能力为主的教育制度。二是学校的课程配置要服务于科学技术的发展和就业需要，以满足未来社会对各学科人才的需求。三是要加大高层次人才的培养力度，对研究生、博士生，特别是博士后研究人员，要给他们以锻炼的机会，在项目和经费等方面给予支持。同时，通过国际合作，让我国研究人员到国外一流研究机构去工作和学习，在与各国的交流中相互竞争和进行合作研究，缩小与世界先进水平的差距，以满足我国对高级研究人才培养的需求。其次，要重视在职培训和继续教育、大学和企业联合培养人才，提高应用型人才素质。

（2）构筑人才高地，引进国外顶尖人才。政府应制定必要的政策，在确有需要、国内没有合适人选的关键领域和关键岗位上适当引进国际顶尖计算机系统专家，给予具有国际竞争力的优厚条件和待遇。通过顶尖人才的引进，带动计算机系统领域的发展，从而使参与研究的国内人才队伍得到提升，这种引领作用可能比派出几个人去国外参加合作研究更有效。但引进人才时，要考虑其适应国内研究环境的能力及其对科学无国界的认识和理解。对于一般性人才，可以通过国际人才市场自动进行调节，进行双向选择。

（3）建立适合我国国情的使用人才的良好环境。第一，要为计算机系统人才创造宽松的科研环境。科学研究需要静下心来，扎扎实实地做，不能急功近利，要为科技人才创造一个可以自由思考和探索的宽松的学术环境，不能简单地用科研论文等指标衡量人才的成绩，特别是对于基础研究领域更应注意这一点。同时，从生活上关心科技人才，解决他们的后顾之忧，使其能专心致志地投入科研和创新，进行深入的、有创造性的研究。第二，要建立良好的公开、透明的科研资助体制科研资助体制，使科技人才不必为争取科研经费而花费大量的时间和精力，能够安安心心地做研究、搞开发。第三，还要形成对科研成果客观、公正的评价机制，不唯学历、不唯资历、不唯职称、不唯身份，而以能力和业绩作为人才考核的主要指标，从而调动广大科技人员的积极性和创造性。

计算机系统作为目前情报工程领域运用最广泛的计算机技能之一，对在人才培养上必须保持连贯性和全面性，只有这样才能培养出我国本土计算机系统专家，在情报科学领域进行开发和维护，提高系统安全指数。

7.5.2 领域专家

情报工程领域专家是指活跃在科学技术研究一线的学术思想活跃、学术造诣较深、在学术界影响较大并了解国内外发展动向的情报工程学科的学术带头人或专家学者。在情报工程建设的过程中，事实型数据资源库和专用的研究方法、工具可以为研究工作搭建一个共识的工作平台，但要想在这个平台上产生有独特视角、独特观点和高质量的研究报告，必须依赖专家的特色理论及专家对本专业领域情报信息的敏锐洞察力和分析力，不同的机构、不同的研究人员对同一数据资源可能会得出不同的分析结论，这里领域专家专业素养的差异起到了很重要的作用。例如，通过同样的论文统计数据库资源和几乎同样的分析工具，瑞士的《洛桑报告》和世界经济论坛对中国的科技竞争力评价就产生了不同的研究结论，这是因为，这两个机构所聘请专家的专业领域和专家所关注的领域及研究的视角是不同的，从而根据专业偏好选择的指标体系迥异，专家智慧导致了不同的研究结论。再如，兰德公司所使用的数据库的基本来源与世界上很多类似研究机构没有本质的不同，但兰德公司的研究报告深度、权威性和被政府决策者采纳的比例却很高，这和兰德公司所聘用的专家个人能力突出有很大的关系。

在我国的科技情报研究工作中，也越来越重视领域专家的智慧，《国家中长期科技发展规划纲要（2006—2020年）》的制定就是一个最好的例证。在这项艰巨的战略性研究工作中，全国科技部门和研究机构提供的各种数据、工具是一个重要的研究基础，但在这个研究基础上，组织了多人的专家队伍，并以这些专家为核心衍生出更多重点领域的专家研究团队，在众多专家的智慧基础上，才使这样一个重要的研究工作对我国中长期的科技发展产生了明确的方向性、指导性和引导示范作用。

作家格拉德威尔在《异类》一书中提出“一万小时定律”，认为要想成为某个领域的专家，需要10 000个小时的坚持与专注，才能吸收和理解有关的知识和技能，成为大师级人物。而在情报工程的建设过程中，不仅是领域专家个人，执行团队、质量监督团队、评审保障团队的统一协作是高效的情报服务的保障。科学研究范式的演进变化及用户信息行为、大数据、e-Science、开放获取、开放式创新等因素给科技环境带来了新的变化因素。科研及科研管理活动方面的决策选择，其所需的情报与信息已经超出了个人处理信息的能力。正是在这种背景之下，协同化的情报工程应运而生，用以支撑科研及科研管理者日益复杂的决策活动。领域专家在决策选择过程中，起到领袖作用，不仅利用自身独到的视野进行战略分析，同时对整个团队的凝聚力和向心性起到提升作用，在情报工程团队中属于不可或缺的人物。

而在我国目前的情报工程建设过程中，推动情报工程的学科化发展亟待有领域专家和一支坚持开展情报工程研究、开发、实践、试错、应用及示范的探索型团队，在过程中不断积累经验，引导、带动情报工程向纵深发展，并快速培养出一批新的领军人才，在这一点上需要高等院校、科技情报机构、图书馆等行业内机构围绕情报工程的发展思路，从学位教育、人才培养、梯队建设、岗位培训等多个方面共同下力气、做工作，只有这样才能形成由领域专家带头、探索型团队支撑的情报工程团队。

在情报工程研究中领域专家的加入可以使科技情报工作者更好地了解决策需求，更有针对性地处理事实型数据资源，更及时地选择、调整研究方法、研究工具和分析模型，从而做出能够为科技决策提供支撑的研究成果，但需要注意的是，领域专家不是一个个体，只有在良好的团队中领域专家才能发挥其最大的价值，为情报工程的发展壮大提供最坚实的保证。

7.5.3 数据分析师

大数据时代，数据越来越共有化，然而能驾驭这些数据、提供智囊团化的分析结果的企业才会处于强者的地位。物理世界与赛博世界的一体化、事实数据与仿真系统的融合（在数据不可获得情况下的一种辅助手段），形成大数据的全貌。为了个人、企业、各级政府等不同的用户都获得大数据的红利，数据分析师应运而生。数据分析师是指在不同行业中，根据一定的目的进行行业数据搜集、整理、分析，并根据数据对行业走势进行评估和预测，为用户进行辅助决策的专业人员。数据分析师通过运用科学的分析工具，对企业未来的收益和风险进行预测，辅助领导者进行战略决策①。目前，数据分析师主要分为两类：一是注册数据分析师（certified data analyst，CDA）；二是项目数据分析师（certified projects data analyst，CPDA）。

2005 年，全国第一家数据分析事务所在陕西成立，2008 年中国商业联合会数据分析专业委员会成立，成为我国数据分析行业的唯一行业组织，通过这些社会支持和国家的大力推动，数据分析师的应用领域不断拓宽，分布到政府、企业和个人等各个层面。美国《时代》杂志也把数据分析师评为 21 世纪的黄金职业。

在数据量呈指数增长的互联网时代，更好地利用数据成为数据分析师的首要任务。他们必须能够在结构化或非结构化数据中选择适合的维度建立统计学模型来分析用户的行为特征，并能够利用合理的可视化方式对数据分析结果进行展示，解答用户疑问，同时根据用户需求的转变对分析方式和结果进行调整。数据分析师在海量数据库中提取有价值的信息，辅助用户做出战略决策并不是单个能力的产物，而是其综合素质的体现，因此，数据分析师所应具有的能力包括如下方面。

（1）行业知识。一名合格的数据分析师一定要对所在行业的领域知识和业务知识有深入的了解，充足的行业知识是进行数据分析的基础，如果只针对空洞的数据进行分析，而不考虑任何行业背景，那么分析结果也将毫无实用价值。因此，行业知识是成为好的数据分析师的先决条件。

（2）分析方法。数据分析师的最主要任务就是进行数据分析。例如，掌握多元统计分析、应用回归分析、时间序列分析、对比分析法、综合评价分析法、相关分析法、聚类分析法和因子分析法等，并掌握 SQL 语言进行数据库的查询和提取。通过对这些方法的掌握，可以让数据分析师根据数据特性快速准确地选择合适的方法进行建模，从而得出有用的信息进行辅助决策。

---

① 张文霖．数据分析师那些事儿［J］．数据，2013，7：44－45.

（3）分析工具。分析工具是指在进行数据分析时使用的工具。目前，使用最广泛的工具有 Excel、SPSS、R 和 Python 等，通过这些工具的应用，可以更加高效地对数据进行分析，减少重复劳作的数量，提高团队效益。在分析工具的应用中，主要涉及编写算法的能力，而这也是数据分析师所应具备的基础能力之一。

（4）结构化思维。数据分析是一个不断迭代循环的过程，任何环节的差池都有可能造成最终结果的巨大偏差，因此，数据分析师应具有严谨的思维模式，通过全局的结构化思维对数据分析的整个过程进行掌控，通过不断实践，形成自身分析框架，形成系统的、整体的分析结果。

（5）团队协作。信息化时代强调团队合作意识，个人数据分析师已经不能满足企业或政府的高强度需要，分工明确的专业化数据分析团队成为主流。一般的数据分析团队由数据处理小组、数据分析小组和数据产品小组组成，他们利用大数据和先进工具进行数据分析，并在一定程度上形成流水化作业，使由于个人原因导致的错误率降到最低。

总之，数据分析师作为新兴行业，在政府、企业中的需求正迅速增长，具有良好的成长和发展空间。而情报工程领域一直注重专业人才的培养和创新，因此，在建设情报工程学科中，要加强数据分析师的培养和利用，将工程化思维运用到数据分析中，充分利用好大数据所带来的潜力和价值。

7.5.4 情报工程师

情报工程师（intelligence engineer）是在大数据环境下，由情报工程学科催生的新兴职业，主要工作为利用工程化思维和方法，对数据的收集、处理、建模、分析、存储与维护等工作进行系统化管理，动态调整整个情报工程过程，以实现数据的最大利用价值和效益①。情报工程属于复杂的工程化系统，情报工程师也属于复合型情报人才②，但在我国，情报工程师的培养数量远小于大数据环境下对情报工程师的需求，因此，情报工程师的培养成为当务之急。

情报工程师的培养应主要集中在高等院校，培养模式可分为本科生和研究生两个层次，在本科阶段主要针对信息管理与信息系统及其他相关专业，研究生阶段主要集中在情报学或管理科学与工程专业。目前，有部分高等院校开设了情报工程专业，如西安电子科技大学、吉林工业大学等，说明我国对情报工程教育的重视，但由于从全局来看，开设此专业的学校数量较少，尚不能满足社会对情报工程技术人才的需求，因此，非常有必要加强本科和研究生阶段有关情报工程的教育。在本科阶段，可增加与情报工程有关的课程，重点关注在实际运用中可能遇到的问题和所需技能，培养学生灵活运用数据处理、分析和系统管理的工具，为社会输送高技能人才；研究生阶段可增设情报工程研究方向，重点关注大数据环境下建模及系统开发能力，培养情报工程系统研究方法和研究思维，扎实掌握情报工程理论基础，进一步加深情报工程研究深度。通过对不同层次人才的培养，最终建立可以适应社会各个方面

① 林荣扬．略谈工厂情报工程师需具备的素质［J］．情报科学，1986，6：49，89－90.

② 王立诚．加强企业情报工程师的培养［J］．情报杂志，1989，1：47－48.

的情报工程建设人才。

情报工程师作为信息化时代下的复合型人才，需要具备一些基本技能和方法，具体可以分为以下几个方面。

（1）基本技能。基本技能是成为情报工程师的基础，包括数据处理、分析、存储和管理的技能，以及在此过程中涉及的基本软件的应用、模型的建立、方法的选择等，更重要的是要明确自己的目的，以便在大数据环境下能够更快更好地找到自己所需要的情报知识进行辅助决策。

（2）专业知识。情报工程师针对不同行业有不同的行业标准，而其中最重要是要有扎实的专业知识。只有对某个领域的基础理论知识有了深刻的了解，才可以充分运用自己的基本技能进行数据处理或分析等工作。除此之外，在这个过程中，也要求情报工程师能够运用专业的工具或方法进行领域内研究，更加有针对性地解决技术难题。

（3）思维导向。优秀的情报工程师所需要的思维导向有两个方面：工程化思维和创新思维。情报工程师要具备工程化思维，保证其能够在情报实践中运用工程化技术和方法来解决问题。创新思想表现在情报工程师的前瞻性理念，能够在现有的工程化模式和技术工具下，发现新的突破点，获得新的知识。

（4）职业道德。信息时代下的情报工程师所接触的大数据及在大数据分析过程中所产生的各种情报、知识都有可能与信息安全和知识产权等方面有关，因此，情报工程师应保持良好的职业道德和行为规范，保证自己工作的合理、合法性。

总之，情报工程师作为情报工程学科的重点培养对象，在情报工程起着巨大的推动作用。而在日新月异的今天，信息需求和用户意图随时在发生改变，对情报工程师的要求也在不断提升，因此，一名合格的情报工程师应不断更新自身知识库，提高自身技能，以满足社会对情报工程师的需要，各高校也应强化情报工程学科的建设，在人才培养方面做到细致、全面和实用，不断为国家输送有用人才。

7.6 小结

本章主要从整体性、系统性的视角研究了情报工程系统环境的主要组成要素，以及它们对于情报工程活动的作用。大数据是情报工程的数据基础、方法基础、技术基础，是情报工程系统环境的核心组成。国家政策（战略）、制度和法律是情报工程活动的动力源、保障、依据和底线。各种信息技术前沿新技术系统将为情报工程增加更多手段、提高工作效果和效率，随着信息技术的不断突破和普及，将可能会有更多适合情报工程的技术系统融入进来。情报工程并非仅依赖于技术系统就实现情报产品生产和服务的，人才的需求更甚于以往，需要信息技术领域的专家、数据分析师、情报工程师和领域专家的协同与合作。

第8章　情报工程的资源管理

【本章导读】本章主要从4个方面阐述情报工程的资源管理。首先，情报工程开展的重要基础或起点是数据（大数据）资源，数据资源的采集、处理、存储等过程的管理是值得关注的。其次，情报工程项目实施过程中的人力资源管理，人是情报工作的核心。再次，情报工程的产品和服务管理。情报工程的输出是情报产品和服务，如何发挥情报产品和服务的绩效，管理是重要手段。最后，情报工程的绩效评价，主要是针对情报工程项目实施的过程及结果进行评估。

如前所述，情报工程项目的开展需要利用先进的技术手段、分析工具及专家智慧等资源，对多源、异构、海量的数据资源进行采集与加工，最终形成情报产品与服务。大数据环境下的情报工程，其本质是利用工程化思想开展大数据情报工作，表现为数据资源复杂异构、分析工具多样易用、专家智慧集成高水准、情报产品及服务个性化等特点，是情报工作的新契机。但由于大数据环境的复杂多变，情报工程项目的管理难度也逐渐增大，传统情报资源管理的内容已不再适用于当前的社会环境，需要新的管理思路指导情报工程资源的管理。有效管理情报工程所涉及的资源，是实现情报工程战略目标的重要前提条件，是推动组织快速发展的有力保障。

管理是为了一定的目标和任务而进行的计划、组织、协调与控制等一系列活动。管理是一门科学，各项工作都离不开管理科学，管理科学的基本原理都适用于情报工程活动。情报工程所涉及的资源，从业务流程角度考虑可分为3类，即数据资源、人力资源、产品及服务，3类资源的利用关系呈现出线性循环的三维立体结构，相互补充、相互完善。情报工程的资源管理，是以管理科学为指导，对情报工程的数据资源、人力资源、产品及服务进行有效组织、协调与控制，实现情报工作的集成化、系统化、流程化，最终实现情报工程项目与用户需求的高度匹配。另外，为了使情报工程的资源管理有效并具有针对性，需对资源管理的绩效进行合理评价，用以改进和提升情报工程资源管理效果。本章主要从情报工程的数据资源管理、人力资源管理、情报产品及服务管理和情报工程的绩效评价4个方面进行讨论。

8.1　数据资源管理

随着科技水平的高速发展，互联网基本实现全面覆盖，移动设备、传感设备等新兴科技产品的兴起及广泛应用使得数据资源呈指数激增，大数据就是这个高科技时代的产物。大数据时代的到来，丰富了数据资源的种类及产生方式，催生了新兴技术及工具的产生，为情报工作的开展带来了更多可能性，但同时也增加了数据资源获取及管理的复杂度，使情报工作实施的难度加大。

数据资源管理是大数据时代下有效开展情报工作的基础性保障，对情报工程的数据资源进行科学管理，能够充分挖掘资源的价值、发挥数据资源的作用、保证数据资源的质量，能够提高情报工程的效率及数据分析的准确度，最终提升情报工程服务质量。本节从数据资源分类、数据资源管理技术、数据资源管理制度3个方面，对情报工程数据资源的管理进行讨论。

8.1.1　数据资源分类

情报工程是大数据环境下催生的产物，情报工程的数据资源包括数值数据、知识数据、法律法规数据、新闻报道数据、名录数据、图像数据、多媒体数据和软件数据等事实型数据资源①。按照大数据的产生方式，可将情报工程的数据资源划分为三大类：被动产生的数据、主动产生的数据及自动产生的数据。

（1）被动产生的数据是指数据的产生与数据生产者主观意志无关，数据伴随着数据生产者的活动而产生，并能够在某种程度上反映数据生产者的活动。例如，网络用户通过浏览网站获取所需信息，后台数据库能够记录用户的浏览行为（如浏览网站时间、浏览内容、点击量等），这些在数据库中产生的数据即为被动产生的数据；顾客去超市购买商品，会对商品的销量造成影响，使每种商品在数据库中的销售记录发生变化，这种因顾客的购买行为而产生的销售记录就是被动产生的数据；借阅者在图书馆进行图书借阅而产生的借阅信息也是被动产生的数据。互联网的普及和各种数据库系统的广泛应用是被动产生的数据成倍增加的重要原因。

（2）主动产生的数据是指数据的产生与数据生产者主观意志直接相关，数据生产者活动的目的就是产生数据。主动产生的数据资源分为传统数据及Web 2.0数据2种，主动产生的传统数据包括官方文件、声明、报纸、期刊、杂志等资源，主动产生的Web 2.0数据包括网站内容（如视频、音频、文本、图片等）、用户原创内容（user generated content，UGC）等资源。其中，用户原创内容是Web 2.0时代的特征化数据，用户既是网络数据的浏览者，也是网络数据的创造者。正是由于微博、微信、WIKI等社交网站的迅速发展及移动设备（如智能手机、平板电脑等）的普及，使得人们能够随时随地进行信息交流及创造，促使数据资源量迅速增长。

（3）自动产生的数据是指不需要人工创造而产生的数据，数据产生的过程是自动化的。物联网技术的兴起及泛在网络的提出，使得通过信息传感设备（如射频识别、红外感应器、全球定位系统、激光扫描器等）、二维码、摄像头、传感器等实现数据资源的自动产生。例如，小米手环利用传感器获取人体数据；全球眼监控探头能够获取图像信息，并通过图像敏感度智能分析实现探头间、探头与报警系统之间的联动，从而构建和谐安全的城市生活

① 贺德方．基于事实型数据的科技情报研究工作思考［J］．情报学报，2009，28（5）：764－770.

环境。

8.1.2 数据资源管理技术

数据资源的管理涉及信息活动的全过程，包括数据资源的采集、预处理及通过资源分析、标引、评价等实现数据的检索、获取、再利用及共享。数据资源管理技术是指在数据资源管理活动中所涉及的方法和工具的使用，本节介绍几种重要的数据资源管理技术。

8.1.2.1 数据资源的采集技术

数据资源的采集是指从现实世界或网络环境中利用各种工具、方法获取原始数据的过程。通过采集技术获取的数据，其质量将直接影响后续信息活动的效果，最终影响情报工程产品及服务的质量。因此，在数据资源的采集阶段，选择合适的采集方法及技术是情报工作有效开展的前提。

（1）传感器采集技术。传感器是一种能够将真实世界中的物理变量转化为可读数字信号的检测装置，它是实现自动检测及自动控制的首要环节。传感器网络是由大量部署在监测区域内的微型传感器节点组成的自组织网络系统，传感器、感知对象和观察者构成了传感器网络的三要素。网络中的传感器能够协同感知、采集和处理检测区域内感知对象的信息，并将信息通过互联网或卫星发送给观察者。通过传感器技术能够获取微观动静态信息，拓宽了人类的视野、增强了人类的感知能力。传感器技术已广泛应用于军事、工业、医疗等各个领域，是具有巨大应用价值的实用性技术。

（2）射频识别技术。无线射频识别技术（radio frequency identification，RFID）是一种非接触式的自动识别技术，通过天线发射射频信号来识别目标对象并获取相关数据。射频识别系统至少包含两个部分：电子标签和阅读器。电子标签是 RFID 系统的数据载体，附着在目标对象上以对其进行标识；阅读器通过天线与电子标签进行通信，实现数据的读出或写入。

（3）网络爬虫。网络爬虫是指按照一定的网页搜索策略，自动抓取万维网信息的程序或脚本。按照爬虫技术可将网络爬虫分为通用型网络爬虫、聚焦式网络爬虫、增量式网络爬虫及深层网络爬虫。通用爬虫又称为全网络爬虫，爬行对象为整个 Web，对于爬行速度和存储空间有较高的要求，适用于需广泛采集数据的场景；聚焦式网络不像通用爬虫那样追求全覆盖的爬行，其只抓取与某一特定主题相关的数据，极大地节省了硬盘及网络资源，适用于面向主题的数据采集；增量式网络爬虫增量式的更新数据，只在需要的时候爬行新产生或更新的页面，有效降低了数据下载量，适用于补充式的数据采集；深层网络爬虫能够通过表单填写爬行于搜索表单后的网页获取深层网络资源，适用于深层数据的采集。在数据采集中，可根据实际情况将几种爬虫技术相结合，实现高效、便捷的在海量网络资源中获取所需信息。

（4）日志文件。日志文件是由数据源系统产生，用以记录系统活动的文件或文件集。Window7 系统的 Windows 日志包括 5 个类别：应用程序日志、安全日志、系统日志、安装程序日志和转发事件日志。应用程序日志包含由应用程序记录的事件；安全日志包含系统的登录、文件资源的使用及与系统安全相关的事件；系统日志包含 Windows 系统组件记录的事件；安装程序日志包含与应用程序安装有关的事件；转发事件日志用于存储从远程计算机收集的事件。通过 Web 服务器日志文件，可以捕获用户在网络上的活动。例如，客户端的 IP 地址、访问请求的页面等。利用日志文件获取用户信息及系统相关信息，是分析用户行为的有效途径之一，也是较为方便的数据采集方式，但其只能获取一小部分结构化数据。

8.1.2.2 数据资源的预处理技术

数据资源的预处理是指在数据进行主处理前，利用数据清洗、数据集成、数据归约等技术对数据进行处理，从而在一定程度上提高数据的质量，为后续数据处理工作提供支撑。

（1）数据清洗。数据清洗是指将不准确、不完整、不合理、不一致、冗余或错误的数据进行光滑噪声数据、填写缺失值、识别、合并或删除，从而解决数据格式标准化、数据重复、异常及错误问题，从而提高数据的可利用率。一个通用的数据清洗框架由 5 个步骤构成：定义错误类型、搜索并标识错误实例、改正错误、文档记录错误实例和错误类型、修改数据录入程序，以减少未来可能出现的错误①。数据清洗的原则主要有：无论是多数据源还是单数据源，都要进行数据错误和一致性检验，按需对数据进行清洗；数据清洗需要有相应的描述语言去指定其操作；要尽可能减少人工干预和用户的编程工作量。

（2）数据集成。数据集成并不是数据的简单合并，而是指将异构数据或不同数据源的数据进行统一化和规范化处理。数据集成屏蔽了异构数据间的差异，为用户提供了一个统一、无差异的视图，解决了语义模糊的问题。数据集成的方法主要有数据仓库法和虚拟视图法。数据仓库法是通过建立一个存储数据的全局性仓库，将多数据源的异构数据副本按集中、统一的视图进行预处理，转换成符合仓库的模式。数据仓库法适用于数据规模适中、数据源数据更新较少、但对查询效率有较高要求的情况。虚拟视图法又称为中间件法，通过为用户建立一个全局模式来使各数据源数据集成，数据仍然保存在相互独立的数据源中。虚拟视图法适用于数据规模大、数据源数据更新频繁、对于用户需查询信息不可预知的情况。

（3）数据归约。数据归约又称为数据消减，是指在尽可能保持数据原貌的基础上，根据情报工作的任务和数据本身特征对数据规模进行缩减，最大限度精简数据量，以提高情报工作的效率。数据归约的对象是那些对情报任务没什么影响的数据或数据属性。数据归约的类型有特征归约、样本归约和特征值归约。特征归约又称为属性归约，是指去除与原有数据特征不相关的特征或通过重组来减少特征个数，通常使用特征子集选择和特征提取两种方法进行特征归约，特征子集选择的目标是找出最小的特征集，使这个最小特征集的概率分布尽可能接近所以特征的原分布；特征提取是通过变换或映射的方法，将高维的特征空间压缩至低维特征空间，使原始特征变换为较少的新特征。样本归约又称为元组归约，是从数据集中按一定的标准选择出一个具有代表性的样本子集作为新样本，样本归约的过程相当于抽样的过程，因此，一些抽样的方法可用于样本归约，如无放回随机抽样、有放回随机抽样、聚类抽样和分层抽样等。特征值归约又称为维归约，是将连续型的特征值离散化而形成区间，每个区间映射到一个离散符号来替代该区间的数据。特征值归约一般采用线性代数的方法进行数据的归约，如主成分分析法和奇异值分解法。以上讨论的 3 种数据预处理方法并非相互独

---

① 李学龙．大数据系统综述［J］．中国科学，2015，45（1）：1－44.

立，在情报工作中往往需要关联使用多种预处理方法，以达到最佳预处理效果。

8.1.2.3　数据资源的存储技术

数据存储要解决的是大规模数据的长久保存及管理。传统的数据资源存储技术主要有直接连接存储、网络连接存储和存储局域网技术。近年来随着技术的不断发展，出现了虚拟存储技术，主要有网格存储、P2P 存储及云存储技术。大数据环境下情报工程所需的数据资源比传统情报工作所需数据资源更加复杂、异构，单一、传统的数据资源存储技术已无法满足当前大数据环境，因此，对当下流行的数据资源存储技术进行介绍，有利于情报机构结合自身实际情况，选择适合本组织发展的多种存储技术进行融合利用，进行数据资源的存储管理。

（1）传统存储技术。传统存储技术分为直接连接存储（direct attached storage，DAS）、网络连接存储（network attached storage，NAS）和存储局域网（storage area network，SAN）。

直接连接存储技术是以文件服务器为中心，通过 SCSI 接口、磁盘阵列等在文件服务器周围连接一些可共享的设备，网络用户通过文件服务器间接地迂回访问数据及网络资源。DAS 的主要优点是存储容量扩展的实施简单、投入成本少、见效快。但是这种存储模式存在诸多弊端，一是没有独立的存储操作系统，不能提供跨平台的文件共享功能；二是用户要备份数据和存储数据，都要占用服务器 CPU 的时间，从而降低了服务器的管理效能；三是数据只能异地备份，且安全性较弱；四是如果增加存储设备、扩展存储容量，需要对服务器进行重新配置，这样做容易中断单位的业务连接性，从而造成数据丢失。

网络连接存储技术是以数据为中心的智能网络服务器技术，基于局域网（LAN）并按照 TCP/IP 协议进行通信，面向消息传递，以文件的 IPO 方式进行数据信息传输，数据的传输可以在原有的局域网上进行。NAS 存储技术的优点：一是 NAS 的建设相对简单，对数据的管理方便；二是已实现异构平台之间的数据级共享，特别适合于文件共享服务的应用；三是可附加大容量的存储并内嵌操作系统，以提供高效率的文件服务。但由于使用了与日常网络通信相同的网络，所以在网络带宽条件有限的情况下，它占用了宝贵的网络带宽资源，影响了网络利用率，同时也使得 NAS 无法发挥其应有的性能。

存储局域网技术是在原局域网外，另外构建一个专门用于存储的网络结构，这个存储网络可以看成是一个高速子网，这个子网中的设备可以从主网卸载流量。SAN 结构以数据存储为中心，采用灵活的网络拓扑结构，通过具有高传输速率的光纤通道连接，以传统 SCSI 协议传输数据。SAN 存储技术的优点：一是可以自由扩展，用户可以灵活地在 SAN 结构上添加各种存储设备；二是数据传输速率较高并有利于数据的大规模传输；三是存储设备都集中在一个网络上，节省了管理成本；四是数据的备份、恢复、迁移都通过存储局域网本身来完成，减少了现有服务器和网络的工作负载。但是 SAN 存储技术的建设费用较大；数据传输以“块”方式进行导致互操作性较差；建设难度大，需要具有较好专业知识及技能的人员管理。

（2）虚拟存储技术。虚拟存储技术是将所有存储资源、存储设备集成起来作为一个虚拟的资源池进行统一管理的技术，能够为使用者提供大容量、高数据传输性能的存储系统。虚拟存储技术包含网格存储技术、P2P 存储技术和云存储技术。

网格存储技术是以节点为基础，在多重节点上进行内容管理、存储及数据转移与传输的技术。网格存储整合了 SAN 和 NAS 等存储系统的优点，并结合网格计算技术、虚拟化技术、智能存储技术和开放性标准，不仅能满足大容量、网络化、容错性和高效性等基本存储要求，还能满足非集中控制、透明访问、异构性、协调性等特殊存储要求。但是网格存储技术存在着可扩展性较差、负载不平衡等问题。

P2P 存储系统是指将存储节点以一种功能对等方式组成存储网络的技术。存储网络中每个节点的地位是对等的，节点间可以通过中心节点而自由交换信息，每个节点即可看作服务器，又可以自由将自身拥有的信息发布在网络上以供其他节点交换共享。P2P 存储技术利用大量节点的计算和带宽资源用于数据存取，具有弱结构化、没有单一故障点、可靠性好、易于扩展、数据吞吐率高等优点。但由于 P2P 存储技术的动态性较高，使得存储的可用性、可靠性受到了制约，同时由于 P2P 系统的松散管理机制，造成该存储技术的安全性问题较突出。

云存储是将网络中大量各种不同类型的存储设备通过应用软件集合起来协同工作，共同对外提供数据存储和业务访问功能的一个系统，它实际上是一个以数据存储及管理为核心的云计算系统①。云存储技术因其自动化、智能化、高效率、低成本等特点受到众多厂商的支持和关注。Amazon 公司推出弹性块存储（EBS）技术支持数据持久性存储；Google 推出在线存储服务 GDrive；内容分发网络服务提供商 CDNetworks 和云存储平台服务商 Nirvanix 结成战略伙伴关系，提供云存储和内容传送服务集成平台；EMC 公司收购 Berkeley Data Systems，取得该公司的 Mozy 在线服务软件，并开展 SaaS 业务；Microsoft 公司推出 Windows Azure，并在美国各地建立庞大的数据中心；IBM 也将云计算标准作为全球备份中心扩展方案的一部分②。利用云存储技术进行数据资源的存储，使用户方便、快捷的实现数据存储、利用及共享的同时，也存在一些亟待解决的问题，如数据安全性问题、第三方服务提供商是否能长久运营的风险、数据版权风险等。为了确保存储在云中的敏感数据真正安全，必须遵循一个根本性安全原则，即数据本身必须得到有效的保护，可以通过对数据加密及规范参与人员的行为等措施保护数据。

8.1.3 数据资源管理制度

数据资源管理制度的建设是情报工程项目顺利实施的基础性工作，科学、规范和统一的数据资源管理制度体系，是实现情报工程项目中数据交换、资源共享和复用的前提，能够使数据高效、准确的传输及应用，使情报工程在开展前得到全面统筹规划，有利于情报工作的高效化、流程化、系统化，实现情报工程项目高质量运作。情报工程数据资源的管理制度依据工程化的思想，从数据本身、技术工具、情报工程流程和专家智慧对数据的使用4个方面制定相关规范制度，明确情报工程项目体系化、系统化和流程化实施的数据及技术标准等内容，为情报工程项目的顺利实施提供支持。管理制度具体包括数据管理制度、技术管理制

① 云存储．百度百科［EB/OL］．［2016－11－06］．http：//baike．baidu．com．

② 周可，王桦，李春花，等．云存储技术及其应用［J］．中兴通讯技，2010，4（16）：24－27．

度、流程管理制度和使用管理制度。

（1）数据管理制度。数据管理制度规定了数据的规范化标准、数据规模、数据主题等内容。其中，数据的规范化标准主要包括数据元素、数据分类编码、用户视图等标准。数据元素是最小的不可再分的数据单位，是数据表示、处理、组织、存储和传输的基础，对数据元素准确的识别和定义是数据管理工作最基础的工作，是保证系统中数据一致性的前提。数据分类编码是指对已分类的数据对象赋予易于计算机和人识别与处理的符号，应遵照《国家经济信息系统设计与应用标准化规范》和《标准化工作导则——信息分类编码规定》（GB 7027—2002），按“国际/国家标准—行业标准—企业标准”序列，建立起数据分类编码标准，以方便数据的使用及管理。用户视图[①]反映了最终用户的信息需求和对数据实体的想法，是实现人机交互、人际交互、数据输入、存储和输出的基础，主要包括单证、报表、账册、屏幕格式等，通过建立用户视图标准，可以把情报工程项目用户的信息需求表述清楚。

（2）技术管理制度。信息技术既是工具集合，也是一套制度安排，技术和制度具有本质上的一致性。David[②] 和 Jakobs[③] 认为技术管理制度对技术创新的速度和方向具有重要的影响，Philips[④] 提出技术的协调发展需要和技术标准化紧密结合，Kano[⑤] 提出技术管理制度能将纷乱的技术创新转变为系统的技术创新活动。技术管理制度可分为技术性能管理制度和技术功能管理制度两个方面。技术性能管理制度给出了所利用技术的规范性要求、安全性要求、可靠性要求、保密性要求、技术共享范围及程度、技术协同程度等内容。其中，规范性要求说明了系统开发规范、工具技术操作的规范化流程、工具技术使用的注意事项等内容；安全性要求规定了系统及工具的物理保护和逻辑安全管理机制；保密性要求规定了相关技术的保密程度；技术协同程度说明了参与系统和工具开发的人员及合作程度。技术功能管理制度指明了利用数据采集技术、数据预处理技术及数据存储技术的相关规定，包括相关技术使用的方法、工具、运行环境、具体流程等内容。技术管理制度的形成为情报工程产业内技术创新活动树立了明确目标和行为参照系，促进了信息技术的扩散与协同共享，为情报工程产业协同提供了接口。

（3）流程管理制度。流程管理制度分为数据准备管理制度、数据分析管理制度和工作流管理制度 3 个方面。其中，数据准备管理制度规定了数据采集范围、计算机设备及仪器的性能要求、经济性要求等内容；数据分析管理制度表明了数据分析过程中与用户进行反馈交流的频率，数据分析过程中出现特殊情况（如用户需求突变、用户对分析结果不满意、数

---

① 360 百科．用户视图［EB/OL］.［2016－11－09］. http：//baike. so. com/doc/7563418-7837511. html.

② DAVID P A，STEINMUELLER W E. Standards trade and competition in the emerging global informationinfrastructureenvironment［J］. Telecommunications policy，1996，20（10）：817－830.

③ KAI JAKOBS. Information technology standards and standardization：a global perspective［M］. Hershey：Idea Group Publishing，2000：678－780.

④ PHILIPS A. The new approach to technical harmonizationand standardization［J］. Journal of common marketstudies，1997，25（3）：249－269.

⑤ SADAHIKO KANO. Technical innovations，standardizationand regional comparison：a case study in mobile commu-nications［J］. Telecommunication policy，2000（24）：305－321.

据分析出错等）的解决办法，数据分析协同程度等内容；工作流管理制度给出了情报工程各环节的时间性要求、各环节的集成化要求、各环节协同程度要求等内容。

（4）使用管理制度。使用管理制度针对情报工程数据资源、服务对象和受众范围，规定了数据使用权限、数据共享范围及程度、数据保密程度、数据再利用要求等内容。其中，数据使用权限规定了不同级别成员对数据的使用程度；数据共享范围及程度指明不同类别和层次的数据扩散范围；数据保密程度规定了各类数据中属于内部保密的部分；数据再利用要求指明了对数据归纳整理的规范性和完整性要求。

值得注意的是，情报工程数据资源管理制度的制定应由政府主导型向市场主导型转变，形成以市场为主导、社会组织机构为主体的数据资源管理制度制定机制，通过市场调节数据资源管理制度，提高数据资源及其标准的市场适应性。

8.2　人力资源管理

时代的变迁与发展，使人类社会经历了科学技术启蒙时代、现代工业文明时代、商业文明时代及21世纪的知识经济时代，随之带来的是人类社会发展的第一重要资源从物质资源、金融资源、科学技术资源到人力资源的转变。当今的知识经济时代，以知识的生产、使用与传播作为经济增长的直接推动力，以创新作为社会活动的灵魂，以人的智力资源作为首要资源，以人才作为社会发展的基础。在这个时代背景下，人力资源占据尤为重要的地位，人力资源的科学管理成为组织获得竞争优势的关键环节。情报工程作为一项知识创造型活动，更加需要强调对人力资源的管理。

情报工程的人力资源是指情报工程活动所涉及的所有工作人员的总称。人力资源是情报工程资源的重要组成部分，它在情报工程资源中起着“中间件”的作用，如果没有人力资源，数据资源也就不会转化为情报产品及服务，因此，对人力资源进行科学管理是情报工程管理不可缺少的一项内容。

情报工程的人力资源管理是通过一系列手段及措施使人力资源与情报工程战略不断匹配的动态过程，目的在于保持情报工程的人力资源始终与情报工程的战略目标相一致并为情报工程赋予竞争优势。本节主要从情报工程人力资源的分类、人力资源管理的基本管理理念及人力资源的管理方式3个方面进行讨论。

8.2.1　人力资源的分类

按照情报工程所涉及的工作职能，可将情报工程的人力资源分为五大类：学科专家、计算机专家、情报工程师、情报专家及业务人员。

（1）学科专家。这里所指的学科专家是除情报学和计算机领域以外的其他学科领域的专家。情报工程项目不局限于某一学科，也不拘泥于解决某类问题，而是可以根据用户的需求对各个领域的数据资源进行处理分析，提供情报产品及服务。因此，这就需要精通某一学科的专家对情报工程所需数据资源进行解读，以便后续情报专家对数据进行精准的分析，最终提高情报产品及服务的质量。情报工程的实施单位需要建立一个学科专家资源库，根据情报工程项目所属的领域及特点，在资源库中选择合适的专家组成学科专家团队，让他们参与到情报工程项目中。学科专家团队中各成员之间没有等级划分。

（2）计算机专家。计算机专家是指精通于资源集成平台、资源共享平台的建设，能够对系统平台进行维护管理，确保情报工程集成化、流程化进行的专家。通过互联网平台进行情报工程项目的交流共享和资源的管理，能够促进工作的高效化、集成化及知识的产生。情报工程的计算机专家团队由固定的成员组成，团队中需有一个带头人对各成员的工作进行分配及管理。

（3）情报工程师。情报工程师是指除了进行情报工程项目建模及分析之外，还对情报工程实施的系统化、流程化、集成化进行统筹监控和管理的人员。情报工程师的主要工作是在大数据环境下围绕情报工作和任务，运用工程化思维和流程，开展各种数据治理、监护、建模、分析、安全保障、系统维护与管理工作，动态协调大数据分析、专家分析、情报分析流程，从而提高情报工作的效果、效率和效益①。情报工程师团队是由情报工程实施单位通过对外招聘而形成的固定团队，根据成员的工作能力及表现选择一位团队带头人统领团队。

（4）情报专家。情报专家是指情报学领域的高级人才，主要负责情报工程项目的知识提炼及指导最终情报产品的形成情报专家对情报工程项目的分析与决策将直接影响情报产品及服务的质量。情报专家团队是由情报工程的实施单位在情报学领域中挑选出的几位学者组成的固定团队，情报工程实施单位指定一名最具影响力的专家作为团队带头人。

（5）业务人员。业务人员是指负责生成最终情报产品及提供情报服务的人员，这类人员将情报专家对情报工程项目提炼的知识进行汇总、整合并形成报告。情报工程项目的业务人员是固定的一批人，由情报专家团队带头人进行管理。

8.2.2 人力资源管理的基本管理理念

情报工程的人力资源管理需要遵循的基本理念主要包括以下几个方面。

（1）权变管理理念。情报工程项目的人力资源不是一成不变的，而是基于任务的，因此，对人力资源的管理应采用权变管理思想。权变管理思想就是指项目管理者对项目成员的管理不存在唯一性的管理方式，各管理方式之间并无高低优劣之分，管理应是在管理者、成员、项目特征及环境条件 4 个方面因素交互作用的条件下动态实施的。情报工程项目团队组建的结构应与任务的特性、项目技术条件、外部环境稳定性等因素相适应，情报工程人力资源的管理方法应基于任务及团队的特点进行选择。

（2）大数据思维管理理念。大数据的出现，拓展了人们对事物的认知，同时也为人力资源管理带来了新思维。运用大数据思维进行情报工程的人力资源管理是指在运用大数据管理方法及技术的基础上，注重数据的价值性、相关性等特点，通过对人力资源大数据的分析与预测，从而有针对性地对人力资源进行个性化、科学化的管理。

大数据思维在情报工程人力资源管理的应用主要体现在：将所有有能力参与情报工程的人员的相关信息放入资源数据库中，基于项目任务对人力资源数据库中的数据进行分析，通

① 张家年．大数据环境下情报工程师的素质结构与培养模式［J］．图书情报工作，2016，60（1）：12－18.

过智能匹配确定项目团队成员人数，找出与任务相匹配的人员组建成情报工程项目团队，并利用大数据技术对项目成员进行评估，选出最适合的成员担任情报工程项目管理者。管理者可以通过对项目成员工作状态的监控及相关工作数据的分析，制定有针对性的管理办法进行项目成员的管理与培养，提升员工及组织绩效。

（3）以人为本管理理念。情报工程的实施归根结底是由人来完成的，以人为本是将人作为情报工程项目开发中最具创造性及能动性的要素，将人作为项目顺利实施的第一决定性资源。为了按时、保质完成情报工程项目，管理者必须始终坚持以人为本的基本管理理念，从组织成员的发展出发，对项目成员结构进行柔性化设计，采用开放的系统模式，通过制度建设来规范成员行为，以获得成员的认同和接受，激发成员工作热情和积极性，营造良好的工作氛围，提升成员的凝聚力及创造力，使人成为创造更多价值的资本。

8.2.3　人力资源的管理方式

情报工程项目实施机构是由知识型成员构成的知识型机构，适合情报工程人力资源的管理方式主要有以下几种。

（1）薪酬管理。广义的薪酬是指经济性薪酬和非经济性薪酬的总和，其中非经济性薪酬主要包括工作本身、工作环境、组织文化等可以给成员带来心理效用的因素，经济性薪酬包括基本工资、奖金和福利3个部分。在经济性薪酬管理方面，薪酬支付的合理与否对成员的工作积极性、主动性和创造性有着重要影响，情报机构管理者应采用职位和能力相结合的薪酬体系，根据职位价值和自身能力共同决定各成员的基本工资水平，奖金和福利发放频次及数量需要综合考虑各成员工作能力及情报机构自身经济实力、社会地位、战略目标等因素。职位和能力相结合的薪酬体系能够引导员工注重自身能力的发展和提高，并有利于情报机构内部的职务轮换，使得情报机构获得更大的灵活性，员工自身也有机会更全面地提升自身能力。同时，这种薪酬体系传递的是一种平等的价值观，打破了传统的等级观念，有利于组织结构的调整及创新思想的培育。在非经济性薪酬管理方面，工作职责与成员的相匹度、工作环境的舒适度、成员对组织文化的认同度将影响成员工作的满意度。情报机构管理者应采用柔性化管理思想，时刻不忘以人为本的管理理念，营造良好的工作氛围，制定并实施使项目参与成员高度认同的组织文化与管理制度，并根据各成员的工作特点、工作能力及工作效果，及时评估其工作水平，对工作匹配度较低的成员进行工作岗位及职能的调整。

（2）弹性工作制管理。弹性工作制是指员工在固定工作时长的情况下能够灵活地安排自己工作开始和结束的时间，具体包括弹性工作时间、压缩工作周、远程工作（在家办公）等内容。情报工程项目参与人员主要从事思维性工作，这突破了时间和空间的限制，同时由于情报项目的特殊性，部分成员并不是情报机构的固定员工，因此采用弹性工作制，实行可伸缩的工作时间和灵活多变的工作地点，能够避免僵硬的工作规则，使情报工程参与人员生产效率、工作满意度大幅上升，从而增强情报机构的竞争力。但是，单一实施弹性工作也会造成一些负面影响，如造成成员间关系疏远、知识交流程度降低、企业的稳定性减弱等影响。因此，情报机构管理者应根据每位项目参与者的工作职责及个人特点，有选择性地对项目参与者实施弹性工作制。

（3）激励机制管理。激励机制是通过制定出科学有效约束成员行为的规范和奖励惩罚性管理措施，引导情报工程项目参与成员根据机构发展目标来开展相关工作。激励机制分为物质激励及精神激励，其实质是利用项目参与成员对精神和物质的需求来提升其工作主动性和积极性，发挥成员创造力，提升成员的价值贡献。沟通是获得信息的重要渠道，也是实现情报机构成员激励的重要方式。顺利的沟通有助于促进情报机构对成员需求的深入了解，从而选择有针对性及有效的激励方式。情报机构管理者需要通过沟通交流制定完善的激励机制，并顺应经济形势的变化灵活改变激励方式。只有使激励过程持续不断、激励方式随时更新变化，才能保证激励制度的持久有效性，才能不断发挥情报项目参与成员的主动性、积极性和创造力，才能使企业保持生机和活力。

（4）素质培养管理。知识经济时代，知识更新的速度不断加快，人才的竞争将达到白热化，员工的自我发展意识、自我需要意识在不断提高。情报机构要吸引人才和留住人才，除了上述几种管理方式之外，更重要的是对项目参与成员素质的培养，通过提供学习交流及培训的机会，使各成员自身技能不断提高。对项目参与成员的培训方向一般可分为对决策层成员的培训，对管理层成员的培训和对操作层成员的培训。对决策层成员的培训，首先必须保证其具备领导决策者的素质，即具备决策能力，能够科学地决策重大改革方案及措施。对管理层成员的培训主要针对指挥、调配、组织人力、物力和财力等各种资源，使决策得到落实和执行的能力。对于操作层人员最主要的是培养各成员一专多能的实践操作能力。

8.3 情报工程的产品和服务管理

情报工程项目的最终目标是为用户提供满意的情报产品及服务，情报产品及服务的管理情况将直接影响用户的使用率及满意度。情报产品是指根据用户需求所形成的情报内容，其类型主要包括情报通信、数据库、各种情报研究报告、情报预警与评测、情报文档、战略影响报表、人际网络图表等。情报服务与情报产品分不开，是通过宣传、推广与提供活动，深化用户的现实需求，挖掘用户的潜在需求，使形成的情报产品得到充分利用的过程。情报服务是用户需求得以实现的有效保障，其内容主要包括用户培训、参与用户工作、信息服务（如数据库管理、网络管理、知识管理等）、情报论坛服务等。

情报工程服务的整个过程可以概括成以面向政府、企业和社会等情报需求为导向，利用数据集、方法体系、工具模型、专家智慧等资源，通过一定的生产方式生产情报产品，而后借由相应的服务形式以合适的供应方式将情报产品提供给合适的用户。可以说，情报工程服务是连接情报工程的产品与用户的“桥梁”。

情报工程产品和服务的管理就是将情报产品及服务的过程体系化、流程化，使情报产品及服务实现模块化生产，能够针对不同用户提供高效、个性的情报产品及服务。本节主要从情报工程产品及服务的定位、情报工程产品及服务的管理内容及情报工程产品及服务的案例分析 3 个方面进行讨论。

8.3.1　情报工程产品及服务的定位

情报工程的产品服务有别于传统情报产品服务，其对情报服务机构提出了更高的要求，这就需要对情报工程的产品及服务有一个全新定位，以便情报机构更好地提供情报产品及服务。

（1）注重协同创新。情报工程强调协同创新视野下进行更加有效的情报服务。协同创新是指以知识增值为核心的新型创新组织模式，是知识、资源、行动、绩效的整合，涉及知识分享、资源优化配置及行为同步优化等内容。协同是方式，创新是目的，将情报工程产品服务进行协同创新是一种基于核心能力要素整合的策略。在协同创新视野下，形成优势互补、全面合作的情报服务形式，既可以避免单向性、零散性的情报研究，同时也有利于形成情报智慧群共同协商的决策信息服务模式。

（2）注重个性化智能服务。大数据环境下产生的云计算技术，使情报产品及服务资源能够被快速、可靠、安全地部署在云平台，并能够集成化、智能化地提供多种情报产品及服务。多元化用户可以根据自己独特需求定制个性化信息和服务，无须考虑由于系统硬件故障造成数据损坏及数据的安全性问题、用户端的软件升级问题、文件或文档感染病毒等问题。

（3）注重服务的泛在、主动性。用户能够通过情报产品服务平台，在任何时间、任何地点，安全便捷地获取情报产品及服务，消除了地域及时间限制，提升了服务的效率。根据用户当前的产品服务需求，利用大数据技术捕捉用户的兴趣点和对服务系统使用习惯，通过分析用户的行为，可以为用户推荐其可能感兴趣的其他情报产品及服务，全方位地服务用户。

（4）注重情报服务的持续性。情报服务是一项长期的工作，用户所处环境的变化及用户内在条件的变化，使得用户对知识的需求并非是一次性的，而是需要不断获取，这就要求情报服务机构在提供情报产品后，还要进行跟踪服务，并及时接受用户反馈，通过反馈来修正、改进情报产品及服务，不断根据用户变化的需求来提供服务，这是一个持续的过程。

（5）注重情报产品的模块化。情报产品的模块化是指将复杂的情报产品划分成多个模块进行生产的过程，每个模块展现情报工程项目某一方面的内容，不同情报产品模块之间可以按需进行重新组配。模块化的实现使得各情报产品中共性的部分得到重复利用，并可根据用户的特殊需求有针对性地生成情报产品，能够节省资源、提高工作效率、对用户提供个性化的情报产品。

（6）注重服务过程的流程化。情报工程服务的流程化是指为情报服务设计业务流程，使用户享受到全面、系统、周到的服务。服务过程流程化使得情报服务更具规范性，便于用户对服务各环节进行反馈，有利于对服务的管理与提升。

8.3.2　情报工程产品及服务的管理内容

（1）情报产品及服务质量的管理。提供优质的情报服务是情报机构生存和发展的基础，也是开展质量管理的目的。情报服务质量控制的目标不仅在于追求实际服务与用户期望相吻合，还包括实现用户对情报服务提出的潜在质量要求。为了保证情报产品及服务的质量，需要准确把握需求、明确定位、全面集成分析，建立规范的实时监测与反馈机制，不断改进情报产品及服务的质量，并对用户潜在的服务期待做出规划和准备。

（2）情报服务模块的管理。将情报服务按照阶段性划分为多个模块，形成初级情报服务、中级情报服务及高级情报服务三大模块，分别对各模块进行管理。

初级情报服务主要关注情报产品的发布及共享，体现在资料借阅、信息咨询等服务上。初级情报服务的管理集中在对情报产品质量的管理。

中级情报服务侧重于知识的创新，是情报服务机构利用计算机技术、知识能力及经验，对情报知识的创造性加工，其主要的服务方式有：推送服务、个性化订制服务、决策咨询服务等。中级情报服务的管理主要集中在对情报服务人员的管理。

高级情报服务着眼于情报知识的更新。由于情报知识对实效性要求较高，知识的易老化性使得情报服务机构需要为用户提供知识的更新服务，以保证情报产品满足用户需求。主要方式是通过追踪调查用户对情报产品的使用情况，利用用户反馈的信息对情报产品进行修正、改进。高级情报服务更强调情报服务者与用户之间的互动，此阶段的管理主要集中在对反馈机制的管理。

（3）情报服务流程管理。为了能够提供用户满意的产品及服务，情报工程服务机构需要对情报服务的流程进行管理，主要途径是实现服务流程的标准化。首先，建立标准化情报服务体系和参考模型标准，定义在各系统成分之间及与外部服务及工具之间信息交换的格式、协议和方法；其次，建立用户模型标准，定义用户的语法和语义，标识出用户知识或能力特征；再次，设立情报产品及服务标准，包括情报信息的完整性及完备性标准、情报信息更新的及时性标准、信息加工的彻底性标准、使用方式的可行性标准、使用版权的合法性标准等内容[①]；最后，保证情报服务管理系统的兼容性和内容的更新性。

8.3.3 情报工程产品及服务管理的案例分析

目前，已有机构将情报产品及服务的工程化管理贯穿到实际情报研究工作中，本节介绍几个情报工程产品及服务管理案例，以指导情报工程项目的实施。

（1）美国国立医学图书馆（National Library of Medicine，NLM）[②③]：开展灾害应急情报服务。美国国立医学图书馆是世界著名的医学图书馆，也是高水平的医药信息研究中心。20 世纪 90 年代末开始，该馆依据政府推行的全民健康重点政策，实现了面向公众健康信息服务的转型，将重心转移到公众健康信息服务方面，并作为长期性重点目标。美国国立医学图书馆在其长期发展规划（2006—2016）中设立了灾害情报管理中心（Disaster Information Management Resource Center，DIMRC），目的在于协助国家在灾害应急准备、响应和恢复工作中开展情报工程服务[④]，主要负责收集、发布和共享防灾、救援、灾后重建相关的高质量

① 李玉梅．图书馆知识服务特点、流程概述［J］．科技信息，2008（35）：201－202.

② 宋丹，高峰．美国自然灾害应急管理情报服务案例分析及其启示［J］．图书情报工作，2012，56（20）：79－84.

③ 杨春华，郝俊勤．美国国立医学图书馆灾害医学信息服务、产品及经验借鉴［J］．预防医学情报志，2014，30（10）：888－892.

④ Disaster lnforxnation Management Research Center［EB/OL］．［2016－11－15］．http：//sis. nlm. nih. gov/dimrc. html.

健康信息资源和技术。

近年来，美国国立医学图书馆提供的情报服务契合了情报工程化思维。该馆有选择地实施和支持了与灾害信息管理相关的研究和开发项目，通过数据分析及深度访谈并利用先进的技术手段及工具，开发出一系列突发事件、灾害预防和救援的创新性情报产品，主要涉及四大类：灾害评估报告类、决策咨询报告类、情报报道快报类、情报汇总手册类，如包括辐射事故医学管理网站（http：//remm. nlm. gov）、应急救援者的工具（http：//wiser. nlm. nih. gov）、消费者健康资讯网站（http：//medlineplus. gov）、TOXMAP 地理信息系统（http：//toxmap. nlm. nih. gov）、灾害医学和公共卫生资源指南（http：//phpreparedness. info）等，并形成以互联网为主，其他传播途径并存的情报产品流通网络。

美国国立医学图书馆将情报服务过程纳入应急管理过程，在事前、事中、事后采用不同管理过程，并将情报服务流程化、系统化、体系化，为特定服务对象提供个性化且情景敏感的情报服务，通过建立应急预案和评估服务成果，不断修正服务流程，循环动态发展。同时，为满足在灾害计划、个人社区和国家应急过程中的情报需求，美国国立医学图书馆与许多联邦机构、跨国机构和教育机构建立了合作关系，合作开展灾害情报服务，并重视通过与社会媒介合作来促进沟通、资源共享，通过网络交互解决灾害相关问题，以便在发生灾害或其他紧急情况下能够不间断地提供关键信息资源。此外，美国国立医学图书馆注重专家智慧的运用，培养图书情报专业人员和其他相关领域专业人员在提供灾害相关情报方面的专业化能力，提出了灾害情报专业化计划，开设一系列灾害管理情报服务相关课程，使参与者掌握自然灾害情报资源并得到情报服务专业训练，大幅提升图书馆、情报机构和社区专业人员的综合服务能力，确保提供准确、及时、高信任度的情报产品及服务。

（2）印第安纳大学①：开展信息可视化服务。印第安纳大学伯明顿分校信息计算院的教授 Katy Börner 及其团队从事地理空间科学图谱研究近 10 年，该团队的成员来自 16 个国家 68 个城市 30 个不同学科。在进行科学图谱研究中，组建了高级可视化实验室、复杂网络系统研究中心、网络科学信息化平台及信息可视化实验室 4 个研究组，其中网络科学信息化平台是从事科学图谱工程化的主要研究基地，其与六大洲 23 个国家的 250 多个机构建立了合作关系，10 年间合作创造科学图谱 100 多张。

团队在 The Scholarly Database 数据库的基础上，运用开源工具 The Science of Science Tool，并遵循工程化的情报分析流程，从个人、地区和全球 3 个层面进行了时序分析、地理空间分析、主题分析、网络分析及可视化分析，开发出交互式工具并提供在线服务，使用户不仅能够读取科学地图图谱，而且能将个人数据可视化并支持决策。其中，The Scholarly Database 数据库覆盖了论文、专利、基金、200 多个国家的临床试验数据、大量文献专利链接的引文与基金数据，为研究人员提供便捷、高效的数据集获取途径；科学学工具 The Science of Science Tool 是为科学学研究而开发的模块化工具集，其中的算法分别用 Java、C、C ++ 和 Fortran 语言编写，该工具能够根据研究需要添加不同分析插件，利用最有效的算法

① 潘云涛，田瑞强．工程化视角下的情报服务：国外情报工程实践的典型案例研究［J］．情报学报，2014，33（12）：1242 –1254.

交互式地探索和分析特定数据集，具有良好的工具可读性和扩展性。

印第安纳大学 Katy Börner 及其团队拥有强大的专家智慧展开信息可视化项目的开发与服务，其团队主要分为 4 个职能小组：可视化显示和系统小组负责设计、部署和维护各种可视化显示、计算系统、接口设备及数据采集系统；可视化和虚拟现实小组在信息可视化、科学计算可视化、交互式虚拟现实环境、视景仿真、三维建模和渲染技术方面提供专业知识支撑，并开发了可扩展、可持续、可重复的情报研究流程；高阶数学艺术与传媒小组开发定制显示系统、传感系统和交互界面，探索原型工作流程，提供硬件资源并负责培训用户①。此外，Katy Börner 及其团队利用开发的工具和工程化情报分析流程，为美国国家科学基金会、美国国立卫生研究院、美国农业部、美国国家科学院等部门提供有效的决策支持。

8.4 情报工程的绩效评价

当前，各情报服务机构的情报工程发展步伐不尽相同，情报工程绩效高低在很大程度上会影响情报机构的成长及情报机构在本领域中的竞争地位。绩效评价是情报工程实现科学化管理的重要环节，通过情报工程的绩效评价，能够改进现有情报工程中的问题与缺陷，实现资源优化配置，促进情报工程科学发展，并为组织战略决策提供重要参考。因此，对情报工程进行绩效评价显得尤为重要。情报工程绩效评价的流程主要分为：①分析影响情报工程绩效的因素，建立情报工程绩效评价的指标体系；②选择情报工程绩效评价方法，构建情报工程绩效评价模型，对情报工程绩效进行综合评价。本节从绩效评价流程出发，讨论情报工程绩效评价的具体实施过程。

8.4.1 情报工程绩效评价体系的建立

创建一个科学、客观并且可行的指标体系是情报工程绩效评价工作最为核心的问题，如果缺少一个完整合理的指标体系，就没办法开展绩效评价工作。此外，情报工程绩效评价是否能够取得成功，在一定的程度上取决于指标体系内的科学性、可操作性、可度量性及现实性。制定情报工程绩效评价指标需要遵循 4 个原则：①适用性原则；②可度量性原则；③现实性原则；④可操作性原则。按照情报工程实施要素，可将影响情报工程绩效的主要因素分为情报工程项目、参与人员和系统平台，因此，以这 3 个方面为基础建立情报工程绩效评价体系。

（1）情报工程项目的绩效评价。按照情报工程项目实施环节，可将项目绩效的决定因素分为项目基础保障能力、项目建设能力、项目管控能力及项目服务能力 4 个方面。情报工程项目具体的绩效评价指标如表 8-1 所示。

①项目基础保障能力主要指项目实施所需的物质、精神及制度层面的能力，是项目能够顺利实施的重要前提。具体评价指标有：资金投入程度、基础设施完善度、法规制度健全度、项目流程完整度、运作方式科学性、项目延续性、领导重视度、组织文化贡献度。其中，资金投入程度指资金投入量满足项目运作的程度，基础设施完善度指项目实施所需的软

① Indiana University. Advanced Visualization Lab [EB/OL]. [2016-11-20]. http://rt.uits.iu.edu/visualization/avl/.

件及硬件设备供给情况，法规制度健全度指项目相关法规制度的覆盖面及合理性，项目流程完整度指项目实施环节的连续性及全面性，运作方式科学性指项目运作模式及资源分配的合理程度，领导重视度指项目在组织中得到的重视程度，组织文化贡献度指组织文化对实现项目战略的贡献程度。

表 8-1　情报工程项目绩效评价

一级指标	二级指标	二级指标的解释
项目基础保障能力	资金投入程度	资金投入量满足项目运作的程度
	基础设施完善度	项目实施所需的软件及硬件设备供给情况
	法规制度健全度	项目相关法规制度的覆盖面及合理性
	流程完整度	项目实施环节的连续性及全面性
	运作方式科学性	项目运作模式及资源分配的合理程度
	延续性	项目动作以长远发展为目标保证其可用性
	领导重视程度	项目在组织中得到的重视程度
	组织文化贡献度	组织文化对实现项目战略的贡献程度
项目建设能力	产品可靠性	情报来源可靠度及情报分析过程证据支撑度
	产品完整性	情报全面性及产品格式规范性
	产品可预见性	情报产品对行业、领域的预测程度
	产品经济效益	投入耗费和产出结果的比较
	产品社会效益	情报产品满足社会物质文化需求的程度
项目管控能力	工作返工次数	项目各环节不达标任务的数量
	工作效率	取得成绩与所用时间、精力、金钱等的比值
	信息保密性	项目涉及的情报信息得到保护的程度
项目服务能力	服务及时性	服务快速响应的程度
	满足用户需求程度	用户对服务的满意程度
	服务方式多样性	服务提供的方式及途径的种类
	用户咨询回复率	用户咨询得到响应的数量与总咨询数的比例
	用户忠诚度	用户对组织的信任度及二次合作的概率

②项目建设能力主要指情报工程项目实施过程中的产品生产能力及价值创造能力。具体评价指标有：产品可靠性、产品完整性、产品可预见性、产品经济效益、产品社会效益。其中，产品可靠性指情报来源可靠度及情报分析过程证据支撑度，产品完整性指情报全面性及产品格式规范性，产品可预见性指情报产品对行业、领域的预测程度，产品经济效益指产品投入耗费和产出结果的比较，产品社会效益指情报产品满足社会物质文化需求的程度。

③项目管控能力主要指组织对项目进度及安全等方面的管理能力，具体评价指标有：工作返工次数、工作效率、信息保密性。其中，工作返工次数指项目各环节不达标任务的数

量，工作效率指工作取得成绩与所用时间、精力、金钱等的比值，信息保密性指项目涉及的情报信息得到保护的程度。

④项目服务能力主要指项目服务于用户的能力，具体评价指标有：服务及时性、服务满足用户需求程度、服务方式多样性、用户咨询回复率、用户忠诚度。其中，服务及时性指服务快速响应的程度，服务满足用户需求程度指用户对服务的满意程度，服务方式多样性指服务提供的方式及途径的种类，用户咨询回复率指用户咨询得到响应的数量与总咨询数的比例，用户忠诚度指用户对组织的信任度及二次合作的概率。

（2）情报工程参与人员的绩效评价。对情报工程人员进行绩效评价，是情报机构及个人工作成绩评估的最直接手段，能够帮助机构实现科学、合理的人力资源分配，充分调动情报工程活动中人的主观能动性及创造性。情报机构为了找到最适合的员工并最大限度发挥员工能力，必须从业务、思想等多方面对情报工程参与人员进行考察，人力资源绩效评价为此提供了有力支持。根据绩效评价结果进行人员的分配、调度、职务变动及薪酬的分配，能够实现人力资源科学管理的目标。人力资源的绩效测评，可以直观地反映情报机构各成员是否适合某岗位，有哪些不足的地方，据此制定有目的性和有方向性的培训，利于实现高效、经济的人力资源管理。此外，绩效评价为成员间的公平竞争创造了良好的环境，情报机构各成员可以根据绩效测评做好本职工作，有利于情报机构战略目标的实现。

情报工程人员绩效的决定因素分为个体能力和团队能力两个层面。个体能力的评价指标包括成员知识结构合理性、成员业务技能成熟度、成员服务意识强烈度、成员工作积极性、成员伦理道德水平。其中，知识结构合理性指情报工程人员的情报、管理、技术等知识的互补情况，业务技能成熟度指成员掌握与情报工程实施相关的技能的程度，服务意识强烈度指成员主动获取信息并为组织提供情报知识的程度，成员工作积极性指成员完成情报工程项目的热情及投入度，成员伦理道德水平指成员在工作中表现出的道德特性和心理品质。

团队能力的评价指标包括成员融洽度、成员资源共享度、成员协作能力。其中，成员融洽度指成员间工作的紧密度及默契程度，成员资源共享度指成员间进行交流贡献的频率及程度，成员协作能力指成员间互补互助程度。情报工程人员的绩效评价指标如表 8–2 所示。

表 8–2　情报工程人员的绩效评价

一级指标	二级指标	二级指标的解释
个体能力	知识结构合理性	情报工程人员的情报、管理、技术等知识的互补情况
	业务技能成熟度	成员掌握与情报工程实施相关技能的程度
	服务意识强烈度	成员主动获取信息并为组织提供情报知识的程度
	工作积极性	成员完成情报工程项目的热情及投入度
	伦理道德水平	成员在工作中表现出的道德特性和心理品质
团队能力	成员融洽度	成员间工作的紧密度及默契程度
	成员资源共享度	成员间进行交流贡献的频率及程度
	成员协作能力	成员间互补互助程度

（3）情报工程系统平台的绩效评价。情报工程系统是情报工程项目实施全过程所涉及的系统平台的统称，主要包括人才资源系统、情报资源系统、情报产品及服务系统等，是情报工程项目实现系统化、集成化、流程化的重要工具。情报工程系统的绩效评价作为信息系统管理的必备环节，在情报工程实施过程中起着举足轻重的作用。如何对情报工程系统的绩效进行准确的评价，在实现情报机构对情报及其发展变化的有效监控、对情报工程参与人员的智能管理、对情报产品及服务效用的科学监测等方面具有非常重要的意义，因此，建立一个科学适用的系统绩效评价体系是十分必要的。

影响情报工程系统绩效的因素有很多方面，决定性因素主要有系统质量、系统成本、系统效益、用户体验 4 个方面（表 8–3）。系统质量的评价指标包括系统速度、系统安全性、系统可维护性。其中，系统速度指系统的运行速度及系统操作的响应速度，系统安全性指系统设备的物理保护及系统中信息资源的保密性和完整性，系统可维护性指系统维护的便捷程度。

系统成本的评价指标包括系统开发成本、系统运行成本、系统管理成本、系统维护成本。其中，系统开发成本指系统硬件费用及软件费用，系统运行成本指系统人员费用、系统耗费及资源折旧，系统管理成本指审计费用及行政费用，系统维护成本指对系统进行修改及完善的费用。

系统效益的评价指标包括经济效益、社会效益。其中，经济效益指系统劳动耗费与系统提供服务的比较，社会效益指系统帮助员工参与讨论并获取新思路的程度。

用户体验的评价指标包括系统功能适用度、系统操作方便性、系统资源全面性。其中，系统功能适用度指系统功能与实际情报工程项目的相符度，系统操作方便性指系统操作简单及使用方便的程度，系统资源全面性指系统资源对项目的支持度。

表 8–3　情报工程系统的绩效评价

一级指标	二级指标	二级指标的解释
系统质量	系统速度	系统的运行速度及系统操作的响应速度
	系统安全性	系统设备的物理保护及系统中信息资源的保密性和完整性
	系统可维护性	系统维护的便捷程度
系统成本	系统开发成本	系统硬件费用及软件费用
	系统运行成本	系统人员费用、系统耗费及资源折旧
	系统管理成本	审计费用及行政费用
	系统维护成本	对系统进行修改及完善的费用
系统效益	经济效益	系统劳动耗费与系统提供服务的比较
	社会效益	系统帮助员工参与讨论并获取新思路的程度
用户体验	系统功能适用度	系统功能与实际情报工程项目的相符度
	系统操作方便性	系统操作简单及使用方便的程度
	系统资源全面性	系统资源对项目的支持度

绩效评价体系的建立与绩效考核的实施是情报工程项目管理的重要内容，提供了使情报工程战略目标持续得到贯彻执行的有效方法，但行之有效的绩效评价体系需要通过实践不断总结、完善。上述指标体系是评价情报工程项目绩效时的重点考察指标，在对具体情报工程项目进行绩效评价时，还应根据实际项目情况有选择性地取舍部分指标或新增个别指标，以获得最佳评价效果。

8.4.2 情报工程绩效评价方法

绩效评价方法主要包括德尔菲法、层次分析法、主成分分析法、因子分析法、平衡积分卡、多因素综合评价法、模糊综合评价法、物元分析法、数据包络分析方法、BP 网络模型法等，各方法的适用范围和使用条件不尽相同（表 8-4 中列出其中几个常用方法的优劣及适用范围），需根据具体情况和评价工作的要求有侧重地选取绩效评价方法。

表 8-4 绩效评价方法的比较

方法	原理	优点	局限性	适用范围
德尔菲法	通过背对背方式多轮征询专家们的意见，解决难以定量的问题	多轮反馈，专家以匿名方式发表意见	具有一定主观片面性、易忽略少数人的意见、无法消除指标相关性的影响	绩效评价指标的筛选、指标权重的确定
层次分析法	将多目标决策问题分解为多指标多层次结构，模糊量化定性指标	指标分层明显便于建立指标体系	指标体系需有专家系统的支持，多层比较必须满足一致性指标要求	指标权重的确定、指标体系的构建
主成分分析法	利用降维思想，将多个变量转化为少数几个综合变量（即主成分）	将复杂因素归结为几个主成分使复杂问题简单化、可消除指标相关性的影响	主成分的解释含义一般带有点模糊性，提取的主成分个数通常应明显小于原始变量个数	绩效评价指标的筛选、指标权重的确定
模糊综合评价法	用属于程度代替属于与不属于，将定量与定性相统一	利用精确量化手段处理模糊的评价对象、评价结果为矢量包含信息丰富	计算复杂、指标权重矢量的确定主观性强	主要用于综合绩效的评价
物元分析法	在单个指标与各标准等级关联系数的基础上集成综合评价结果	能揭示单个指标的评价信息	测度过程较为复杂	解决因素不相容问题，分析单指标对综合绩效的影响程度

续表

方法	原理	优点	局限性	适用范围
数据包络分析法	以“相对效率”概念为基础，根据多指标投入和多指标产出对相同类型单位（部门）进行相对有效性或效益评价	无须任何权重假设消除许多主观因素、决策单元的最优效率指标与投入指标值及产出指标值的量纲选取无关	对异常值非常敏感、输入与输出的评价指标匹配要求较高	主要用于投入产出分析、前后对比分析
BP 网络模型法	根据指标体系建立 BP 神经网络结构，通过网络学习过程使实际输出值逼近期望输出值①	便于解决指标间非线性关系	需样本容量较大，对数据要求高	主要用于综合绩效的评价

情报工程绩效评价指标体系是一个多层次复杂系统，指标体系主要由定性指标构成，具有一定模糊性。为了既能解决绩效评价问题，又考虑到运算可操作性和复杂性，选择使用的绩效评价方法需满足以下条件：①能够针对定量指标和定性指标分别处理并综合评价；②要能达到动态指标体系的标准，有效地对指标进行添加或删除；③方法易执行，运算易操作；④能够得到客观清晰的评价结果。综合考虑，本书认为可选用模糊综合评价法对情报工程绩效进行综合评价。

8.5　小结

情报工程资源管理是情报工程流程中的重要工作，各种资源的配置和管理是提高工作效率的前提和基础。数字资源管理是情报工程管理的起点；人力资源管理是情报工程的重点，情报工程的各个阶段需要不同层次和类型的人才，也是情报产品和服务质量的重要保障；情报工程产品和服务的管理是优化产品和服务的质量和水平；情报工程的绩效评价是对情报工程的流程、产品和服务进行过程性和总结性的评估。

① 张庶，金晓斌，魏东岳．土地整治项目绩效评价指标设置和测度方法研究综述［J］．中国土地科学，2014（7）：91－92.

第 9 章　情报工程的实践应用领域

【本章导读】 本章主要探讨情报工程在不同实践领域中的应用现状及已经取得的成绩。既涉及相对单一的学科领域，也涉及一些行业部门及一些综合性、复杂性领域。例如，生物和医药学大数据的应用就是情报工程在学科领域中应用的突出代表；情报工程在科技情报及科技预见、科技预警等方面，以及电子商务、金融领域中情报工程的应用，则是情报工程在一些行业部门的应用，这些领域情报工程在智库建设、智慧城市、国家安全领域的应用则是属于综合性、复杂性领域。

9.1　生物和医学

9.1.1　生物和医学大数据的形成

飞速发展的大数据技术不断延伸到了各个行业和领域。生物和医学领域中的大数据广泛来源于人类健康相关的各个领域：临床医疗、公共卫生、医药研发、人类遗传学与组学、健康网络与媒体等。以下 4 个因素促进了生物医疗领域大数据的出现：第一，高通量技术的发展和基因组测序成本的下降。新一代的高通量技术可以对数百万个 DNA 或 RNA 进行同时测序，使通过分子层面对一个物种的转录组和基因组进行全面分析成为可能。随着测序技术的不断发展，测序成本已经从数百万美元降低至数千美元。每个人的基因组会占用 3G 的数据空间，因此，高通量技术的广泛应用将产生海量的测序数据①。第二，医院信息化技术的普及。医院具有大量的患者诊断信息和行政管理信息，当医院被授权对这些信息进行收集、存储、处理和提取时，医学信息化数据的海量增长也就随之而来。第三，个人健康档案的数据积累。个人健康档案贯穿了整个生命历程，除了疾病的诊断治疗信息，个人档案还记录了个人的日常健康数据，对关注区域医疗和社会因素对健康的影响具有重要作用。随着人口的增加和时间的增长，个人健康档案每天都在不断地产生新的数据。第四，医学文献的增长。随着医学学科的细化和医学知识的增加，医疗文献的数量也随之增长。例如，具有复杂遗传和分子机制，受基因、环境及交互作用影响的慢性疾病，其病因学研究文献会产生大量数据。

---

① 赵屹，卜德超．当生物医学遇上大数据［J］．北大商业评论，2015，3：74－79.

9.1.2 生物和医学信息领域的大数据分析实践及成果

生物医学大数据的应用领域十分广泛，包括组学研究、药物研发、未知病原体发现、公共卫生监测、人群疾病谱变化、实时健康管理等。随着生物医学需求在广度上和深度上的不断提升，简单的大数据分析已不能满足当代社会的需要，融入工程化思维的情报分析更能推进生物医学的进一步发展。

大数据化是情报工程的典型特征之一，推行生物医疗大数据计划是情报工程在生物医学领域实现应用的第一步。近年来，越来越多的国家意识到生物和医学信息蕴藏的巨大价值，纷纷推出生物医学相关的大数据计划。美国政府于2012年3月发布了“大数据研究发展创新计划”（Big Data R & D Initiative），计划内容包括发布生物医学大数据科研招标资助以确定蛋白结构和生物学路径为目的的研究，并决定公开国际千人基因组计划（1000 Genomes Project）的相关大数据①。2013年11月，美国政府再次开展了“从数据到知识再到行动”计划（big data to knowledge，BD2K），其中生物医疗方面的研究内容为疾病大流行预测项目“从大数据到知识计划”（BD2K）。具有代表性的研究成果是国家卫生研究院（NIH）下的美国国家癌症研究所（NCI）开展了癌症基因组图谱项目（TCGA）和癌症成像存档（TCIA），项目通过大规模应用基因组分析技术进行基因组测序，加速对癌症的分子基础的认识，并利用影像提高了成像癌症的检测效率和诊断的重复性，为癌症研究和临床实践提供决策支持②。同属于NIH的心血管病研究网络（CVRG）则是通过收集心血管疾病患者的基因数据，在癌症生物医学信息网格的基础软件架构上，开发软件以实现对心血管数据的共享和分析。2013年5月，英国政府和李嘉诚基金会联合投资设立全球首个综合运用大数据技术的医药卫生科研机构，将透过高通量生物数据，与业界共同界定药物标靶，处理目前在新药开发过程中的关键瓶颈，之后还将汇集遗传学、流行病学、临床、化学和计算机科学等领域的顶尖人才，集中分析庞大的医疗数据。2014年3月，英国医学研究理事会（MRC）宣布投资3200万英镑资助首批五大项目，来提高医学生物信息学的能力、产能和核心基础设施。这项“医学生物信息学计划”将通过建立耦合复杂生物数据和健康记录的新方法，来解决关键的医学难题。2011年，韩国总统国家ICT战略委员会发布了“大数据倡议”，根据该计划，韩国生物信息中心计划开发和运营国家DNA管理系统，该系统集成大量的DNA和患者医疗信息，为个人提供个性定制化的诊断和治疗。2010年，中国科技部提出建设人口与健康科学数据共享平台。在生物医学方面，这一平台通过整合全国健康领域数据资源提供健康数据共享服务，先后推出了脑卒中专题服务和农村卫生专题服务等，通过科学数据汇交、数据加工、数据存储、数据挖掘和数据共享服务，为创新型人才培养和健康产业发展提供科学数据共享服务。中国上海市科技委员会于2013年7月进行了“推进大数据研究与发展三年行动计划”，其目的是加速大数据资源的开发利用，支撑智慧城市建设，内容包括建立全民医疗健康服务平台。这些大数据计划对于推动生物医学实践向大数据化方向的转变具

---

① DOUG HOWE，SEUNG YON RHEE，et al. The future of biocuration［J］. Nature，2008，455（9）：47－50.

② 郎杨琴，孔丽华. 美国发布“大数据的研究和发展计划”［J］. 科研信息化技术与应用，2012，3（2）：89－93.

有积极意义，更通过完善专业数据库和专业信息网络平台，为生物医学实践的集成化和协同化奠定了坚实的基础，间接推进了情报工程在生物医学中的应用。

在大数据计划的支持下，情报工程在生物医疗领域的应用已经初显雏形。通过对生物医疗大数据进行情报分析，在充分利用现有数据资源的基础上，建立特定研究方向的数据库，利用数据挖掘、知识推理、可视化等技术方法，将专家智慧集成在产品之中，为用户提供更加智能化、定向化的决策支持和情报服务已成为现实。美国生物科学公司 Premier Biosoft，通过计算机科学家和生物学家的协同合作，提供了多种质谱学和基因组学方向的产品，如面向蛋白质组学的 ProteoIQ、预测聚糖结构的 SimGlycan、实现脂质鉴定的 SimLipid 等工具[①]。Illumina 公司致力于打造遗传变异和基因功能方向的产品，通过利用网络数据挖掘工具，不断扩大基因组数据库，推出了协助疾病早期研究和分子检测的 NextBio Research 支持早期研究[②]。欧盟开展的 2013 年欧盟人脑计划和 ENIGMA 联盟进行的人脑研究项目，在利用成像基因学对患者群体进行脑数据收集的基础上，通过了解脑结构和功能，对精神疾病的遗传根源进行研究[③]。国内医疗卫生领域积极将大数据资源、分析技术同专家智慧相结合，建立了多种疾病诊断决策支持系统，如上海大学的产科决策支持系统、第四军医大学的骨肿瘤辅助诊断系统、重庆大学的泌尿外科临床决策支持系统、哈尔滨工业大学的急性心肌梗死诊断的智能决策支持系统和复旦大学的神经外科临床决策支持系统等[④]。中南大学开发的医疗数据处理原型系统，将大数据应用和移动医疗技术相结合，可在手机、平板电脑等智能终端上对脉搏、血压、心电等人体生理指标进行测量，并将结果传送到湘雅大数据中心，让患者从湘雅大数据中心获取自身的各项生理指标测量结果，并及时推送到智能终端上，使患者获得更便捷的医疗信息服务[⑤]。可以说，以上实践是情报工程思维在生物医疗领域的部分应用，为生物医学研究、药物研发、疾病诊断和医疗服务等多个方面都提供了新的思路。

除了建设生物医疗信息数据库、开发智能化生物医学软件及系统等数据产品以外，情报工程在生物医疗领域的实践还包括在宏观层面为医疗保健、人口健康和疫情监测提供服务。著名的数据智能管理公司 Enigma，以联邦和州政府发布的药物及医疗保健非商用数据集为数据资源，以深度学习为技术指导，将医疗保健处方资源作为可持续资源，用于更深层次的医疗数据发现，包括帮助处方药物的开发和药物与患者间的匹配，帮助用户加深对医疗保健的了解。在疫情监控方面，Google 公司通过搜索技术和数据分析技术，开发可以寻找“流感”相关关键词峰值的 Google Trends，对某些地区的流感趋势做出预测；并通过基于大数据分析的跟踪工具 View，以来自医院及 CDC 实验室的数据为资源，通过可视化技术为流感疫情的蔓延提供了一个清晰的图像，进而帮助医生有效地阻止流感疫情的蔓延；Google 开发的

---

① RAGHUPATHI W，RAGHUPATHI V. Big data analytics in healthcare：promise and potential [J]. Health Information Science and Systems，2014，2 (1)：3.

② MICHAEL EISENSTEIN. Big data：The power of petabytes [J]. Natrue，2015，527 (5)：S2 – S4.

③ THORNTON J. Data curation in biology-past，present and future [J]. Nature precedings，2009.

④ 张秀梅，徐建武，程煌华．基于知识库的临床决策支持系统构建 [J]. 中华医院管理杂志，2014，30 (6)：472 – 473.

⑤ 潘惊萍，张子武，段占祺，等．医疗卫生大数据应用探索 [J]. 中国卫生信息管理杂志，2016，13 (4)：420 – 424.

GFT 工具（Google fusion tables）还成功预测了 H1N1 在全美范围的传播。2009 年联合国提出的“全球脉动”计划中涉及了利用大数据预测疾病暴发和监测食品安全问题，通过建立全球脉动实验室网络，实现全球和地区社会危机的实时监控及早期预警。医疗机构和高校在生物医疗大数据的利用中做出了巨大贡献。实际上，哈佛医学院和波士顿儿童医院于 2006 年组织流行病专家和软件团队启动的 HealthMap 项目就是情报工程思维在医学领域应用的一种模式实践。该项目针对新出现的公共卫生威胁，利用线上非正式来源的数据进行疾病暴发监测和实时监测，团队免费提供的网站“healthmap. org”和移动应用程序“Outbreaks Near Me”为包括政府和地方卫生部门、图书馆、国际旅客在内的众多受众提供了广泛的新兴传染病的实时信息。HealthMap 项目汇集的数据源包括在线新闻聚合器、目击者报告、专家策划讨论和官方验证报告等，系统通过自动化的过程统以 9 种语言监测、整理、整合、过滤、可视化和传播关于新出现疾病的在线信息，全天候实时更新，促进全球公共卫生威胁的早期发现，实现对当前全球传染病状态的监控①。这一项目在世界卫生组织的官员首次报告病例出现不规律峰值前 9 天发现了埃博拉疫情。

呈爆炸式增长的生物和医学大数据蕴藏着巨大的价值和潜能，但同时生物医疗大数据的应用也存在诸多难题。情报工程思维的出现，为这些难题提供了新的思路，包括如何实现生物医学大数据的标准化和规范化、如何打破数据孤岛以实现生物医学数据共享、如何创建分析工具以实现生物医学大数据的高效利用，以及如何克服访问患者健康记录的数据性障碍等。目前，情报工程在该领域的应用仍在不断发展和完善的过程中，众多研究组织正在将基于云的公共信息进行标准化的数据共享和存储，以期克服生物医疗大数据面临的难题，并鼓励更多的组织和机构尽可能地投入生物医疗大数据的开发利用之中。总而言之，在生物医疗领域中，随着互联网技术的发展及新世纪医疗保健模式的改变［中心级转为用户（家庭）级］，大数据的参与将不断从“概念规划”走向“价值实现”，通过生物医学大数据产生新的知识，利用工程化思维改变医学实践模式，改善医药卫生服务质量，促进人类疾病预防与健康管理模式的转变，最终有利于实现个体化治疗和群体性预防的医学目的。在未来发展趋势中，一方面，生物医学大数据将成为战略性产业，其应用将更加展现出情报工程自动化、协同化和集成化的特点；另一方面，基于生物医学大数据的个体化健康管理和知识管理将逐渐流行，专家智慧在生物医疗领域的作用将进一步得到提升。

9.2 电子商务

9.2.1 客户、交易、商品、评价大数据及其价值

在互联网、物联网、移动技术等新型应用与电子商务相结合的同时，产生、积累了大量的、形式多样的用户网络行为数据资源，被称为电子商务大数据。电子商务大数据广泛分布

---

① SARA REARDON. US big-data health network launches aspirin study：PCORI clinical-research initiative will collect information on some 30 million people［J］. Natrue，2014，512（7）：18.

在电子商务平台、社交媒体、智能终端、企业内部系统和其他第三方服务平台上。其类型多种多样，既包含消费者交易信息、消费者基本信息、企业的产品信息与交易信息，也包括消费者评论信息、行为信息、社交信息和地理位置信息等。伴随着消费者和企业的行为实时产生，相关领域呈现出前所未有的“数据爆炸”状态。这种状态促使电子商务行业重新审视数据的重要性，并形成对数据的新型管理理念，即提炼大数据中的有效数据，与具体电子商务业务结合运用，深入挖掘数据资源的价值，进行精准化、个性化、智能化的客户服务创新，以达到既降低成本，又提高效益的双重效应。

目前，从来源角度看，电子商务大数据资源可划分为3类：第1类是应用于工业中的数据资源。这类电子商务数据大多是结构化的，通常存储在商业关系数据库管理系统（RDBMS）中。应用方式具体包括报告、仪表板、即时查询、基于搜索的商务智能、在线分析处理（OLAP）、交互式可视化、记分卡、预测建模和数据挖掘等①。第2类是Web 1.0和Web 2.0系统中产生的数据。除了在线移植传统基于RDBMS的产品信息和业务内容之外，Web 2.0应用程序（如论坛、在线群组、网络博客、社交网站等在线社交媒体）产生的大量电子商务数据往往是非结构化的，通过各种文本和网络挖掘技术和可视化技术，网络分析工具可以帮助完成网站设计、产品布局优化、客户交易分析、市场结构分析和产品推荐等。这类电子商务大数据的分析和应用在基本的查询和搜索功能外，将针对非结构化内容进行高级文本分析，专注于文本挖掘（如信息提取、主题识别、意见挖掘等），社交网络分析和基于现有DBMS系统的空间—时间分析，实现包括信息语义服务、自然语言问题回答和内容—文本分析的相关功能。第3类是基于Web 3.0（移动和传感器）产生的数据资源。Web 3.0环境下的移动设备（如智能手机、平板电脑及其应用程序的完整生态系统）正从多个方面改变着社会环境。这些基于互联网的设备具有支持高度移动、位置感知、以人为中心的环境相关操作和交易的能力。为了对这种大规模且流动的电子商务大数据进行收集、处理、分析和可视化，传感器数据的底层移动分析和位置感知技术将成为Web 3.0环境下实现商务智能的新技术。

大数据环境下的电子商务价值创造主要来自4个方面：效率、互补、锁定和创新②。①在效率方面，经过处理的大数据能提高企业的经济效益。通过数据挖掘技术，不但可以评估数据的价值潜力，还可以整合数据资源，实现企业价值链的运作一体化和动态化，促使价值链上的企业相互连接，使得供应链上下游能更方便地共享信息与资源。通过实现数据资源的集中和协同形成智能化和快速化的反应机制，从而优化电子商务全程业务流程，提高各业务节点的流畅度，进而提高业务效率。②在互补方面，大数据能降低信息的不对称性。电子商务交易带来的海量互动数据，全方位降低了信息不对称的存在可能。首先，在企业和消费者之间，消费者获取、滤选、分析数据信息的能力不断提高，企业也可以通过多种信息渠道掌握消费者的行为信息。其次，企业之间可以通过微博、Web日志、互动社区等开放平台

---

① CHEN H，CHIANG R H L，STOREY V C. Business intelligence and analytics：from big data to big impact［J］. MIS quarterly，2012，36（4）：1165－1188.

② 王惠敏. 大数据背景下电子商务的价值创造与模式创新［J］. 商业经济研究，2015，7：76－77.

收集相关数据[①]，了解竞争对手和社会环境状况。最后，消费者之间通过全开放的数据系统和网络社区实现聚集，提升网络社交行为。③在锁定方面，大数据技术可以实现电子商务营销的精准化和实时化，以进行用户锁定。大数据技术的出现提供了快速、精细化分析消费者偏好及其行为轨迹的工具。商家可以通过数据挖掘技术，预测潜在客户市场提高交易的成功率，或以消费者为中心创造高度差异化的产品和服务。④在创新方面，大数据技术促进新型增值服务模式不断涌现。新的服务模式包括按需定制、线上线下深度融合模式、互联网金融和在线供应链金融等。已有的服务模式也因为大数据技术的进步而被赋予更高的价值。例如，在物流方面，物流企业可以通过对客户数据的分析能够更合理地选择派送方式、优选路径、提供差异化服务、提高物流服务的质量、提升电商物流业的品牌形象。

9.2.2　电子商务领域商务智能的大数据应用实践及成果

电子商务大数据的飞速发展推动着商务智能在电子商务和市场情报等领域的应用。商务智能通常被称为帮助企业分析关键业务数据以更好地了解市场并及时做出商业决策的技术、系统、方法和应用，它将数据资源、技术方法和专家智慧进行整合，一定程度上实现了商务决策的智能化和自动化，是工程化思维在电子商务领域的重要应用。

从事实数据看，电子商务大数据具有类型多样化、信息非结构化的重要特点。各种论坛、博客、群组等社交媒体平台和电商平台中产生了大量的电子商务数据，其内容为从业者提供了听取市场“声音”的机会和大量的商业信息，而这些数据的来源包括客户、员工、投资者和媒体等。与收集传统交易信息不同，电子商务系统从网络中收集的数据具有非结构化特征，它们通常包含丰富的客户意见和行为信息。从工具方法来看，不断成熟完善的大数据技术方法为情报工程在电子商务大数据中的实践提供了更多可能。具体而言，对于社交媒体中的客户意见相关信息，目前多采用文本分析和情绪分析技术。而产品推荐功能则使用了其他分析技术，如关联规则挖掘、数据库分割和聚类、异常检测和图像挖掘。可以说，基于多样化技术分析方法，利用丰富的市场信息来进行定向化搜索和个性化推荐以实现长期营销已经成为可能。从专家智慧看，无论是用户分析还是市场规划，电子商务最终都离不开专家团队对于商业环境的进一步分析和决策，将专家智慧融合在电子商务数据的应用当中，能有效提升决策的准确性，如目前的电子商务平台还拓展了大众专家智慧的可能性。

目前，致力于实现工程化思维在电子商务领域应用的主要是互联网公司、电子商务供应商和传统 IT 厂商。其中，领先的电子商务供应商在数据资源方面具有较大优势，它们往往在数据库和数据仓储业务方面有所成就，具有自己特有的数据资源，通过将具有创新性的数据技术投入其中，最终实现高度可扩展的电子商务平台搭建和产品推荐系统构建。而互联网公司则以大数据技术为核心，它们的数据资源一般为网络中的公共资源，通过对大数据技术的不断优化，引领网络分析、云计算和社交媒体平台的发展。传统 IT 厂商往往致力于通过工程化思维方式解决数据资源问题，实现电子商务数据的集中协同管理。

首先，实现数据资源管理，构建数据仓库和云服务器，是工程化思维在电子商务领域的

① 王娟. 大数据对电子商务应用价值的研究与分析［J］. 科技经济市场，2015，2：154－155.

应用之一。亚马逊推出的 Amazon DynamoDB 用来解决数据库管理、性能、可扩展性和可靠性等核心问题；PB 级数据仓库 Amazon Redshift 能够与 Amazon Web Services 顺利协作并实现完全托管。IBM 围绕大数据开发了适合企业大数据处理的数据库引擎 IBM DB2、Informix 和 InfoSphere，辅助业务决策的商业智能和绩效管理软件 Cognos，以及实现统计分析、数据挖掘、预测建模的 SPSS，同时也为 Hadoop 开源数据分析平台提供支持，致力于通过分析企业内部数据来为大型企业提供数据库平台和分析服务。惠普公司提供大数据分析工具产品及大数据解决方案。它的产品 Haven 大数据平台可以部署在企业内部或云端，从网络社区中获取数据资源，以较快的速度对大规模结构化和非结构化数据进行分析来辅助决策和解决问题，提供从数据分析到总结报告的完整大数据服务。Teradata 针对商业领域推出了专门的分析工具，包括企业级数据仓库、动态数据仓库、动态企业智能。主要软硬件产品包括数据库软件、Teradata 专用平台系列、逻辑数据模型和 Teradata 分析应用程序和服务。主要服务包括专业顾问服务、客户支持服务和培训服务。Oracle 的大数据机与 Oracle Exalogic 中间件云服务器、Oracle Exadata 数据库云服务器及 Oracle Exalytics 商务智能云服务器一起组成了它最广泛、高度集成化系统产品组合①，为企业提供了一个端到端的大数据解决方案。这一解决方案是软硬件一体化的，包括移动应用用户行为统计分析、基于日志和访问内容的用户画像、用户使用习惯和精准营销、语义分析和搜索引擎实时处理、海量指纹识别及人脸识别查询系统、分布式大数据存储和管理系统、海量历史数据分析平台、基于互联网的舆情监控系统等。

其次，融入工程化思维的电子商务产品分析及行业分析，可促使电子商务大数据的应用更加高效和精准。商业智能软件提供商 Splunk 开发的软件平台可以实时对任何 APP、服务器或网络设备的机器数据进行索引、监控与分析，并通过可视化技术将结果生成图形化报表。GoodData 致力于基于云端的商业智能服务和大数据分析平台开发，通过分析销售和商品数据生成品牌报告为营销策略提供建议，提供协同分析工具和性能指标报告。TellApart 通过创造自学习的算法系统来洞察商业规则。戴尔通过“营销科学实验室”，开发专家可实时调控的自主营销系统进行营销数据分析。

用户分析则是电子商务大数据最重要的工程化应用场景，数据挖掘技术是该场景使用的重要的工具方法。亚马逊通过以云计算为依托的电商开放平台获取数据信息，通过数据挖掘技术实现目标客户甄选，在分析客户偏好的基础上，预测用户需求，有针对性地发布营销信息，甚至实现“预测式发货”的新专利。Splunk 通过连接企业销售渠道获取数据信息，对活跃区域内用户进行筛选和定向营销。TellApart 分析用户的浏览习惯，并以广告推介的形式锁定潜在用户，实现广告和用户的精确匹配。SAP 公司则偏重预测模型的构建，通过对客户购买意愿的预测分析，实现产品需求预测并推送广告。

综合来看，情报工程在电子商务领域的应用取得了一定的成果。目前，通过电子商务大数据的利用，已经基本实现如下功能：基于客户行为分析的产品推荐、基于客户评价的产品

① SANGUPAMBA O M, PRAT N, COMYN-WATTIAU I. Business intelligence and big data in the cloud: opportunities for design-science researchers [C]. International conference on conceptual modeling, 2014.

设计、基于客户追踪的广告投放、基于社区热点的趋势预测和病毒式营销、基于商品数据分析的产品定价、基于客户异常行为的客户流失预测、基于环境数据的外部形势分析、基于物联网数据分析的产品生命周期管理等。然而，目前电商领域主要还是以情报工程化的某个流程要素为主轴较多，系统性的电子商务大数据情报工程化服务思维比较少见。从人际情报、社会信号的发展趋势来看，情报工程在电子商务领域的应用仍具有广泛的发展空间：一方面，电子商务业务价值链的各个环节都有基于大数据的情报分析的必要性，其应用场景还会不断增加；另一方面，专家智慧在电子商务领域中的作用仍有提升空间，如何将专家意见实时反馈到现有的产品和服务中，并保障其运转的自动化特性，仍是当下电子商务领域研究的重要问题之一。

9.3　科技领域

9.3.1　科技大数据及其价值

科技数据是人类社会在科技活动中产生的各类数据资料，是信息资源的重要内容。科技数据是支撑国家科技创新的珍贵资产和战略资源，也是经济社会发展决策的重要科学依据。人类的知识无不是来源于所掌握的数据和信息的分析，大数据时代的到来给科研方式带来了革命性的改变。科技大数据作为大数据的重要组成部分正在急剧增长并使科学世界发生变化，它的集成和共享不仅对科学研究能力的提高、新的科学方法的产生、研究成果向产品和服务的转化发挥着重要的作用，而且已开始引导科学研究的深度发展，驱动着科学研究进入数据密集型科学发现范式这一全新阶段，促进更多的原始性创新成果的涌现。

从科学研究角度看，科技大数据改变了传统方法论，并催生出全新的创新驱动发展模式。首先，科技大数据使基于全样本的研究模式得以实现，研究对象完成了从局部性向整体性转变。当科学研究所能利用的数据规模增大时，人们将可以做很多在小规模数据基础上无法完成的事情，基于对大数据的分析能更好地理解世界，解决从前难以解决的或甚至不可能解决的很多大科学、大工程问题，产生意料之外的科学发现。其次，科技大数据促进了全局性研究模式的产生，实现了阶段性、个体性向全流程、群众性、公众性的转变。最后，科技大数据可以帮助实现基于价值持续性的研究模式，研究内容从静态性向动态性、持续性、累积性发展。也就是说，科学家获得科学发现的方式，从传统的观测阶段、实验阶段、模型阶段，发展到当前的大数据科学发现阶段。即通过大数据的科学支持在某一领域内进行大数据分析，最终得到过去发生过的、现在正在产生和未来可能产生的科学结果，目前在科学研究的各个领域发挥不可估量的作用，如数字地球、全球变化、高能物理、基因组计划、深空探测等研究领域。

从实践角度看，科技大数据能帮助寻求科学新发现。不断积累的科技数据不但引发了人们思维和行为模式的变革，还通过逐步提高的技术处理水平，唤醒“沉睡”的科技大知识。通过促进科学大数据在各行业的应用和发展，可以全面推动科技、经济和社会发展，包括政府决策、产业发展等各个方面。因此，要把科技大数据提升到国家战略层面，当作国家重要资源来谋划发展战略。

9.3.2 科技情报及科技预见中的大数据应用实践

工程化思维强调数据资源、工具方法和专家智慧的结合。在科技领域中，通过高科技设备采集和积累的数据数量庞大、专业性极强、蕴含信息价值高。科学大数据的这些特点决定了大数据技术和专家智慧在科学领域的应用是必不可少的，因此，将工程化思维和科技领域相结合，有利于实现科技情报的可持续利用，对科技情报的开发利用和科学预见项目的实现具有重要作用。目前，大数据环境下的科学研究知识发现范式已经成为继理论、实验和计算模拟之后的第 4 种科学范式，在各个国家和地区相继得到政府的支持并开展相应的工程化情报服务的保障性计划和活动。

基于工程化思维的科技大数据计划，一方面致力于实现科技情报大数据资源的集中化和协同化；另一方面注重大数据分析技术和工具的开发，为情报工程在科技领域的应用打造通路。对于中国来说，随着大规模巡天望远镜、大型粒子加速器、高通量基因测序仪等大科学装置的迅速发展，科学数据以史无前例的速度急剧增长，形成了珍贵的科技大数据资源。国家重点研发计划“云计算和大数据”于 2016 年 10 月 18 日启动科学大数据管理系统项目，该项目由中科院计算机网络信息中心负责，是我国科技大数据领域的科技研发工作进入实施阶段的标志。这一项目致力于大数据技术开发和科学信息系统的建设，最终满足科学家对科技大数据实现高效管理和便捷的需求，对科学大数据的研究形成有力支撑，并加速我国重大科学发现的进程。科学大数据管理系统在科技情报数据资源的集中方面贡献十分突出，它将实现对 1000 亿行关系数据、100 亿条边图数据、EB 级非结构化数据的高效管理①，形成众多运维调优工具，成为引领科研创新增长的利器，为科技数据积累到科技创新这一过程打下了基础。我国高性能计算领军企业中科曙光，在国家重点研发计划重大专项支持的下，于 2016 年 10 月 28 日正式发布中国首个“科学大数据引擎”。针对科学大数据的行业应用特征，科学大数据引擎部署中科曙光全系列数据计算技术及服务产品，融合了高性能计算、云计算、认知计算、大数据分析等多种模式，实现计算存储分析一体化，亿级数据库毫秒级极速查询分析，为上万节点提供在线、移动、实时自动监控服务，充当连接数据源和业务应用的“黑匣子”，最终完成对数据的清洗转换、存储与管理、数据处理与挖掘、数据分析及可视化等工作，架起从科学数据到科学发现的桥梁。最终帮助政府部门、科研院所、教育机构、行业技术创新中心、大型企业研发部门等完成向大数据研究方面转型。

美国政府为促进科技大数据的集中管理和技术方法的研发，于 2012 年推行的 NSF BIGDATA3 计划②。该程序旨在推动大量且多样的异构数据集中管理，通过数据提取、分析、可视化等核心科技手段，加快科学发现和创新的进程，发现新的研究领域，鼓励数据分析工具和算法的开发，促进可扩展、可访问和可持续的数据基础设施建设，促进经济增长并改善人

---

① 陈明奇，黎建辉，郑晓欢，等. 科学大数据的发展态势及建议［J］. 中国教育信息化，2016，21：5－9.

② LINDENMAYER D B，LIKENS G E. Analysis：don't do big-data science backwards［J］. Nature，2013，499（7458）：284－288.

类生活质量。目前，为了促进信息共享和数据分析，美国国家科学基金会（NSF）还要求各个从高通量传感器和仪器中获益的科技领域（包括天体物理学、海洋学、基因组学和环境研究）中的每个项目都需要提供数据管理计划。

欧盟致力于科技大数据的开放获取并开展相应项目。2012—2013 年，欧盟委员会投入 4500 万欧元建设支持开放共享和科学信息长期保存的基础设施，并与各个相关利益团体就开放共享和数字信息保存工作进行对话，同时建议各成员国制定本国的公共资助科研论文开放共享政策，探索科学数据开放共享和科学信息长期保存，支持相应的基础设施建设。2012 年 7 月 17 日，欧盟委员会发布开放共享政策，宣布欧盟地平线 2020 计划（Horizon 2020）所资助科研论文全部实行开放共享。其中，“地平线 2020”的主要目的是整合欧盟各国的科研资源，提高科研效率，促进科技创新，推动经济增长和增加就业，以科技创新为核心促进经济和其他领域的增长。2013 年 12 月 25 日，欧盟委员会宣布启动试点，开放公共资助研究数据，为科技情报资源的集中管理和广泛利用打下了基础。

从工程化的角度来看，各科学领域的专家智慧在科技大数据利用中发挥着重要角色，将专家智慧和科技大数据计划相结合，也是各领域实现重要突破的必要条件。同时，科技大数据中蕴含的大量专业信息，需要在专家团队辅助的基础上才能得到更好的挖掘。换句话说，从科技大数据到科技情报，依赖于情报工程整个流程要素的全嵌入。目前，科技大数据驱动新发现的研究模式和引导案例仍在探索之中，爱思唯尔关于英国研究绩效的国际比较研究就是比较经典的情报工程服务的案例应用，美国 FUSE 计划的科技预见模式也应用了工程化情报服务的运作思维。

爱思唯尔的英国研究绩效的国际比较研究是受英国商业、创新与技能部委托，对英国科研表现进行综合评估，并与其他包括加拿大、中国、法国、德国、意大利、日本和美国等在内的 7 个国家进行对比，以得出比较优势并提供相关决策建议。目前，该报告进行了两轮，分别在 2011 年和 2013 年对英国的研究绩效进行了国际比较，主要研究主题包括科研投入、人才资源、科研产出、科研合作、科研绩效及知识转移。爱思唯尔的英国研究绩效的国际比较研究综合运用了情报工程的大数据化、协同化、集成化等开发范式思维，在数据资源、工具方法及专家智慧的工程化流程要素方面做了积极的尝试和应用探索。

在数据资源方面，多源互补数据是其重要特征，包括各类科技数据、教育数据、培训数据等。爱思唯尔的研究报告的数据来源主要有 3 个层面。在全球层面，涉及 OECD 数据库（人力资源数据等）、Scopus 平台（论文引文数据等）、WIPO 数据库（专利数据等）；在国家地区层面，如从英国国家统计局获取研发投入产出数据，从质子欧洲获得欧洲高校及公共组织的知识转移调查数据；在高校层面，则涉及英、美、加等各大高校在论文产出、专利授权等相关性统计性数据。在方法工具方面，爱思唯尔采用了多样化的研究方法进行技术性分析和指标设计，如数据分析、文献调研、深度访谈等，在具体的主题分析中又采用了多种对应的集成化方法；SciVal 工具平台则被用于相关共被引聚类和可视化呈现。在专家智慧方面，爱思唯尔汇聚了各个维度的支持研究产出的专家团队，包括执行团队（爱思唯尔的科研团队，由 Nick Fowler 博士担任项目统筹）、质量监督团队（包括英国高等教育基金委、英国科研诚信小组在内的质量保证小组）、评审保障团队（初步调查结果提交给不同的研究理事会、高校的专家组审核）等①。总之，爱思唯尔关于英国绩效的国际比较研究将数据扩展、方法创新、专家智慧贡献等集于一体，从工程化的情报运作方式开展科技情报研究与服务，对于影响科技创新与英国未来发展趋势具有积极意义。

FUSE 计划是应用科技大数据来实现科技预见的项目，也是情报工程在科技情报应用中迈出的重要一步。对新技术进行确认和评估是一个耗时耗力的过程，不但受到较为严格的时间限制、数据限制和专业限制，还难以进行现实世界的系统验证。然而日益多样化且充满潜力的科学技术不停增加着科技预见的需求，因此，需要一个可以节省时间及劳动力的自动化解决方案，在可以提供足够证据和论证支持的情况下，对海量的科技大数据进行分析并实现科技预见的功能。在此背景下，美国高级情报研究计划署（IARPA）希望通利用科技大数据实现全球新兴技术的加速识别和优先级排序，FUSE 计划因此应运而生。该项目旨在寻求开发自动化方法，通过扫描大量的已发表的科学文献、学术期刊和专利技术中的公开信息，将专家智慧结合到系统当中，并对其进行系统、连续和全面的技术出现评估，预测那些当下不显著但会在未来 3 ~ 5 年产生重大影响的科学技术，并协助科学家们调整项目研发的优先级。FUSE 系统的最终理想状态就是可以自动生成新技术领域的技术术语并对其进行优先排序，提名出现技术性出现的技术术语，并为出现提供有力的证据②。目前 FUSE 计划实现了两大功能：第一，FUSE 计划可以为新兴科技进行排名。FUSE 通过不停地挖掘相关的中英文数据库，按照新兴技术未来几年的前景进行周期性排名，增长能力在 100% 或 200% 的技术将被视作显著科技。第二，FUSE 计划还可以评估一项技术的成熟度。例如，某个术语或概念在刚出现时，需要在早期技术的专利文件中对其做较为详尽解释，并且被一些科学家用来和自己的工作或以后研究成果做对比，随着技术的成熟和术语的普遍使用，这种对比的次数会越来越少。在这一规律的基础上，通过对不同期刊赋予不同的权重，FUSE 计划就可以实现技术成熟度的评估。目前，FUSE 计划在区分过时的科学技术和长期持续发展的科学技术上还存在困难，其算法的调整和改进仍在不断进行，但 FUSE 计划的开展已经表现出了工程化思维在科技预见领域实现应用的发展趋势。同时，IARPA 开展的另一个项目——ForeST 计划，直接利用 FUSE 计划的技术成果并结合专家判断，旨在实现重大科学技术优先级的精确预测③。

基于以上案例可以看出，科技大数据一方面使科学世界发生变化，促进数据密集型科研范式的产生；另一方面引领了社会发展，为经济建设、社会管理、产业发展等方面提供动力。工程化思维的加入，可以正确引导并整合科技大数据基础性工作，使科技大数据释放出巨大的潜力。目前，工程化思维已经初步应用到了科技领域当中，在数据资源方面，全球的科技大数据计划，推动大数据化的信息资源集中协同管理，并已经取得一定的成效；在工具

---

① 潘云涛，田瑞强．工程化视角下的情报服务：国外情报工程实践的典型案例研究［J］．情报学报，2014，33（12）：1242 - 1254.

② Forecasting Science & Technology（ForeST） ［EB/OL］．［2017 - 06 - 23］．https：//www. iarpa. gov/index. php/research-programs/forest.

③ Foresight and Understanding from Scientific Exposition（FUSE）［EB/OL］．［2017 - 06 - 23］．https：//www. iarpa. gov/index. php/research-programs/fuse.

方法方面，大数据技术和工具也在不断地研发完善之中，各个领域的数据分析技术、自动化建模功能也更加成熟；在专家智慧方面，目前专家智慧还未能很好地融入科技情报的自动化处理分析过程之中，但未来专家智慧和科技情报的结合将更加紧密，科技大数据知识发现的自动化和智慧化将是情报工程在科技领域必然的发展方向，科技预见已经在这一方面迈出了重要的一步，随着大数据技术的成熟，在各个科学研究领域中，结合专家智慧的科技情报智能化产出终将成为可能。

9.4　金融领域

9.4.1　金融业大数据及其价值

（1）金融领域的大数据。互联网的应用普及使金融信息化程度迅速深化，电子银行、电子交易服务、电子货币与支付服务、在线金融信息服务及其他通过网络提供的金融产品及服务迅速得到推广和扩散，金融业务版图被不断重构。大数据、云计算等新兴技术在金融变革过程中的地位越来越举足轻重。在此趋势下，金融业务开始表现为价值数字流的产生、交换、管理和应用，而金融服务质量取决于对客户行为的深度理解。换而言之，实现从数据到用户价值的转化。既包括了解用户更深层次的需求，还包括更系统性地把握数据及其特征，并灵活运用多种数据分析方法，构建高效可控的多源金融数据处理与分析过程，本质上恰恰就是要从情报工程的视角运用金融大数据。

从数据形式上来看，金融领域的大数据可分为结构性金融数据和非结构性金融数据。结构性金融数据是指可以通过规范化的格式进行整理和计算的数据集合，如各种金融统计数据和调查数据；非结构性金融数据则是指不能够通过规范化的格式进行整理和计算的数据资料，如以视频、音频、磁带等为媒介存储的数据资料①。而从数据内容上来看，金融领域的大数据又可分为传统金融数据和非传统金融数据。传统金融数据即客户在金融活动中产生的传统数据，如客户姓名、性别、年龄、财务状况、风险类型等，这些在传统金融企业中就能获得，来源较为单一；而非传统金融数据是指那些与金融活动联系看似不太紧密但却潜藏着巨大价值的数据，如客户兴趣爱好、发表评论、地理位置、浏览行为、购买行为等，这些数据来源广泛，可能源自社交媒体、呼叫中心记录等线上信息，也可能来自现金管理、刷卡记录等线下信息，还可能是医疗机构、电商等第三方机构信息，甚至是征信报告、工商记录等政府公共信息。这类非金融数据在传统金融企业中往往很难获得，需要借助大数据、云计算等相关技术和平台进行搜集、整合与分析。

（2）大数据给金融业带来的价值。大数据环境对每个产业部门都有冲击，但影响并不均等。以美国为例的分析发现，医疗卫生机构每年可以从大数据中获得的潜在收益高达

① 保建云．大数据金融生态系统、社会超群博弈与中国大数据金融战略［J］．江苏行政学院学报，2016（4）：42－49.

3000 亿美元[①]。比较而言，金融大数据创造价值的机会最高，这是因为：一方面，金融企业在业务开展过程中积累了包括客户身份、资产负债情况、资金收付交易等大量高价值高密度的数据，这些数据在运用专业技术进行挖掘和分析之后，将产生巨大的商业价值；另一方面，金融企业具有比较充足的预算，可以吸引到实施大数据的高端人才，也有能力采用大数据的最新技术成果。中国金融业正在步入大数据时代的初级阶段，经过多年的发展与积累，目前国内金融企业的数据量已经达到 100 TB 的级别，并且非结构化数据量正在以更快的速度增长。从总体来看，正在兴起的大数据技术将与金融业务呈现快速融合的趋势，为开展工程化的深度服务业务提供基础，并实现以下目标。

①帮助金融企业更好地了解客户。在以往的经营中，金融企业仅关注客户与金融业务相关的交易行为，并未设法获得客户的兴趣爱好、生活习惯、消费倾向等情感或行为数据，因而生活数据与生产数据之间彼此分离，业务数据无法与大数据形成联动。随着传感器的快速普及和移动通信技术的深入发展，金融企业逐步加强了与各类外部数据源的对接，并以先进的技术手段与分析工具为支撑，对海量的多源数据进行采集和加工，形成客户画像，根据客户的个性化需求，并结合客户行为规律来预估其潜在消费倾向，从而为客户提供有针对性的销售解决方案。

②帮助金融企业更好地了解市场。金融企业在制定各类决策时，时常面临着复杂的国内外经济形势，只有透彻地了解市场、准确地把握市场，才能够准确判断市场的发展趋势，从而做出有效的战略决策。而大数据技术在趋势预测方面具有显著的优势和普遍的应用，金融企业借力大数据预测分析技术和情报工程的思想，实施对具有多层面、多平台、多维度、多类型等特征的海量客户数据的流程化分析和标准化建模，从而预测金融市场未来发展的方向。

③提高金融企业的经营管理效率。如何进行有效的经营管理，是每一个企业都会遇到的问题。金融企业面对国际国内两个市场，行情瞬息万变、业务全天候运营，所面临的挑战比一般企业更为严峻，产品和客户结构也更加多元化，风险更加不可预测，这些特征都加大了经营管理的难度。要在经营过程中实现所有环节、流程严密可控，业务运营高效准确，在内控方面承担的压力可想而知。基于工程化思维，在应用层次分析、聚类分析、矩阵分析、大规模情境法、成本效用分析等工程技术方法基础上，可以帮助金融企业及时深入分析员工日常操作、交易的每个环节，实现工具的自动化、集成化，准确地定位内部管理缺陷，制定有针对性的改进措施，实行符合自身特点的管理模式，进而降低管理运营成本。此外，通过多源数据的互补结合保证客户消费习惯和行为特征分析的全面性。

④增强金融企业的风险控制能力。金融企业是经营风险的企业，必须清醒认识自己面临的是什么风险，准确研判是否能够承受风险，谨慎将风险控制在可接受范围之内。而大数据技术有助于降低信息的不对称程度，增强风险控制能力。一些金融企业摈弃原来过度依靠客户提供财务报表获取信息的业务方式，转而对客户的资产价格、账务流水、相关业务活动等流动性数据进行动态和全程的监控分析，体现了情报工程中重视多源数据集成和流程化管理

① 陈进，朱宁．金融业大数据应用问题研究［J］．图书情报工作，2015（s2）：203－209.

的思想。目前，花旗、富国、UBS等先进银行已经能够基于大数据，整合客户的资产负债、交易支付、流动性状况、纳税和信用记录等，对客户行为进行360°评价，计算动态违约概率和损失率，提高贷款决策的可靠性。

⑤推动金融企业的战略转型。当前，全球经济形势正在发生着巨大的变化，我国经济形势也变得日益复杂。在调整经济结构和推进利率市场化的大环境下，国内金融企业受到很大影响，迫切需要实行战略转型。实现战略转型，关键在于创新，但现阶段国内金融企业的各种创新时常是换汤不换药，没有能够更加深入地挖掘客户的潜在需求，从而有针对性地提供更有价值的服务。国内金融业目前的数据挖掘分析水平都比较低，这方面的工作将会产生更显著的效果，较之传统上单单依靠扩张规模取得收益的做法见效更快。数据与别的产品不同，金融企业的数据挖掘和应用能力很难被竞争对手模仿，因此是一种更值得长期投入的竞争能力。而把与金融业务相关的所有数据、方法与技术模块化集成到规范的工作流程中，将有利于金融企业的数据挖掘和应用。

9.4.2　金融业大数据应用实践

大数据对于金融领域的最主要作用便是分析和预测客户行为，目前已有许多金融企业将情报工程思想和大数据相关技术运用在其精准营销、客户信用评估、交易反欺诈、指数编制、资产定价等金融活动中。

（1）精准营销。大数据应用使得金融行业改变了传统的营销模式，一些金融企业借助高效、可并行化、适合云端运行的大数据分析工具、模型和系统对客户线上线下的交易、支付、行为等海量事实数据进行挖掘和分析，并利用专家的领域知识对数据挖掘结果进行解读，实现客户画像和客户细分，从而定向投放广告和设计个性化订制产品达到精确营销的目的，该过程体现了情报工程的思想（重视事实数据、工具方法和专家智慧的结合）。以阿里巴巴为例，其旗下的蚂蚁金服金融公司于2015年6月开始与沃尔玛商店达成合作关系，阿里巴巴公司对客户偏好、行为习惯、信用评级的大数据研究让公司能够更好地利用消费者资料信息推出更有效的宣传和营销手段。此外，许多商业银行也在争先恐后地利用大数据抢夺精准营销的主动权。中国农业银行在九次方金融大数据的协助下，利用其自主开发的银行客户精准营销大数据系统开始实施营销渠道下沉策略，率先开启了五大行系统大数据营销时代的大门。中信银行和银联商务合作推出POS贷，整合POS交易记录大数据，为贷款审批提供主要依据。招商银行通过构建客户流失预警模型，对流失率等级前20%的客户发售高收益理财产品予以挽留，使得金卡和金葵花卡客户流失率分别降低了15个和7个百分点。

（2）客户信用评估。互联网金融的新模式引发了对个人客户和企业客户身份认证及信用评估的变革，强调多源数据互补结合以保证对象分析的全面性和集成性。除了对评估对象静态信息的分析外，更重要的是对变化中的动态信息的分析挖掘，建立用户的信用评分和增信模型。就企业客户而言，金融企业收集企业客户在供应链各个环节（如订单、库存、下线、结算、付款等）产生的数据，然后进行清理建库、分析挖掘，进而建立企业客户的信用等级模型，并根据其信用等级、成长性、未来发展预测等给予不同的信用额度，达到支持实体经济的目的。例如，阿里小贷和上海科技金融研究院联合推出的科技型企业的财务信用系统，上海资信有限公司推出的“网络金融信息共享系统（NFCS）”等，都是大数据背景下的金融信用评估系统建设的有益尝试。而对于个人客户，金融企业通过将个人注册登记的静态信息及其在网络上的购物、支付、投资、生活、公益等动态数据结合起来的方式，构建用户行为轨迹，通过交叉检验对用户的真实身份进行识别，进而建立信用评估模型和算法，对客户进行信誉等级分类。例如，阿里巴巴基于淘宝商户的数据，对其电商生态圈内潜在的客户提供纯信用贷款。2015 年年初由腾讯、百业源和立业等多家知名企业发起设立的微众银行，其金融创新的一个关键点便是大数据，其系统基于多个来源（申请人的银行储蓄、贷款、信用卡数据、在线购物、微信、QQ、腾讯微博、腾讯游戏等）的数据搜集、整合、分析，给予贷款申请人信用评级，据此确定贷款人可获得的信用额度。

（3）交易反欺诈。交易类欺诈主要包括伪卡交易及非面对面伪冒交易，伪卡交易是指欺诈者通过非法渠道复制卡片进行交易的欺诈方式，而伪冒交易则是指客户的卡片信息被欺诈者非法获取进行无卡交易（如网上支付）的欺诈方式①。工程化思维下的交易反欺诈需要处理的不仅是与交易直接相关的某一类数据资源，而是特别关注与问题相关产生背景相关的所有数据源，这些数据往往是海量、异构、多模、多维的，具有显著的大数据特征。其实质是借助大数据技术构建反欺诈模型和系统来预测欺诈的概率，帮助企业实时侦测、自动识别、分类、预警和及时处理潜在的欺诈性交易行为。近年来金融领域的大数据反欺诈解决方案越来越普遍。例如，IBM 公司提供的金融犯罪管理解决方案帮助银行利用大数据有效地预防与管理金融犯罪，摩根大通银行借助大数据技术追踪盗取客户账号或侵入自动柜员机（ATM）系统的罪犯。在我国也已有一些大数据反欺诈的实践成果，如中国工商银行于 2012 年开始在金融交易反欺诈体系中引入大数据技术，以各类内外部信息为基础，部署了数百个精准的智能模型，辅以计算机集群技术，大幅提升了对欺诈交易的识别率，并能够实时干预欺诈交易，截至 2014 年 6 月，为客户挽回损失金额达上亿元，保护了客户资产，维护了经营秩序。

（4）指数编制。许多金融企业开始与专业的统计分析机构合作开发大数据，编制各种指数来反映金融市场的基本状况，既为客户和金融企业提供指导，也为政府部门的监督管理和政策制定提供依据。例如，上海市统计局和 1 号店共同构建“1 号店快速消费品价格指数”，反映快速消费品价格变化，给市场提供更及时的信息。深圳市钱诚电子商务有限公司编制发布中国 P2P 网贷指数、中国民间借贷市场利率指数和中国众筹指数等，为金融 P2P 网贷行业的参与者提供有价值的资讯。国家统计局同阿里巴巴、百度、58 同城、上海钢链等 11 家金融、互联网企业签订合作协议，共同开发和利用大数据。此外，还有由上海财经大学和上海农商银行推出的小微企业融资环境综合指数（shanghai micro and small enterprises financing environment index，FEI 指数），主要以衡量融资成本并结合其他影响因素来综合反应上海市小微企业的总体融资环境及其发展趋势。2012 年，国泰君安推出“个人投资者投资景气指数”，即对海量个人投资者样本进行持续跟踪监测，对账本投资收益率、持仓率、资金流动情况等一系列指标进行统计、加权、汇总后得到的综合性投资景气指数，通过一个

① 鲁统波．大数据反欺诈在银行互联网金融创新业务中的应用［J］．金融电子化，2016（1）：91－92.

独特的视角来传递个人投资者对市场的预期、当期的风险偏好等信息。

（5）资产定价。金融产品定价问题是金融界关注的核心内容之一，特别是金融衍生产品定价一直是学术界和实务界关心的重要领域，通常利用数学建模和计算等方法。近期一种协同分析理念被引入该领域。例如，Ripple 利用大数据分析技术对信贷中的数量协同、期限协同等进行分析，使得其汇兑系统可以实施不同货币（甚至包括积分）间自由、免费、零延时的汇兑。此外，信用衍生产品的定价问题也是学术界和实务界的研究热点。以信用违约互换（credit default swap，CDS）定价为例，理论上讲常用的方法有结构化模型和约化模型，其核心是违约过程的建模和估计，还要考虑违约的相关性和传染性，通常需要复杂的数学模型，且验证困难。近期一种基于大数据的实证方法应运而生，即利用实际交易数据来估计违约概率，例如，著名的电商企业亚马逊对交易数据的掌握能力和处理的深度，使其充分掌握了供应链上游的信用违约概率，进而可以非常接近地测算其消费能力，对金融产品和产品组合实施真正意义上的个性化定价。

9.5 智库建设

9.5.1 智库与情报、大数据的关系

近年来，智库作为决策咨询系统（体系）的重要组成部分备受政府及学界关注，其在国家治理、决策支持、公众影响等方面所发挥的作用更是受到了各国政府的高度重视。根据我国政府发布的《关于加强中国特色新型智库建设的意见》对智库进行的界定①②，我国智库的功能是为决策主体提供直接或间接的服务，进而为科学决策、民主决策和依法决策提供支持。就此从服务于决策的视角来看，在智库建设的过程中，其与研究情报活动及其规律并以服务组织决策为目标的情报学之间存在着密切的联系。另外，智库提供的服务通常遵循资料搜集、研究分析与拟订方案 3 个步骤，而这些步骤恰好与情报工作中的情报收集、分析与服务相对应；并且，现代意义上智库提供的各类信息资源与咨询服务本质上也属于情报学研究的重要内容，而情报学在信息资源共享、知识管理、专家智慧等方面的研究内容也同样适用于智库的建设。由此更加证实了智库与情报之间必然存在一定联系，那么，接下来将从以下 4 个方面对智库与情报之间的关系，以及其与作为研究与建设基础的大数据之间的关系进行详细分析。

首先，智库与情报机构之间的关系。从机构性质来说，智库又可被称为思想库，是一种独立于政治体制之外的政策研究和咨询机构，它能够在政府及相关部门进行政策制定的过程中提供高质量的智力支持。情报机构是一种通过对大量数据、信息进行搜集、分析、处理等一系列深加工后，利用得到的高质量结果为决策层提供特定情报信息的特殊机构。两者之间

---

① 《关于加强中国特色新型智库建设的意见》全文［EB/OL］.［2017－04－03］. http：//news. xinhuanet. com/zgjx/2015-01/21/c_133934292_2. htm.

② 包昌火．对我国情报学研究中 3 个重要问题的反思［J］. 图书情报知识，2012（2）：4－6.

在功能特点上存在较为密切的联系。一般而言，智库应当具有较强的情报能力，故情报机构有时便被视为一种特定类型的智库。但是在实际的运用中，两者之间既存在相似之处又存在一定的区别。例如，美国的智库与情报机构之间便存在着“彼此借重、相互制衡”的关系。智库通常会对情报机构所开展的各类情报活动进行评估，并进一步得出考评结论，从而为提高情报机构的信息处理效率、运作机制提供有效而科学的建议；并且还会根据情报机构的工作需求为其提供相应的服务。然而，有时由于情报机构自身的特殊性质，在某些情况下其需要智库支持其提出的想法，因此，将会在某些方面对智库施加压力。不过，介于各国实际情况的不同，智库与情报机构的运作关系自然也将会存在差异。包昌火曾明确指出：强大的思想库和情报力量，是美国无与伦比的软实力，也应是中国产业振兴和安全的重要支撑。就我国现状而言，我国智库建设仍然处于发展阶段，智库与情报机构之间的关系界定、合作方式、相互联系等问题仍然需要深入探究。因此，要实现情报机构向智库转型的目标，智库与情报机构之间应当形成“深化合作、谋求共赢”的关系；应当使情报机构具备智库的特色功能，加强“出对策”“出声音”“出思想”3 个方面的投入工作，具体实施方法包括注重需求发现环节、营造思想创新氛围、建设传播交流机制等①。例如，传统的科技情报机构的转型则应当基于其现有的优势与基础，充分利用信息采集与分析相关工具，逐渐成为智库的信息库、知识库与情报库②。

其次，智库与情报资源（大数据资源）之间的关系。随着政府对决策信息需求的增加，其对智库所提供的情报产品质量的要求也日益递增，这样就加剧了智库对大量情报资源的依赖，因此，有必要为智库建设创造与之相匹配的情报源通道。一方面，文献信息作为情报获取的主要载体之一，能够为智库研究提供基础性服务。从基础文献服务的角度来看，当前已有不少图书情报机构开始探索并且开展了面向政府机关、企事业单位的智库服务。同时，还有如科技信息研究所、咨询机构、情报所等多种类型的机构也开始为智库建设提供信息资源与智力支持，它们开始为智库建设提供相关服务策略、成果评价并为其构建相应的服务平台。另一方面，大数据时代的来临，让情报工作不再拘泥于传统的研究方式，其信源涉及众多具有大数据特征的信息资源；同时，随着知识服务的升级，智库的情报源也逐渐拓展到了各类可利用的资源。因而，智库想要进一步发挥其在决策过程中的实质效用，就需要将大数据情报分析的方法引入相关工作中，从而使得智库产品能够充分实现全面性、及时性、准确性、针对性，满足智库服务对数字化、网络化和信息化的要求。可以说，智库的数据支持与情报保障问题是高端智库成功的关键，而这些问题的实现则需要更好地依靠于相关的情报资源与情报工作。

再次，情报失察将对智库的正常运转产生消极影响。情报失察研究是指通过追根“失察”的溯源，来认识和发现情报分析、体制、文化等方面的弱点和缺陷③。一般情况下，凡是涉及情报搜集、分析与使用的相关事务都将被视为情报失察（intelligence failure，也称情

① 王延飞，闫志开，何芳．从智库功能看情报研究机构转型［J］．情报理论与实践，2015，38（5）：1-4.
② 陈超．情报与智库［J］．竞争情报，2015，11（2）：3.
③ 江洁，徐志峰．国内外情报失察研究述评［J］．图书情报工作，2011，55（6）：24-28.

报失误）。当前，为了能够充分发挥其自身作用，较多智库将具备强大的情报能力作为其发展的重要方向，但是由于各方原因现阶段智库在共享信息、客观分析事件、基于情报的有效实践方面仍然存在较多问题，这也就造成了智库的“情报失察”现象，而这种自身情报工作的失察将会造成智库内在机能的损害，其中包括对智库所具备的战略性建言献策、社会舆论引导、高端人才储备等功能及其所遵循的规律与方法等方面的影响。具体而言，一方面，智库自身拥有相应的情报收集、处理与分析能力，其情报生产的环节一旦出现失察问题将很可能导致最终智库产品的失效。因而，为削弱这一情况的影响，智库应当针对特定问题进行深度的情报分析，而不是进行单纯意义上的信息汇编；同时，还应当采用情报监测、舆情分析等前沿技术构建智库及相关产品，使智库产品的使用者能够清楚地了解情报、数据所包含的显性及隐性知识。就此当前较多智库开始有针对性地对网络情报的收集与分析、风险管理等内容进行优化，以避免关键情报的缺失，通过对相关情报资源的不断积累、活化、更新、运用，使其成果能够更好地引领决策需求，成为判断和决策的依据。另一方面，智库的情报决策环节一旦出现失察问题，将会影响智库的良性发展。一般来说，智库对特定问题的研究应当具有较强的科学性，但是往往由于主客观因素的影响容易使得智库组织中出现各类情报政治化问题，例如，官僚式囤积信息、垄断情报、偏好倾向等，此类问题在中国中庸文化背景下尤为突出。因此，为了避免这些情况的发生，应当不断寻求智库独立性与政府依赖性之间的平衡关系，加强面向各界需求的智库服务融合，提升智库产品可信度。另外，情报产品的最终目标是得到用户的认可，因而智库的情报分析产品也应当力争获得决策者的支持与利用。相反，如果得不到应用或重视的智库情报产品将会从不同程度上抑制或者影响智库的良性、健康发展，故为了从根本上削弱这种智库情报失察的干预因素，自然应当构建完善的新型智库体系。

最后，情报学在智库建设的过程中扮演着重要的支撑学科的角色。智库整体水平的提升依赖于其学术能力的积累，包括科学的理论和方法、严密的思维模式等。当前，较为出名的智库机构均是在学科建设、前沿研究中处于领先地位的，由此可见学科建设在智库建设中的基础性地位。通过前面的分析，不难看出智库建设与情报学研究有着较为密切的关联性。具体来说，智库建设依赖于多学科的支持，而情报学作为一门具备跨学科性，并且在不断吸收传统学科内容的基础上逐渐形成了自身学科知识框架的学科，其在智库建设的过程中扮演了重要的支撑学科的角色。对于情报学而言，由于“情报与决策”和“智库与决策”两者之间所存在的关联性，情报学能够为智库建设奠定有力的知识基础，同时为其提供情报资源、先进方法与相关技术。通常，智库研究可归纳为应用性研究，其成果是“数据 + 方法 + 专家智慧”的结晶，而情报研究也具有相似的特性。同时，情报总是与目标相关，而面向决策需求的智库研究同样也是以目标（问题）为中心来解决实际问题的①。另外，智库情报保障中的文献再现、信息呈现、知识发现等多个方面，也都分别对应着情报学中的文献检索与查新、信息组织与利用、知识发现与挖掘等。而智库对于情报学而言同样也会发挥一定的促进作用，智库的发展与其发展需求的提升将进一步促使情报学研究的创新与提升，使其研究

① 罗伯特·克拉克．情报分析：以目标为中心的方法［M］．马忠元，译．北京：金城出版社，2013.

成果能够在具体实践中得以应用，并且智库建设能够为情报学学科的发展注入新的活力，为情报学科顺应时代需要的发展提供了契机。基于此，可以发现智库的服务理念与情报学鲜明的个性特征是紧密相关的。智库学与情报学存在着水乳交融的关系，智库引领情报学科发展，尤其是解决了情报学理论与实践脱节的问题，因此，情报学与智库学进行有效融合、关联与嵌入是必要且有利的。

9.5.2 智库决策实践与情报工程的关系

智库的目标是服务于决策主体并为它们提供智力支持，其与情报之间存在着密切的联系，那么，如何将这种关联进行有效衔接，促使智库情报服务真正落地？因此，本节将进一步探究智库决策实践与情报工程之间的关系。如前所述，所谓“工程化”，是指把经验、技巧、常识、知识进行固化、理论化、规范化，构建一个可重复创造有价值产品的最优系统、环境①。情报工程是以实现情报工作的自动化、规范化、系统化为目标，并将在此基础上完成情报系统功能②。它的理念强调情报工作的自动化与规范化及情报功能的系统化实现。对于智库而言，决策实践过程中的情报流程若能实现制度化，那么其信息网络的快速反应能力便能不断地为决策主体提供高质量的情报产品，这种制度化的形成也对应了通常所说的情报工程化阶段③；同时，基于智库情报研究理论与实践的实际，采用工程化的思维对其理论与方法进行升华，将使得智库情报机能够更加具体化、系统化、体系化，使其得以不断提升与改进。由此可见，利用工程化的思维，从情报源、情报渠道、情报用户、情报设计等方面对智库机构的情报机能进行升华，构建相关的理论嵌入模型、情报机能模式、信息互动机制等，能够更好地提升智库产品的质量，进而支持相关决策。

在大数据时代，传统的智库研究想从海量数据资源中提取有用、有价值的信息与情报并非易事；同时，政府决策机构对智库情报服务的要求也变得越来越高。从当前的发展趋势来看，智库研究处于情报源大数据化、情报渠道逐渐多样化、信息处理自动化、机制运行协同化的阶段，因此，需要充分发挥情报在智库建设中的作用，立足于情报研究的功能特点和定位开展智库情报服务④。而在实践中，通常若智库整体运行架构中的某个环节出现问题，它将难以形成系统性的研究能力，进而将对智库所输出的产品质量造成影响。情报工程化思维的运用，可以使得智库在实际运行的过程中能够更加注重各类子功能系统的优化与整合，并在此基础上提升智库产品的实用性与影响力，保证其自身产品质量。当然，实践中各类智库的发展情况不同、实力不一，相关情报服务能力也存在参差不齐的状况。在此情况下，要提升情报工程化思维下的智库决策实践能力，不但需要重视内部的情报机能，还应当关注内部情报机能是否能够在外部进行延伸，换句话说应注重个别化机能与总体机能的协调与统一。

从流程要素来看，基于情报工程理念并结合当前的内外部环境，智库可根据自身情况出发进行以问题为导向的信息资源规划与情报管理创新，即可通过以下 3 个方面来实现其情报

---

① 李阳，李纲，张家年．工程化思维下的智库情报机能研究［J］．情报杂志，2016，35（3）：36－41.

② 贺德方．工程化思维下的科技情报研究范式：情报工程学探析［J］．情报学报，2014（12）：1236－1241.

③ 朱礼军．主编寄语［J］．情报工程，2015，1（2）：2－3.

④ 袁建霞，董瑜，张薇．论情报研究在我国智库建设中的作用［J］．情报杂志，2015，34（4）：4－7.

机能的提升：在数据支持方面，通过构建如知识库、策略库等资源支持体系，进而增强智库的数据支持与情报保障能力，并保证智库研究拥有持续的、大规模的数据基础；在知识创新方面，通过研发各类集成工具与应用方法来保障情报分析处理的自动化、标准化与流程化，从而实现情报资源的深度解读；在情报决策方面，将智库专家群体智慧引入情报决策的过程中，注重情报功能在智库决策运行机制中的拓展，并将成果对策转化与情报价值实现作为重点发展内容。总之，在大数据时代，智库决策实践需要加强对现实形势的情报深度研判能力，在宏观问题把握上具备较强的情报预测能力，并且需要从情报学视角出发，对智库能力体系与运行机制的逻辑联系进行有效的整合，进而寻找优化智库人才结构体系的方法，不断提升智库的技术方法体系，加快信息共享平台的建设；同时，还需要增强智库机构之间的情报沟通与合作，以及重复发挥协同创新在智库情报研究中的具体作用，从而形成强大的合力，有效地提升智库决策实践能力。

目前，国内外已经有很多知名智库机构在情报工程思维的实践上做了积极的尝试和探讨。例如，国际顶级智库美国兰德公司，在数据资源建设方面，其专题数据库“RandDatabase of Worldwide Terrorism Incidents”在业界已经成为佳话，不仅如此，兰德公司还开发了很多可供研究人员使用的公共数据库，如 Cal WORKs 数据集、背景数据图书馆、公共健康备用数据库等，这些集成化且具有特色的数据库资源成为兰德公司高质量情报分析产品出炉的前提基础和保障。在工具方面层面，兰德公司开发了许多独特的研究方法和模型，如德尔菲法（delphi）、模型和预测（modeling and forecasting）、博弈论（gaming）、路线图（roadmapping）等预测方法。在具体应用领域，兰德公司甚至承担起了美国空军教育者的角色，其开发的空间技术方法、成本分析方法等可供相关机构的文职人员学习和应用。在组织管理结构和具体研究业务上，兰德公司以矩阵式管理架构为主要特征，其目的让来自不同领域专家的声音交融，真正实现了其在愿景中所宣称的“跨领域、跨学科”研究特色，使得研究人员能够在最大限度上发挥知识和价值的效用①。它的这种组织管理模式契合了情报工程对情报工作提出的规范化与系统化的要求。总之，兰德公司依托其高水平的数据收集与分析能力，以及强大健全的研究方法和庞大专业的研究团队的共同努力，积累了大量的研究成果，并且每年都会发布年度工作报告对该年研究成就进行总结，进而为各类决策主体提供有力的数据支持②。除此之外，兰德公司还把发现和扩展新知识作为自身使命，不断追求自身情报能力的提升。它这一系列企业目标与愿景的设定，工作流程与标准的建立，无不体现出情报工程的理念③。

情报工程思维在高端智库的建设与发展中发挥了关键作用，对于智库机构的综合情报研究能力的极大提升具有重要意义。当然，由于智库在决策咨询系统中的特殊角色，且各个国家智库发展建设的运作模式不同。情报工程思维在智库建设中的应用，在注重数据资源建设、方法工具创新、专家智慧协同的同时，还要摆脱智库研究与决策实践的情报失察、情报

① RAND. To be the world ' s most trusted source for policy ideas and analysis [EB/OL]. [2017 - 06 - 23]. http://www.rand.org/about/vision.html.

② About RAND, Frequently Asked Questions [EB/OL]. [2017 - 06 - 23]. http://www.rand.org/about/faq.html.

③ 王铮. 美国兰德公司的运营特点与发展态势 [J]. 智库理论与实践，2016，1（1）：81 - 89.

政治化现象。而在大科学、开放科学的总体环境下，如何通过情报工程思维促进不同类型、不同领域的智库实现基于目标的协同创新服务，是未来的发展趋势。

9.6 智慧城市

9.6.1 智慧城市中的大数据及其重要性

（1）智慧城市与城市大数据。数字城市是实际生活中的物理城市于网络空间中的数字再现①。智慧城市则是建立在数字城市基础之上，被看作数字城市的进阶形态，旨在通过物联网、云计算、数据挖掘等先进技术将数字城市与现实物理城市进行有机的融合，形成虚实一体化的空间（cyber physical space），从而使人类能够以更加精细和动态的方式进行生产管理和生活管理，达到"智慧"的状态②。数字城市相关项目的开展进行已有10多年，国内一些较大的城市普遍都完成了城市的信息基础设施建设，城市管理者、生产者和服务者通过各种信息化手段、传感技术，采集和获取城市设备设施、城市人群及各种业务活动的数据，构成城市大数据的源头。在市民生活娱乐方面，移动手机、数字电视、宽带网络基本普及，国家电网年均产生数据510 TB，累计产生数据5 PB，腾讯QQ月活跃用户超过8亿人，微信用户超过5亿人，在线人际关系链超过1000亿个，经压缩后的数据总存储量达100 PB；在城市安全保障方面，公安数据在许多城市互联互通，几十万甚至几千万个监控摄像头覆盖城市各处，单个高清摄像头每小时产生3.6 GB数据，全中国摄像头产生的数据量级将达到PB到EB级；在城市交通方面，智能公交、实时公交的建设正如火如荼地进行，北京公交一卡通每天使用量达4000万人次，北京市交通调度中心每天的数据增量为30 GB；在医疗卫生方面，电子病历、居民健康档案、医疗信息平台得到试行和推广，如今中国大城市的医院每天门诊人数上万人次，全国每年门诊更是达数十亿人次，按照医疗行业的相关规定，患者的数据通常需要保存50 kB以上，因而医疗大数据也将会达到EB级③。

总体来说，城市大数据由两个维度构成：一是由城市数字化（数字交通、数字医疗、数字政务、数字金融等）产生的物理实体感知数据维度；二是人类借助互联网进行社会交流（微博、微信、论坛等）产生的社会感知数据维度②。华岗、顾德道等学者从城市基本功能的角度对城市大数据进行了分类总结④，如表9-1所示。这些数据从多个维度描述了城市现实物理环境和城市生产生活的各种状态和变化，形成了一个与之映射的实时镜像。这使得城市大数据呈现出"4V"特性：数据规模庞大（volume）、数据类型繁多（variety）、数据动态实时（velocity）、数据价值潜力（value）。智慧城市的一个重要内涵便是通过分析数据之间的关联，提取知识和智能，挖掘其中蕴含的巨大价值，以帮助实现城市的智能化运作和管理。

---

① LI D, YAO Y, SHAO Z, et al. From digital Earth to smart Earth [J]. Science bulletin, 2014, 59 (8): 722-733.

② 陈宝权，程章林. 大数据与智慧城市 [J]. 大数据，2015 (1)：61-70.

③ 李德仁，姚远，邵振峰. 智慧城市中的大数据 [J]. 武汉大学学报（信息科学版），2014 (6)：631-640.

④ 华岗，顾德道，刘良华，等. 城市大数据：内涵、服务架构与实施路径 [J]. 大数据，2016 (3)：9-16.

表 9-1　城市大数据类型总结

城市基本功能	城市大数据类型
生存繁衍	人口数据、健康数据、医疗数据、养老数据、社保数据、计生数据、社区数据、法务数据、安全数据、环保数据、能源数据等
经济发展	工业数据、金融数据、服务业数据、企业数据、电商数据、物流数据、规划数据、国土数据、港口数据等
社会交往	交通数据、商业数据、社会综合管理数据、社会媒体数据等
文化享受	科技数据、教育数据、地理数据、建筑数据等

（2）大数据对智慧城市建设的重要性。智慧城市的建设和运作带来了爆发式的数据量增长，而大数据及大数据技术的应用也服务于智慧城市的方方面面，两者的关系如图 9-1 所示。

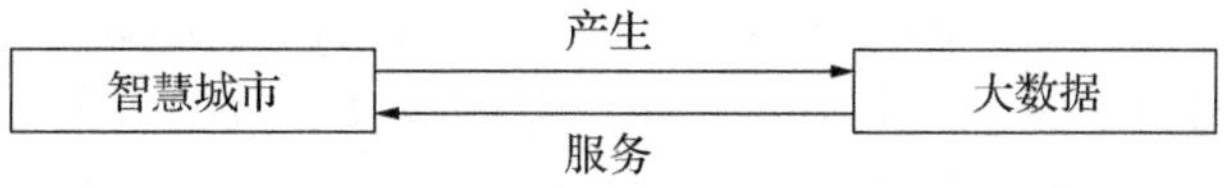

图 9-1　智慧城市与大数据的关系

智慧城市是大数据发展的主要载体，而智慧城市发展的核心是数据资源，两者密不可分。在大数据时代，智慧城市更加重视数据的整合、流通、共享开放和深度利用。大数据对智慧城市建设的重要性可归纳为以下几点。

①大数据是智慧城市建设的关键技术。国务院于 2013 年 2 月 5 日出台的《关于推进物联网有序健康发展的指导意见》从政策层面把大数据纳入物联网产业领域①。大数据将作为建设智慧城市的重要信息技术手段，发挥越来越大的支撑作用。

智慧城市的体系结构可分为 4 层，分别是获取数据的感知层、对信息进行传递交互的传输层、提供海量数据存储和实时分析处理的服务层及面向最终用户的应用层②。而智慧城市与数字城市最大的区别便是对感知层采集的数据进行分析、处理，从中获取支撑和保障智慧城市有效运营的多元信息。与此同时，大数据处理技术的运用是实现对大量感知层数据进行智慧处理的前提条件，它能整合分析跨地域、跨行业、跨部门的海量数据，并将特定的信息应用于特定的领域和解决方案中。以城市交通领域为例，通过对某时段交通流量数据的监测、感知、分析、处理，可以计算出合适的路口红绿灯时间间隔以缓解交通拥堵状况，同时还可为司机智能规划出行车路径，避开拥堵路段。

智慧城市的应用过程实质上是对城市各部分数据进行动态的采集、分析、整合和利用的

① 国务院办公厅．推进物联网有序健康发展的指导意见［EB/OL］.（2013-02-17）［2016-11-09］. http://www.gov.cn/zwgk/2013-02/17/content_2333141.htm.

② 李德仁，姚远，邵振峰．智慧城市中的大数据［J］.武汉大学学报（信息科学版），2014（6）：631-640.

过程[①]，而大数据技术是实现城市中各个领域“智慧化”的关键性支撑技术。

②大数据为智慧城市建设提供新思路。大数据是人们获得新认知、创造新价值的源泉，大数据还是改变市场、组织机构及政府和公民关系的途径[②]。传统城市建设一般遵循“自上而下”的规划模式（即在政府设定城市建设总体目标的基础上，不同层级或区域再进行进一步规划、布局），忽视了居民、企业等城市主要成员的行为和活动对城市建设的影响，容易造成规划方案的不合理，继而降低城市建设的实施效率。而大数据时代下的城市建设则强调充分考虑企业和城市居民的需求，采用“上下结合”的规划方式（即将政府、居民和企业 3 个方面的需求统一起来，将目标和问题导向结合起来，从而进行城市的规划和建设），有助于在进行长期规划的同时，考虑城市的近期建设，且聚焦一些过去常被忽视的“细微领域”，并从传统的空间规划向动态的时间空间规划思路转变，注重对城市建设实施效果进行长期的跟踪评估和优化。

（3）大数据在智慧城市建设中应用广泛。大数据技术在智慧城市的应用提供了高效的数据存储和处理能力，能够产生有助于增强各类智慧城市服务的信息。此外，大数据可帮助决策者规划智慧城市服务和资源的扩展。为了让大数据在智慧城市中发挥它的作用和推进相应服务，我们需要利用合适的工具和方法来进行既高效又有效的数据分析。这些工具和方法可以鼓励实体之间的协调和沟通，并为智慧城市中的许多领域提供服务，以促进客户体验和商业机会。以下总结了大数据在智慧城市中的 4 类典型应用。

①智慧电网。智慧电网的快速、广泛分布，使研究人员能够整合、分析和利用实时的发电、用电数据及其他类型的环境数据。能效和服务的提高将带来现有智慧电网基础设施的高投资效率。在智慧电网环境中，海量数据将产生于不同来源，如用户电力使用习惯、用于情境感知的相量测量数据、由智能电表获得的能源消耗数据等[③]。有效利用智慧电网环境中采集的大数据可以帮助决策者在制定决策时同时考虑到用户需求的满足和电力供应的水平。对智慧电网数据的分析能够帮助进行电力需求预测，此外，还可通过制定与供应、需求和生产模型相一致的具体定价计划帮助实现战略目标[④]。

②智慧医疗。在过去 10 年里，医疗领域产生了大量数据[⑤]。世界人口的快速增长也促进了治疗模式的快速改变，这些变化背后的许多决策都是由数据驱动的。适当的分析工具可以帮助医疗保健专家收集和分析患者的数据，这些数据同样可以被保险机构和管理部门使用。对医疗大数据的恰当分析有助于预测流行病、恶疾及改善生活质量和避免可预防的死亡。例如，医生通过对大量医疗保健数据的分析在重大疾病早期便发现患者患病迹象，使病

---

① 王静远，李超，熊璋，等．以数据为中心的智慧城市研究综述［J］．计算机研究与发展，2014，51（2）：239－259.

② 黄欣荣．大数据时代的思维变革［J］．重庆理工大学学报（社会科学版），2014，28（5）：13－18.

③ LAI C S，MCCULLOCH M D. Big data analytics for smart grid［EB/OL］.（2015－10－01）［2016－11－10］. http：//smartgrid. ieee. org/newsletters/october-2015/big-data-analytics-for-smart-grid.

④ NUAIMI E A，NEYADI H A，MOHAMED N，et al. Applications of big data to smart cities［J］. Journal of internet services and applications，2015，6（1）：1－15.

⑤ DEMIRKAN H. A smart healthcare systems framework［J］. It professional，2013，15（5）：38－45.

情及时得到控制，从而拯救患者生命[①]。与此同时，还可借助智能小工具增加指定患者的健康状况信息的数量和恒定性，这些智能小工具往往与家庭或医疗中心相联系以监测患者行为帮助理解患者记录。

③智慧运输。从大量运输数据中获得的模式有助于改善交通系统，例如，通过提供替代路线减少交通拥堵，抑或是分析历史事故（包括发生原因、驾驶员速度等因素）以降低事故发生率等。此外，运输系统产生的数据还有助于对货物运输进行优化[②]。例如，使用从智慧运输系统中采集的大数据来协助整合装运，减少供应链浪费，此外，还可通过降低环境影响、增加安全性及改进端到端的用户体验等来优化货物运输。

④智慧治理。大数据分析在实现智慧治理方面能够发挥重要作用[③]。具有共同兴趣的组织或机构可以很容易地借助数据分析识别出来，从而展开相互之间的合作，这种合作能够促进国家的发展和进步。与此同时，大数据分析可以帮助政府制定和实施令人满意的政策，因为政府已经熟悉人们在健康、社会关怀、教育等方面的需要。例如，通过分析不同教育院校的大数据可以减少失业率。

9.6.2 智慧城市的情报工程实践

国内外按照工程化思维借助信息分析和情报研究推动智慧城市的规划和建设等方面的工作已有一些实践。特别是国际上一些先进城市，如荷兰阿姆斯特丹、墨尔本、尼斯、伦敦、哥本哈根、纽约、北京、上海、香港等，已经逐渐突破传统城市规划建设的理念，正在用工程化范式开展更协同、更规范、更系统的城市规划、建设和管理。

阿姆斯特丹拥有40万户居民，是荷兰最大的城市，其在2012年西班牙巴塞罗那举办的第二届智慧城市世界大会上获得智慧城市奖。阿姆斯特丹是荷兰交通最繁忙的地区之一，其管理主体由阿姆斯特丹市政当局、北部荷兰省和中央政府三方组成，三者都尽力优化管辖区的交通流量，但各自采取的措施时有冲突存在，因此，不同利益团体之间尝试展开合作，丰富信息资源类型，拓宽信息资源服务提供方式和途径，共同参与城市决策，合力实施重大社会问题解决方案。此外，阿姆斯特丹政府还将交通数据向数据应用开发商开放，鼓励企业进行创新，提供新产品和移动服务，以提高出行者的出行效率和出行安全。其中，最为成功的解决方案是2012年3月开始的Parkshark项目，该项目将有关停车（收费、停车位置及可用时间）、出租车站、自行车道、城市道路拥堵状况等实时信息均作为开放数据提供给阿姆斯特丹的出行者[④]。与此同时，阿姆斯特丹还借助TrafficLink's SCM系统与中央政府的交通系

---

① ROY N，PALLAPA G，DAS S K. A middleware framework for ambiguous context mediation in smart healthcare application [C]. 2007，72.

② JU G，CHENG M，XIAO M，et al. Smart transportation between three phases through a stimulus-responsive functionally cooperating device [J]. Advanced materials，2013，25（21）：2915－2919.

③ MEIJER A，BOLÍVAR M P R. Governing the smart city：a review of the literature on smart urban governance [EB/OL]. (2015－04－29) [2016－11－11]. http：//ras. sagepub. com/content/early/2015/04/29/0020852314564308. abstract? rss＝1.

④ Amsterdam wins smart city world congress award [EB/OL]. (2012－11－15) [2016－11－14]. http：//newswatch. nationalgeographic. com/2012/11/15/amsterdam-wins-smart-city-world-congress-award.

统进行关联，通过区域内合作、同屏全数据显示，实现自动化和智能化交通管理[①]。此外，阿姆斯特丹还建立了自己的智慧城市知识中心，实现政府、企业、高校和市民的数据、信息和知识共享与社会管理重大问题的决策协同，提供与智慧城市主题相关的可持续发展项目（如节能、低碳项目），提供与智慧城市主题相关的与居住、工作、流动能力、公用设施及开放数据有关的知识创新服务。

新加坡是世界上独一无二的城市岛国，由于面积仅719平方千米，所以没有省市县镇等行政单位之分，整个国家也即是一座城市，被英国市场调研机构瞻博研究（juniper research）评为世界五大智慧城市之一（其他4个是巴塞罗那、伦敦、旧金山和奥斯陆）[②]。新加坡同样也十分注重开放数据的提供和信息知识的共享，如“数据中心委员会”的成立可以实现数据的公共标准、格式及采集方法的制定；3个关键数据中心（市民数据中心、土地数据中心和组织机构数据中心）的建设，可以为数据交换与共享提供平台。近年来，新加坡在智慧城市方面的建设涉及交通、电子政务、金融服务、教育、医疗保健、物流与制造等众多领域的开放数据、信息集成和信息服务平台。在智能交通方面，新加坡搭建了公共交通综合服务信息平台 My Transport，提供各种交通出行模式的一站式综合电子信息及个性化的出行信息系统；在电子政务方面，2006年新加坡政府提出全新的电子政府发展理念“整合政府2010”，2008年新加坡推出 SOEasy 项目，借助横跨政府部门的集成式语音、图像、视频和数据办公环境，实现机构内部和各机构之间的安全无缝协作，据2014年埃森哲咨询公司的研究，新加坡在电子政务方面排名世界首位；在医疗健康领域，新加坡开发了综合医疗信息平台，包括全国电子健康病历系统、个人健康记录计划及远程医疗合作征求计划，帮助医护人员更好地收集和管理医疗信息及对其进行高效的分析和利用。

北京近年来一直强调开放政府数据，促进信息资源共享与信息增值再用，提供面向市民需求的信息整合与自动化分析平台和智慧化应用方案，实现对各类城市大数据的智能化分析和处理，运用信息化和工程化的思维进行智慧城市各领域的规划和建设。由北京市经济和信息化委员会牵头、北京市各政务部门共同参与制定和实施的“北京市政府数据资源网计划”“北京祥云工程行动计划”，都涉及资源组织、数据加工、信息服务等环节之间的协同运作，注重信息化和工程化思维模式的运用。

此外，澳大利亚昆士兰技术大学（QUT）智能交通研究中心、巴西里约热内卢市智能运行中心、旧金山 Socrata 云数据共享平台等也都是信息化、集成化、协同化的情报工程理念的实践。从实践来看，情报工程在智慧城市中的应用主要集中在数据库建设、信息共享机制协同，也有一些智慧城市在具体领域的决策咨询系统中加入了专家智慧的支持应用，如智慧应急、智慧医疗等。从总体而言，这种情报工程思维的应用还处于初级阶段。目前，我国有很多智慧城市都陆续建立了数据资源局，旨在通过数据驱动的模式打造城市新“大脑”，但这些实践多以政务信息化建设为基础，目前还尚未扩充到社会大数据等领域。因此，推动

① 安小米．面向智慧城市发展的信息资源管理协同创新策略：以荷兰阿姆斯特丹智慧城市为例［J］．情报资料工作，2014，35（3）：49－53.

② 新加坡被评为2016全球智慧城市之冠［EB/OL］．（2016－05－19）［2016－11－14］．http：//smartcity. asmag. com. cn/zhcs/989. html.

情报工程思维在智慧城市建设中的深度综合应用仍然任重而道远。

9.7 国家安全

9.7.1 情报工程与应急决策

情报工程强调多源数据集成、方法工具流程化、专家智慧协同及系统优化整合，工程化思维下的情报服务对于突发事件应急决策同样具有很好的借鉴意义。首先，应急决策是在非常态危机情境下进行的临机决策，在有限时间的约束下，政府需要在更广义的数据集下对突发事件进行宏观把握，即依赖于跨领域、跨学科的海量动态、多源异构的突发事件大数据样本。其次，应急决策流程的各个阶段都依赖于方法工具的支撑，其方法工具体系涉及情报收集与整合方法、情报监测与识别技术等。为了实现应急情报的自动化处理，对多源数据进行统一、恰当的分析、管理、转化与分享，进而提取应急关键情报，形成初步化的应急决策支撑方案尤为重要。最后，专家智慧可以较为准确地对应急备选方案进行评估，但由于决策成员的知识背景与结构等存在差异，应急决策必然存在偏好性，为了避免决策过程中显性、隐性与未知的“冲突”，对专家智慧进行有效协同，可以将专家个人意见集结成能反映专家群体的一致性意见，形成群体智慧，保证应急决策的科学性、民主性。

目前，国外部分发达国家已经初步开展了与情报工程相关的应急决策情报服务实践。以美国为代表，美国尤其重视信息化建设在应急决策中的关键作用，其很多城市都建立了以信息主管（CIO）为核心的应急管理信息化制度并建设了以网络为平台的综合性公共安全信息系统和应急资源系统，重视发挥情报服务在应急决策中的积极作用，为满足应急情报需求与实现各部门应急信息共享奠定坚实后盾。例如，波特兰市应急办于2010年开发了一套基于网络的一站式资源系统，通过手机、电邮、微博等方式定期发布道路状况、街道禁行、气象警报等信息①。不仅如此，为了应对愈加复杂的城市突发事件，近几年波特兰市还逐步建立了融合数据、技术、工具、平台、专家、公众、机制等各要素为一体的应急情报运转与长效保障机制。日本各基层政府构筑起应急信息化服务体系，从平时防范、预测、反应，到灾害出现时的紧急应对措施、决策程序都有详细的规划和情报支持。例如，东京都防灾中心设立了以知事（市长）为部长的“灾害对策本部”，并配有现代化的防灾行政无线与数据、图像通信系统，为防灾机构之间的信息联络、分析及对灾害对策的审议、决定、指示提供支持②。德国大部分城市都有完备的中长期防灾减灾制度和应对突发事件的工作预案，并采用统一的数据化管理。德国内政部早在2001年就建立了“危机预防信息系统”，旨在为市民和灾难反应建立起一个快速信息网络，支持联邦和地方政府决策制定者的信息沟通，以更好

① 钟开斌，蔡和平，刘钊．美国城市应急管理信息化的最新进展与借鉴［EB/OL］.［2016－11－13］. http：//www. nsa. gov. cn/web/a/zixunbaogao/20121030/1103. html.

② 顾林生．日本大城市防灾应急管理体系及其政府能力建设：以东京的城市危机管理体系为例［J］. 城市与减灾，2004（6）：4－9.

地为自然灾害和技术事故等突发事件的援救提供信息服务[①]。近些年来，德国逐步建立了信息共享、反应灵敏的应急情报系统，不仅重视数据资源建设和新技术开发，还不断推出多专家决策支持系统、基于互联网的公众沟通与知识推广等项目工程。印度政府每年都要对《国家突发事件行动计划》进行修订，并实施了覆盖全国的“印度灾害资源网络（India Disaster Resource Network，IDRN）”项目的建设，该项目由内政部与联合国开发计划署联合创建开发，系统化地建立起了一个全国性的灾害信息资源库，确保灾害管理者在应急指挥时可以在最短的时间内调配所需的各种资源[②]。

我国的应急管理体制正在不断在实现“关口前移”“重心下移”，为此，重视情报预警、重视城市应急情报能力成为当前政府应急情报信息力量建设的重要内容。例如，2007 年颁布的《中华人民共和国突发事件应对法》就明确规定，“国务院建立全国统一的突发事件信息系统”“县级以上地方各级人民政府应当建立或者确定本地区统一的突发事件信息系统，汇集、储存、分析、传输有关突发事件的信息”。[③] 目前，我国一些大中城市开始尝试将信息化建设与情报工程项目建设融于各项城市应急管理工作之中。例如，咸阳市通过整合应急数据资源、通讯资源、地理信息，构建起数据开放与资源共享的应急平台体系，智慧咸阳的“互联网＋社会治理”已经成为智慧城市建设的标榜[④]。随着大数据时代的到来，集通信、网络、视频监控等多种技术为一体的应急指挥统一信息平台逐渐完善，以应急情报资源库建设、应急情报新技术开发、应急专家智慧协同机制为核心支撑点，打造面向应急决策的情报工程化服务逐渐成为我国政府日益关注的建设任务。

从目前来看，将情报工程思维嵌入应急决策环节之中，在完善情报流程、提升情报能力、提高服务效能等方面都具有积极意义。随着大数据与人工智能时代的到来，在很多领域，基于应急大数据的情报工程化实现机制已经出现雏形，但也面临了一些困境，包括横向数据汇交问题、情报合作法制建设问题、专家参与的情境排斥性等问题。未来，如何面对智慧应急的情报需求，完善情报工程的保障体系与长效服务机制将成为重点内容。

9.7.2 情报工程与反恐斗争

随着通信技术和互联网技术的高速发展，恐怖分子及恐怖组织的行为活动往往在网络活动中留下些蛛丝马迹，若仅仅依靠传统的思维和技术手段很难从海量的网络数据中获得有价值的反恐情报，可谓大海捞针。以丰富的信息资源为基础，以先进的技术手段与分析工具为支撑，对海量多源数据进行采集、处理、分析并挖掘其中深层次的价值以提供决策支持正是情报工程的特点和优势所在。而借助情报工程的相关技术和分析工具，能够拓展国家反恐情报的搜集与获取来源，提升国家反恐情报的综合分析处理能力，提高对涉恐人员及恐怖组织

① 陈丽. 德国应急管理的体制、特点及启示［J］. 西藏发展论坛，2010（1）：43－46.

② 姚国章. 印度灾害管理信息化建设［EB/OL］.（2009－04－22）［2016－11－13］. http：//www. aqsc. cn/101815/102057/121211. html.

③ 中华人民共和国突发事件应对法［EB/OL］.［2017－11－20］. http：//www. npc. gov. cn/wxzl/wxzl/2008－12/15/content_1462097. htm.

④ 李阳，李纲. 面向应急决策的智慧城市情报工程实践与应用［J］. 图书情报工作，2016，60（11）：81－85.

的路径跟踪与行动预测的精准度，增强对恐怖主义活动的预警与监控的时效性及科学性等[①]。随着反恐情报2.0时代的深化推进及大数据与智能化环境的新需求与新挑战，运用情报工程的理念和相关技术手段及分析工具来研究反恐情报、协助反恐工作已经成为反恐情报斗争的主旋律，更是解决恐怖主义斗争问题的迫切需要。国际上，目前已经有一些国家在反恐情报信息工作的优化和改善方面运用了情报工程化的基本思维。

导致"9·11"事件最终产生的两个关键原因——信息共享系统的崩溃和人为对信息共享的抵制[②]，该事件的发生让美国政府意识到了数据、信息对于反恐的重要性，开始实施一些大型的研究开放项目和信息系统，如"恐怖主义信息全知项目（TIA）""反恐信息交流项目（MATIE）""计算机辅助下的预审旅客系统""恐怖主义信息识别系统""源于海量数据的新颖情报系统""一体化危机预警系统"等，数据分析、数据挖掘、信息共享等情报工程相关技术正是这些项目的核心技术。这些项目旨在充分发挥数据、信息在反恐预警防范中的作用，围绕危机征兆的识别分析与危机事件的趋势预测，加强对重点嫌疑人的情报分析，客观科学地优化了反恐情报资源配置，取得了良好的预警效果。此外，美国的中央情报局提出以"速度、协同、出其不意"的理念来加强技术情报搜集能力，通过"快速技术转换倡议"和"情报高级研究计划行动"等项目推动先进技术在反恐情报搜集中的应用。基于情报工程相关技术手段的国家安全智能化在帮助美国打击恐怖组织中起到了巨大作用。

俄罗斯从2004年起着手建立恐怖分子声像数据库，重点收集指纹、虹膜与声音等信息。同时努力完善跨部门的自动化信息系统，实现信息搜集、鉴别、处理、分析和分发等过程的自动化。截至2007年，联邦安全局基本完成了15个行政机构反恐信息资源的整合，初步建成了全国统一的反恐数据库[③]。此外，俄罗斯在2010年莫斯科地铁恐怖爆炸案之后，着力提升反恐情报的技术分析能力，在主要城市和重点设施增设金属探测器、核化物质传感器、爆炸物气体分析仪等技术监控设备，并投入1.3亿卢布建设能够实时联通莫斯科所有地铁安保设施的地铁安全指挥所。而在情报共享方面，俄罗斯也已形成了纵向一体的反恐情报共享协作机制。在联邦安全局、内务部、对外情报局、国防部、紧急情况部、外交部、交通部、金融监管局等部门都设有各自的协调机构，负责与国家反恐委员会之间的情报交流、共享与协作。俄罗斯在国家反恐方面的实践体现了情报工程的"四化"特征。

保安局是英国恐怖主义联合分析中的主要成员，该中心十分重视情报分析工作在反恐中的作用，成立于"9·11"事件之后，是英国在情报机构建设方面的一大发展[④]。保安局认为，情报行动要依靠高质量的档案和信息管理系统，一些不完整、不确定或没有直接价值的信息线索可能蕴含着非常重要的情报，需要借助先进的信息管理系统和信息分析技术对于这类原始资料进行存储、处理、分析以挖掘出其中的重要价值。此外，保安局还强调在情报积累过程中需要运用专家智慧对情报的真实性和可靠性进行评估。英国保安局这种重视对事实数据的汇集积累、分析研究和结合专家智慧的做法体现了工程化角度的"事实型数据＋专

---

① 瞿志凯，张婷．基于大数据的反恐情报数据仓库体系结构设计［J］.情报杂志，2016，35（2）：30－36.

② 王沙骋，陈波．系统工程视角下的情报主导反恐研究［J］.军事运筹与系统工程，2011，25（1）：54－58.

③ 樊明明，肖欢，陶祥军．美俄反恐预警机制的比较及启示［J］.情报杂志，2014（12）：6－9.

④ 顾炜．反恐预警中的情报管理研究［D］.上海：上海交通大学，2009.

有工具 + 专家智慧”的新型情报研究范式在国家反恐中的实践。

中国近年来也十分重视信息资源、分析方法、情报技术、专家智囊团等在反恐工作中的运用。例如，2015 年 12 月 27 日通过的《中华人民共和国反恐怖主义法》中强调了情报信息在反恐怖主义工作中的重要性，并提出建立国家反恐怖主义情报中心、加强反恐怖主义情报信息搜集工作、提高公安机关及有关部门的信息工作能力等要求①。此外，《公安机关办理恐怖活动犯罪案件的若干规定》中提出要深入推进公安反恐信息化建设和应用，通过扎实细致的基层基础工作，及时采集各类动态信息，实现基础工作信息化、信息工作基础化②。中国国家反恐怖情报信息平台于 2014 年开始运行，在此期间，情报信息平台有序运行，及时发现一批预警性情报信息，坚持情报与行动高效联动，将大部分暴恐活动打掉在萌芽状态，为维护公共安全和人民群众生命财产安全发挥了关键作用③。随着新时代总体国家安全观理念的提出，全民反恐已经成为新兴主题词，“专群结合、专业主导”的反恐机制逐渐构建，反恐情报信息工作正在纳入公众智慧、引进多主体参与机制等方面积极探索，进一步推进了面向反恐领域的情报信息工作的工程化运作。

9.7.3 情报工程与网络安全

2014 年 2 月 27 日，我国成立了“中央网络安全和信息化领导小组”，习近平总书记在座谈会上强调“网络安全和信息化是事关国家安全和国家发展、事关广大人民群众工作生活的重大战略问题”。网络空间安全不再是个人的小问题，而已经是关系到国家安全战略的大问题。近年来随着信息技术的迅猛发展，网络安全形势发生了重大变化，多层面的网络安全威胁和安全风险不断增加，网络病毒、Dos/DDos 攻击、网络犯罪活动等构成的威胁和损失越来越大，网络攻击行为向着分布化、规模化、复杂化等趋势发展，仅仅依靠防火墙、入侵检测、防病毒、访问控制等单一的网络安全防护技术和安全防护机制，已不能满足网络安全的需求。而大数据分析、数据挖掘等情报分析理念和技术手段特有的海量存储、并行计算、智能处理、高效查询等特点，为大规模网络安全的防护带来了希望。目前，多国政府采取的网络安全建设举措正是情报工程相关理念与技术方法的应用。

在网络系统安全建设方面，美国国防部高级研究计划局开展了多项相关项目，如多尺度异常检测（ADAMS）项目（旨在解决海量网络数据中的异常监测和鉴定问题）、洞悉计划（Insight）项目（旨在开发一个资源管理系统，通过分析来自成像和非成像传感器及其他来源的信息，自动确定网络威胁和不规则战争）及面向任务的弹性云项目（旨在开发监测、诊断和应对网络攻击的技术，解决云计算的安全挑战）等。此外，美国 MITRE 公司（一个向美国政府提供系统工程、研究开发和信息技术支持的非营利性组织）将恶意软件威胁信

---

① 中华人民共和国反恐怖主义法［A/OL］.［2017 - 11 - 20］. http：//news. mod. gov. cn/headlines/2015 - 12/28/content_4634330. htm.

② 公安机关办理恐怖活动犯罪案件的若干规定［EB/OL］.［2016 - 11 - 20］. http：//www. 360doc. com/content/18/0819/18/50739378_779511311. shtml.

③ 郭声琨调研国家反恐情报信息平台：反恐坚持情报先行［EB/OL］.（2015 - 11 - 26）［2016 - 11 - 20］. http：//news. 163. com/15/1126/09/B9BADE92000146BE. html.

息进行结构化处理，达到国家、私营网络安全产业公司甚至个人提交的威胁信息的自动交换，并做归因枚举、攻击模式分析、可观察化、自动化管理等研究，最终实现在国家应急反应框架下的网络威胁自动化处理。美国在网络安全方面的实践体现了情报工程的理念和技术方法，十分强调海量数据分析、威胁信息结构化及网络威胁的自动化识别和处理。

在网络犯罪防范方面，欧盟委员会尤其重视对情报信息的整合、分析和利用。欧盟于2013年1月在荷兰首都海牙成立了欧洲网络犯罪中心，该中心连通了所有欧盟警务部门的网络，并整合了欧盟各国的资源和信息，支持犯罪调查，从而在欧盟层面找到解决方案，维护一个自由、开放和安全的互联网，保护欧洲民众和企业不受网络犯罪的威胁。此外，欧盟还十分重视专家智慧的运用。欧洲部分私人网络安全公司2013年4月联合成立了欧洲网络安全小组，联合了600多名网络安全专家以针对网络安全问题做出快速有效的反应。与此同时，欧盟还利用“一线经验”优势，在网络防御政策、风险预防、缓和实践、跨境信息共享等问题上向政府、企业和监管机构提供更有效和实用的建议。

在网络信息安全，我国十分重视网络信息安全的规范化和标准制定。我国信息安全标准化技术委员会于2014年4月15日在北京成立，旨在对网络安全国家标准进行统一技术归口，统一组织申报、送审和报批。与此同时，2016年中央网信办、国家质检总局、国家标准委联合还印发了《关于加强国家网络安全标准化工作的若干意见》。在网络信息安全保护的相关实践中，还通过建立网络安全方向的专家团队，发挥他们的管理咨询与技术支持的作用。另外，北京天融信科技股份有限公司（一家中国领先的网络安全、大数据与安全云服务提供商）基于攻防演练系统和在信息安全技术方面的研究，全力打造出基于安全研究、应急演练、人才培养所需要的信息安全实验室。

在网络舆情管理方面，法国设立专门机构CST通过系统终端Minitel系统管理网络舆论；美国建立了自己的专业舆情监测采集机构、民意研究所和全国公众舆论研究中心，并借助Review Seer、StatPac、Opinion Finder等平台进行数据采集、内容分析，制作“敏感词”表单，拦截不良和未经证实的网络舆情；我国的北大中正舆情机构是一家专注于网络舆情与信息安全战略的第三方智库机构，它依托中正舆情监测与分析系统软件，自主研发出中正舆情网监平台，形成了集舆情重大课题研究、软件开发、即时监测、精准研判、趋势分析、危机公关、效果评估与宣传于一体的网络舆情一站式服务体系①。这些网络安全方向的情报信息工作实践都折射出情报工程的流程化、协同化、集成化特征。

9.7.4 情报工程与科技安全

随着科技的进步和经济全球化的发展，世界范围的经济竞争、综合国力竞争，在很大程度上取决于科学技术的竞争，科技领先日益成为衡量综合国力的关键因素，因此，世界各国均把科学技术的发展与安全作为国家安全重要战略。所谓国家科技安全，就是关系到国家利益和安全的科学技术的存在与发展不受侵害与威胁的状态②。具体来说，国家科技安全体系

① 中正舆情研究中心［EB/OL］.［2016-11-21］. http://baike.baidu.com/item/中国舆情在线/6969514.

② 刘跃进. 国家科学技术安全浅议［J］. 国家安全通讯，2000（3）：45-46.

由一系列科技活动的安全范畴组成，包括国家的科技战略安全、科技发展安全、科技应用安全、科技竞争安全、科技合作与交流安全、科技成果与人才安全、科技应用与设施安全等。而这其中，信息和情报的作用不容小觑，国家科技安全需要与之相关的信息和情报提供决策和服务①，而情报工程思维及相关技术手段也逐渐在科技成果安全、科技应用安全、科技竞争及科技合作交流安全等国家科技安全管理方面发挥着越来越重要的作用。

在科技成果安全方面，我国搭建了自己的科技管理信息系统公共服务平台，一方面与各部门、各地区相关科技业务管理信息系统衔接，保证各类科技管理业务的相互衔接和业务协同，实现业务信息、科研项目数据的互联互通；另一方面承载各类跨部门宏观决策、综合管理和各类专项业务中的统筹管理功能，保障跨部门、跨地区的综合管理业务，形成统一的科技数据资源目录，实现宏观科技管理、计划专项布局、专项组织实施、资金管理、评估评价、成果转化等环节的统一规范管理。此外，我国还构建了国家科技成果转化项目库，旨在为国家科技成果转化提供信息支持服务。而在科技成果评估方面，我国建立了科技成果标准化评价公共服务平台，解决了统一技术度量、隐性技术挖掘和开放评价机制等问题，以实现科技成果评价的标准化、智能化、接力化。

在科技应用安全方面，关注比较多的是信息科技安全、金融科技安全和生物科技安全。例如，我国于2005年成立了国家信息技术安全研究中心，致力于信息技术产品或系统的安全性分析、国家基础信息网络和重要信息系统的信息安全保障，并一直注重对信息安全技术的研制开发以达到深度利用数据信息为科技安全服务的目的，目前，研发成功的有网络数据流安全监测系统、恶意代码综合监控系统、安全邮局系统等②。金融领域利用新科技诈骗的事例近年来层出不穷，各国都已经在讨论对 Fintech（finance technology）的监管与预防，许多人提议借助大数据、人工智能、活体检测、人脸识别验证等新技术手段来预防和识别虚假注册、盗号、欺诈等风险③。随着生物科技发展速度的进一步加快，负面影响凸显，给国家综合安全带来了严峻挑战。以美国为代表的西方国家高度重视在生物科技安全方面的监管，除了通过国家立法、规章制度、道德约束等基本措施进行监控和行为规范，美国还建立了相应的信息支撑平台，如公共卫生应急管理网络、反生物恐怖信息系统等，形成生物突发事件信息综合分析的中心，整合各方面的信息，并将分析结果、预警和提示信息及时地通知有关部门，以便能及时做出有效应对④⑤。

在科技竞争安全方面，主要集中在情报预测和反情报两个角度。具体来说，维护科技安全的情报预测通常有监测、分析、制定对策、预测评估等环节，其中监测环节强调对海量多源数据的采集与加工，包括人力情报源、图像情报源、技术情报、信号情报及公开情报源，是一种多情报源的整合；分析环节则以文献计量、数据挖掘、知识发现、科学知识图谱等情

---

① 张家年，马费成．国家科技安全情报体系及建设［J］．情报学报，2016，35（5）：483－491．

② 国家信息技术安全研究中心［EB/OL］．［2016－11－23］．http：//www.nitsc.cn/CenterIntroduction/index.html．

③ 如何平衡科技创新和金融安全［EB/OL］．（2016－06－27）［2016－11－23］．http：//finance.china.com.cn/roll/20160627/3784135.shtml．

④ 祝晓莲．国际生物安全形势及我国应取的对策［J］．国际技术经济研究，2007，10（4）：1－4．

⑤ 朱联辉，郑涛，赵达生．美国反生物恐怖信息系统建设及启示［J］．解放军预防医学杂志，2007，25（4）：309－311．

报工程学方法为支撑，对监测阶段收集到的海量多源数据进行深度分析，挖掘最新科技研究热点与前沿，识别技术创新者、技术合作模式及预测新兴研究领域；而在预测评估环节，融入了专家智慧，通过专家会议（panel-based）等形式推进研究分析的不断深化，并组织专家进行论证评分，从而提高预测研究的质量①。反情报思维主要运用于主动查找、分析对手的情报活动，预测推断其对我国科技体系运行造成的危害，并据此采取合理的安全对策。往往通过对对手所采用信息源与方法进行搜集、整理、分析，从源头上进行防范和堵截，避免我方由于不经意泄密所造成的科技安全隐患。相关应用实践包括“美国精英对华研究”的信息源发现②③等。

9.8 小结

情报工程的实践应用领域非常广泛，本章主要从生物和医学、电子商务、科技领域、金融领域，以及智库建设、智慧城市和国家安全等方面，对情报工程所发挥的作用进行了梳理或展望。在云计算、大数据、物联网、移动互联和人工智能等新技术环境下，情报工程将为各领域提供情报产品、智慧服务和决策支持。

① 胡雅萍，刘千里，潘彬彬．维护科技安全的情报预测研究［J］．情报杂志，2014（9）：8－12.

② 曾原．从引文网络中发现美国精英对华研究的信息源规律：图情思路及方法在中美关系领域应用的尝试［J］．图书情报工作，2009，53（14）：10－14.

③ 赵文绮，陈广玉．美国对华研究引文数据库系统的建立及应用［J］．图书情报工作，2009，53（14）：15－19.

第10章　情报工程教育设计

【本章导读】 本章主要阐述大数据环境下情报工程人才培养与培训框架体系。首先，介绍了大数据环境下情报教育面临的机遇和挑战。其次，从情报工程视角及大数据环境下人才需求，提出了情报工程教育目标和内容，以及情报工程教育共同体的概念。最后，借鉴卓越工程师培养的理念，建构卓越情报工程师的培养层次与目标、素质结构及培养模式。

10.1　大数据环境下情报教育面临的机遇和挑战

在信息社会，随着大数据、云计算、物联网、移动互联网等新技术及相关的创新应用不断加快，海量数据正在政务管理、产业发展、城市治理、民生服务等众多领域不断产生、积累、变化和发展，数据资源也正和土地、劳动力、资本等生产要素一样，成为促进经济增长的基本要素。由于数据和信息的急剧膨胀，数据结构日趋复杂，常规的软硬件技术对这些数据的计算能力有限，从而催生了大数据技术。大数据是以容量大、类型多、存取速度快、应用价值高为主要特征的数据集合，正快速发展为对数量巨大、来源分散、格式多样的数据进行采集、存储和关联分析，从中发现新知识、创造新价值、提升新能力的新一代信息技术和服务业态①。

目前，大数据已成为推动经济转型发展的新动力，其本身也正成为新的经济增长点。各国政府纷纷将大数据上升为国家战略，加快大数据的部署，高度重视大数据发展过程中的顶层设计、发展应用、人才培养等问题。

大数据与情报学存在天然的血缘关系，大数据本身所具有的特性，恰好符合信息时代下情报科研的工作方式②。大数据环境下，情报科研机构的主要工作方式是围绕情报任务和需求，采集大量数据资源，运用包括大数据技术在内的先进手段，对所获资源进行存储、整理、分析，快速准确地获取有价值的知识和情报为用户决策提供情报服务。而大数据技术需解决的问题实质也是对多来源、形式多样的数据进行采集、整理、关联分析，从而获取潜藏的新知识。因此，大数据与情报学在工作方式抑或工作目的上具有广泛的共通性。随着大数据时代的到来，数据成为情报研究的关键素材，数据和信息的分析被提升到前所未有的高

① 中国政府网．国务院关于引发大数据发展行动纲要的通知［EB/OL］.［2016－11－01］. http：//www.gov.cn/zhengce/content/2015-09/05/content_10137.htm.

② 张婷婷，赵睿涛．大数据对竞争情报研究的影响分析［J］.竞争情报，2013，2：6－9.

度，情报学迎来了重要的发展契机，同时也将面临各种挑战。由于情报教育与情报学的学科建设是相互影响、相互作用、互相促进的，情报教育的兴旺必将促进情报学的繁荣，反过来，情报学的繁荣必将推动情报学教育的进一步兴旺。情报学面临的机遇和挑战，一方面推动着情报学科的建设和发展；另一方面也会促使情报教育的转型，使情报人才的培养更加适应大数据环境下情报实践的需求。因此，大数据的到来也给情报教育带来前所未有的机遇和挑战。

情报学作为一门对知识和信息进行组织并提供利用的学科，其教育的重要使命是为社会培养适应时代需要的信息管理专门人才①。中国情报教育始于 1958 年，中国科学技术情报研究所创办科技情报大学。情报教育可分为 4 种类型：一是在大学设置的情报学院、情报工程系和情报专业；二是与图书馆学教育结合的图书情报学院（系、专业）；三是在职干部的继续教育；四是用户教育②。虽然政府和情报界在不断培养和发展自己的培训机构，但受众面仍然较窄，因而高校学术界在培养高层次情报人才方面发挥了重要作用，因此，目前的情报教育仍以高校为主体进行开展。

10.1.1　大数据环境下情报教育面临的机遇

大数据背景下，随着情报学应用价值的提升，各国政府和企业将更加重视对大数据相关技术及情报分析的研发投入，吸引大批优秀人才进入本领域，进一步发展了情报学相关技术与方法，加之情报学在大数据时代下将更加注重人才在学科中的交叉培养，不同学科人才的专业知识不同、思维方式不同，他们所了解的研究方法也不同。因此，通过大量优秀学者的加入和不同专业人才的合作，扩大了受情报教育范围，唤醒了更多受教育对象的情报意识，使社会情报教育的起点逐步提高，因而愈加彰显出大数据对情报教育的积极影响，主要包括以下方面。

（1）大数据可预测、了解、评估教学行为，促进情报教育中教与学的有效性。大数据时代，情报教育主体可综合运用数据挖掘、机器学习等技术和方法，对海量的情报教育数据进行处理和分析，探索出学习者学习结果与学习内容、教学效果与教学行为等变量的相关关系，从而评估学习行为及教学行为，促进更高质量的情报教学。因此，对教学者而言，情报教育数据的挖掘与分析结果可用来评估课程和授课方式，以完善现有的情报教学的考核方式，并提供更深入的教学分析，不仅如此，大数据分析使教学者更有能力去关注学生的微观表现、学习行为及学习习惯等，以便教学者更全面地了解每一个学生，并在数据分析结果的基础上为学生设计出更具个性化的教学方案，做到真正的因材施教，再者，大数据分析还能提升教学者对学习者绩效的可视化分析能力，基于可视化结论采取相应行动，进而开发出符合学习者学习特点的学习资料。有学者认为，教学问题的解决不再依赖于停留在每位教师头脑中的模糊经验，而是基于对海量教学问题的描述及教学问题解决方案的分析③。对学习者

① 邱均平，王伟军，付立宏，等．论知识经济与我国图书情报事业的发展［J］．情报学报，2000，1：57－66.
② 百度百科．情报教育［EB/OL］．［2016－12－10］．https：//baike. baidu. com/item/情报教育．
③ 梁文鑫．大数据时代：课堂教学将迎来真正的变革［J］．北京教育学院学报（自然科学版），2013（1）：14－16.

而言，基于学习行为数据的分析能为学习者展现学习习惯和学习轨迹并评估学习效果等，以便学习者优化学习方法，开展适应性学习和自主学习，提升自我管理学业发展的能力。简言之，对情报教育大数据进行挖掘和数据分析，有益于发现教学内容、教学方法、教学方式、学习内容、学习方法等变量与教学效果的相关关系，从而提高教学质量及教与学的有效性。

（2）大数据为学生提供新的情报教育平台与学习平台。大数据时代的在线教育平台为广大情报学习者提供了更加丰富的学习资源，2012 年，我国教育部向全国高校征集了系列视频公开课程，打造智能学习平台面向全社会开放和共享。著名的在线教育公司 Coursera 已经和普林斯顿、伯克利、杜克、香港理工等全世界 30 多所大学达成协议，通过其平台免费开放课程，如今这些课程可以实现全球几十万人同步学习，分布在世界各地的学习者可和在校生一样，在同一时间听取同一位老师的授课，做同样的作业、接受同样的考试①。全球教育资源的共享使得情报学习者有机会接触和掌握国外先进的大数据技术及情报领域的前沿知识，对其拓宽知识视野和深化专业知识具有重要意义。大数据时代的到来为学习者创造了更好的情报分析的实践环境与更开阔的学习平台，学习者可以亲自参与企业、高校或科研机构等实施的大数据工程项目，或参加各机构举办的各类大数据创新比赛，如阿里集团举办的天池大数据竞赛、中国计算机学会主办的 CCF 中国大数据与计算智能大赛等，通过参加这些活动，学习者不仅有机会深入学习前沿的大数据分析技术，更重要的是有利于其对大数据思维、工程思维、情报思维的养成，其技术能力、实践能力和社会活动的竞争力能得到稳步提升。在情报人才的培养层面上，大数据时代提供的实践环境使情报教学不仅局限于封闭式课堂，从而利于实现面向社会实践需求的情报人才培养目标。

（3）大数据环境有利于形成校企合作、联合培养、开放培养的新型培养模式。大数据的到来，越来越多行业和领域都意识到潜藏在海量数据中的巨大价值，纷纷参与到情报分析中来，如建立大数据部门或实施大数据相关项目等，增加了高校与企业合作培养的机会，推动了情报教育在培养模式上的创新，加快其向以社会需求为中心的教育模式转变。例如，复合导师制培养方式，学校的教师即为校内导师，负责对学生进行专门的知识学习指导，企业或其他社会机构中的大数据情报工程师等担任校外导师，在由企业机构等为学生提供真实的工程实践和创新环境中采用现场教学的方式指导学生分析和解决实际的情报问题，让学生深入了解和掌握情报分析的工程流程，固化情报基础知识的同时提高其知识到能力的转化率，不仅如此，学生通过参与项目的过程中，还培养了自身的团队合作精神、组织管理及社交沟通能力，为成为一名综合素质高的情报人才奠定了基础。高校为企业输送潜力与实力俱在的情报师，帮助企业解决业务中的大数据治理、数据分析及情报分析等问题，而企业为学生提供实习、就业机会，使学生在真实训练场景中迅速成长，进而提高了高校的就业率，共同实现情报人才的培养目标，达成双赢格局。

（4）大数据促进从数字化教学、数字化学习走向智慧教学、泛在学习。在教学方面，情报教育将从数字化教学发展成智慧教学。智慧教学是教师在智慧信息环境下，充分利用各

① 徐玮. 大数据对高等教育的影响和挑战［J］. 教育教学论坛，2013，37：4－5.

种先进的信息化技术和信息资源开展教学活动[①]。智慧教学相比于传统的数字化教学，更加高效、多元、开放，使得教学者和学习者能进行更通畅的沟通和更加深入的互动，教学者可通过更高效的智能技术和手段完成备课、课堂演示、作业批改、教学反馈与评价，如引进各种国际优质数字化资源、数字图书馆、虚拟实验室等，还可通过将各种互动学习工作和学习软件引进课堂，为学习者打造师生交互、学习者发现和分析问题、学习者动手探究和实践的环境。在学习方面，将从数字化学习走向泛在学习。泛在学习是指任何人在任何时间、任何地点、基于任何计算设备获取任何所需学习资源，享受无处不在学习服务的学习过程[②]。泛在学习中，每位学习者能拥有属于自己的智能学习终端，学习者可根据自身的学习习惯更加灵活地安排学习时间和学习任务，其学习方式也从单一的听课、记笔记转到多元化的探究式、参与式、体验式、启发式学习，从以往的被动学习、“模糊学习”向自主学习、“以学生心中有数”的学习发展，以促进实现真正的终身制学习。

10.1.2　大数据环境下情报教育面临的挑战

在大数据环境下，情报分析过程也将面临着更加复杂的数据网络、多样化的数据分析方法、精准化的用户需求及有针对性的结果呈现等方面的问题[③]。这些问题从表象上反映出情报工作中大数据技术系统的操作与应用的复杂性，实质则是理解大数据原理和掌握大数据技术的情报人才的匮乏，归根结底是目前的情报教育滞后于社会实践的需求。分析情报教育目前所存在的问题及面临的挑战，本书总结出以下几个方面。

（1）复合型情报人才的缺乏。与传统的信息内容相比，碎片化的大数据规模庞大、复杂多样并快速变化着，数据质量参差不齐、数据真假难辨、信息过载的问题更容易发生。大数据环境下的情报工作难度主要体现在：不论是大数据的采集、存储、处理、深度分析和应用，还是整合数据资源，建立大规模的数据管理系统，情报学的传统信息处理方法和数据库技术等不再适用，需要探索和研究适应于大数据环境的情报新技术、方法及工作模式；大数据的价值特性增加了用户对大数据下的情报服务的期望值，同时也使用户需求更精细化、更复杂，需要情报人员具备更加全面、综合的素质；面向大数据的情报工作以实践和社会需求为导向，不仅需要情报人员具备扎实的专业知识，还需具有分析和解决实际情报问题的工程思维与能力。由此可见，大数据背景下的情报工作需要各方面全面发展的优秀复合型人才，但目前我国能够理解和应用大数据的数据工程师和情报分析师还很稀缺，远不能满足人才市场的需求。然而，对这类高端专业人才的培养又是漫长、探索性的过程，可以预测，在未来几年，资深的数据分析人才短缺问题还将越来越突显[④]。

（2）现阶段课程设置与大数据时代的社会需求相脱节。整体而言，现阶段的情报专业课程设置相对较滞后，且课程内容未根据大数据的发展做出相应调适，主要体现在：①情报教学内容中缺乏大数据相关的较系统性知识，还未对大数据教学内容进行合理规划，并形成

① 杨现民，余胜泉．论我国数字化教育的转型升级［J］．教育研究，2014，5：113－120.

② 杨现民，余胜泉．生态学视角下的泛在学习环境设计［J］．教育研究，2013，3：98－105.

③ 曾建勋，魏来．大数据时代的情报学变革［J］．情报学报，2015（1）：37－44.

④ 陶雪娇，胡晓峰，刘洋．大数据研究综述［J］．系统仿真学报，2013（s1）：142－146.

相应的大数据课程体系。各个课程模块，如信息模块（信息检索、信息组织、信息获取等课程）、技术模块（数据挖掘、语义网和知识本体技术、大数据分析可视化等课程）、法律政策模块（信息政策、知识产权、隐私权管理等课程）等也应得到更新和调整，适当引入情报领域前沿研究成果等。②情报教育中训练学习者思辨和分析能力的课程相对较少，实用性课程较少，大数据环境下的情报工作不仅要求情报人员熟练运用大数据技术处理信息，还需具备批判性思维和较强的分析研判能力，因对搜集的大数据进行有效分析判断是能否获有价值情报的关键。③情报课程内容的广度和深度还不够，核心专业课程的教学不够细致，容易导致毕业生知识视野受限、专业知识不够扎实、知识到能力的转化率低等问题，以致难以适应大数据时代的情报分析工作。因而，传统情报教育应重新审视和修正自身课程以适应大数据环境下社会实践对情报人才的需求，进一步完善情报教育的课程设计，从而优化情报知识结构及课程体系。

（3）情报学教师团队对大数据的掌握有待进一步提高。大数据科学已融合多门学科于一体，包括数学，概率统计、机器学习、自然语言处理、数据仓库、大数据、可视化、云计算等。正因为多个学科的交叉和融合并且还在不断创新和发展中，这必将对情报教师提出严峻挑战。首先，对教师的专业综合素质及自身的发展要求很高，在大数据环境下的情报教学中仅具备基本的信息处理能力是远远不够的，还应掌握和理解大数据，具备较强的大数据分析能力，主动适应情报教育数据化发展，理解数据支持的教学决策文化。其次，要能运用智能化的教学手段和多元化的教学方式，提高教与学的有效性。再次，要善于利用大量的优质网络课程资源，率先学习大数据分析的专业性、实践性知识及技术，提高其研究绩效。最后，需要情报教师创新教学案例、优化教学课件，并适当进行跨学科、跨领域的创新教学和科研活动，不断进行自我反馈与评价以提升教学技能、提高教学质量及提升自身的专业实践能力。

（4）实验设备与实验环境有待改善。大数据下的情报教学所涉及的实验课往往依托于学校计算机的教学设备和实验环境，而目前的设备与实验环境还满足不了对大数据的采集处理和分析及学科发展的需求，且缺少相应的设备和技术处理大数据中海量数据的存储、高性能分布式计算、非结构化数据的高效处理等一系列问题。若要解决以上提出的问题并全面落实“产、学、研、用”一体化的思想和模式，则需建立大数据教学实验室，以将理论学习、实践教学和大数据项目实战融为一体，利用大数据分析主流软件框架搭建的大数据实验与科研环境，将学生从理论课程中学到的数据挖掘算法运用到实际的数据分析过程中，提升学生的动手操作和项目实践能力，还使得学生所学与企业项目人才需求无缝衔接，与教师的科研工作紧密配合。然而，建立大数据教学实验室不仅需要搭建大数据实训平台、开发大数据集群管理系统、设计完善的实验训练体系等，还需购置高性能服务器作为大数据节点进行建设，采用包转发率高的交换机进行网络数据交换等。因此，不论软件平台的搭建还是硬件设施的配置都将成为建立大数据教学实验室的重要难题。加之，以高校为主体的情报实践教学难以获取行业内数量在 TB 或 PB 量级的真实实验数据，包括网站流量数据、电商商品交易数据、搜索引擎访问等，更加增大了学生动手操作大数据项目的难度。

10.2 情报工程教育的目标和内容

10.2.1 情报工程教育的目标

大数据环境下，情报教育滞后于大数据的发展，还未充分利用好大数据时代带来的机遇，且涉及情报工程的情报教育或研究方向甚少。大数据环境情报教育滞后于社会实践对情报工程人才的需求，且目前还没有全面的情报工程人才培养体系。因此，大数据环境下情报工作的实践迫使情报教育进行变革，在原有的情报学科体系中增设情报工程学科，引入工程化研究理念和流程以应对新环境下对情报工程师的需求。因此，有必要对现有情报教育体系的内容、方向、模式等方面做进一步拓展，理论学习与实践培养并举，多方协同合作，推动情报工程教育的开展。

情报工程教育是高等专业教育，与其他教育不同在于有一个明确的目标。高等专业教育的目标是培养个人从事某一专业的能力[①]。Willian 等指出高等专业教育的目标有两个方面：一是向社会提供足够的专业人员；二是向社会宣告这些人员从事专业的能力[②]。随着时代的发展，在大数据时代，情报教育的重要目标提升为培养具有工程化思维的情报人才，因此，情报工程教育的目标应是契合社会实践对复合型情报人才提出的要求，通过系统性规划情报工程学科内容，科学性设计情报工程课程体系，增设情报工程研究方向及社会实践项目，最终将情报学专业相关学生培养成具备工程化思维、创新精神及有较强综合性专业能力的情报工程师。

大数据时代下，情报工程师的主要工作是围绕情报工作和任务，运用工程化思维和流程，开展各种数据治理、监护、建模、分析、安全保障、系统维护要管理工作，动态协调大数据分析、专家分析、情报分析流程，从而提高情报工作的效果、效率和效益[③]。对情报工程师的需求主要体现在：首先，大数据时代的到来为情报工程的诞生提供了良好的契机，在具体实践中，情报人员对种类繁多、规模庞大、来源广泛的复杂数据和信息进行自动化、规范化和集成处理分析，也需要情报学学科在这一情报分析过程中给予理论和实践层面上的回应。其次，情报工程是一个复杂、技术性较强的系统，需要综合素质较高的复合型情报人才，不仅要求他们需要掌握大数据技术和情报工作的基本流程和基础理论，还要同时兼备工程化思维、大数据思维和情报思维，结合大数据技术与工程化的新型研究模式来分析情报分析过程。另外，情报工程师还需拥有多方面协调、沟通、管理和创新等能力。

因此，从情报工程师的工作内容及实践需求来看，对情报工程师的培养，并非在所有层次上要求整齐划一，而是有所侧重。当然，情报工程师的培养并非要摒弃或取代原有情报人才的培养，而是在现有情报人才培养模式或培养方向的基础上进行拓展，以适应大数据环境

① 马费成．数字时代图书情报专业教育的目标及其实现［J］．图书馆建设，2001，1：21－24.

② GLOTHLIN M C，WILLIAN J. Patterns of professional education［J］. Social service review，1960，35（4）：1865－1866.

③ 张家年．大数据环境下情报工程师的素质结构与培养模式［J］．图书情报工作，2016，1：12－18，25.

下情报工作的自动化、规范化、集成化等新变化和新要求，是对现有情报教育的有益且必要的补充和延伸。

10.2.2 情报工程教育的内容

情报工程相比传统情报学更强调实践性，在课程设计时，既要关注对理论问题研究，同时也强调规范化实践训练。因此，情报工程课程通常文理兼修，人文及社会科学教育为学生提供更为广阔的视角和世界性观点，是一种通识教育，而工程科学为情报人才提供更为细化的专业知识。应采用多学科方法和全源方法教授情报工程，其通常包括3种教学要素：基础通识课程，提供情报工程领域内的基础知识；专业必修课程，与情报工程相关的学术领域内容，用来拓宽情报研究的深度和广度；专业选修课程，与情报工程研究相关，处理特定机构的问题、政策问题及感兴趣的情报研究。这种混合课程体系的设计，既保证了跨学科情报研究的学习，同时为拓宽学生的知识面增添了选择的灵活性。下面将详细介绍具体的情报工程课程设计。

情报工程的主体是情报学，情报学的课程体系是情报工程学的基础构成，因此，情报工程的教育应以情报学的课程体系为中心，增设与情报工程相关的理论、技术和方法的课程模块。通过对现有情报学培养方案的分析，本书认为可以拓展本科阶段的课程模块或研究生阶段增设相应的研究方向，探索情报工程师的培养方案。

拓展本科阶段的课程模块，满足大数据环境下情报工程技术层面的需求。目前本科阶段的情报教育侧重于信息管理和信息系统，信息管理注重信息收集、处理、分析和服务等，信息系统注重信息系统的设计、开发、测试并应用等，教育内容定位于情报学知识体系的微观和中观层面，缺乏与大数据技术、工程化方法相关的内容。因此，本科阶段的情报工程教育应解决的问题是情报工程中的大数据技术、系统平台、数据建模、情报分析、情报服务等方面的问题，主要为情报工程培养综合能力较强的技术人员。以原有的信息管理和信息系统本科专业课程为基础，增设情报工程方面的课程或实践教学，与原有课程体系相协调。同时要根据现有课程内容在不同年级、不同年级的教学状况，以及课程与课程之间的先后承接、过等关系，恰当地将情报工程相关的教学内容嵌入原有课程体系，从而建立情报工程课程体系。具体的拓展方案包括：①在基础专业课程中补充课程知识，如在信息技术的相关课程中补充发展大数据的形成原因、发展状况、主流技术、影响和趋势的介绍；在信息管理的相关课程中增加大数据整合、治理与优化、隐私与伦理、政策与法律解读等内容；在情报学方法论中增加“数据资源+工具方法+专家智慧”的情报工程化基本研究方法、工程思维、大数据方法等内容；在情报技术相关课程中增加云计算、大数据技术的基本架构、分布式数据库技术等其他主流技术或系统平台的内容。②在专业必修课中，增加与情报工程相关联的课程，如数据科学、工程管理、统计学原理等，从理论和方法上支持大数据分析和情报分析。必修课还应侧重于培养从大数据到价值的实践能力，包括大数据分析必备的计算机技能、面向大数据分析的计算机编程能力等。③在专业选修课中增加与大数据分析流程密切相关的课程，如数据挖掘、机器学习、大数据技术与实践、统计分析软件与编程（如SAS、MATLAB、SPSS、R语言等）、数学建模、大数据分析案例教学等，从技术和实践上支撑大数据分析。情报工程本科阶段课程设计参考方案如表 10–1 所示。

表 10–1　情报工程本科阶段课程设计

课程类别		课程维度	课程名称
专业课程	专业必修	科学层面	信息管理学基础（增加“数据治理、大数据管理、大数据隐私与伦理、政策和法律解读”等内容）
			信息经济学
			信息系统
			信息组织
			信息分析
			信息检索
			信息计量学
			统计学原理与方法
			数据科学与大数据分析
			情报分析方法论（增加工程思维、大数据思维、集成方法等内容）
			信息服务与用户
		技术层面	C 语言程序设计
			C 语言程序设计（实验）
			数据结构
			数据结构（实验）
			数据库系统原理
			数据库系统原理（实验）
			数据仓库与数据挖掘
			数据仓库与数据挖掘（实验）
			计算机网络
			计算机网络（实验）
			信息系统（实验）
			信息检索（实验）
		工程层面	运筹学
			工程管理
			系统工程建模与规划
	专业选修	科学层面	信息构建
			信息资源管理
			专业外语
			知识管理

续表

课程类别		课程维度	课程名称
专业课程	专业选修	科学层面	供应链管理
			组织行为学
			智能信息系统
			信息系统项目管理
			大数据情报分析案例
			商务智能
			企业资源管理
		技术层面	Java 程序设计
			Java 程序设计（实验）
			计算机硬件与系统软件
			计算机硬件与系统软件（实验）
			大数据技术原理与应用
			大数据架构分析
			大数据技术与实践
			机器学习
			统计分析工具与编程
			离散数学
			数学建模
			信息构建（实验）
			决策支持系统
		工程层面	工程数学与统计
			信息技术工程
			情报工程技术
			情报工程服务应用
	实践教学		生产劳动
			信息资源获取与利用
			社会调查与统计分析
			信息系统设计与开发
			系统维护与管理
			大数据技术操作实践
			信息管理课程设计
			毕业实习

续表

课程类别	课程维度	课程名称
专业课程	实践教学	毕业论文或设计
		机器学习项目开发
		情报工程项目实践

增设研究生阶段的研究方向，从宏观上满足大数据环境下对情报工程人才的需求。在情报学研究的子方向中增加情报工程学的研究方向，是为了在进行本科阶段情报工程课程的学习后，进一步深化学生的理论知识和提升能力层次。该阶段的教育内容定位于情报工程活动中的中观和宏观层面，解决的是情报工程中大数据系统的设计、开发、应用和运营管理；如何统筹与集成数据资源、工具技术、专家智慧；如何动态协调大数据分析、专家分析及情报分析流程等一系列复杂性、综合性、全局性难题，具体包括公共管理、医疗安全、智慧城市、国家安全（经济安全、国民安全、信息安全、文化安全等）等领域的问题。①在情报专业的主修课中，增加情报工程方法论、大数据情报研究等；以使研究生可以巩固研究方法体系，了解和掌握大数据环境下情报分析流程、发展趋势等。②根据不同研究方向的研究生，开设相应的课程，如大数据分析前沿研究、工程管理、情报理论和实践、情报工程案例研究等，主要帮助研究生拓宽学术研究视野，优化知识结构及提升学术能力层次，并有利于他们在情报工程活动中形成卓越的协调、沟通和管理能力，熟悉情报工程在不同领域、不同环境下的应用场景和实例，掌握多种大数据分析系统或平台在情报分析中的作用和实际操作流程。研究生情报工程方向课程设计方案如表 10–2 所示。

表 10–2　研究生情报工程方向课程设计方案

学科通开课	信息系统工程
	信息系统建模与方法
	数据组织与数据挖掘
研究方向必修课	情报工程基础理论研究
	信息系统建模
	数据挖掘与知识发现
	智慧情报决策支持系统
	工程管理建模
	计算机网络理论与技术
研究方向选修课	项目管理理论与实践
	信息组织与知识组织
	信息计量与科学评价
	信息分析与竞争情报
	信息检索前沿课题

续表

研究方向选修课	智能信息系统开发与设计
	人工智能技术
	数据仓库与数据挖掘技术
	大数据分析方法与技术
	工程管理建模
	数据挖掘与商务智能
	情报工程方法论
	情报工程实践与应用

10.2.3 情报工程教育共同体的构建

情报工程是跨学科、跨领域的综合性情报活动，情报工程师的培养也为了满足社会各组织应对大数据环境下的情报工作对情报人才的迫切需求。因此，情报工程的教育不能采用高校“象牙塔”封闭式的培养方式，而应携手多方力量，如政府、企业、科研机构等，构建情报工程的教学、实践和研究创新共同体，共同创造卓越情报工程师的培养平台。

（1）打造教学共同体。情报工程的课程既有理论教学又有实践教学；既有情报学专业课，如情报学原理、信息检索、信息资源管理等，又有管理学、计算机、统计学类的通识课，如数据库原理和应用、统计学原理、运筹学、工程管理等，还有特定领域的应用研究，如社交媒体、商业、公共管理、医疗卫生、科技等领域的大数据情报分析。可以看出情报工程的教学内容覆盖了多学科、多领域、多行业，综合性较强，因此，仅有一个专业、学院或一个学校来独立承担所有课程是任务艰巨的。

2014 年 5 月 19 日，由中国人民大学、北京大学、中国科学院大学、中央财经大学、首都经济贸易大学 5 所高校发起的大数据分析硕士培养协同创新平台宣布组建而成。大数据分析应用统计专业硕士首届实验班来自中国人民大学、北京大学、中国科技大学、中央财经大学、首都经贸大学、北京工业大学和首都师范大学等高校应用统计硕士学习专业的 56 名本科毕业生。同时，平台吸引了中国科学院计算机网络信息中心、国家食品安全风险评估中心、中关村大数据产业联盟、艾瑞咨询集团、北京百度网讯科技有限公司、阿里巴巴集团等 13 家单位加入平台建设的联盟协作单位，还汇集了人民日报、新华社、中央电视台、中国移动、中国联通、中国电信等 12 家企业单位，成为该平台的第一批实践培养和研发基地①，从而建成一个政产学研有机融和的协同创新平台，更是一个跨院校、跨行业、跨领域的教学共同体。虽然该专业注重大数据的统计分析和挖掘技术，但其核心竞争力是快速部署从大数据到知识发现和情报价值的能力，属于情报工程的范畴之内。

因此，在情报工程的教学上，打破传统的高校独立办学模式，向政府部门和企业等情报

① 中国人民大学新闻网．大数据分析硕士培养协同创新平台首期实验班开学［EB/OL］．[2016－11－27]．http：//news. ruc. edu. cn/archives/87458.

工程人才需求单位开放办学；高校之间充分利用各自的教育资源优势实现联合办学、协同办学。教学团队成员的专业背景可以是情报学、管理学、统计学、计算机科学、经济管理学院等；成员的职称背景可以是高校专职教授、政府官员、科研院所的专家、数据中心的研究员或企业机构大数据部门的高级工程师等，加强大学教授与实际部门专家的双导师培养；为促进国内外情报工程的学术交流，同时拓宽学习者的知识视野，可邀请国际上知名的大数据分析专家、情报工程学者等进行远程教学、演讲，并定期举办国际大数据分析与情报工程学术交流论坛、学术沙龙等活动。

（2）打造实践共同体。为提升情报工程师的综合专业能力、实际动手能力和工作能力，实践性的教学环节必不可少。通过各种调研、实习、实验、仿真、实训课程等专业活动，情报工程师的工程思维、创新能力、反思能力、实践能力得以培养起来。实践教学使得学习者投入真实的大数据环境中，接触到切实的信息需求，并在教师和专业人员的指导下，采用现场教学方式，使用先进的技术手段和工具方法探索现实中信息问题的方案，对学生进行技术素养和思维素质的训练，强化学生的自学能力。

实践教学同时也是学习者积累社会经验，走向社会岗位的重要途径。因此，除了穿插在专业课程中的调研、实验、实习外，还可以进行各种课外学生社团活动、社会实践或与企业及其他社会机构相结合的专门实训活动、毕业设计等。得克萨斯大学奥斯汀分校信息学院重视毕业实习、毕业设计等教学活动，为“专业体验计划（professional experience project，PEP）”等系列实践课规定了专门的学分和辅导制度①。PEP 课要求学生在教师的指导下，基于真实的信息环境，做出学术严谨、有专业水平、有实践意义的项目。PEP 项目可以是开展系统的分析和评估，系统建档、保存数字信息和记录，或评估一项馆藏或信息存储，建立和执行推广方案的成果。其成果可以是一个详细说明该项目的论文、网站、数据库、数据集、手册或社区服务项目。

打造实践共同体，是情报工程实践教学的保障，教学的团队成员包括学习者、大学专职教师、实验人员、科学研究院的专家、企业大数据部门的工程师等，建立大学教授与实际部门专家的双导师培养制。在校内，学习者由专职教师等校内导师指导学习理论基础和方法，在校外，由实际部门的研究员或工程师等校外导师指导进行实践操作。在不同的实验、实训和实习的任务下，可形成不同的实践共同体。在校内的相关实验室可进行基础课程的演示、实验、仿真训练等，涉及实习、课程设计、实训，如大数据存储、处理及分析流程、数据库技术操作、大数据软硬件系统的结构认识等，则需与校外企业机构达成合作机制，让学习者能通过实习或见习的方式进入大数据部门或其他相关部门完成实践学习任务。

（3）构建研究创新共同体。科研是教学的后盾，是提高情报工程教育质量和教学水平的重要基础，可以通过多种途径构建研究创新共同体：①通过建立复合导师制，由校内外专家、学者或工程技术人员、企业家及政府官员等担任研究生指导教师，共同负责指导学生的学习和科研，或让学生加入他们的研究项目中，由科研项目的核心成员和他们指导的学生组

① Professional experience and project（PEP）course description［EB/OL］.［2016－11－28］. https：//www. ischool. utexas. edu/programs/masters/capstone/professional_experience_project.

成项目研究共同体，在项目研究过程中，增强学生知识应用性、促进其研究能力的提升、创新意识的迸发及缩短学校与社会之间的磨合期。②借助国家级大学生创新创业训练计划项目平台，包括创新训练项目、创业训练项目和创业实践项目3类。鼓励学生团体申请情报工程主体类的项目，形成研究共同体。在项目实施过程，从项目策划、文献查阅、信息归纳整理、过程实施等多方面进行了锻炼，对项目组的学生将产生重大影响：项目的实施促使学生由被动学习转为积极主动的自主学习，学生分析能力、解决问题能力将得到提高；在项目中，学生需以实际情报需求为导向，结合工程实践，应用所学情报工程相关的知识解决具体问题，使所学知识更系统，学习效果更明显；学生有机会参与工程实践，寻找、选择和实施解决方案的过程也是思维拓展和开阔视野的过程，积累工程实践经验的同时极大提高其实践能力和工程素质；学生的协作精神和团队意识也会有所增强。③聘请知名情报工程领域学者、专家、高级数据管理工程师等开展各种学术活动，如举办学术前沿讲座、论坛、会议等，鼓励学生发表相关论文投递会议以进行学术交流，培养学生的创新意识、热情和动力。④鼓励学生创建团队参加企业机构等组织的赛事，让学生在实战中摸索、成长，更能锤炼其作为未来情报工程师的各方面能力。目前，知名的大数据竞赛包括中国计算机学会指定的专业大数据竞赛平台——数泉竞赛平台（datafountain. cn，原WID竞赛平台）；《大数据时代》的译者周涛主创的大数据竞赛平台——数据城堡（data castle）；阿里巴巴集团主办的天池大数据竞赛，主打高端算法类竞赛；国外的大数据竞赛平台主要是大数据分析众包平台Kaggle。⑤重视毕业论文（设计）对学生各方面能力培养的作用，将毕业论文选题和科技创新工作相结合，强调毕业论文的理论与实践意义，使其更具创新性、实用性及可行性，同时有助于培养学生的逻辑思维、工程思维、专业知识及创造能力等。

情报工程教育的资源建设是其重要保障。课程设置、教材建设、师资队伍建设需协同共进。①课程教材的建设。情报工程学多数课程涵盖了情报学、统计学、计算机科学等学科的内容，但情报工程是大数据时代催生出来的，强调工程化思维下的情报研究理念和科研模式，且课程的使用对象发生了变化，应用领域也不尽相同，因此，需要建设符合情报工程学实际特征并能体现时代特征的课程教材。一方面，在现有的情报学教材内容的基础上，扩增情报工程相关的教学模块，介绍情报工程的诞生背景、定义、业务流程、工具方法、技术手段、应用领域、时代意义等系统性知识，并以该内容作为教学模块和研究方向框架性的指南；另一方面，对情报工程方向的课程内容进行整合，制定更系统、更全面的课程体系。除了开设人工智能与自然语言处理、数据建模与系统仿真、决策分析技术、数据挖掘与知识发现、情报工程的应用等体现学科前沿的课程外，高校还可联合企业机构根据市场人才需求协同开发新课程，也可从国外引进知名度和成熟度较高的教材，使得情报工程教材体系更加多元、更加丰富、贴近实际。②实践资源的建设，主要包括软件资源和硬件资源的建设。软件资源方面，由于情报工程注重面向实际的情报需求，探索真实可靠、深层次的解决方案，为用户提供决策支持、情报研究、科学评价等服务，因此，情报工程学相关课程多以实践为导向，需开设工程实践课。工程实践课程在国家“卓越工程师”教育培养计划下，更注重培养学生工艺知识，建立工程概念；体验工程过程，增强工程实践能力；培养创新精神和创新能力，提高学生的综合素质[①]。硬件资源建设主要包括实验室的建设、大数据平台的搭建、设备仪器资源的建设等。具体的建设途径灵活多样，可以对本学科已有实验室进行功能扩充和改造；自建新实验室；联合计算机专业、统计学专业共建实验室、共享实验室平台；借助社会力量，与国内外优秀企业合作，协同搭建大数据平台。③师资队伍的建设。针对大数据环境下的情报工程教育，不仅需要相应的课程教材配合，更需要精通情报工程的人才充实师资队伍。具体建设方式有：根据情报工程的发展背景、教学及科研特点，合理配置教师资源，广泛吸收复合型人才加盟师资队伍；加强不同学科背景教师之间的交流与合作，如鼓励情报工程的教师联合计算机专业、统计学专业等的教师开展合作研究；邀请知名学者、访问学者等参与情报工程教学或科研的同时，增加教师出国访问、进修、参加国际会议的机会。这些途径的实施将有益于情报工程教师知识结构的优化及研究视野的拓展，提升师资队伍的整体实力及国际化水平。

10.3 卓越情报工程师的培养构想

10.3.1 卓越工程师的培养

我国于2010年6月启动了“卓越工程师教育培养计划”（以下简称“卓越计划”），这是教育部贯彻落实《国家中长期教育改革和发展规划纲要（2010—2020年）》和《国家中长期人才发展规划纲要（2010—2020年）》的重大改革项目，旨在培养造就一大批创新能力强、适应经济社会发展需要的高质量各类型工程技术人才，为国家走新型工业化发展道路、建设创新型国家和实施人才强国战略服务[②]。卓越工程师的培养在不同教育层次上呈现出不同目标：本科层次的卓越工程师应能胜任在现场生产一线的工作，从事产品的生产、营销、服务或工程项目的施工、运行、维护，具有较好的组织管理能力和沟通能力、初步的创新能力和国际竞争和合作能力；硕士层次的卓越工程师应能从事产品或工程项目的设计与开发或生产过程的设计、运行和维护，具备设计开发出拥有自主知识产权、在国内具有竞争优势的新产品或新工程项目的能力，具有创新性思维和系统性思维、较强的团队合作能力、国际视野和国际竞争合作能力；博士层次的卓越工程师应能从事复杂产品或大型工程项目的研究、开发及工程科学的研究，具备创造出具有国际竞争力的专利技术、专有技术、极端产品或高技术含量的工程项目的能力，具有战略性、创新性、系统性思维、知识创造和终身学习、宽阔的国际视野和国际竞争合作能力[③]。

2013年11月28日，教育部和中国工程院联合印发《卓越工程师教育培养计划通用标准》[④]，把卓越工程师的培养分成本科生、硕士研究生和博士研究生，各个层次卓越工程师

---

① 哈尔滨工程大学工程训练中心简介 [J]. 实验室研究与探索，2012 (10)：456.

② 百度百科．卓越工程师教育培养计划 [EB/OL]. [2016 - 11 - 30]. http：//baike. baidu. com/view/3810178. htm.

③ 林健．“卓越工程师教育培养计划”通用标准诠释 [J]. 高等工程教育研究，2014，1：12 - 23.

④ 中国政府网．教育部中国工程院关于印发《卓越工程师教育培养计划通用标准》的通知 [EB/OL]. [2016 - 11 - 30]. http：//www. gov. cn/gzdt/2013-12/20/content_2551949. htm.

应该具有的知识、能力和素质可以分别进一步分为通识知识和工程知识、工程能力和社会能力、工程素质和综合素质。随着培养层次的提高，卓越工程师在这些方面的知识、能力和素质应该随之相应提高。就工程实践能力和工程创新能力而言，本科层次的卓越工程师应该具有较强的工程实践能力和初步的工程创新能力，硕士层次的卓越工程师应该具有扎实的工程实践能力和较强的工程创新能力，博士层次的卓越工程师应该具有扎实的工程实践能力和很强的工程创新能力。

“卓越计划”的实施遵循“行业指导、校企合作、分类实施、形式多样、追求卓越”的原则，并将行业企业参与作为实施的前提条件，因此，校企合作成为“卓越计划”成功的关键，以弥补高校在实践教育和职业训练方面的不足。企业在卓越工程师培养上的重要作用主要体现在：让高校准确把握好社会对工程人才的需求；让学生有机会了解、熟悉和掌握企业先进的生产设备和制造技术；企业工程领域的专家与高校工科教师形成优势互补，改善师资队伍结构；为学生提供真实的工程实践和创新环境，“真刀真枪”地训练和培养学生工程实践和创新能力。任何一所参与“卓越计划”的高校都应抓住实施“卓越计划”的机遇，高度重视本校卓越工程师的培养特色，结合本校独特的教育资源和办学特色培养出具有鲜明的特征和良好的素质、适应经济社会发展需要、深受企业行业欢迎的卓越工程师。

情报工程师的培养目标和“卓越计划”是高度契合的。首先，情报工程师是大数据环境下从事情报工作和研究的核心人物，是为满足各行业情报工程实践中的人才需要而提出的，大数据时代的情报工程师需要具备工程化思维、分析和解决实际情报工程问题的能力、工程师的素质结构及实践能力，还应具备创新意识和独立的科学研究能力。其次，引入卓越工程师的培养目标和层次，将卓越工程师关于知识、能力、素质方面的通用标准纳入卓越情报工程师的培养中，分解到课程大纲或对教学环节的目标要求上，使情报工程师的培养能落到实处。借鉴已有“卓越计划”的成功教育模式和方法，结合学校拥有的教育教学资源，如教师队伍状况、校企合作条件、实践教育体系等，从而构建切实可行的情报工程教育体系，促进情报工程师的培养及情报教育的改革。

10.3.2 卓越情报工程师的培养

10.3.2.1 卓越情报工程师的培养层次与目标

当前情报学专业人才的培养层次、方向和目标：从我国部分开设情报学专业的高校所制定的培养方案来看，我国的情报教育体现在本科层次是信息管理和信息系统专业，该专业学生主要学习经济、管理、数量分析方法、信息资源管理、计算机与信息系统方面的基本理论和基本知识，得到信息系统分析设计与管理方法及信息管理方法的基本训练，具备综合运用所学知识分析和解决问题的基本能力。其主要目标是培养出具有信息管理学基础、较高的信息素养、掌握系统思想及信息系统设计与管理方法等方面的知识与能力，能在国家各级管理部门、工商企业、金融机构、科研单位等部门从事信息管理及信息系统分析、设计、实施、管理和评价等方面工作的高级复合、创新型人才。情报教育在研究生层次即为情报学专业，其研究领域主要包括情报学理论与方法、信息组织与信息检索、信息分析与竞争情报、信息经济与信息资源管理、信息计量与科学计量、信息服务与信息保障、信息系统工程与管理、电子商务管理、电子政务、信息保密与安全、军事情报学等。其培养目标是能胜任各级政府机构、企业、事业单位等机构的信息管理与信息服务工作的情报学高层次专门人才。研究生层次还可分为硕士研究生和博士研究生。硕士和博士层次的情报工程师应比本科生具有更坚实宽广的情报工程基础理论、系统深入的专门知识，擅长综合性、复杂性较高的工程项目分析、设计和开发工作，还应具有更强的独立进行科学研究、学术研究的能力。博士还需具有国际视野及国际学术交流的能力。

情报工程师的提出及其培养层次与目标：大数据时代，需要将工程化及系统化思维融入情报研究工作与情报分析流程中的高级复合型情报人才。情报工程强调实践性和应用性，因此，情报工程教育目标应紧密结合社会实践需求，在原有情报学科的培养方案中增设情报工程相关的知识模块及情报工程研究方向，系统性地拓展情报工程学内容，将情报学相关专业的学生培养成具有扎实的情报工程基础知识，具有分析、提出方案并解决情报工程实际问题的能力及具有较强的创新意识、创新精神和有较好的人文素养的情报工程师。情报工程师的培养并非要取代情报人才的培养，而是在现有情报人才培养模式或培养方向的基础上进行拓展，以适应大数据环境下情报工作的自动化、规范化、集成化等新变化和新要求，是对现有情报教育的有益且必要的补充和延伸[8]。情报工程师的培养在不同层次上有不同的侧重，本科阶段侧重于培养学生成为社会相关科研机构、事业单位、企业机构的大数据管理、工程管理、数据挖掘、系统维护与管理等方面的人才，熟悉和掌握情报工程运作过程并具有动手解决实际问题的能力。研究生阶段侧重于培养学生善于运用创新性、工程性、系统性思维解决大数据环境下复杂综合的情报问题，掌握主流大数据技术，学会构建情报工程模型，并能胜任系统设计、开发和集成，同时还应具备创新精神、独立研究能力、领导力和社会责任感等。

10.3.2.2　卓越情报工程师的素质结构

情报工程师的素质结构直接影响着大数据环境下复杂情报工作的状况和进度，这也是情报工程教育需要深入探讨的方向和关注的重心。工程师这一大类所要求的素质结构包含了情报工程师所需的，关于工程师的素质结构，美国工程院的工程教育委员会 2004 年发布的《2020 年的工程师：新世纪工程教育的愿景》报告中详细阐述了未来工程师应具备的素质：较强的分析能力（strong analytical skills）、实践智慧（practical ingenuity）、创新力（creativity）、沟通协调能力（communication）、领导力（leadership），同时还应具备较高的伦理道德标准（high ethical standards）、职业水准（professionalism）、活力（dynamism）、敏捷性（agility）、弹性（resilience）和灵活性（flexibility），为了适应未来科技的快速变化和多重挑战，工程师还应是终身学习者（lifelong learners）。根据大数据环境下的情报工程工作的特点，本书对情报工程师的素质结构划分如图 10-1 所示。

（1）情报工程师的知识结构。情报工程师的知识结构指与情报工程相关的基础性知识、专业性知识、综合性知识，这是根据知识的不同复杂程度进行划分的。在课程设计时如何协调这 3 类知识的权重，开设哪些课程才能满足对这 3 类知识的需求，以及如何制定合理完善的情报工程课程体系都是为建立情报工程师的知识结构需要努力探讨的方向。①基础性知识包括从事情报工程工作所需的相关数学、专业英语、统计学、自然科学知识及一定的经济管

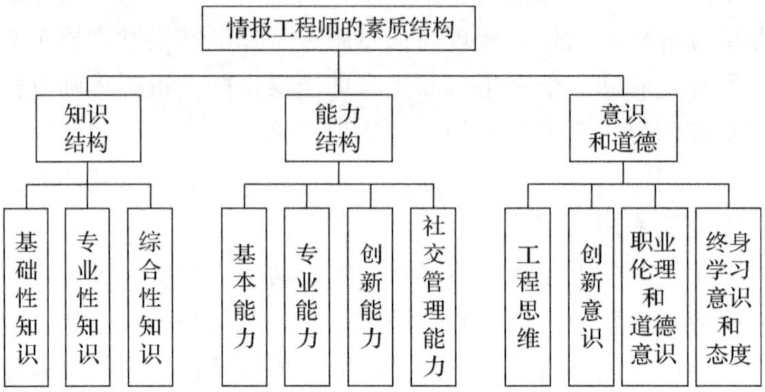

图 10–1　情报工程师的素质结构

理等人文与社会科学知识，如思想道德修养与法律基础、经济学、管理学等；②专业性知识包括情报理论与方法、竞争情报研究、信息处理与信息检索、信息系统工程、工程管理、知识管理、计算机基础与程序设计、数据库原理、情报服务、信息服务与信息保障等；③综合性知识包括大数据理论、大数据科学进展、情报工程前沿与发展趋势、项目管理、情报工程生命周期、大数据与情报科学的关系及其他关联学科知识、大数据时代的个人隐私与信息安全、情报工程相关的政策法规等。

（2）情报工程师的能力结构。结合《2020 年的工程师：新世界工程教育的愿景》报告中所提出的工程师的能力素质，本书将情报工程师应具备的能力分为 4 个方面：①基本能力，包括解决情报工作中日常问题的基本能力、技术及方法，如基础能力如获取情报需求能力、信息存储与分析能力、舆情系统维护与运营能力等；基础技术如情报搜集技术、计算机基础操作、常用软件操作、信息检索和信息组织等；基础方法如数理统计、运筹方法、逻辑方法、信息计量、分类与聚类等数据挖掘方法等。②专业能力，具备解决情报工程中较复杂、综合性较强的难题所需的专业技术和方法，如系统设计与开发、科学计量、模型的构建与分析、统计工具与编程、数据库操作、知识可视化、神经网络等数据挖掘算法、机器学习、人工智能技术、Hadoop 平台的构建、大数据技术与实践等。对情报工程师的专业能力要求也是随培养层次的上升而依次提高的，硕博层次的情报工程师应比本科层次的情报工程师具有更精湛的专业技能、掌握更全面和更系统的情报分析方法。③创新能力，包含三重含义：提出新观念或新方法创造性地解决复杂性、系统性、综合性的情报工程问题的能力，例如，将情报思维结合大数据思维和工程思维颠覆性地提出情报分析方法、思路和策略，从而获得新规律、新趋势及潜藏价值；发现现有研究模型和方法的不足，提出创新性的改进方案；运用已有的知识和物质解决新领域的难题，如运用跨学科知识于具体的情报工程中，开拓了解决情报工程问题的新思路。④社交管理能力，是大数据环境下的经济社会对情报工程师提出的在组织管理、交流沟通、适应环境和团队合作方面的要求，体现出情报工程师的非专业能力，即社会能力或综合素质。参与情报工程项目的团队成员可能会由不同专业、不同层次、不同知识背景的人组成，成员之间的沟通和交流贯穿于整个项目的生命周期中，包括项目成立、分工、实施、集成各子项目、结项等各个环节。因此，卓越的情报工程师需要不断完善其社交技能，最大化减少沟通交流中产生的误差和误解，进一步提高团队成员的默契度及情报分析工作的效率，这项社会能力也正成为卓越情报工程师职业能力的重要组成部分。另外，面向大数据环境下情报工程的工作难度大和多元性特点，需要情报工程师对整个情报工程分析有宏观的把控和调节，不仅如此，在统筹数据资源、工具技术、专家资源方面，项目进度安排方面都要求情报工程师具备一定的管理能力和领导力，以确保情报工程任务顺利实施。

（3）情报工程师的意识和道德结构。大数据环境下情报工程的业务特性决定了复合型高素质的情报人才需求，成为卓越的情报工程师不仅需要深入学习和掌握相应的专业知识，还应具备工程思维、创新意识、良好的职业道德、追求卓越的态度、社会责任感及较好的人文素养。主要包括以下方面：①情报工程师应具备工程思维，相比认知型的理论思维，工程思维更侧重于实体筹划与管理，大数据环境下的情报工作恰好需要付诸实践，并要求情报工程师能根据切合实际的情报工程任务，运用工程化方法、技术统筹情报工作，解决真实环境下复杂的情报问题。在培养卓越工程师方面，应注重其工程思维的有效训练。D. J. Schneck认为对于工程人才的培养不能仅以技术为导向的方式，而应更多地体现工程思维和实践为导向的教育方式[①]。②情报工程师应具备创新意识。情报工作本身就包含创新的含义，纵观情报工程的业务流程，它并不是简单重复的机械操作，而是从海量数据和信息中不断借助新技术与工具、创新性方法、专家智慧发掘潜藏的有价值的新知识、新趋势、新机遇，尤其是在大数据的环境下，面对变幻莫测的大数据和新环境，情报工程师更需要具备创新意识，不断革新现有技术和方法，创新性地提出理论与实践意义兼顾的新观念或研究方向，敢于接受实际情报工作中带来的新挑战，从而推动情报工程在理论、技术、实践、应用等多方面上的进一步突破。③情报工程师的职业伦理和道德意识。大数据环境下的情报分析工作不可避免地会涉及个人隐私信息，如情报工程需要搜集、存储、分析并应用大数据，大数据本身就携带了大量隐私信息，如果这些发掘出的有效信息得到非法利用，给社会带来的负面影响将不堪设想。加之情报工程的实验和研究对象就是数据和信息，因此，情报工作的开展与信息隐私、知识产权、当前的信息政策和法律法规密切相关。卓越的情报工程师应具备强烈的社会责任感和道德意识，保持良好的职业操守和伦理规范，了解和关注情报工程领域相关的信息政策和法律法规，强化产权保护和隐私保护意识，而不仅仅是追求经济利益与局部利益。④情报工程师还应具有终身学习的意识和态度。瞬息万变的信息时代，情报工程所面临的社会环境不断发展变化着，数据处理分析技术和手段也在不断演进，社会的情报需求愈加多样而精准，另外，情报工程是大数据时代的产物，留下了不可磨灭的信息烙印，若情报工程师在时代发展的情境下止步不前，则无法适应情报工程实践的需要。因此，情报工程师需要具备终身学习的意识和态度，不断汲取新知识、新技术、新方法，丰富自身的知识和技能储备。

---

① SCHNECK D J. Educating students to be creative problem solvers as 21st century engineers［J］. Journal of professional issues in engineering education & practice，2002，128（3）：100－106.

10.3.2.3 卓越情报工程师的培养模式

情报工程是以实践为导向，情报工程师的培养也重在解决实际情报问题的能力，因此提高知识到能力的转化率尤为重要。另外，在信息化时代，信息技术的快速发展给情报工程教育在教学方式上提供了更广阔的完善空间，颠覆了传统的封闭式教学模式，促进了新兴教育方式和教育观念的诞生。可根据不同的教学内容，设置不同的教学方式，充分发挥现代教学技术的作用，统筹已有的教学资源，制定适当的教学模式，从而激发学习者的学习热情，更积极主动地完成情报工程相关知识的学习，进而完成能力转化，成为一名面向社会情报实践的复合型情报工程师。根据前面讨论的情报工程教育内容及情报工程教育的培养目标，本书认为有效运用混合式教学或混合式学习方式（blended teaching or blended learning）、实践教学或情境教学、案例教学等教学模式能较好地实现情报工程教学目标。

（1）混合式教学。混合式教学就是要将传统学习方式的优势和 e-learning 的优势结合起来①，突破了传统教育在时间和空间上的限制，使授课方式更加灵活多样，既发挥教师的启发、指导教学过程的主导作用，又激发学习者在情报工程学习过程中的积极性、创造性和自主思考意识。例如，结合 MOOC 课程等远程教育形式进行混合式教育，教师面向网络备课，将情报工程相关的教学内容扩展到网络上或发至学习者的邮箱中，是他们随时下载播放学习并完成相关作业，随时复习和巩固对所学知识，学习中有任何问题和疑惑可对课程老师留言，可在网络学习讨论区集中讨论，可在随后的课堂讨论中由教师提供参考性的解决方案，此时课堂除了是教授基础原理与基本方法的地方，更是答疑解惑、思维碰撞与交流、引导学习者积极思考的地方。例如，斯坦福大学的情报分析在线课程，不仅提供在线视频授课，可下载课程要求、文献资料等，还可利用电子邮件等方式进行师生互动反馈，这种方式使得情报学教育传播更为广泛。教师在线下课堂完成基础理论教学后，课下通过 MOOC 进行技术详解，促进学习者对难点知识的消化吸收，以及根据自身理解能力自主调节学习进度。任务驱动的混合式教学：鼓励教师开展研究式教学、讨论式教学、以问题和自主学习为导向的教学形式，将学习任务分配给学习者，使学习者利用图书馆文献资源、网络资源等自主查阅关于大数据原理、技术、工具等资料进行学习并完成实际操作任务，以增强学习者学习的主动性，提高学习者自学、独立研究和工程实践的能力。同时，注重考核评价，增加平时成绩考核比例，适当增加测验、课堂展示、实验报告等环节，使考核学习成绩向评价学习成效转变，从注重考试结果向注重学习过程转变。

（2）实践教学。实践教学比情境教学更强调真实场景下的能力培养。情报工程教育不能只是单纯的理论与技术的教学，脱离了真实情景将使教学过程变得枯燥乏味且增加了学习难度，还使解决实际问题的能力得不到有序训练，阻碍了知识内化和转化为能力的过程。因此，包含情报工程教育的高校需要加强与科研院所、政府及企业结构合作力度，实行产学协作，不仅为学习者提供了科研实践的基地，校内外专家、学者、情报工程技术人员、企业家等还可采用现场教学方式，对学习者进行技术素养和思维素质的训练，使他们有机会接触真实场景下的情报工程项目，开拓学习视野的同时，强化其解决实际问题的能力，缩短了学校

---

① 何克抗. 从 Blending Learning 看教育技术理论的新发展（上）[J]. 电化教育研究，2004，3：1-6.

与社会之间的磨合期，还未其将来就业打开了渠道。此外，可根据年级设置项目计划，联系企业大数据或情报工程部门，以工程项目和系统设计的全过程为载体，创建综合性设计题目，定期检查项目进展。

（3）案例教学。大数据环境下的情报分析已渗透至社会的每一个领域，如金融、科技、商务、教育、医疗、公共管理、环境、生物、社交网络等，积累了丰富的应用案例。可选择各种情报工程案例引入课程教学，带动学习者积极探讨、分析和比较面向真实问题的解决方案，有针对性地训练学习者的独立思考能力。以使用最为广泛的“案例教学”为例，哈佛商学院的 Thomas Shreeve 作为情报案例项目的第一任主管和创造者，不断修正和改进案例教学的方式模式，并应用于 MBA 的课程教授中。CIA 的前分析家 O’Neil 在讲授“暴动与革命”研讨课时指出，教授情报学需要采用研讨会的形式而案例研究对教学成功至关重要的，当学生在进行案例分析时，通过分析数据和案例过程，不仅锻炼了分析技巧，同时还展示了自己的思维成果①。也有学者采用更为灵活的授课方式，如模拟教学法，Kristan J. Wheaton 在梅西赫斯特大学教授战略情报课程时，将网络游戏与课堂教学相结合，课前安排学习者试玩军事战略类仿真游戏，并在课堂上讨论，以加深学习者的实践参与感②。我国的情报学教育中涉及思维训练的课程鲜少，因此，需开设情报工程案例课程进行教学补充，以在一定程度上打造思维训练教学，鼓励学习者对情报案例进行自主分析思考，避免情报失误与思维误区，实现对学习者思维能力的培养与强化。

10.4　小结

情报工程需要专业性人才、复合型人才和工程性人才，而人才培养离不开情报教育。而且，在大数据环境下，需要情报教育能够适应情报工程的实践需求，以及能够适应社会新的需求和变化。情报工程人才的培养，需要改革情报教育体系，与其他相关学科或专业进行协同办学，从而形成情报工程教育共同体。以卓越情报工程师为目标，构建新的情报工程师的培养模式，努力培养具有完备素质结构的卓越情报工程师。

---

① BARD O’NEIL. “Appendix：Course Syllabus”，in Insurgency and Terrorism. From Revolution to Apocalypse［M］. 2nd edition. Washington，DC：Potomac Books，2005.

② KRISTAN J WHEATON. Teaching strategic intelligence through games［J］. International journal of intelligence and counterintelligence，2011，24（2）：367－382.

第 11 章　情报工程研究的发展与展望

【本章导读】 大数据时代，信息技术的高速发展和广泛应用为情报学的发展带来了新的机遇与挑战。情报工程的提出为大数据环境下情报工作的有效开展开拓了一种大数据化、自动化、集成化、协同化的情报研究模式①，对情报工程进行理论研究与实践探索将有利于集成新型的数据处理分析工具和方法，将信息技术和分析算法与情报学理论方法进行深度融合和创新有利于设计和开发新型的情报服务产品，从而创造性地解决各种问题。情报工程化的思维模式将成为情报学的未来发展趋势，各研究机构应及时把握情报工程的发展态势，合理安排和实施研究工作，合力推进情报工程学科建设。

11.1　情报工程的未来发展趋势

随着各类型数据信息的急剧增长，对大数据的收集、组织、存储、整合、分析及展示成为社会需求关注的重点，传统的情报研究思维模式难以适用于数字科研与网络生态环境。情报工程将工程化的思维应用到大数据环境下的情报服务和研究体系中，突出强调工作流程及所涉及要素的标准化②，以及情报研究的自动化处理和情报功能的系统实现，要求对所有产出具有统一、规范的质量评价体系，更好地适应情报新时代的发展潮流和领域发展现实。

11.1.1　流程要素标准化

工程化的情报实践具有：数据来源多、多层次、多维度、多类型集成；分析方法工具自动化、标准体系化、流程化；专家智慧协同化等特点③。因此，情报工程化的流程要素包括数据资源、工具方法和专家智慧 3 个方面。其中，数据资源是情报工程学得以依存的对象，方法工具是情报工程学形成的必要条件，专家智慧是情报工程学的必要保障。

科学的决策依赖于大量的数据、信息和情报资源。广义的数据资源主要包括数值数据、知识数据、法律法规数据、新闻数据、多媒体数据和软件数据等，在复杂多变的决策环境中，情报研究不仅仅只关注某一类数据资源，对问题产生背景相关的所有数据资源都将对决策支持起着至关重要的作用。目前情报研究和服务领域广泛应用的基础数据主要依赖大型数

---

① 贺德方．工程化思维下的科技情报研究范式：情报工程学探析［J］．情报学报，2014（12）：1236－1241.

② 曾建勋．适应大数据环境　建设情报工程学科［J］．数字图书馆论坛，2015（5）：1－1.

③ 潘云涛，田瑞强．工程化视角下的情报服务：国外情报工程实践的典型案例研究［J］．情报学报，2014（12）：1242－1254.

据库供应商的产品，如国外知名文献全文数据库 Web of Science 数据库、EI，国内知名文献全文数据库 CNKI 数据库、知识产权数据库等。大数据环境下，工程化的情报研究除了依托大型数据供应商的数据资源展开情报工作、提供情报服务之外，构建符合自身特色的数据库、实现对大规模、海量化、异构化数据资源统一接口下的深度聚合和组织将是必然趋势。加拿大科技信息研究所建立了丰富的原始信息资源库、各种类型文献数据库和目录数据库，内容涵盖了科学技术报告、会议论文、计划和规划、年度报告和案例库等情报资源；国内中信所对国内外期刊、会议文献、科技报告、科技丛书、学位论文、检索和参考工具书等类型的文献资源进行数据建设，形成了中国科技论文与引文数据库、学位论文数据库、中国专利数据库、中国科技报告数据库、成果档案数据库和中信所人才数据库等集成化的数据平台。同时，工程化思维模式下的数据资源支撑也应向集成化、标准化、协同化、流程化的情报服务方向发展，各研究机构可在一定程度上实现数据资源共享，从而节约数据、时间成本，在研究中更加高效地完成数据资源的积累和更新。

在工程化思维下，方法和技术工具作为构成要件充实其个别化的情报机能，在整个工程体系中形成流程化的作业程序。国际上已有很多研究团队在研究中创造性地提出了一系列研究方法、指标体系、模型、软件和工具，如麦肯锡咨询公司的结构－行为－业绩模型（S-C-P）、危机管理文本分析、定量战略计划矩阵、战略地位与行动评价矩阵、Periscope、Spotlight，高德纳咨询公司的 ITScores、MarketScopes、魔力象限，斯坦福国际咨询研究所的混合定性模拟/混合定量模型、通量平衡分析，兰德公司的投资组合分析工具、万正态偏差的百万随机数字、计算机辅助决策分析工具等。从情报工程的角度来看，情报研究中的方法和工具不仅仅局限于传统的文献计量和专利研究，其他方法技术如层次分析法、可视化方法、PEST、神经网络、决策树、情景感知等，以及大数据情报分析技术与工具的应用也将用于支持情报监测、知识发现与推理和信息抽取等研究领域，这些方法技术的出现与改进不仅能够拓展研究中内容的宽度和深度，在一定程度上也加强了情报分析的效率和水平。大数据时代下，情报研究将更加注重各研究方法与工具的优化与集成，实现情报分析方法工具的自动化、流程化和标准体系化。

专家是专业领域内具有高情报意识、情报素养、情报决策能力和研判能力的“智慧中心”①。不论是培养式，还是外聘式的专家团队，在情报研究与服务中，专家智慧都将对研究问题提供具有洞察力的解决方案，对情报决策提供有力支持。工程化思维下的情报研究与服务，不仅可以使情报分析团队中的不同角色协调统一，而且也可以使情报分析者、信息提供者及最终用户等不同主体可以在一个统一、规范的业务平台中实现协同工作。但由于文化、背景、知识水平、政治偏向、理念等问题，专家智慧之间存在的差异将导致情报机能的损害。因此，在研究中对研究团队中的专家进行优化组合，将跨行业、跨区域专家的智慧聚集在一起，构建完善的团队资源及策略服务体系，将最大限度地发挥专家在情报研究中的高效实质性作用，实现专家智慧协同化，这也将是情报工程研究的必然趋势。

---

① 潘云涛，田瑞强．工程化视角下的情报服务：国外情报工程实践的典型案例研究［J］．情报学报，2014（12）：1242－1254.

11.1.2 情报研究系统化

情报工程强调情报工作的自动化、规范化及情报功能的系统实现，在研究中基于情报研究理论与实践的实际，利用工程化的思维对其理论与方法进行升华，将实现情报机能的具体化、系统化和体系化。工程化视角下的情报机能是对与情报能力体系与运行机制相关的方法、理论、技术和过程的集成。在智库建设①的研究中，为了从工程化思维实现智库情报机能的完善，首先，研究者从战略、战术、战役3个层面对整个研究进行了宏观把握，如图11-1所示。战略层面是体系的理论、指导核心，主要工作是明确情报需求，把握情报研究的总方向，制定全局的方略、方法和原则，并在此基础上完成情报设计，开展情报活动；战术层面是方法、手段、技术的执行力和可操作性，研究中要重视方法内容的创新，保证情报研判论证能力的提升，并开发出一套高操作性的情报研究方法机制；战役层面包括实践上的具体操作流程、方案与绩效输出，该层面侧重理论与实践的结合，负责情报研究后期研究成果的转化，实现情报产品的供给、报送、转化和推广。其次，研究者从情报视角对智库能力体系进行提升。传统的智库情报机能的能力体系包括情报资源收集能力、情报分析与处理能力、情报评估与利用能力，在此基础上，融入数据资源、工具方法和专家智慧三大工程化研究流程要素。在情报资源收集方面，采用内部资源与外部资源相结合的模式，其中内部资源包括内部调研资料、构建的符合自身特色的数据库等，外部资料包括大数据采集到的数据资源、平台共享资源等；在情报分析处理方面，注重使用大数据环境下的新工具、新方法和新技术；在情报评估与利用方面，侧重对知识理念的探求，通过实现专家智慧协同化，从多维视角思考问题，开创出独特的、最优的研究模式和解决方案。此外，研究者从智能情报机能角度出发，将情报嵌入到智库内部的运行机制中，通过有效衔接、融合和渗透，实现对信息流层面管理机制的优化。从工程化思维出发，情报工程化对情报分析方法、情报处理技术平台、信息资源加工、情报组织体系4个方面提出了更高要求，融于“数据资源+工具方法+专家智慧”的工程化研究范式可通过对智库信息链、知识—智慧链和情报—对策链的构建实现运行机制的完善。最后，研究者将能力体系与运行机制两个方面相统一，构成整个智库情报服务体系，综合提升自身情报机能，如图11-2所示。纵观整个模型体系，该研究按照工程化的情报研究范式，形成了以“数据资源+工具方法+专家智慧”的情报机能模式，并在工程化思维下，将信息采集能力、知识创新能力和情报决策能力融入智库能力体系建设之中，将信息链、知识—智慧链、情报—对策链嵌入到智库运行机制之中，保证智库情报服务的质量和水平。

11.1.3 情报5.0与智能情报一体化

智能是指获取和应用知识、技巧的能力，情报是服务于特定需求的知识，知识的存在让情报与智能连接成为一个不可分割的整体。继机械化、电气化、信息化和网络化之后，当前社会已迈入平行化智能技术发展阶段，与智能联系密切的情报学也将继人员请报、信号情

① 李阳，李纲，张家年．工程化思维下的智库情报机能研究［J］．情报杂志，2016，35（3）：36-41.

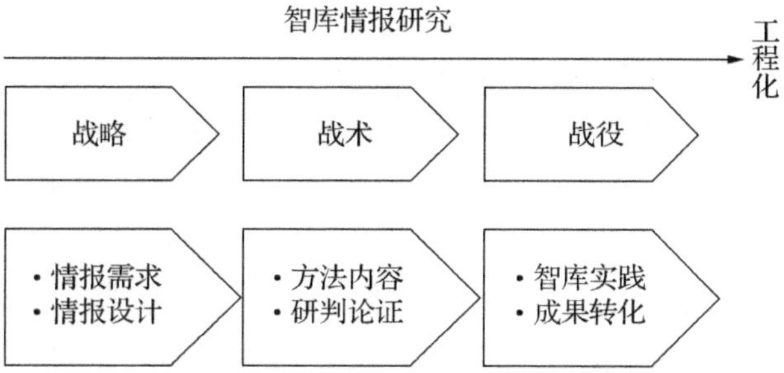

图 11-1　工程化视角下的智库情报研究布局

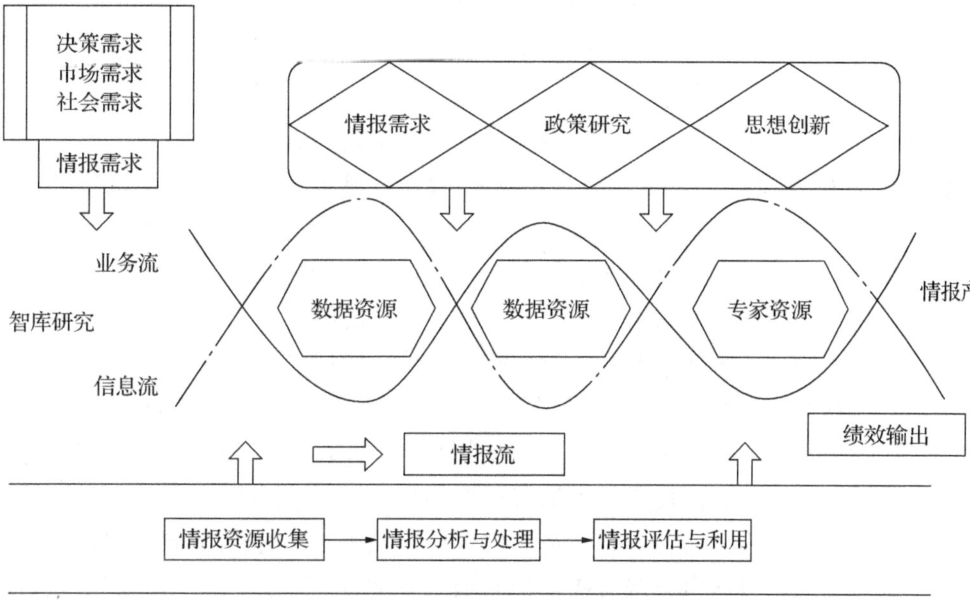

图 11-2　工程化视角下智库情报机能的能力体系

报、图像情报、网络情报后进入平行情报时代，即情报5.0时代①。情报5.0的核心理念在于虚与实互动、情报与智能合一的平行思想，智能组织或智能结构、智慧行动或智慧管理、社会智能或智能解析是该时代下的三大主题，如何使情报工作所面临的不定性、多样性和复杂性转化成为完成特定使命和任务后所生成的情报的灵捷、聚焦、收敛等品质和特性将成为情报5.0时代下情报工作的最终目标。

平行情报是情报经过“激活”和变革后的产物，无论对军事国防，还对社会经济，平行情报都将发挥巨大且关键的作用。如何顺应科技发展的大趋势，将情报科学与智能科学深度融合，构建智能化的情报科学与技术体系，即平行情报体系，也将成为情报5.0时代情报学工作的重心。过去，情报发展实现了情报的KAO“知识+行动+组织”一体化，其中知识是指秘密情报，行动是指谍报行动，组织代表特务组织。随着物联网、云计算等方法技术

① 王飞跃．情报5.0：平行时代的平行情报体系［J］．情报学报，2015，34（6）：563－574.

的应用与普及，情报学的发展走向也将在情报5.0时代发生本质变化，实现智能与情报一体化也是工程化思维下情报学未来的发展方向与途径。

从技术层面上来看，大数据技术下的情报工程体系，带有最重要影响的包括技术洞察和技术基础设施的根本变革①。技术洞察是指通过对某技术领域内海量信息资源的深入挖掘和分析，在揭示已有技术发展趋势及其相互关系的同时，发现最新技术动向，洞悉该领域可能出现的技术形态或技术发展点。由于大数据环境下数据资源表现出的流式、分布式、异构及碎片化等特征，情报分析处理单元正逐渐由传统的信息获取、存储管理、分类、索引、检索、人机交互向大数据技术下的非结构内容处理、分布式搜索、实时流数据处理、知识抽取、知识图谱、可视化等方面转化，为满足完成复杂的情报分析任务的需要，情报工作者需及时洞察大数据技术走向，按照工程化的思路，研发出高效、可并行化、适合云端运行的情报分析工具。与传统的业务处理工具不同，工程化思维下，各算法工具将基于大数据集合，在满足并行化、分布式的基础上，实现通用工具与专用工具的配置与组合，这些工具不仅作用于信息搜集、加工等环节，更能与专家智慧相融合，生成机器智慧，产生主动、自动、智能化的情报，对问题决策做出指导，实现人工社会、计算实验与平行执行的有机融合与“活化”。

从方法论层面上来看，大数据时代的情报工程不仅追求方法技术的重组与重构，要求流程的规范化、管理的标准化，同时也强调系统工程、组件之间的相互关联，以及系统的处理过程，而这些需要系统化、智能化的方法论的指导。传统的情报学研究方法主要包括哲学方法、一般研究方法和专门研究方法3类②。哲学方法适用于一切科学研究的最普遍的科学方法③；一般研究方法是从各个学科的研究方法的共性中抽取出来的具体的泛化方法，包括横断学科方法、经验科学方法、理性思维方法等；专门研究方法是指情报学特有的研究方法，包括情报计量学方法、引文分析法、三计法和内容分析法等。从学科融合的角度，情报学虽已采用哲学、统计学等学科研究方法解决情报问题，但学科融合度较低、应用层次较浅等问题致使现有情报方法将难以适应大数据环境下对与情报研究方法的需求。情报工程化强调在原有情报研究方法的基础上，引入工程化思维，在应用层次分析、聚类分析、矩阵分析、德尔菲法、大规模情境法、成本效用分析、度量研究效益方法等工程技术方法基础上，以实现方法工具的自动化、集成化。工程化思维下，研究者④引入霍尔三维结构的系统思想，结合情报的生命周期理论，构建了工程化情报工作的霍尔模型，用以指导工程化视角下的情报工作，如图11-3所示。沿着时间维，情报研究工作者能针对不同阶段的预期目标实施不同的管理策略，实现情报生命周期各阶段价值的最大化；沿着逻辑维，情报研究工作者能遵循的思维程序不断修正环节中的需解决的问题；沿着知识维，情报研究中能实现情报学相关理论、方法技术和专家智慧的高度融合，实现知识—智慧一体化，为解决决策问题提供情报支

---

① 乔晓东，朱礼军，李颖，等. 大数据时代的技术情报工程［J］. 情报学报，2014（12）：1255-1263.

② 符福峘，陆婷. 论情报学方法论体系的构建、发展和应用［J］. 情报理论与实践，2007，30（2）：149-153.

③ 王知津，周鹏，韩正彪. 当代情报学哲学的主要观点及其理论体系构建［J］. 情报学报，2014，33（2）：116-129.

④ 唐晓波，魏巍. 工程化视角下的情报工作方法论研究：理论模型的构建［J］. 图书情报工作，2016（7）：5-10.

持。由此可见，工程化思维下的情报研究方法不仅参与情报工作的各个要素和环节，还能从工程化视角下指导复杂的情报工作，为情报人员提供系统化、综合化和最优化的引导分析工具，使工程化情报工作更具问题导向性、技术综合性、管理科学性，实现情报—智慧一体化。

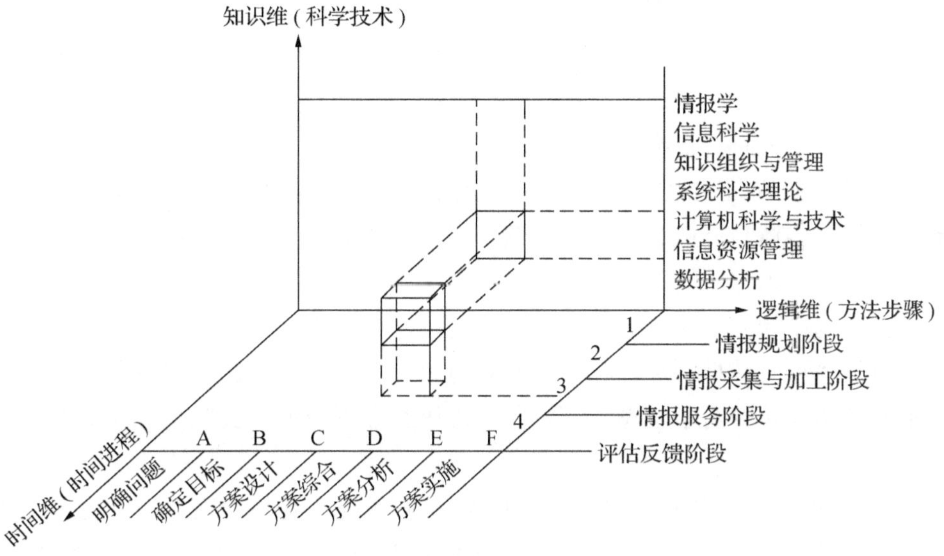

图 11–3　工程化视角下情报工作的霍尔模型

11.2　情报工程研究的展望

随着社会需求与信息技术的发展，任何一门学科都在不断地发展和演变，并衍生出新的关联学科。各类型数据信息的急剧增长使大数据的收集、组织、存储、整合、分析和展示成为社会需求关注的重点，传统的情报学方法与技术已不能完全满足各类型用户的最终需求，难以适应大数据科研与网络生态环境。

目前，情报学研究面临的主要问题[①]包括：①情报学基本理论亟待完善；②情报学研究对象不断扩展；③已有情报学研究方法存在局限；④情报学跨学科趋势日益明显，但缺少相应的学科融合等。

情报工程的出现为情报学带来了全新的理论研究范式和数据处理分析方法，使情报研究更好地适应大数据环境成为可能。情报工程将情报学及相关学科的原理创造性应用到情报研究工作所涉及的数据分析方法、情报技术，情报研究工作流程及组织管理的设计与开发中，实现情报工作的自动化、规范化、系统化。作为该领域研究机构和研究人员，应针对当前情报学发展面临的问题与挑战，在把握情报工程发展趋势的前提下，提前制定和规划情报工程研究工作，进行学科发展趋势监测，围绕理论体系、研究对象、研究方法和技术、研究模

① 曾建勋，魏来．大数据时代的情报学变革［J］. 情报学报，2015（1）：37－44.

式、产品与服务、学科期刊、人才培养机制①、学术团队建设、学科合作与交流等方面推进情报工程学科建设。

（1）形成情报工程理论体系。学科理论体系是一门学科得到认可的基础。从已有的研究来看，情报工程的基本理论主要包括情报学基本理论、系统工程学基本理论、数据科学理论和平行情报理论等，在大数据环境下，不仅这些基本理论本身需要在其已有基础上进行进一步深化和扩展，以适应新的数据环境的需求。同时，作为一门新兴学科，情报工程自身需要以学科目标和学科定位为导向，在情报学、系统工程学、数据科学等学科理论基础上，提出新的理论支撑，形成具有自身学科特色的基本理论体系，满足学科可持续发展的需要。

（2）明确情报工程研究对象。传统情报学的研究对象是情报科学，具体包括情报的产生、内涵、表征、传播与流通，情报的存储、组织、加工、分析与利用，情报的标准与规范和情报用户与服务等内容。情报工程在大数据环境下得到发展，作为情报学与系统工程学理论和方法论融合的产物，情报工程学研究对象的范畴应在情报学基础上加以演变和延伸，其研究对象应更加注重大数据的加工、清洗和规范整合与分析计算，研究对象的类型也应由基础类情报资源，明确转变为事实型数据资源、术语类数据资源、关联型标注资源及工具分析性资源。

（3）拓展情报工程研究方法和技术。研究方法和技术是情报工程学形成的必要条件，也是学科建设的核心内容之一，是实现情报工程由数据输入到情报输出全过程中的重要桥梁。情报工程在学科建设的过程中，应在已有情报学、系统工程学、哲学、统计学、数据科学等学科方法和技术的基础上，不断进行方法技术的重组与重构，融合跨学科方法和技术的各个优点，实现方法和技术的不断改进与创新，更要研发激活知识、激发智慧的智能技术②，提高对半结构化和非结构化数据的处理分析能力，形成全数据处理机制，真正生成机器智慧，实现方法技术的自动化、自主化和智能化。

（4）转变情报研究模式。情报研究模式在科技情报事业发展历程中经历从基于文献进行编译报道的事实型情报收集，到基于文献检索、资料述评的综述型情报分析，再到基于事实数据、引文数据和开放数据的计量型情报分析，以及建设科技发展态势监测系统的智慧型情报研究，这些变化和转型都催生着大数据环境下融入工程化思维的情报研究与应用模式。作为一种新兴的情报研究模式，情报工程研究与应用模式应在以下 3 个方面得到转变和创新：①数据资料来源。大数据时代下，可用于情报工程研究的网络数据资源主要包括：a. 公众性网络资源，包括通过互联网公开发布的新闻、分析评论、调查报告及意见建议等，这些资源的发布机构包括门户网站、专业领域网站、情报机构网站等，资源的发布形式主要以文字为主，辅以图片和视频；b. 群众性网络资源，包括社会群众通过社交网站、公共分享平台发布的文字、图像、音频或视频，这些资源的发布者多为个人；c. 线下资源，指通过互联网获取到的其他资源。如何在研究中根据以上数据资源类型扩展数据资源，将是情报

① 贺德方．工程化思维下的科技情报研究范式：情报工程学探析［J］．情报学报，2014（12）：1236－1241.

② 卢胜军，王忠军，栗琳．赛博空间与大数据双重视角下的钱学森情报思想［J］．情报理论与实践，2013，36（4）：1－5.

工程研究模式转变的任务之一。②研究手段。情报工程研究模式应从根本上改变传统的情报研究方式，在研究手段上应注重吸收最新大数据处理分析技术，融入跨学科系统化、工程化、开放性的思维模式，充分挖掘情报工程的研究潜力。③研究力量。情报工程作为多学科融合的产物，在研究发展中应吸收各学科的优秀研究成果，不断加强学科内外的合作交流，吸纳跨学科的优秀人才，扩展大数据时代下情报工程学科的研究力量。

（5）拓展情报工程产品与服务。情报工程提供的产品与服务①除了包括信息资源提供、服务发现、资源发布支持、引用分析等传统情报学提供的服务外，应适应大数据时代的情报用户需求，将情报工程产品和服务工作的中心转向大数据用户与大数据网络的服务理念和服务商业模式的拓展、服务评估和服务机制的改进，开展基于大数据或全数据的情报服务，有效提高情报产品与情报服务的质量。

（6）提高学科期刊的学术影响力。情报工程领域的学术期刊的创办，对情报工程的学科化建设意义重大。学科期刊的创办不仅可以搭建学术交流的平台，发挥其学术内容的传导功能，引领和促进学科的建设及发展，还能让业内外人士了解情报工程领域研究的特色和水平，扩大情报工程的学科影响力。

《情报工程》是由中国科学技术协会主管，中国科学技术情报学会与中国科学技术信息研究所为构建情报工程学科主办的专业性学术刊物。当前，该刊的关注重心集中体现在前沿情报理论方法、竞争情报、创新管理、投资战略、技术转移、政府和企业案例研究、信息分析处理技术、国内外情报机构和智库动态、政府和企业的情报应用实践、图书馆情报理论与技术等。《情报工程》的创办为情报工程学科的构建与发展奠定了基础，也为支持政府和企业在情报分析领域中的实践，提供了一个集情报分析的理论研究、技术方法和工程应用于一体的专业化学术交流平台。如何提高期刊的学术影响力，真正做到“立足情报研究、面向工程实现、服务知识社会”，还需要领域各研究人员和研究机构的共同努力。

（7）建立合理的情报工程人才培养机制。作为一门新兴学科，情报工程必须有专业人才做支撑才能得到发展。高等院校、科技情报机构应围绕情报工程的发展思路，做好情报工程专业人才的培养工作。

在教育模式②上，情报工程人才应当具有广博、专深的专业知识，各教育机构要按照创新型人才的培养思路，改造传统的教育模式，不断推进教育模式的创新。

在教育资源配置上，教育机构可根据学科的内在相关性，对情报学、系统工程学、数据科学等学科进行教育资源的横向整合③，实现高效率的情报工程专业教育。同时，结合社会对情报工程人才的实际需求，根据学科目标，设计和确定合理的情报工程课程体系。在师资配置方面，应广泛吸收跨学科人才，改善原有情报学师资队伍的学科专业结构，让各教师在合作交流中不断更新自身知识结构，培养出更多情报工程专业高层次、全能型人才。

（8）推进情报工程学术团队建设。学术团体是以增进学科领域内团队全体成员共同利

---

① 潘云涛，田瑞强．工程化视角下的情报服务：国外情报工程实践的典型案例研究［J］．情报学报，2014（12）：1242－1254.

② 查先进，严密．多学科融合对我国情报学教育的影响［J］．图书情报知识，2005（6）：14－17.

③ 吴丹，余文婷．近五年国内外图书情报学教育研究进展与趋势［J］．图书情报知识，2015（3）：4－15.

益、加强领域内团队全体成员学术交流为目的的学术组织，是学科形成与发展的重要组成部分。情报工程领域的学科化发展同样需要有专业的学术团体进行协调、组织和指导。例如，中国科技情报学会下设有 11 个专业委员，各专业委员会在推动科技情报工作、促进情报学理论研究与应用实践方面，起到了重要作用。

（9）加强跨学科合作与交流。情报工程已经成为情报学学科中的新兴领域和新兴方向，各情报研究工作者和机构都在为构建情报工程学科而努力。无论是学科理论、方法，还是成果的应用，情报工程都将吸收各学科的先进技术与成果，作为其自身进一步发展的支撑。学科的交叉融合是情报工程产生的前提，在构建和发展情报工程学科的过程中，各研究团队和研究机构更应加强与系统工程学、生物科学、医学、管理学、数据科学等各个学科的交流与合作，让各学科的先进理念和成果在情报工程学科范围下得到兼并与融合，实现情报工程学的可持续发展。

参考文献

[1] Amsterdam wins smart city world congress award [EB/OL]. (2012 - 11 - 15) [2016 - 11 - 14]. http://newswatch.nationalgeographic.com/2012/11/15/amsterdam-wins-smart-city-world-congress-award.

[2] BARD O'NEIL. "Appendix: Course Syllabus", in Insurgency and Terrorism. From Revolution to Apocalypse [M]. 2nd edition. Washington, DC: Potomac books, 2005.

[3] CHEN H, CHIANG R H L, STOREY V C. Business intelligence and analytics: from big data to big impact [J]. MIS quarterly, 2012, 36 (4): 1165 - 1188.

[4] LINDENMAYER D B, LIKENS G E. Analysis: don't do big-data science backwards [J]. Nature, 2013, 499 (7458): 284 - 288.

[5] DAVID P A, STEINMUELLER W E. Standards trade and competition in the emerging global information infrastructure environment [J]. Telecommunications policy, 1996, 20 (10): 817 - 830.

[6] DEAN J, GHEMAWAT S. MapReduce: simplified data processing on large clusters [C] // Conference on Symposium on Opearting Systems Design & Implementation. USENIX Association, 2008: 137 - 149.

[7] Defense technical information center. jp 2 - 0, joint intelligence [DB/OL]. [2014 - 10 - 12]. www.dtic.mil/doctrine/new_pubs/jp2_0.pdf.

[8] DEMIRKAN H. A smart healthcare systems framework [J]. It professional, 2013, 15 (5): 38 - 45.

[9] DHAR V. Data science and prediction [J]. Communications of the ACM, 2013, 56 (12): 64 - 73.

[10] Disaster lnforxnation management research center [EB/OL]. [2016 - 11 - 15]. http://sis.nlm.nih.gov/dimrc.html.

[11] DOUG HOWE, SEUNG YON RHEE. The future of biocuration [J]. Nature, 2008, 455 (9): 47 - 50.

[12] Engineers Council for Professional Development (ECPD). Engineering Science [EB/OL]. [2016 - 08 - 03]. https://global.britannica.com/technology/engineering.

[13] FELGENBAUM E A. The art of artificial intelligence: themes and case studies of knowledge engineering [C] // Proceedings of the 5th international joint conference on Artificial intelligence-Volume 2. Morgan Kaufmann Publishers Inc., 1977: 1014 - 1029.

[14] Forecasting Science & Technology (ForeST) [EB/OL]. [2017 - 06 - 23]. https://www.iarpa.gov/index.php/research-programs/forest.

[15] Foresight and Understanding from Scientific Exposition (FUSE) [EB/OL]. [2017 - 06 - 23]. https://www.iarpa.gov/index.php/research-programs/fuse.

[16] Frequently asked questions [EB/OL]. [2017 - 06 - 23]. http://www.rand.org/about/faq.html.

[17] Gartner Corp. Gartner's 2012 hype cycle for emerging technologies identifies "tipping point" technologies that will unlock long-awaited technology scenarios [EB/OL]. [2015 - 12 - 22]. http://www.gartner.com/newsroom/id/2124315.

[18] Gartner Corp. Gartner's 2015 hype cycle for emerging technologies identifies the computing innovations that organizations should monitor [EB/OL]. [2015 - 12 - 22]. http://www.gartner.com/newsroom/id/3114217.

[19] General data protection regulation [EB/OL]. [2017 - 08 - 31]. https: //en. wikipedia. org/wiki/General_Data_Protection_Regulatio.

[20] HAIK Y, SHAHIN T, SIVALOGANATHAN S. Engineering design process [M]. 2nd edition. Cengage learning, 2010: 11.

[21] THORNTON J. Data curation in biology-past, present and future [EB/OL]. [2017 - 08 - 12]. http: //precedings. nature. com/documents/3225/version/1.

[22] Indiana university. advanced visualization Lab [EB/OL]. [2016 - 11 - 20]. http: //rt. uits. iu. edu/visualization/avl/.

[23] JIAWEI HAN, MICHELINEKAMBER, JIAN PEI. 数据挖掘概念与技术 [M]. 范明，孟小峰，译. 北京：机械工业出版社，2012.

[24] JU G, CHENG M, XIAO M, et al. Smart transportation between three phases through a stimulus-responsive functionally cooperating device [J]. Advanced materials, 2013, 25 (21): 2915 - 2919.

[25] KAI JAKOBS. Information technology standards and standardization: a global perspective [M]. Hershey: Idea group publishing, 2000: 678 - 780.

[26] KRISTAN J WHEATON. Teaching strategic intelligence through games [J]. International journal of intelligence and counterintelligence, 2011, 24 (2): 367 - 382

[27] LABRINIDIS A, JAGADISH H V. Challenges and opportunities with big data [J]. Proceedings of the vldb endowment, 2012, 5 (12): 2032 - 2033.

[28] LAI C S, MCCULLOCH M D. Big data analytics for smart grid [EB/OL]. (2015 - 10 - 01) [2016 - 11 - 10]. http: //smartgrid. ieee. org/newsletters/october-2015/big-data-analytics-for-smart-grid.

[29] LI D, YAO Y, SHAO Z, et al. From digital Earth to smart Earth [J]. Science bulletin, 2014, 59 (8): 722 - 733.

[30] MAYER-SCHÖNBERGER V, CUKIER K. Big data: a revolution that will transform how we live, work, and think [M]. Boston: Houghton mifflin harcourt, 2013.

[31] GLOTHLIN M C, WILLIAN J. Patterns of professional education [J]. Social Service Review, 1960, 35 (4): 1865 - 1866.

[32] MEIJER A, BOLÍVAR M P R. Governing the smart city: a review of the literature on smart urban governance [EB/OL]. [2016 - 11 - 11]. http: //ras. sagepub. com/content/early/2015/04/29/0020852314564308. abstract? rss = 1.

[33] MICHAEL EISENSTEIN. Big data: The power of petabytes [J]. Natrue, 2015, 527 (5): S2 - S4.

[34] NUAIMI E A, NEYADI H A, MOHAMED N, et al. Applications of big data to smart cities [J]. Journal of internet services and applications, 2015, 6 (1): 1 - 15.

[35] SANGUPAMBA O M, PRAT N, COMYN-WATTIAU I. Business intelligence and big data in the cloud: opportunities for design-science researchers [C]. International conference on conceptual modeling, 2014.

[36] PHILIPS A. The new approach to technical harmonization and standardization [J]. Journal of common market studies, 1997, 25 (3): 249 - 269.

[37] PIETSCH W. Big data-the new science of complexity [C]. 6th Munich-Sydney-Tiburg Conferece on models and Decision, 2013.

[38] Professional experience and project (PEP) course description [EB/OL]. [2016 - 11 - 28]. https: //www. ischool. utexas. edu/programs/masters/capstone/professional_experience_project.

[39] RAGHUPATHI W, RAGHUPATHI V. Big data analytics in healthcare: promise and potential [J]. Health information science and systems, 2014, 2-3: 1-10.

[40] RAND . To be the world's most trusted source for policy ideas and analysis [EB/OL]. [2017-06-23]. http: //www. rand. org/about/vision. html.

[41] ROBERT M CLARK. 情报分析：以目标为中心的方法 [M]. 马忠元，译. 北京：金城出版社，2013.

[42] ROY N, PALLAPA G, DAS S K. A middleware framework for ambiguous context mediation in smart healthcare application [C]//Third IEEE international conference on wireless and mobile computing, networking and communications (WiMob 2007) . IEEE, 2007: 72.

[43] SADAHIKO KANO. Technical innovations, standardization and regional comparison: a case study in mobile commu-nications [J]. Telecommunication policy, 2000 (24): 305-321.

[44] SARA REARDON. US big-data health network launches aspirin study: PCORI clinical-research initiative will collect information on some 30 million people [J]. Natruc, 2014, 512 (7): 18.

[45] SCHNECK D J. Educating students to be creative problem solvers as 21st century engineers [J]. Journal of professional issues in engineering education & practice, 2002, 128 (3): 100-106.

[46] HEY T, TANSLEY S, TOLLE K M. 第四范式：数据密集型科学发现 [M]. 潘教峰，张晓林，等译. 北京：科学出版社，2012：iii-vii，181-186.

[47] Teach Engineering. Engineering design process [DB/OL]. [2015-06-22]. https: //www. teachengineering. org/engrdesignprocess. php.

[48] WENGER E. Communities of practice: learning, meaning, and identity [M]. London: Cambridge University Press, 1999: 3-5.

[49] Wikipedia. Big data [DB/OL]. [2015-04-20]. http: //en. wikipedia. org/wiki/Big_data.

[50] Wikipedia. Data Science [DB/OL]. [2016-07-21]. https: //en. wikipedia. org/wiki/Data_science.

[51] Wikipedia. Engineering [DB/OL]. [2016-05-03]. https: //en. wikipedia. org/wiki/Engineering.

[52] Wikipedia. Information engineering [DB/OL]. [2017-02-25]. https: //en. wikipedia. org/wiki/Information_engineering.

[53] ZIKOPOULOS P, PARASURAMAN K, DEUTSCH T, et al. Harness the power of big data the IBM big data platform [M]. New York: McGraw Hill Professional, 2012.

[54] 安小米. 面向智慧城市发展的信息资源管理协同创新策略：以荷兰阿姆斯特丹智慧城市为例 [J]. 情报资料工作，2014，35 (3)：49-53.

[55] 百度百科. eScience [DB/OL]. [2016-07-23]. http: //baike. baidu. com/view/4973593. htm.

[56] 百度百科. 数据学和数据科学 [DB/OL]. [2016-07-21]. http: //baike. baidu. com/view/5101599. htm.

[57] 百度百科. 知识工程 [DB/OL]. [2017-02-25]. http: //baike. baidu. com/item/知识工程.

[58] 百度百科. 中正舆情研究中心 [DB/OL]. [2016-11-21]. https: //baike. baidu. com/item/中国舆情在线/6969514.

[59] 百度百科. 卓越工程师教育培养计划 [DB/OL]. [2016-11-30]. http: //baike. baidu. com/view/3810178. htm.

[60] 百度百科. 情报教育 [DB/OL]. [2016-12-10]. https: //baike. baidu. com/item/情报教育.

[61] 包昌火. 对我国情报学研究中三个重要问题的反思 [J]. 图书情报知识，2012 (2)：4-6.

[62] 保建云. 大数据金融生态系统、社会超群博弈与中国大数据金融战略 [J]. 江苏行政学院学报，2016

(4)：42 - 49.
[63] 曾建勋，魏来．大数据时代的情报学变革［J］．情报学报，2015（1）：37 - 44.
[64] 曾建勋．适应大数据环境　建设情报工程学科［J］．数字图书馆论坛，2015（5）：1.
[65] 曾原．从引文网络中发现美国精英对华研究的信息源规律：图情思路及方法在中关关系领域应用的尝试［J］．图书情报工作，2009，53（14）：10 - 14.
[66] 曾忠禄．大数据分析：方向、方法与工具［J］．情报理论与实践，2017，40（1）：1 - 5.
[67] 查先进，严密．多学科融合对我国情报学教育的影响［J］．图书情报知识，2005（6）：14 - 17.
[68] 陈宝权，程章林．大数据与智慧城市［J］．大数据，2015（1）：61 - 70.
[69] 陈超．情报与智库［J］．竞争情报，2015，11（2）：3.
[70] 陈锋，翟羽佳，王芳．基于条件随机场的学术期刊中理论的自动识别方法［J］．图书情报工作，2016（2）：122 - 128.
[71] 陈刚．科学研究大数据挑战［J］．科学通报，2015，69（5）：439 - 444.
[72] 陈刚．皮亚杰的结构主义哲学及其教育意义［J］．乐山师范学院学报，2008，23（11）：53 - 56.
[73] 陈建军，于志强，朱昀．数据可视化技术及其应用［J］．红外与激光工程，2001，30（5）：339 - 342.
[74] 陈进，朱宁．金融业大数据应用问题研究［J］．图书情报工作，2015（s2）：203 - 209.
[75] 陈丽．德国应急管理的体制、特点及启示［J］．西藏发展论坛，2010（1）：43 - 46.
[76] 陈明奇，黎建辉，郑晓欢，等．科学大数据的发展态势及建议［J］．中国教育信息化，2016，21：5 - 9.
[77] 陈肖庚，王顶明．MOOC 的发展历程与主要特征分析［J］．现代教育技术，2013，11：5 - 10.
[78] 程红斌，黄美荣，杨瑞娟，等．基于自主化情报定制的新型发布/订阅系统研究［J］．空军预警学院学报，2012，26（3）：185 - 188.
[79] 程学旗，靳小龙，王元卓，等．大数据系统和分析技术综述［J］．软件学报，2014（9）：1889 - 1908.
[80] 迟玉琢．大数据背景下的情报分析［J］．情报杂志，2015，34（1）：18 - 22.
[81] 储节旺．国内外知识管理理论发展与流派研究［J］．图书情报工作，2007，51（4）：80 - 83.
[82] 崔立红，刘德旺．大数据时代我国知识产权管理与保护的变革［J］．知识产权，2016（11）：89 - 93.
[83] 樊明明，肖欢，陶祥军．美俄反恐预警机制的比较及启示［J］．情报杂志，2014（12）：6 - 9.
[84] 冯向东．学科、专业建设与人才培养［J］．高等教育研究，2002（3）：67 - 71.
[85] 冯芷艳，郭迅华，曾大军，等．大数据背景下商务管理研究若干前沿课题［J］．管理科学学报，2013，16（1）：1 - 9.
[86] 弗朗斯·约翰松．美第奇效应：创新灵感与交叉思维［M］．刘尔铎，杨小庄，译．北京：商务印书馆，2006.
[87] 符福峘，陆婷．论情报学方法论体系的构建、发展和应用［J］．情报理论与实践，2007，30（2）：149 - 153.
[88] 高童欣．城轨交通枢纽站应急疏散若干问题的计算实验［D］．北京：北京交通大学，2014.
[89] 公安机关办理恐怖活动犯罪案件的若干规定［EB/OL］．［2016 - 11 - 20］．http：//www.360doc.com/content/18/0819/18/50739378_779511311.shtml.
[90] 古月．现代科学方法论“新三论”：耗散结构论、协同论和突变论［J］．学术交流，1986（6）：8.
[91] 顾林生．日本大城市防灾应急管理体系及其政府能力建设：以东京的城市危机管理体系为例［J］．城

市与减灾，2004（6）：4－9.

[92] 顾炜. 反恐预警中的情报管理研究［D］. 上海：上海交通大学，2009.

[93] 郭声琨. 调研国家反恐情报信息平台：反恐坚持情报先行［EB/OL］.（2015－11－26）［2016－11－20］. http：//news. 163. com/15/1126/09/B9BADE92000146BE. html.

[94] 郭自宽，张兴旺，麦范金. 大数据生态系统在图书馆中的应用［J］. 情报资料工作，2013，2：23－28.

[95] 国家信息技术安全研究中心［EB/OL］.［2016－11－23］. http：//www. nitsc. cn/CenterIntroduction/index. html.

[96] 国务院办公厅. 推进物联网有序健康发展的指导意见［EB/OL］.（2013－02－17）［2016－11－09］. http：//www. gov. cn/zwgk/2013-02/17/content_2333141. htm.

[97]《关于加强中国特色新型智库建设的意见》全文［EB/OL］.［2017－04－03］. http：//news. xinhuanet. com/zgjx/2015-01/21/c_133934292_2. htm.

[98] 韩毅，李红. 大数据语境下情报学的坚守与拓展［J］. 图书情报工作，2015（5）：47－52.

[99] 何克抗. 从 Blending Learning 看教育技术理论的新发展（上）［J］. 电化教育研究，2004，3：1－6.

[100] 贺德方. 大数据环境下的情报学［J］. 数字图书馆论坛，2012（11）：2－5.

[101] 贺德方. 工程化思维下的科技情报研究范式：情报工程学探析［J］. 情报学报，2014（12）：1236－1241.

[102] 贺德方. 基于大数据、云服务的科技情报工作思考［J］. 数字图书馆论坛，2013（6）：2－9.

[103] 贺德方. 基于事实型数据的科技情报研究工作思考［J］. 情报学报，2009，28（5）：764－770.

[104] 贺德方. 数字时代情报学理论与实践［M］. 北京：科学技术文献出版社，2006.

[105] 贺德方. 大数据环境下的情报学［J］. 数字图书馆论坛，2012（11）：2－5.

[106] 胡雅萍，刘千里，潘彬彬. 维护科技安全的情报预测研究［J］. 情报杂志，2014（9）：8－12.

[107] 华岗，顾德道，刘良华，等. 城市大数据：内涵、服务架构与实施路径［J］. 大数据，2016（3）：9－16.

[108] 化柏林，李广建. 大数据环境下多源信息融合的理论与应用探讨［J］. 图书情报工作，2015（16）：5－10.

[109] 黄欣荣. 大数据时代的思维变革［J］. 重庆理工大学学报（社会科学版），2014，28（5）：13－18.

[110] 贾广社，曹丽. 工程师的工程思维培养［J］. 自然辩证法研究，2008，24（6）：71－75.

[111] 贾俊平，何晓群，金勇进. 统计学［M］. 6 版. 北京：中国人民大学出版社，2015.

[112] 江洁，徐志峰. 国内外情报失察研究述评［J］. 图书情报工作，2011，55（6）：24－28.

[113] 江信昱，王柏弟. 大数据分析的方法及其在情报研究中的适用性初探［J］. 图书与情报，2014（5）：13－19.

[114] 颉翔. 大数据时代个人信息安全法律问题研究［D］. 北京：北京交通大学，2014.

[115] 拉姆什·沙尔达，杜尔森·德伦，埃弗雷姆·特班. 商务智能：数据分析的管理视角［M］. 赵卫东，译. 北京：机械工业出版社，2015.

[116] 郎杨琴，孔丽华. 美国发布“大数据的研究和发展计划”［J］. 科研信息化技术与应用，2012，3（2）：89－93.

[117] 雷万云. 云计算：企业信息化建设策略与实践［M］. 北京：清华大学出版社，2010.

[118] 冷英，莫雷. 拉卡托斯的科学纲领方法论对学习理论研究的启示［J］. 自然辩证法研究，2003，19（3）：23－27.

[119] 黎建辉，周园春，胡良霖，等．中国科学院科学数据云建设与服务［J］．大数据，2016，6：3－13.
[120] 李本先，张薇，梅建明，等．大数据在反恐情报工作中的应用研究［J］．情报杂志，2014（12）：1－5.
[121] 李伯聪．工程与工程思维［J］．科学（上海），2014（6）：13－16.
[122] 李伯聪．关于方法、工程方法和工程方法论研究的几个问题［J］．自然辩证法研究，2014（10）：41－47.
[123] 李超，周瑛，周焕，等．大数据环境下情报分析方法与情报分析软件探讨［J］．现代情报，2017，37（7）：151－158.
[124] 李德仁，姚远，邵振峰．智慧城市中的大数据［J］．武汉大学学报（信息科学版），2014（6）：631－640.
[125] 李广建，化柏林．大数据分析与情报分析关系辨析［J］．中国图书馆学报，2014（5）：14－22.
[126] 李广建，杨林．大数据视角下的情报研究与情报研究技术［J］．图书与情报，2012（6）：1－8.
[127] 李金昌，苏为华．统计学［M］．3 版．北京：机械工业出版社，2012.
[128] 李金海，徐敏．基于霍尔三维结构的项目风险管理集成化研究［J］．项目管理技术，2008（8）：17－21.
[129] 李晶星．基于 WSR 方法论的社区体育发展评价指标体系的构建［D］．长春：吉林体育学院，2016.
[130] 李静．基于大数据分析的数学建模实践应用研究［J］．淮海工学院学报（自然科学版），2017，26（1）：1－4.
[131] 李上，刘波林．标准化学科知识体系构建研究［J］．中国标准化，2013（8）：42－46.
[132] 李天目．云计算技术架构与实践［M］．北京：清华大学出版社，2014.
[133] 李醒民．论科学经验方法［J］．社会科学论坛，2009（2）：5－25.
[134] 李学龙．大数据系统综述［J］．中国科学，2015，45（1）：1－44.
[135] 李阳，李纲，张家年．工程化思维下的智库情报机能研究［J］．情报杂志，2016，35（3）：36－41.
[136] 李阳，李纲．面向应急决策的智慧城市情报工程实践与应用［J］．图书情报工作，2016，60（11）：81－85.
[137] 李英，王晨筱，杨晨，等．支撑产业链协同的公共服务平台研究综述［J］．计算机工程与科学，2016（6）：1111－1117.
[138] 李永胜．论工程思维的内涵、特征与要求［J］．洛阳师范学院学报，2015（4）：12－18.
[139] 李玉梅．图书馆知识服务特点、流程概述［J］．科技信息，2008（35）：201－202.
[140] 梁吉业，冯晨娇，宋鹏．大数据相关分析综述［J］．计算机学报，2016（1）：1－18.
[141] 梁文鑫．大数据时代：课堂教学将迎来真正的变革［J］．北京教育学院学报（自然科学版），2013，1：14－16.
[142] 廖大麟．随机事件的不确定性或信息量的度量：信息熵［J］．贵州工程应用技术学院学报，2006，24（4）：35－38.
[143] 林健．“卓越工程师教育培养计划”通用标准诠释［J］．高等工程教育研究，2014，1：12－23.
[144] 林荣扬．略谈工厂情报工程师需具备的素质［J］．情报科学，1986，6：89－90.
[145] 刘红煦，曲建升．文献综合集成模式下领域知识发现流程研究［J］．图书情报作，2016，60（4）：125－133.
[146] 刘洪．组织复杂性管理［M］．北京：商务印书馆，2011：1－2.
[147] 刘鹏．云计算［M］．2 版．北京：电子工业出版社，2011.

[148] 刘跃进．国家科学技术安全浅议［J］．国家安全通讯，2000（3）：45－46.
[149] 刘祯．评价管理研究的 SMART 原则［J］．经济与管理评论，2013（1）：54－58.
[150] 刘植惠．试论情报学的哲学基础［J］．情报学报，1989（3）：161－167.
[151] 刘智慧，张泉灵．大数据技术研究综述［J］．浙江大学学报（工学版），2014，48（6）：957－972.
[152] 卢胜军，王忠军，栗琳．赛博空间与大数据双重视角下的钱学森情报思想［J］．情报理论与实践，2013，36（4）：1－5.
[153] 鲁统波．大数据反欺诈在银行互联网金融创新业务中的应用［J］．金融电子化，2016（1）：91－92.
[154] 罗会兰．数据提取、转换和装载技术研究［J］．计算机工程与设计，2004，25（5）：761－765.
[155] 吕斌，李国秋．钱学森情报学思想及其对情报学持续发展的启示［J］．情报理论与实践，2010，33（7）：1－6.
[156] 吕冬雪．基于 RDB 的 SaaS 多租户数据存储和扩展研究综述［J］．电脑与信息技术，2015，23（5）：46－48.
[157] 马费成，陈锐，袁红．科学信息离散分布规律的研究从文献单元到内容单元的实证分析（I）：总体研究框架［J］．情报学报，1999，18（1）：79－84.
[158] 马费成，裴雷．网络信息资源的分布规律［J］．情报科学，2003，21（11）：1121－1124.
[159] 马费成，宋恩梅，张勤．IRM-KM 范式与情报学发展研究［M］．武汉：武汉大学出版社，2008：241－246，286，301－302，339－340，348－349.
[160] 马费成，宋恩梅．我国情报学研究的历史回顾（Ⅱ）［J］．情报学报，2005，24（5）：515－523.
[161] 马费成．导言：情报学中的序［J］．图书情报知识，2008（3）：5－7.
[162] 马费成．论情报学的基本原理及理论体系构建［J］．情报学报，2007，26（1）：3－13.
[163] 马费成．情报学发展的历史回顾及前沿课题［J］．图书情报知识，2013，2：4－12.
[164] 马费成．数字时代情报学发展展望（笔谈）：在数字环境下实现知识的组织和提供［J］．郑州大学学报（哲学社会科学版），2005：5－7.
[165] 马费成．数字时代图书情报专业教育的目标及其实现［J］．图书馆建设，2001，1：21－24.
[166] 马费成．信息管理学基础［M］．武汉：武汉大学出版社，2011.
[167] 马化腾．“互联网＋”：国家战略行动路线图［M］．北京：中信出版社，2015：19－20.
[168] 孟小峰，慈祥．大数据管理：概念、技术与挑战［J］．计算机研究与发展，2013，50（1）：146－169.
[169] 苗东升．从复杂性看科学发展观［J］．中国工程科学，2005，7（8）：1－8.
[170] 宁秋丽．哈尔滨工程大学工程训练中心简介［J］．实验室研究与探索，2012（10）：456.
[171] 莫飞飞．5W2H 分析法在企业管理决策中的应用［J］．中国科技投资，2014（A3）：368.
[172] 潘惊萍，张子武，段占祺，等．医疗卫生大数据应用探索［J］．中国卫生信息管理杂志，2016，13（4）：420－424.
[173] 潘云涛，田瑞强．工程化视角下的情报服务：国外情报工程实践的典型案例研究［J］．情报学报 2014，33（12）：1242－1254
[174] 漆桂林，高桓，吴天星．知识图谱研究进展［J］．情报工程，2017，3（1）：4－25.
[175] 齐爱民．美德个人资料保护立法之比较：兼论我国个人资料保护立法的价值取向与基本立场［J］．甘肃社会科学，2004（3）：137－141.
[176] 钱军，杨欣，杨娟．情报研究方法的聚类分析［J］．情报科学，2006（10）：1561－1567.
[177] 钱学森．情报工作的科学技术［J］．情报学刊，1983（4）：4－13.

[178] 乔晓东，朱礼军，李颖，等．大数据时代的技术情报工程［J］．情报学报，2014（12）：1255－1263．
[179] 秦博鳌．中国国防科技信息中心专家解析“技术突袭”与“技术预警”：美国列出可能威胁其军事优势的技术领域［J］．现代军事，2006（2）：13－15．
[180] 秦铁辉．波普尔的世界子理论与情报学的哲学基础［J］．情报学报，1991（2）：136－143．
[181] 邱均平，吕红．基于知识图谱的国内知识管理发展研究［J］．情报学报，2013，32（5）：548－560．
[182] 邱均平，王伟军，付立宏，等．论知识经济与我国图书情报事业的发展［J］．情报学报，2000，1：57－66．
[183] 邱均平．知识管理学概论［M］．北京：高等教育出版社，2011．
[184] 瞿葆奎，喻立森．教育学逻辑起点的历史考察［J］．教育研究，1986（11）：37－43．
[185] 瞿葆奎，郑金洲．教育学逻辑起点：昨天的观点与今天的认识（一）［J］．上海教育科研，1998，（3）：2－9．
[186] 瞿志凯，张婷．基于大数据的反恐情报数据仓库体系结构设计［J］．情报杂志，2016，35（2）：30－36．
[187] 任永功，于戈．数据可视化技术的研究与进展［J］．计算机科学，2004，31（12）：92－96．
[188] 如何平衡科技创新和金融安全［EB/OL］．（2016－06－27）．［2016－11－23］．http：//finance.china.com.cn/roll/20160627/3784135.shtml．
[189] 史玉升，张李超，白宇，等．3D 打印技术的发展及其软件实现［J］．中国科学：信息科学，2015，45（2）：197－203．
[190] 斯欣宇．PDCA 循环理论在质量管理工作中的运用［J］．中国检验检疫，2004（6）：35－36．
[191] 宋秉龙，谢丽娜．论情报学中信息的概念：基于本体论和认识论意义上的融合［J］．山东图书馆学刊，2012（6）：23－27．
[192] 宋丹，高峰．美国自然灾害应急管理情报服务案例分析及其启示［J］．图书情报工作，2012，56（20）：79－84．
[193] 宋刚．钱学森开放复杂巨系统理论视角下的科技创新体系：以城市管理科技创新体系构建为例［J］．科学管理研究，2009，27（6）：1－6．
[194] 搜狐．2016 大数据展：用友大数据 DataInsight 高级分析平台［EB/OL］．［2016－05－31］．http：//www.sohu.com/a/78765132_344060．
[195] 搜狐．直击数博会：用友大数据教你构建企业数据经营中心［EB/OL］．［2016－11－27］．http：//www.sohu.com/a/77685359_269746．
[196] 孙成权，曹霞，黄彦敏，等．战略情报研究与技术预见［M］．上海：上海科学技术文献出版社，2008．
[197] 唐超．GIS：文献信息可视化的新理念和工具：以竞争情报领域知识地图构建为例［J］．情报理论与实践，2007，30（5）：593－596．
[198] 唐晓波，魏巍．工程化视角下的情报工作方法论研究：理论模型的构建［J］．图书情报工作，2016（7）：5－10．
[199] 唐晓波，朱娟．基于霍尔模型的情报工程的知识体系构建［J］．数字图书馆论坛，2016（2）：27－31．
[200] 陶雪娇，胡晓峰，刘洋．大数据研究综述［J］．系统仿真学报，2013（s1）：142－146．
[201] 天极网．用友 iUAP 解决企业大数据分析与处理的痛点［EB/OL］．［2015－04－14］．http：//

cio. yesky. com/service/16/57953016. shtml.
[202] 托马斯·库恩. 科学革命的结构 [M]. 金吾伦，胡新和，译. 北京：北京大学出版社，2003.
[203] 万长松，曾国屏. “四元论”与产业哲学 [J]. 自然辩证法研究，2005，21 (10)：43-46.
[204] 汪来富，沈军，金华敏. 云计算应用安全研究 [J]. 电信科学，2010，26 (6)：67-70.
[205] 汪瑞林. 对话中国人民大学袁卫：如何拥抱大数据时代 [N]. 中国教育报，2014-06-30 (5).
[206] 汪应洛，王宏波. 工程科学与工程哲学 [J]. 自然辩证法研究，2005，21 (9)：59-63.
[207] 王保云. 物联网技术研究综述 [J]. 电子测量与仪器学报，2009，23 (12)：1-7.
[208] 王飞跃，刘德荣，熊刚，等. 复杂系统的平行控制理论及应用 [J]. 复杂系统与复杂性科学，2012，9 (3)：1-12.
[209] 王飞跃. 从激光到激活：钱学森的情报理念与平行情报体系 [J]. 自动化学报，2015 (6)：1053-1061.
[210] 王飞跃. 平行控制：数据驱动的计算控制方法 [J]. 自动化学报，2013，39 (4)：293-302.
[211] 王飞跃. 情报5.0：平行时代的平行情报体系 [J]. 情报学报，2015，34 (6)：563-574.
[212] 王洪芳. 图书情报学方法论研究综述 [J]. 情报探索，2006 (11)：114-115.
[213] 王洪林. 论新学科建立的条件或规律：兼谈竞争情报学学科建设的问题 C// 中国科技情报学会竞争情报分会年会暨博览会. 2005：113-116.
[214] 王惠敏. 大数据背景下电子商务的价值创造与模式创新 [J]. 商业经济研究，2015，7：76-77.
[215] 王建冬. 后现代主义思潮对情报学基础理论的影响 [J]. 中国图书馆学报，2009，35 (4)：80-87.
[216] 王静远，李超，熊璋，等. 以数据为中心的智慧城市研究综述 [J]. 计算机研究与发展，2014，51 (2)：239-259.
[217] 王娟. 大数据对电子商务应用价值的研究与分析 [J]. 科技经济市场，2015，2：154-155.
[218] 王立诚. 加强企业情报工程师的培养 [J]. 情报杂志，1989，1：47-48.
[219] 王连法，黄辉. 简明应用哲学词典 [M]. 北京：中国广播电视出版社，1991：952.
[220] 王沙骋，陈波. 系统工程视角下的情报主导反恐研究 [J]. 军事运筹与系统工程，2011，25 (1)：54-58.
[221] 王崧. 耗散结构论的理论价值及方法论意义探析 [J]. 电子科技大学学报 (社会科学版)，2006，8 (6)：72-74.
[222] 王新英，陈语林. 数据抽取、转换、装载综述 [J]. 企业技术开发，2004，23 (8)：3-5.
[223] 王延飞，闫志开，何芳. 从智库功能看情报研究机构转型 [J]. 情报理论与实践，2015，38 (5)：1-4.
[224] 王曰芬. 文献计量法与内容分析法的综合研究 [D]. 南京：南京理工大学，2007.
[225] 王铮. 美国兰德公司的运营特点与发展态势 [J]. 智库理论与实践，2016，1 (1)：81-89.
[226] 王知津，周鹏，韩正彪. 当代情报学哲学的主要观点及其理论体系构建 [J]. 情报学报，2014，33 (2)：116-129.
[227] 维克托·迈尔-舍恩伯格. 大数据时代生活工作与思维的大变革 [M]. 杭州：浙江人民出版社，2013：67.
[228] 吴丹，余文婷. 近五年国内外图书情报学教育研究进展与趋势 [J]. 图书情报知识，2015 (3)：4-15.
[229] 吴功宜，吴英. 物联网工程导论 [M]. 北京：机械工业出版社，2012.
[230] 吴吉朋. 浅谈云计算与智慧城市建设 [J]. 电子政务，2011 (7)：23-27.

[231] 吴运兵，杨帆，赖国华，等．知识图谱学习和推理研究进展［J］．小型微型计算机系统，2016，37（9）：2007－2013.
[232] 肖晶，吕世炅，张晓丹．云计算环境下面向用户的科技信息资源整合和服务浅析［J］．现代情报，2014，34（3）：63－67.
[233] 谢然．大数据应用案例 TOP 100［J］．互联网周刊，2015（6）：52－65.
[234] 新华网．政府工作报告中相关词语注释：“互联网＋”行动计划［EB/OL］．［2015－12－15］．http：//news. xinhuanet. com/zgjx/2015－03/13/c_134063503. html.
[235] 新加坡被评为 2016 全球智慧城市之冠［EB/OL］．（2016－05－19）［2016－11－14］．http：//smartcity. asmag. com. cn/zhcs/989. html.
[236] 徐高林．人工智能与图书情报工作自动化［J］．现代图书情报技术，1995，1：43－45.
[237] 徐磊，曹三省．基于互联网的智能家居发展与技术挑战［C］// 全国互联网与音视频广播发展研讨会．2014.
[238] 徐玮．大数据对高等教育的影响和挑战［J］．教育教学论坛，2013，37：4－5.
[239] 徐增林，盛泳潘，贺丽荣，等．知识图谱技术综述［J］．电子科技大学学报，2016，45（4）：589－606.
[240] 玄佳兴．IaaS 云平台运营管理子系统的设计与实现［D］．北京：北京邮电大学，2014.
[241] 严霄凤，张德馨．大数据研究［J］．计算机技术与发展，2013（4）：168－172.
[242] 严一桥．论情报系统的生存环境［J］．图书情报知识，1995：24－27.
[243] 严怡民．情报学概论［M］．武汉：武汉大学出版社，1994.
[244] 杨春华，郝俊勤．美国国立医学图书馆灾害医学信息服务、产品及经验借鉴［J］．预防医学情报志，2014，30（10）：888－892.
[245] 杨柳青，王飞跃，张艳丽，等．基于 ACP 方法的城市平行停车系统［J］．指挥与控制学报，2015，1（4）：384－390.
[246] 杨善林，周开乐．大数据中的管理问题：基于大数据的资源观［J］．管理科学学报，2015，18（5）：1－8.
[247] 杨挺．一个 PaaS 平台中应用管理子系统的设计与实现［D］．北京：北京大学，2014.
[248] 杨现民，余胜泉．论我国数字化教育的转型升级［J］．教育研究，2014，5：113－120.
[249] 杨现民，余胜泉．生态学视角下的泛在学习环境设计［J］．教育研究，2013，3：98－105.
[250] 杨英杰，邱俊，金星．基于现代工程师的科学思维与工程思维培养［J］．现代教育科学，2010（2）：149－151.
[251] 姚国章．印度灾害管理信息化建设［EB/OL］．（2009－04－22）［2016－11－13］．http：//www. aqsc. cn/101815/102057/121211. html.
[252] 叶小榕，邵晴．一项结合云计算和 PKI 的数字图书馆系统框架设计［J］．科技导报，2010，28（9）：63－67.
[253] 叶鹰，马费成．数据科学兴起及其与信息科学的关联［J］．情报学报，2015（6）：575－580.
[254] 叶鹰，武夷山．情报学基础教程［M］．2 版．北京：科学出版社，2012.
[255] 殷瑞钰，汪应洛，李伯聪，等．工程哲学［M］．北京：高等教育出版社，2007：102－114.
[256] 殷玥瓛，徐跃权．钱学森教授的情报学思想研究［J］．图书情报工作，2013（7）：34－39.
[257] 用友．用友 BQ 商业分析［EB/OL］．［2016－05－31］．http：//www. yonyou. com. mo/index. php？m＝content&c＝index&a＝lists&catid＝69.

[258] 360 百科．用户视图 [EB/OL].[2016－11－09].http：//baike.so.com/doc/7563418－7837511.html.
[259] 于景元，刘毅，赵军．开放的复杂巨系统的方法论：从定性到定量综合集成方法 [C].1997 中国控制与决策学术年会论文集.1997.
[260] 余洪翔．波普尔的证伪理论研究 [D].重庆：西南大学，2009.
[261] 俞祝良．人工智能技术发展概述 [J].南京信息工程大学学报，2017，9（3）：297－304.
[262] 虞慧群，范贵生．云计算技术的应用及发展趋势综述 [J].微型电脑应用，2011，27（10）：1－3.
[263] 喻国明．互联网是高维媒介：一种社会传播构造的全新范式：关于现阶段传媒发展若干理论与实践问题的辨正 [J].编辑学刊，2015（4）：6－12.
[264] 袁建霞，董瑜，张薇．论情报研究在我国智库建设中的作用 [J].情报杂志，2015，34（4）：4－7.
[265] 岳昆．数据工程：处理、分析与服务 [M].北京：清华大学出版社，2013.
[266] 云存储．百度百科 [EB/OL].[2016－11－06].http：//baike.baidu.com.
[267] 张德丰．大数据走向云计算 [M].北京：人民邮电出版社，2014.
[268] 张寒生．当代图书情报学方法论研究 [M].合肥：合肥工业大学出版社，2006.
[269] 张晖．我国物联网体系架构和标准体系研究 [J].信息技术与标准化，2011（10）：4－7.
[270] 张家年，罗毅，陈柏彤．大数据对信息管理类教育的影响及挑战 [J].信息资源管理学报，2016（1）：105－112.
[271] 张家年，马费成．国家科技安全情报体系及建设 [J].情报学报，2016，35（5）：483－491.
[272] 张家年，马费成．立足情报服务借力工程思维：大数据时代情报工程学的理论构建 [J].情报学报，2016，35（1）：4－11.
[273] 张家年，谢阳群．刍议信息技术作用效应及其应对策略 [J].情报理论与实践，2013，36（6）：32－36.
[274] 张家年．大数据环境下情报工程师的素质结构与培养模式 [J].图书情报工作，2016，1：12－18，25.
[275] 张鹏，刘平，唐田田，等．布拉德福定律在专利分析系统中的应用 [J].现代图书情报技术，2010（z1）：84－87.
[276] 张庶，金晓斌，魏东岳．土地整治项目绩效评价指标设置和测度方法研究综述 [J].中国土地科学，2014（7）：91－92.
[277] 张婷婷，赵睿涛．大数据对竞争情报研究的影响分析 [J].竞争情报，2013，2：6－9.
[278] 张文霖．数据分析师那些事儿 [J].数据，2013，7：44－45.
[279] 张秀梅，徐建武，程煌华．基于知识库的临床决策支持系统构建 [J].中华医院管理杂志，2014，30（6）：472－473.
[280] 张义祯．大数据带来的四种思维 [EB/OL].[2016－03－23].http：//www.qstheory.cn/society/2015-01/26/c_1114131641.htm.
[281] 张越．基于 ACP 方法的城市轨道交通枢纽应急疏散若干问题研究 [D].北京：北京交通大学，2013.
[282] 赵蕾霞，钟永恒，史海建．国际权威智库中定量分析工具的应用及特点研究 [J].情报杂志，2014（5）：83－87.
[283] 赵明．库恩的范式及其科学发展模式 [J].长春理工大学学报（社会科学版），2001（2）：39－41.
[284] 赵卫东．商务智能 [M].北京：清华大学出版社，2014.
[285] 赵文绮，陈广玉．美国对华研究引文数据库系统的建立及应用 [J].图书情报工作，2009，53

(14)：15 – 19.

[286] 赵屹，卜德超．当生物医学遇上大数据 [J]．北大商业评论，2015，3：74 – 79.

[287] 赵勇．大数据技术（PPT 课件）[EB/OL]．[2016 – 03 – 23]．http：//wenku. baidu. com/.

[288] 中国大数据技术与产业发展白皮书（2014）[EB/OL]．[2016 – 03 – 23]．http：//www. gywb. cn/content/2014-12/15/content_2025961. htm.

[289] 中国工控网．用友 UDH 大数据处理平台 [EB/OL]．[2017 – 05 – 09]．http：//www. gongkong. com/news/201705/361024. html.

[290] 中国经济网．工程的五大特征 [EB/OL]．[2015 – 12 – 22]．http：//www. ce. cn/ztpd/xwzt/guonei/2009/gczx/gczxxw/200905/25/t20090525_19168284. shtml.

[291] 中国人民大学新闻网．大数据分析硕士培养协同创新平台首期实验班开学 [EB/OL]．[2016 – 11 – 27]．http：//news. ruc. edu. cn/archives/87458.

[292] 中国政府网．国务院关于引发大数据发展行动纲要的通知 [EB/OL]．[2016 – 11 – 01]．http：//www. gov. cn/zhengce/content/2015-09/05/content_10137. htm.

[293] 中国政府网．教育部中国工程院关于印发《卓越工程师教育培养计划通用标准》的通知 [EB/OL]．[2016 – 03 – 22]．http：//www. gov. cn/gzdt/2013-12/20/content_2551949. htm.

[294] 中华人民共和国反恐怖主义法 [A/OL]．[2017 – 11 – 20]．http：//news. mod. gov. cn/headlines/2015-12/28/content_4634330. htm.

[295] 中华人民共和国突发事件应对法 [A/OL]．[2017 – 11 – 20]．http：//www. npc. gov. cn/wxzl/wxzl/2008-12/15/content_1462097. htm.

[296] 钟柏昌，张丽芳．美国 STEM 教育变革中“变革方程”的作用及其启示 [J]．中国电化教育，2014 (4)：18 – 24.

[297] 钟开斌，蔡和平，刘钊．美国城市应急管理信息化的最新进展与借鉴 [EB/OL]．[2016 – 11 – 13]．http：//www. nsa. gov. cn/web/a/zixunbaogao/20121030/1103. html.

[298] 周峰．大数据背景下档案利用研究与实践 [J]．中国档案，2016（9）：70 – 71.

[299] 周可，王桦，李春花．云存储技术及其应用 [J]．中兴通讯技术，2010，4（16）：24 – 27.

[300] 周三多，陈传明，贾良定．管理学：原理与方法 [M]．上海：复旦大学出版社，2014.

[301] 朱礼军，段黎萍，赵婧．面向创新战略的情报工程理论方法与挑战 [J]．情报工程，2016，2（2）：26 – 33.

[302] 朱礼军．主编寄语 [J]．情报工程，2015，1（2）：2 – 3.

[303] 朱联辉，郑涛，赵达生．美国反生物恐怖信息系统建设及启示 [J]．解放军预防医学杂志，2007，25（4）：309 – 311.

[304] 祝晓莲．国际生物安全形势及我国应取的对策 [J]．国际技术经济研究，2007，10（4）：1 – 4.

[305] 邹菲．内容分析法的理论与实践研究 [D]．武汉：武汉大学，2004.